身だしなみの確認

利用者にかかわる前に，自分自身のこころとからだが整っているかどうかを確認しよう。きちんと目をあわせて名乗り，笑顔であいさつをするところから利用者との関係が築かれます。

体調

- ☑ 食事はしっかりとったか。
- ☑ 発熱や咳など，風邪の症状はないか。
- ☑ 傷口などは保護してあるか。

表情

- ☑ 笑顔になっているか。
- ☑ 鏡を見て口角を少し上げてみよう。

心理状態

- ☑ 気持ちが仕事に集中しているか。

耳

- ☑ アクセサリーははずしているか。

化粧

- ☑ 濃すぎないか。
- ☑ 化粧品，制汗剤などのにおいはきつくないか。

口

- ☑ 歯をみがいたか。
- ☑ 口臭はないか。

服装

- ☑ 上着の袖口は広がりすぎていないか。
- ☑ 上着の裾は長すぎないか，短すぎないか。
- ☑ 胸元は開きすぎていないか。
- ☑ ズボンの裾は引きずっていないか。
- ☑ 派手すぎないか。
- ☑ からだのラインが目立ちすぎていないか。
- ☑ 汚れやいやなにおいはないか。
- ☑ 動きやすいか。

髪型

- ☑ 髪が顔にかかって邪魔にならないか。
- ☑ 髪が長い場合は，まとめているか。
- ☑ ピンは危なくないか。
- ☑ 不自然な色に染めていないか。

手元，爪

- ☑ 時計やアクセサリーははずしているか。
- ☑ 爪は伸びていないか。
- ☑ マニキュアは落としてあるか。

靴

- ☑ サイズは適しているか。
- ☑ 靴底はすべりやすくないか。
- ☑ 汚れていないか。
- ☑ 靴ひもはしっかり結べているか。
- ☑ ヒールがなく，歩くときに大きな音がしないか。
- ☑ 歩きやすいか。

ボディメカニクスの応用

◆ ボディメカニクスとは…

骨格や筋肉などの相互関係で起こる身体の動きのメカニズムです。ボディメカニクスを応用することで，利用者・介助者双方の負担を少なくすることができます。

①支持基底面積を広くとり，重心位置を低くする

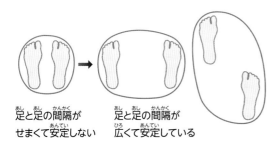

足と足の間隔が
せまくて安定しない

足と足の間隔が
広くて安定している

介助者が足を前後・左右に開き支持基底面積を広くすることで，立位姿勢の安定性を高めます。また，重心位置を低くすることで，身体がより安定します。

②介助する側とされる側の重心位置を近づける

A B

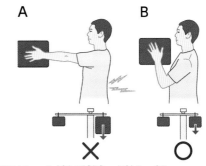

介助者と利用者双方の重心を近づけることで，移動の方向性がぶれずに一方向に大きな力がはたらくため，より少ない力での介助が可能になります。

③より大きな筋群を利用する

腕や手先だけではなく，足腰の大きな筋肉を意識しながら介助します。腹筋・背筋・大腿四頭筋・大殿筋などの大きな筋肉を同時に使うことで，1つの筋肉にかかる負荷が小さくなり，大きな力で介助することができます。その結果，介助者の身体にかかる負担を少なくし，腰痛などを防ぐことができます。

④介助される側の身体を小さくまとめる

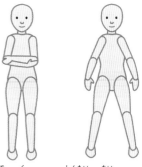

利用者の腕を組んで，身体を小さく1つにまとめます。これにより，利用者の身体を小さな力で回転させることができます。

⑤「押す」よりも手前に「引く」

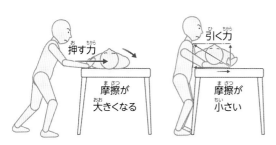

押す力

引く力

摩擦が
大きくなる

摩擦が
小さい

ベッド上で移動するときは，押すよりも引くほうが，摩擦を小さくできます。また，移動の方向性がぶれずに一方向に大きな力がはたらくため，少しの力で簡単に介助できます。

⑥重心の移動は水平に行う

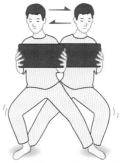

介助する側が足を広げて立ち，下肢の動きだけで水平に移動することで，安定した移動ができます。

⑦介助する側は身体をねじらず，骨盤と肩を平行に保つ

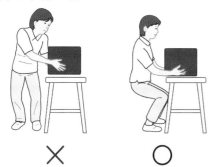

×

○

身体をねじると，力が出しにくいだけでなく，重心がぐらついて不安定になります。また，介助される側の重心位置を近づけにくいため，腰部への負担が大きくなり，腰痛の原因にもなります。介助者の足先を動く方向に向け，骨盤と肩を平行に保つようにすると，身体をねじらずに姿勢が安定します。

⑧てこの原理を応用する

○支点

てこの原理を使えば，小さな力を大きな力に変えることができます。利用者は腰を支点にし，肘を力点にして起き上がります。介助する場合は，利用者の腰が支点となり，肩甲骨付近を力点にして起こします。このように，介助の場面では，てこの原理が多く用いられています。

利用者の生活を支える「多職種連携」

介護福祉士の仕事では，保健・医療・福祉にかかわるさまざまな専門職等との連携が重要です。利用者の状態や意向等によって介護サービスのあり方やかかわる専門職種等は異なるため，多職種連携では専門職同士の緊密な情報交換や効果的なカンファレンスが大切です。

◆ リハビリテーションに取り組みながら自宅で暮らすAさん

介護支援専門員（ケアマネジャー）
友人・近隣住民
家族
介護福祉士
Aさん
医師・看護師
理学療法士
福祉用具専門相談員

◆ 地域の人々に支えられて暮らす認知症のBさん

介護支援専門員（ケアマネジャー）
家族
行政
高齢福祉課
介護福祉士
相談窓口
Bさん
地域包括支援センター
地域の商店
民生委員
認知症専門医・看護師
認知症サポーター
友人・近隣住民

介護福祉士実務者研修テキスト

第3版

第2巻 介護I

―介護の基本、コミュニケーション技術、生活支援技術―

太田貞司
上原千寿子 編集
白井孝子

全文ふりがな付き

中央法規

はじめに

　2021（令和3）年7月，第8期介護保険事業計画の介護サービス見込み量等にもとづき，都道府県が推計した介護職員の必要数が公表されました。それによれば，2040（令和22）年度に必要な介護職員数は約280万人となっており，2019（令和元）年度の約211万人に加えて約69万人，年間3.3万人程度の介護職員を確保する必要があると推計されています。

　こうしたなかで，専門性の高い介護人材として，中核的な役割を果たすことが期待されているのが介護福祉士です。今後よりいっそう多様化・高度化する介護ニーズに対応するため，介護福祉士には，利用者の自立支援に向けて業務を遂行する力や多職種と連携する力，さらには指導力やマネジメント力などが求められています。

　「実務者研修」は，介護福祉士の資質向上を目的として，すべての者が一定の教育プログラムを経たのちに国家試験を受験するという形で，資格取得方法の一元化がめざされたのを機に，2012（平成24）年度から実施されている研修です。2017（平成29）年からは，介護福祉士国家試験を受験する者のうち，いわゆる実務経験ルートについては，3年以上の実務経験に加えて「実務者研修」の受講が必要になりました。

　私たちは，2012（平成24）年10月より『介護職員等実務者研修（450時間研修）テキスト』と題して，「実務者研修」のカリキュラムに準拠したスタンダード・テキストを発行して以降，2015（平成27）年には『介護福祉士実務者研修テキスト』とシリーズ名を一新し，全5巻のテキストを発行いたしました。本書はそのなかの1冊であり，履修科目における「介護の基本Ⅰ」「介護の基本Ⅱ」「コミュニケーション技術」「生活支援技術Ⅰ」「生活支援技術Ⅱ」を収載しています。

　このたびの第3版の編集にあたっては，最新の知見をふまえた見直しを行うとともに，「実務者研修」を通信課程で受講する方々にも無理なく，わかりやすく自己学習を進めることができるように工夫しました。加えて，広く外国人介護職員にもご活用いただくことを想定して，全文に「ふりがな」を付けました。読者の皆様には，本書に加えて，『第1巻　人間と社会』『第3巻　介護Ⅱ』『第4巻　こころとからだのしくみ』『第5巻　医療的ケア』のご活用もお願い申し上げます。さらには，お気づきの点をお寄せいただき，今後改訂を重ねていきたいと考える次第です。

編者一同

介護福祉士実務者研修テキスト
【第2巻】介護 I —介護の基本，コミュニケーション技術，生活支援技術— 第3版

はじめに
本書をご活用していただくにあたって

第3章 コミュニケーション技術

第4章 自立に向けた生活支援技術の基本（生活支援技術Ⅰ）

Contents

第5章 利用者の心身の状態に応じた生活支援技術（生活支援技術Ⅱ）

編者・執筆者一覧

本書をご活用していただくにあたって

【編集方針】

■1850 時間の介護福祉士養成課程のうち，実務経験のみでは習得できない知識・技術を中心に，全5巻のシリーズとして構成しています。

■国が示す実務者研修のカリキュラムにもとづいて，介護福祉士に求められる基礎的・応用的（実践的）な知識と技術を習得できるようにしています。

■介護職員初任者研修，訪問介護員養成研修，介護職員基礎研修等を修了したことにより履修免除となる科目が「章単位」で設定されており，学びやすい目次構成にしています。

■図表やイラストを多用してビジュアル的側面に配慮しています。

【特　徴】

■各章の冒頭に，国が示す実務者研修各科目の【到達目標】を明示しています。

■各節の単元ごとに「□月□日」と日付を記入できる欄を設けています。自己学習を計画的に進めるために，学習し終えたところから日付を記入して，学習の進行状況を確認してみましょう。

■本文中における重要語句（キーワード）を，色文字・ゴシック体（強調書体）で明示しています。

■本文中，必要に応じて参照ページ（☞第○巻 p. ○と明示）を掲載しています。該当ページをみると，より詳しい内容や関連する情報が記述されています。

■各章の本文の終わりには「学習のポイント」を掲載しています。これは各節の単元ごとに本文中の重要事項をまとめたものです。テキストに出てくる順番に掲載していますので，重要事項が理解・把握できているかどうかふり返ってみましょう。

■本文中，専門用語や難解な用語をゴシック体（強調書体）で明示し，章末に「用語解説」を掲載しています。また参照ページを明示していますので，用語解説から本文，本文から用語解説を必要に応じて確認することができます。

【本文表記】

■「障害」という用語には否定的なイメージがあり，「障がい」と表記するなどの取り扱いが広がっていますが，日本の法令用語としては「障害」が用いられています。こうした動向をふまえつつ，本書におきましては法令との整合性をはかるために，「障害」を用語として用いています。

■法令用語と同様に，本書におきましては医学関連の用語についても，学会等での議論や医学辞典における表記にもとづいた用語を用いています。

【Web動画】

■第4章および第5章の「生活支援技術」に相当する視聴覚教材を，Webで公開しています。尊厳の保持，利用者主体，自立支援，安全などの生活支援技術の基本理念を，食事・入浴・排泄といった生活場面において，「介護」という技術でどのように提供すればよいのか確認できる内容となっています。

■具体的には，①臥位から座位への体位変換，②座位から立位への体位変換，③車いすへの移乗の介助，④食卓で行う食事の介助，⑤個浴槽で行う入浴の介助，⑥トイレで行う排泄の介助，⑦ポータブルトイレでの排泄の介助，⑧座位で行う前開き上衣とズボンの着脱の介助を取り上げています。

■視聴覚教材には，以下よりアクセスしてください。

https://chuohoki.socialcast.jp/contents/726

■動画は約43分になります。

■パソコン，タブレット，スマートフォンでご視聴いただけますが，お客様の接続環境等によっては一部の機能が動作しない場合や画面が正常に表示されない場合があります。また，本書の改訂や絶版，弊社のシステム上の都合などにより，予告なくサービスを終了させていただく場合があります。何卒ご理解いただき，ご容赦いただきますようお願い申し上げます。

介護福祉士と介護の考え方
かい ご ふく しし し　　かい ご　　　　かんが　かた

（介護の基本Ⅰ）
かい ご　　き ほん

第**1**節 介護福祉士の役割と機能
だい せつ　　かい ご ふく しし し　　やくわり　　き のう

第**2**節 尊厳の保持，自立に向けた介護の考え方と展開
だい せつ　　そんげん　　ほ じ　　じ りつ　　む　　　　かい ご　　かんが　かた　　てんかい

第**3**節 介護福祉士の倫理
だい せつ　　かい ご ふく しし し　　りん り

【到達目標】
とうたつもくひょう

● 介護福祉士の法的な定義や義務を踏まえ，介護予防や看取り，災害時等に
かい ご ふく しし し　　ほうてき　てい ぎ　　ぎ む　ふ　　　　かい ご よ ぼう　み と　　　　さいがい じ とう
おける介護福祉士の役割を理解している。
かい ご ふく しし し　　やくわり　　り かい

● 個別ケア，ICF（国際生活機能分類），リハビリテーション等の考え方を踏ま
こ べつ　　　　　　　　こくさいせいかつ き のうぶんるい　　　　　　　　　　　　　　　　とう　かんが　かた　ふ
え，尊厳の保持，自立に向けた介護を展開するプロセス等を理解している。
そんげん　　ほ じ　　じ りつ　　む　　　　かい ご　　てんかい　　　　　　　　とう　り かい

● 介護福祉士の職業倫理，身体拘束禁止・虐待防止に関する法制度等を理解
かい ご ふく しし し　　しょくぎょうりん り　　しんたいこうそくきん し　　ぎゃくたいぼう し　　かん　　　　ほうせい ど とう　　り かい
し，倫理を遵守している。
りん り　　じゅんしゅ

介護福祉士の役割と機能

1. 介護福祉士を取り巻く状況

❶ 介護問題の背景と介護福祉士制度

▶▶ 公的サービスの整備と人材の養成・確保

専門的なサービスとしての「介護」の歴史は，それほど長くはありません。

はじめは経済的に困窮している人をなんとか食べさせることを中心に，志のあつい人が私財を投じて世話をしてきました。同時に，家族や身近にいる人たちが，助けを必要とする人たちの面倒をみてきました。

やがて時代の流れや経済の発展にともなって，家族だけではになえなくなると，施設で介護する環境が整備されるようになりました。1963（昭和38）年に老人福祉法が制定されると，特別養護老人ホーム[1]（➡ p.58 参照）が設けられました。その後，特別養護老人ホームの数が急増すると，介護に関して未経験の職員も増え，介護をになう寮母（当時）の資質向上が求められるようになりました。

一方，在宅の場面では，ホームヘルプサービス[2]（➡ p.58 参照）の始まりといわれる家庭養護婦派遣事業が 1956（昭和31）年にスタートしました。この事業はその後，老人福祉法のなかで老人家庭奉仕員制度として制定され，1967（昭和42）年の身体障害者福祉法の改正時には利用対象者の拡大がはかられました。

▶▶ 介護福祉士制度ができる直前

1980 年代に入ると，施設・在宅の両面で法制度を整備し，利用対象者を拡大させることによって，質のよい介護サービスを保証する人材の確保が新たな課題としてあらわれました。施設の寮母にせよ，在宅の家庭奉仕員にせよ，当時の介護職による介護は，それまでの歴史のなかでつちかわれたカンや経験に裏打ちされたものでした。つまり，専門的に定められた教育機関などで教育を受け，資格をとって介護業務につくというしくみではなかったのです。

それまでの介護は，だれにでもできる簡単な仕事，素人でもできる仕事という認識でしかありませんでした。しかし，日本の高齢化が急速に進んでおり，それにともなって介護をめぐるニーズも増大することが明らかでしたから，一定の知識と技術をもった人材の育成と確保が急務であるという介護福祉士誕生の土台ができつつありました。

❷ 求められる介護福祉士像

1987（昭和62）年に社会福祉士及び介護福祉士法が制定されました。介護福祉士の誕生は，介護を専門的にになう者の必要性が社会的に求められたことを示すものであり，日本における介護のあり方を大きく変えることになりました。

当時は，介護を必要とする人の在宅生活をどう支援するかが大きな課題となり，それをになう社会資源としての在宅支援サービスが今後重要になると考えられていました。そのため厚生省（当時）は，介護福祉士という**名称独占** [3]（→ p.58 参照）の資格をつくることによって，質のしっかりとしたサービスを保障することをねらいました。

その後，介護福祉士のあり方をめぐっては，何度か見直しがなされました。なかでも，2006（平成18）年7月，「介護福祉士のあり方及びその養成プロセスの見直し等に関する検討会」の報告書がまとめられ，そのなかで12項目にわたる「求められる介護福祉士像」が示されました。この12項目は，介護福祉士が専門職としてめざすべき目標といえるものです。

2017（平成29）年10月には，厚生労働省社会保障審議会福祉部会福祉人材確保専門委員会での議論を経て，社会状況や人々の意識の移り変わり，また制度改正などをふまえ，「求められる介護福祉士像」は図1-1のように新たに見直されました。

図 1-1 ● 2017（平成29）年に見直された「求められる介護福祉士像」

1. 尊厳と自立を支えるケアを実践する
2. 専門職として自律的に介護過程の展開ができる
3. 身体的な支援だけでなく，心理的・社会的支援も展開できる
4. 介護ニーズの複雑化・多様化・高度化に対応し，本人や家族等のエンパワメントを重視した支援ができる
5. QOL（生活の質）の維持・向上の視点を持って，介護予防からリハビリテーション，看取りまで，対象者の状態の変化に対応できる
6. 地域の中で，施設・在宅にかかわらず，本人が望む生活を支えることができる
7. 関連領域の基本的なことを理解し，多職種協働によるチームケアを実践する
8. 本人や家族，チームに対するコミュニケーションや，的確な記録・記述ができる
9. 制度を理解しつつ，地域や社会のニーズに対応できる
10. 介護職の中で中核的な役割を担う

高い倫理性の保持

資料：厚生労働省

2. 社会福祉士及び介護福祉士法

❶ 法の制定および改正法の成立

　先に述べたような時代の要請を受け，社会福祉士及び介護福祉士法（以下，本法）は，1987（昭和62）年5月に制定されました。その後，2007（平成19）年12月に「社会福祉士及び介護福祉士法等の一部を改正する法律」が，また，2011（平成23）年6月に「介護サービスの基盤強化のための介護保険法等の一部を改正する法律」が公布されたことにより，本法の改正がはかられました。

❷ 介護福祉士の規定

▶▶ 法の目的と介護福祉士の定義

　本法の目的と介護福祉士の定義は，表1-1のように規定されています。

　介護福祉士の定義規定は，「入浴，排せつ，食事その他の介護」などを行うことを業とする者となっていたところを，2007（平成19）年の本法改正で「心身の状況に応じた介護」などを行うことを業とする者に改められました。また，2011（平成23）年の改正により，これまで違法性の阻却として行われてきた喀痰吸引等の行為が法的に位置づけられ，表1-1の下線部分にあるように「医師の指示の下」など一定の条件の下に喀痰吸引等の行為が実施できることとされました。

▶▶ 介護福祉士の義務規定等

　2007（平成19）年の本法改正により，介護福祉士が守らなければならない義務規定が見直されました（表1-2）。

　なかでも，誠実義務については，個人の尊厳の保持と自立支援が明確に打ち出されました。また，資質向上の責務では，介護福祉士の資格取得は単にスタートであって，資格を取得したあとも自己研鑽をしていくことが，専門職として大切であることが法律のなかで明確にされました。

　また，表1-3の2つの規定は，喀痰吸引等の業務に合わせて，2011（平成23）年の本法改正により新たに追加されたものです。

表1-1 ● 社会福祉士及び介護福祉士法の目的と介護福祉士の定義

第1条（目的）この法律は，社会福祉士及び介護福祉士の資格を定めて，その業務の適正を図り，もって社会福祉の増進に寄与することを目的とする。

第2条（定義）略

2　この法律において「介護福祉士」とは，第42条第1項の登録を受け，介護福祉士の名称を用いて，専門的知識及び技術をもって，身体上又は精神上の障害があることにより日常生活を営むのに支障がある者につき心身の状況に応じた介護（喀痰吸引その他のその者が日常生活を営むのに必要な行為であって，医師の指示の下に行われるもの（厚生労働省令で定めるものに限る。以下「喀痰吸引等」という。）を含む。）を行い，並びにその者及びその介護者に対して介護に関する指導を行うこと（以下「介護等」という。）を業とする者をいう。

表1-2 ● 介護福祉士の義務規定

第44条の2（誠実義務）社会福祉士及び介護福祉士は，その担当する者が個人の尊厳を保持し，自立した日常生活を営むことができるよう，常にその者の立場に立って，誠実にその業務を行わなければならない。

第45条（信用失墜行為の禁止）社会福祉士又は介護福祉士は，社会福祉士又は介護福祉士の信用を傷つけるような行為をしてはならない。

第46条（秘密保持義務）社会福祉士又は介護福祉士は，正当な理由がなく，その業務に関して知り得た人の秘密を漏らしてはならない。社会福祉士又は介護福祉士でなくなった後においても，同様とする。

第47条（連携）略

2　介護福祉士は，その業務を行うに当たっては，その担当する者に，認知症（介護保険法（平成9年法律第123号）第5条の2第1項に規定する認知症をいう。）であること等の心身の状況その他の状況に応じて，福祉サービス等が総合的かつ適切に提供されるよう，福祉サービス関係者等との連携を保たなければならない。

第47条の2（資質向上の責務）社会福祉士又は介護福祉士は，社会福祉及び介護を取り巻く環境の変化による業務の内容の変化に適応するため，相談援助又は介護等に関する知識及び技能の向上に努めなければならない。

第48条（名称の使用制限）略

2　介護福祉士でない者は，介護福祉士という名称を使用してはならない。

表1-3 ● 2011（平成23）年の改正により追加された規定

第48条の2（保健師助産師看護師法との関係）介護福祉士は，保健師助産師看護師法（昭和23年法律第203号）第31条第1項及び第32条の規定にかかわらず，診療の補助として喀痰吸引等を行うことを業とすることができる。

第48条の3（喀痰吸引等業務の登録）自らの事業又はその一環として，喀痰吸引等（介護福祉士が行うものに限る。）の業務（以下「喀痰吸引等業務」という。）を行おうとする者は，その事業所ごとに，その所在地を管轄する都道府県知事の登録を受けなければならない。

3. 介護福祉士のキャリアパス

❶ 介護人材のキャリアパス

▶▶ **介護福祉士の資格取得方法**

介護福祉士の資格取得方法には，これまで，国家試験を受験する「実務経験ルート」

図1-2 ● 介護福祉士の資格取得方法

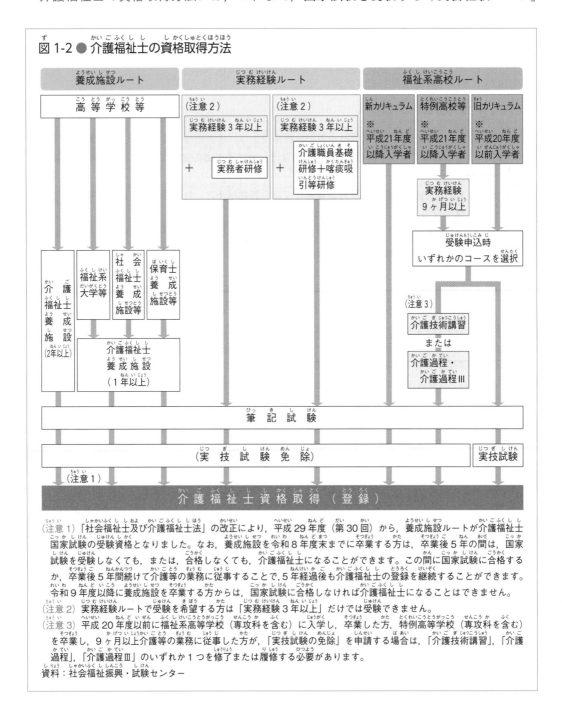

（注意1）「社会福祉士及び介護福祉士法」の改正により，平成29年度（第30回）から，養成施設ルートが介護福祉士国家試験の受験資格となりました。なお，養成施設を令和8年度末までに卒業する方は，卒業後5年の間は，国家試験を受験しなくても，または，合格しなくても，介護福祉士になることができます。この間に国家試験に合格するか，卒業後5年間続けて介護等の業務に従事することで，5年経過後も介護福祉士の登録を継続することができます。令和9年度以降に養成施設を卒業する方からは，国家試験に合格しなければ介護福祉士になることはできません。
（注意2）実務経験ルートで受験を希望する方は「実務経験3年以上」だけでは受験できません。
（注意3）平成20年度以前に福祉系高等学校（専攻科を含む）に入学し，卒業した方，特例高等学校（専攻科を含む）を卒業し，9ヶ月以上介護等の業務に従事した方が，「実技試験の免除」を申請する場合は，「介護技術講習」，「介護過程」，「介護過程Ⅲ」のいずれか1つを修了または履修する必要があります。
資料：社会福祉振興・試験センター

6

「福祉系高校ルート」と，国家試験の受験を必要としない「養成施設ルート」がありました。これらすべての資格取得ルートにおいて，介護福祉士の資質の向上をはかるため，一定の教育プロセスを経たのちに国家試験を受験するという形で，資格取得方法の一元化がはかられたのが2007（平成19）年の社会福祉士及び介護福祉士法の改正時でした。「実務経験ルート」については，2016（平成28）年度の国家試験から，3年以上の実務経験に加えて，**実務者研修**[4]（➡ p.58 参照）を修了していることが受験資格とされています。

▶▶ 実務者研修の位置づけ

(1) 実務者研修の目的

実務者研修は，国家試験を受験しようとする実務経験者に対して受講が義務づけられている研修です。実務者研修は，「幅広い利用者に対する基本的な介護提供能力の修得」と同時に，「今後の制度改正や新たな課題・技術・知見を自ら把握できる能力の獲得」を目標として行われます。

具体的には，介護福祉士養成課程（1850時間）のうち，介護過程，医療的ケア等，実務経験のみでは修得できない知識や技術を中心に，表1-4 に示す科目を受講することになります。

(2) 実務者研修の科目構成

各科目は既存の研修との読み替えを行うことを念頭に，原則として，ⅠとⅡに分割されています。Ⅰは基本的事項（就業初期の段階で受講することが望ましい事項），Ⅱは応用的事項（知識・技術の効果的な定着・向上をうながす観点から，一定の実務経験を経たのちに受講することが望ましい事項）として組み立てられています。

表 1-4 ● 実務者研修カリキュラム

教育内容	時間数	
人間と社会	40	
人間の尊厳と自立	5	
社会の理解Ⅰ	5	35
社会の理解Ⅱ	30	
介護	190	
介護の基本Ⅰ	10	30
介護の基本Ⅱ	20	
コミュニケーション技術	20	
生活支援技術Ⅰ	20	50
生活支援技術Ⅱ	30	
介護過程Ⅰ	20	
介護過程Ⅱ	25	90
介護過程Ⅲ（スクーリング）	45	
こころとからだのしくみ	170	
こころとからだのしくみⅠ	20	80
こころとからだのしくみⅡ	60	
発達と老化の理解Ⅰ	10	30
発達と老化の理解Ⅱ	20	
認知症の理解Ⅰ	10	30
認知症の理解Ⅱ	20	
障害の理解Ⅰ	10	30
障害の理解Ⅱ	20	
医療的ケア（※）	50	
総時間数	450	

※：『医療的ケア』には 50 時間と別に演習を修了する必要があります。

▶▶ 介護人材の確保に向けた具体的な取り組み

　第8期介護保険事業計画の介護サービス見込み量等にもとづき，都道府県が推計した介護職員の必要数をみると，2040（令和22）年度に必要な介護職員数は約280万人となっています。これはつまり，2019（令和元）年度の約211万人に加えて約69万人，年間3.3万人程度の介護職員を確保する必要があるということです。

　これを受け，厚生労働省は，①介護職員の処遇改善，②多様な人材の確保・育成，③離職防止・定着促進・生産性向上，④介護職の魅力向上，⑤外国人材の受入環境整備など，総合的な介護人材確保対策に取り組むとしています。

　実施されている主な取り組みは，図1-3のとおりです。

図1-3 ● 総合的な介護人材確保対策 （主な取り組み）

介護職員の処遇改善	○ リーダー級の介護職員について他産業と遜色ない賃金水準を目指し，総額2000億円（年）を活用し，経験・技能のある介護職員に重点化した更なる処遇改善を2019年10月より実施 ※ 令和3年度介護報酬改定では，介護職員の人材確保・処遇改善等にも配慮し，改定率を＋0.70％とするとともに，更なる処遇改善について，介護職員間の配分ルールの柔軟化を実施。	（実績）月額平均7.5万円の改善 月額平均1.8万円の改善（令和元年度〜） 月額平均1.4万円の改善（29年度〜） 月額平均1.3万円の改善（27年度〜） 月額平均0.6万円の改善（24年度〜） 月額平均2.4万円の改善（21年度〜）
多様な人材の確保・育成	○ 介護福祉士修学資金貸付，再就職準備金貸付による支援 ○ 中高年齢者等の介護未経験者に対する入門的研修の実施から，研修受講後の体験支援，マッチングまでを一体的に支援 ○ ボランティアポイントを活用した介護分野での就労的活動の推進	○ 他業種からの参入促進のため，キャリアコンサルティングや，求職者向け職業訓練の訓練枠の拡充，訓練への職場見学・職場体験の組み込み，訓練委託費等の上乗せ，訓練修了者への返済免除付きの就職支援金の貸付を実施 ○ 福祉系高校に通う学生に対する新たな返済免除付きの修学資金の貸付を実施 ○ 介護施設等における防災リーダーの養成
離職防止・定着促進・生産性向上	○ 介護ロボット・ICT等テクノロジーの活用推進 ○ 介護施設・事業所内の保育施設の設置・運営の支援 ○ キャリアアップのための研修受講負担軽減や代替職員の確保支援	○ 生産性向上ガイドラインの普及 ○ 悩み相談窓口の設置，若手職員の交流推進 ○ ウィズコロナに対応したオンライン研修の導入支援，副業・兼業等の多様な働き方モデル事業の実施
介護職の魅力向上	○ 学生やその保護者，進路指導担当者等への介護の仕事の理解促進 ○ 介護を知るための体験型イベントの開催	○ 若者層，子育てを終えた層，アクティブシニア層に対する介護の魅力等の情報発信 ○ 介護サービスの質の向上とその周知のため，ケアコンテストの取組を情報発信
外国人材の受け入れ環境整備	○ 介護福祉士を目指す留学生等の支援（介護福祉士修学資金の貸付推進，日常生活での相談支援等）	○ 「特定技能」等外国人介護人材の受入環境整備（現地説明会等による日本の介護のPR，介護技能向上のための集合研修，介護の日本語学習支援，介護業務等の相談支援・巡回訪問の実施等） ○ 送出し国への情報発信の拡充等

※下線部分は令和3年度予算における新規事業

出典：厚生労働省「第8期介護保険事業計画に基づく介護職員の必要数について」2021年

▶▶ 中核的な役割を果たす介護福祉士

　今後さらに介護サービスの利用者が増えるなかで，限られた人材で利用者のニーズに対応していくためには，一人ひとりの介護職がもつ知識と技術を効果的かつ効率的に活用する必要があります。また，それと同時に，介護職がチームでかかわっていくことがますます重要になります。

　介護職のチームによるケアを推進するにあたっては，チームのなかでリーダーの役割をになう存在が必要です。その役割をになう存在として，一定のキャリアを積んだ介護福祉士が期待されています。介護職のチームにおけるリーダーがになうべき役割として，表1-5にみられる内容が求められています。

表 1-5 ● 介護職のチームにおけるリーダーがになうべき役割

① 高度な知識・技術を有する介護の実践者としての役割
　介護ニーズの複雑化・多様化・高度化に対応していくためには，より専門的な知識・技術が必要となることから，多職種と連携しながら，さまざまなニーズを持つ利用者への対応といった役割を果たすべきである。
② 介護技術の指導者としての役割
　多職種によるチームケアの中で，介護職がグループとして利用者に対する質の高い介護を提供するため，グループ内の介護職に対し，個々の介護職員の意欲・能力に応じて，利用者のQOL（生活の質）の向上に資するエビデンスに基づいた介護サービスの提供に向けた能力開発とその発揮を促す環境づくりの役割を果たすべきである。
③ 介護職のグループにおけるサービスをマネジメントする役割
　利用者の尊厳と自立を支援するためには，介護計画等に沿った介護サービスの提供と，サービスの質の把握・改善等のマネジメントが行われる必要がある。このため，リーダーは，介護職のグループの中で介護過程の展開における介護実践を適切に管理する役割を果たすべきである。

資料：社会保障審議会福祉部会福祉人材確保専門委員会「介護人材に求められる機能の明確化とキャリアパスの実現に向けて」2017年

　「介護の専門性は利用者主体の生活支援にある」といわれるように，介護福祉士は施設や在宅の場において，利用者の日常生活を支えています。それが介護ニーズの高度化・複雑化にともなって，医療的ケアのほか，介護予防，看取り，災害時の支援など，介護福祉士に求められる役割や活動の場が拡大してきています。

　このような変化に対応していくためにも，介護福祉士には，今後よりいっそう，大きな期待が寄せられています。

4. 介護福祉士の活動の場と役割

❶ 介護予防

▶▶ 介護福祉士に介護予防が求められる背景

　以前，介護は，介護を必要とする状態になってから対応することが多くありましたが，現在は介護を必要とする状態にならないことをめざす**介護予防**の視点が重視されています。介護予防とは，高齢者が要介護状態等となることの予防または要介護状態等の軽減もしくは悪化の防止を目的として行うものとされています。高齢者は**廃用症候群**⑤（➡ p.58 参照）になりやすいため，自立した日々の生活を継続的に営むためには，身体機能や認知機能の維持，向上が重要です。

　2005（平成 17）年の介護保険法の改正によって，1 区分だった「要支援」は，「要支援 1」「要支援 2」と 2 区分に拡大され，2014（平成 26）年の介護保険法の改正により，全国一律の予防給付のうち介護予防訪問介護と介護予防通所介護が市町村の取り組む地域支援事業へと移行され，多様化されました。また，「経済財政運営と改革の基本方針 2019」（令和元年 6 月 21 日閣議決定）において，予防・健康づくりは，個人の QOL の向上，社会保障のにない手の確保，医療需要や介護需要への効果など社会保障制度の持続可能性につながり得る側面もあると指摘されています。

▶▶ 介護福祉士が活動する場と役割

　介護予防の視点と実践は，介護が展開されるあらゆる場において常に意識されるものですが，介護福祉士が活動する代表的なサービスについて確認します。まず，通所介護（デイサービス）についてみてみましょう。通所介護では一般的にレクリエーションが実施されており，利用者の身体機能や認知機能の維持，向上につながるプログラムが用意されています。たとえば，認知症の利用者にとって，新しいことは覚えることがむずかしくても，昔から慣れ親しんだ曲であれば歌えることも多く，音楽を活用したレクリエーションを行っている事業所があります。

　介護保険施設では，要介護状態の軽減または悪化の防止を意識して，毎日の生活のなかで，自立支援の観点から身体機能の維持・向上をはかる介護を実践しています。たとえば，在宅復帰，在宅療養支援をめざす**介護老人保健施設**は，機能訓練の視点を重視しており，介護福祉士はリハビリテーションの専門職である理学療法士や作業療法士などと連携し，利用者がスムーズに在宅復帰ができるよう，ADL⑥（➡ p.59 参照）の維持・拡大に向けた支援を行っています。

　次に，地域支援事業における介護予防の取り組みについてみてみましょう。認知症の人

が住み慣れた地域で自分らしく暮らしつづけるための取り組みの1つとして認知症カフェがあります。認知症カフェは，認知症の人やその家族が，地域の人や専門家と相互に情報を共有し，互いを理解し合う場です。専門的な知識のない家族にとって認知症の介護は，大きな負担となることが多く，家族の対応によって，利用者の症状を悪化させるケースもあります。介護福祉士は，認知症の人の家族に対して認知症介護に関する勉強会の講師を務めるなど，間接的に介護予防に役立つ取り組みを行う機会もあります。

　また，近年は新たな視点も注目されています。「＜地域包括ケア研究会＞──2040年に向けた挑戦」（三菱UFJリサーチ＆コンサルティング，2017年）では，図1-4のように，社会参加する一次予防，虚弱を遅らせる二次予防，重度化を遅らせる三次予防に加えて，「もうひとつの予防」の重要性を指摘しています。報告書では，「こうした，従来（どちらかと言えば心身機能や生活機能を重視してきた）の介護予防の概念に加えて，『もうひとつの予防』として，地域や社会に参加し，住民が『つながる』状態に向けた支援も2040年に向けた重要なテーマである。一人ひとりが『地域でつながる』姿は，いわば心身機能や生活機能で捉えた『虚弱化』と『重度化』を遅らせる取組の前提である」と指摘しており，今後，介護福祉士にはアウトリーチ[7]（→ p.59参照）の視点も求められることが予想されます。

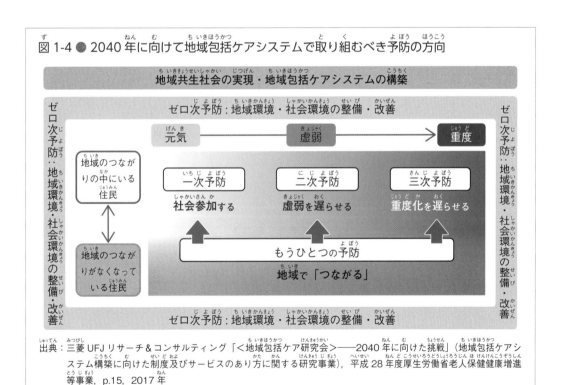

図1-4 ● 2040年に向けて地域包括ケアシステムで取り組むべき予防の方向

地域共生社会の実現・地域包括ケアシステムの構築

ゼロ次予防：地域環境・社会環境の整備・改善

元気　→　虚弱　→　重度

地域のつながりの中にいる住民　⇅　地域のつながりがなくなっている住民

一次予防　二次予防　三次予防
社会参加する　虚弱を遅らせる　重度化を遅らせる

もうひとつの予防
地域で「つながる」

ゼロ次予防：地域環境・社会環境の整備・改善

ゼロ次予防：地域環境・社会環境の整備・改善

出典：三菱UFJリサーチ＆コンサルティング「＜地域包括ケア研究会＞──2040年に向けた挑戦」（地域包括ケアシステム構築に向けた制度及びサービスのあり方に関する研究事業），平成28年度厚生労働省老人保健健康増進等事業，p.15，2017年

❷ 看取り

▶▶ 介護福祉士に看取りの支援が求められる背景

　介護福祉士には利用者本人が人生の最終段階において望む生活を，可能な限り実現できるようにサポートする役割が求められます。

　近年，看取りに対するニーズが高まっています。その経緯を理解するため，まず日本の死亡数と死亡率の推移を確認します（図1-5）。死亡率は，戦後下降傾向にあり，1979（昭和54）年に最低の死亡率となりますが，その後は上昇傾向にあります。死亡数は昭和50年代後半から増加傾向にあり，その数は1966（昭和41）年の最少の死亡数と比較すると，2022（令和4）年はおよそ2.3倍となっています。2022（令和4）年の死亡数の割合を年齢別にみると，65～74歳が13.4％，75歳以上が78.4％となっており，65歳以上が91.7％と大多数を占めています。近年，日本の人口は減少傾向にあり，少産・多死社会となっています。

　次に死亡場所の推移を確認します（図1-6）。死亡場所は，戦後大きく変化してきました。1951（昭和26）年の死亡場所は，自宅が82.5％ともっとも多く，病院は9.1％でしたが，2022（令和4）年は，自宅が17.4％，病院は64.5％となり，病院で死亡することが一般的となりました。老人ホームの割合は増加傾向にあり，11.0％になっています。

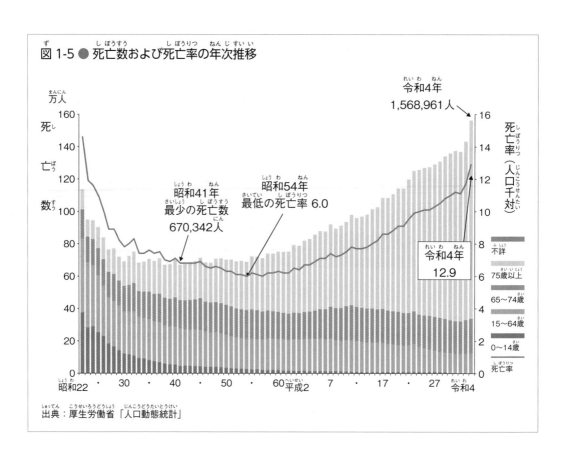

図 1-5 ● 死亡数および死亡率の年次推移

出典：厚生労働省「人口動態統計」

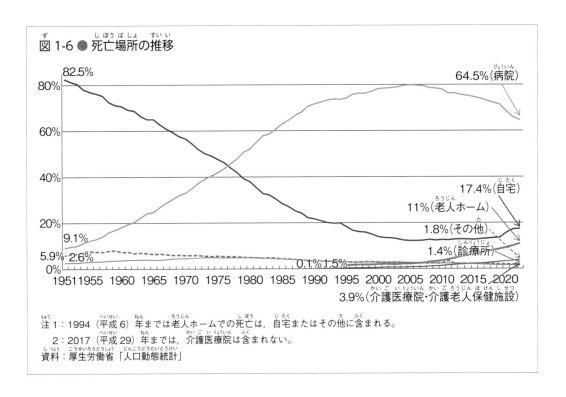

図 1-6 ● 死亡場所の推移

注1：1994（平成6）年までは老人ホームでの死亡は，自宅またはその他に含まれる。
　2：2017（平成29）年までは，介護医療院は含まれない。
資料：厚生労働省「人口動態統計」

▶▶ 介護福祉士が活動する場と役割

　現在，介護福祉士をはじめとする介護職は，多くの場で利用者の生活を最期まで継続するための支援をする役割をになっています。代表的な介護サービスについて確認します。

　介護保険制度において2006（平成18）年に看取り介護加算が創設され，介護老人福祉施設や認知症対応型共同生活介護（グループホーム）等で看取りが行われるようになっています。また，利用者の要介護度が重度になっても在宅生活の継続が可能となるよう，定期的な巡回訪問または随時通報により利用できる夜間対応型訪問介護や定期巡回・随時対応型訪問介護看護などのサービスが創設されています。

　看取りにあたっては，利用者と家族に対して，提供できるサービス内容について十分に説明をし，同意を得る必要があります。サービス利用時の利用者と家族の意向は，利用者の体調の悪化等により，変化することも考えられますので，最初だけではなく，定期的に確認することが大切です。最期を迎える利用者には，QOL[8]（➡ p.59 参照）を重視した支援が必要となります。また，家族が悔いなく最期を迎えられるよう，可能な範囲で介護に参加してもらうなど，家族への配慮も必要です。人生の最終段階を支援する際は，医療ニーズが高くなるため，介護職は医療職との綿密な連携が必要となります。その際，利用者の生活にもっとも身近な介護職は，利用者の日々の様子を観察し，必要に応じてすみやかに医療職と連携をとる必要があるため，医学的な知識が必須となります。このような支援を中心となって行う介護福祉士の重要性は今後ますます高まることが予想されます。

▶▶ 介護福祉士に災害時の支援が求められる背景

　2011（平成 23）年の東日本大震災，2016（平成 28）年の熊本地震，そして，2018（平成 30）年の西日本豪雨（平成 30 年 7 月豪雨）など，多くの自然災害が発生し，各地に甚大な被害をもたらしています。日本に暮らす私たちは，襲ってきた災害と次の災害までの時間を生きているといえるのではないでしょうか。歴史学者の磯田道史はそれを「災間社会を生きる」ととなえています。私たちは「災間社会」において，周到な用意ができているのでしょうか。

　避難所は一時的にせよ，そこに避難してきた人々にとっての暮らしの拠点であることを理解しておかなければなりません。避難所での生活が中長期化することが予測される場合はなおさら，そこでの中長期を見すえたケアが重要となってきます。いかなる状況においても，そこに人々の暮らしがある限り，その人の生活が継続できるよう支援するのが介護福祉の専門職です。そのために介護福祉士は，他職種と連携・協働して支援にあたる必要があります。その際の重要な視点は，介護の基本である「自立支援」「尊厳あるケア」「生活の継続性」といえます。

　災害対策基本法によると，災害から自分を守るために，必要な情報を迅速かつ的確に把握し，安全な場所に避難するなどの一連の行動にとくに配慮を要する高齢者，障害者，乳幼児などを要配慮者といいます。また，要配慮者のうち，「災害が発生し，又は災害が発生するおそれがある場合に自ら避難することが困難な者であって，その円滑かつ迅速な避難の確保を図るため特に支援を要するもの」を避難行動要支援者と呼びます。

　要配慮者は個人差があり，個別性が高く，安全な場所への避難支援も避難所での支援も千差万別です。寝たきりや認知症の人だけでなく，日ごろは自立している一人暮らしの高齢者でも，避難先の環境や避難期間の長期化などによって要介護状態におちいる場合があることを忘れてはなりません。また，環境の変化に対応できず，落ち着きがなくパニックを起こしやすい人，外見では支援の必要性が判断しにくい内部障害者，継続的な服薬が必要な精神障害者に対しても，介護福祉士は平常時からそれぞれの特性を理解し，被災時にあっては適切な支援を行う必要があります。

　災害によって，地域の要配慮者が，一般避難所や福祉避難所 [9]（➡ p.59 参照）等において，長期間の避難生活を余儀なくされ，必要な支援が行われない結果，生活機能の低下や要介護度の重度化などの二次被害が生じるケースがあります。このような状況を防ぎ，また，これらの人々が，避難生活終了後，安定的な日常生活へと円滑に移行するためには，避難生活の早期の段階から，その福祉ニーズを的確に把握するとともに，可能な限りそのニーズに対応し，生活機能の維持を支援していく体制の構築が喫緊の課題となっています。

▶▶ 災害時に介護福祉士が活動する場と役割

　近年，福祉専門職による災害派遣福祉チーム（DWAT[10]（→ p.59 参照））の活躍が期待されています。介護福祉士は，チームの一員として被災地に入ることも多くなっています。

　災害発生時にはだれもが切迫した状態にあり，強いストレスが重なることから，尊厳に対する意識が薄らいでしまうことがあります。その結果として，高齢者や障害者などへの配慮が不足し，時にはこころない言動につながることも考えられます。また，「自立支援」「利用者主体のケア」といいながらも，非日常の状態が続くと，被災者の自立を損なうような状態にしてしまい，当事者不在の介護をしてしまいがちです。しかし，いかなる状況においてもその人の生活が継続できるよう支援するのが介護福祉の専門職です。できるだけ早く，被災者がその状態から脱却し，元の生活に戻れるよう，介護福祉士は関係者と連携・協働して支援にあたる必要があります。

　また介護福祉士は，非日常場面においても，被災者が安心・安楽な生活を送れるように，生活環境の整備に気を配り，QOL の担保，限られた空間の中での快適さを追求することが求められます。救われた命を守り，健康状態や要介護状態の悪化を最小限に食い止め，要介護状態におちいることを予防することが，専門職としての果たすべき使命です。

　災害時は平常時のかかわりが顕在化します。介護福祉士は災害時に避難所での支援に入ることもあるため，平常時から専門性をいかした介護福祉の実践を大切にしつつ，時には見直し，地域や他職種との連携を深めておくことが不可欠と考えられます。

一般避難所における介護福祉士の支援（写真提供：筆者）

尊厳の保持，自立に向けた介護の考え方と展開

1. 利用者に合わせた生活支援

月

日

❶ 介護職として提供すべき専門的な介護サービス

▶▶ 介護職による利用者の尊厳の保持

　介護保険法の第1条においては，保険給付の目的として介護を必要とする者の尊厳の保持がうたわれています。このことは介護保険制度が保障する介護サービスの目的が，日本国憲法第25条（☞第1巻 p.9）の理念にもとづく国民の生存権を保障するだけではなく，国民の幸福追求権を保障する第13条（☞第1巻 p.9）の理念にもとづくものであることを示しているといえます。

　しかし，現実のところ，要介護の状態にある高齢者や重い障害のある人が個人として尊重され，その尊厳が守られていくことは簡単にできることではありません。みずからの要望はもとより，みずからの身体の状態さえ十分に訴えることがむずかしいこれらの人たちの尊厳を守っていくためには，介護職の資質や資格要件が重要だといえます。身体的あるいは知的機能に障害のある人の生活を支える介護サービスとは，本来，だれが行ってもよい仕事でも，だれにでもできる仕事でもないのです。

▶▶ 治療や改善ではない，介護職による介護サービス

　そもそも，障害のある生活や要介護の状態とは，利用者その人にとっての特別な日々に属するものではない「日常」だという理解が大切です。障害や要介護の状態は，利用者その人にとって「特別な状態」ではないという理解が介護職には求められているのです。

　たしかに，介護サービスの提供に際しては，介護保険法第2条の基本理念にあるように要介護状態の軽減や悪化の防止といった視点はとても大切です。とはいえ，利用者の状態を治すことやよくしていくことだけが，介護職に求められている役割ではありません。介護職として提供すべき専門的な介護サービスの役割とは，利用者その人が障害や要介護の状態をもって生きることを支え，利用者その人の QOL を高めていくことといえます。

❷ 生活支援としての介護サービスの目的

▶▶ 生活支援における「生活」の意味するところ

　だれもが送っている日常的な生活とは，だれもがそのことをふつうに理解できているように思うかもしれません。しかし，生活とは，生きていくうえで必要とされるさまざまな生活動作や活動と，その主体である自分自身の主観的な世界とが合致したものであることが望まれます。

　それゆえに，介護職として提供すべき専門的な介護サービスでは，一人ひとりの利用者自身がもつ自分なりの感覚や価値観，習慣などを尊重することが求められます。それが，利用者の尊厳を守る専門的な介護サービスに必要とされる視点です。つまり，要介護状態にある利用者への支援に際しては，身体的な状態や生活行為といった「目に見える事象」と，感情や思い，意欲やプライドといった「目には見えないこころのはたらき」の2つの側面から利用者を理解する必要があります。

図 1-7 ● 生活支援における「生活」の意味するところ

　○目に見える外的な事象・生活状態（生活環境，機能，能力など）　　｜
　○目に見えない習慣，内面にある価値観，生活イメージ（※）　　　　｜　その人らしさ

※：一人ひとりの体験，地域性，時代性なども意味をもつ個別的なもの。「こころ」というあいまいな言葉で表現されるものかもしれない。

▶▶ 生活支援と利用者の QOL

　見方を変えれば，生活支援における介護サービスの目的とは，利用者の QOL を高めていくことにあり，ただ利用者の身体的機能，いわば ADL のみを向上させていくものではありません。

　この QOL という概念（☞第 4 巻 p.189）は「生活の質」とか「生命の質」といった言葉で説明されることが多いようですが，高齢者介護においてはこの QOL を「人生の質」と理解してみたらどうでしょうか。高齢者介護においては，ADL の向上は QOL を高める手段にはなりますが，ただ ADL が向上すれば QOL が高まるというわけではありません。

　高齢期の生活とは一人ひとりの利用者が「生きてきた歴史」を背負いつつ，その「人生」の意味づけをしていく時間だといえるでしょう。それゆえに，要介護状態にある利用者の生活支援をになう介護職には，人間の「からだ」と「こころ」の両面から理解していく対人援助職としての知識・技術が求められます。

2. 自立_{じりつ}に向_むけた支援_{しえん}

❶ ICF の視点_{してん}をいかした「生活_{せいかつ}の再構築_{さいこうちく}」の支援_{しえん}

▶▶ 生活_{せいかつ}の主体者_{しゅたいしゃ}としての利用者像_{りようしゃぞう}の理解_{りかい}

　自立_{じりつ}に向_むけた支援_{しえん}をめざす介護_{かいご}サービスを提供_{ていきょう}していくためには，利用者_{りようしゃ}の状況_{じょうきょう}を把握_{はあく}するためのアセスメントの段階_{だんかい}から，生活_{せいかつ}の主体者_{しゅたいしゃ}としての利用者像_{りようしゃぞう}を理解_{りかい}するよう努_{つと}めていく姿勢_{しせい}が求_{もと}められます。また，生活_{せいかつ}の主体者_{しゅたいしゃ}としての利用者像_{りようしゃぞう}を理解_{りかい}するためには，ICF の視点_{してん}（☞第 2 巻_{かん} p.224）を取_とり入_いれていくことも大切_{たいせつ}です。そして ICF の視点_{してん}のなかでは，「心身機能_{しんしんきのう}・身体構造_{しんたいこうぞう}」の面_{めん}からみた障害_{しょうがい}の問題_{もんだい}だけではなく，利用者_{りようしゃ}にとっての「活動_{かつどう}」や「参加_{さんか}」の視点_{してん}の重要性_{じゅうようせい}が強調_{きょうちょう}されています。

　障害_{しょうがい}とは，その人_{ひと}に属_{ぞく}する客観的_{きゃっかんてき}な事実_{じじつ}ではなく，その人_{ひと}を取_とり巻_まく生活_{せいかつ}や社会_{しゃかい}との関係_{かんけい}のなかで相対的_{そうたいてき}に考_{かんが}えるべき概念_{がいねん}だという理解_{りかい}が必要_{ひつよう}です。だからこそ，今困_{いまこま}っている状態_{じょうたい}像_{ぞう}だけで支援_{しえん}のあり方_{かた}を考_{かんが}えるのではなく，リハビリテーションの考_{かんが}え方_{かた}や技術_{ぎじゅつ}も積極的_{せっきょくてき}に活用_{かつよう}し，介護予防_{かいごよぼう}（☞第 2 巻_{かん} p.26）や悪化_{あっか}の防止_{ぼうし}などの視点_{してん}をふまえたかかわりが大切_{たいせつ}です。したがって，たとえば，重_{おも}い障害_{しょうがい}がある若_{わか}い人_{ひと}への支援_{しえん}であれば，長_{なが}い人生_{じんせい}のなかでその要介護状態_{ようかいごじょうたい}とこれからもずっと付_つき合_あって生活_{せいかつ}を再構築_{さいこうちく}していくことを考_{かんが}えます。また，高齢者_{こうれいしゃ}への支援_{しえん}であれば，これまでの人生_{じんせい}を尊重_{そんちょう}しつつ，要介護状態_{ようかいごじょうたい}にあるその人_{ひと}の生活全般_{せいかつぜんぱん}についての目配_{めくば}りも求_{もと}められます。つまり，一時的_{いちじてき}な病気_{びょうき}やけがによる要介護_{ようかいご}状態_{じょうたい}でない限_{かぎ}り，生活支援_{せいかつしえん}の介護_{かいご}サービスにおいては，利用者本人_{りようしゃほんにん}の人生_{じんせい}の時間軸_{じかんじく}をふまえたうえで，支援_{しえん}のあり方_{かた}を考_{かんが}えていく必要_{ひつよう}があります。

▶▶ 本人_{ほんにん}の代行_{だいこう}ではない，「生活_{せいかつ}の再構築_{さいこうちく}」の支援_{しえん}

　従来_{じゅうらい}，一般的_{いっぱんてき}に施設生活_{しせつせいかつ}などにおいては，利用者自身_{りようしゃじしん}が身_みのまわりのことを自分_{じぶん}でしないのがあたりまえのことであり，それがよいサービスだと思_{おも}われてきた面_{めん}もあります。しかし，本来_{ほんらい}の介護_{かいご}サービスが有_{ゆう}する機能_{きのう}を，要介護状態_{ようかいごじょうたい}にある利用者_{りようしゃ}その人_{ひと}の生活_{せいかつ}の再構築_{さいこうちく}の支援_{しえん}と考_{かんが}えるのであれば，利用者_{りようしゃ}を一方的_{いっぽうてき}に生活弱者_{せいかつじゃくしゃ}と決_きめつけていくことには問題_{もんだい}があります。なぜならば，人間_{にんげん}は「生_いかされた」状態_{じょうたい}に満足_{まんぞく}することなく，みずから「生_いきよう」としてこそ意欲_{いよく}や生_いきがいも生_{しょう}じてくるからです。

　不自由_{ふじゆう}があるからとか，面倒_{めんどう}だからといって利用者_{りようしゃ}みずからが動_{うご}くことを避_さけて介護職_{かいごしょく}が代_かわりに行_{おこな}っていくことが続_{つづ}くなら，その利用者_{りようしゃ}はどんどん能力_{のうりょく}が低下_{ていか}し，できることもできなくなっていきます。同_{おな}じ「サービス」という言葉_{ことば}を用_{もち}いていたとしても，本人_{ほんにん}に代_かわって行_{おこな}うことが望_{のぞ}ましいとされるホテルなどでのサービスとは異_{こと}なり，介護_{かいご}サービスにおいては「できることは自分_{じぶん}で行_{おこな}う」ことが望_{のぞ}ましいといえます。

❷ 業務の効率化にとらわれない専門的な介護サービス ::::::::::::::::::::::::::::

▶▶ 業務優先の介護のあり方と自立支援

　手際よく作業を進めていこうとする業務優先の介護のあり方も，自立支援（☞第1巻p.14）の介護サービスとはほど遠いものです。

　介護の仕事をただ業務的な視点からとらえれば，できる生活行為を利用者みずからがゆっくり時間をかけて行うことは，あたかも作業の能率を低下させる余分な行為と思うかもしれません。あるいは，からだの不自由な利用者みずからが行う生活行為は，ただ時間がかかるばかりではなく，たとえば食べこぼしによる掃除や片づけなど，介護職にとっては余分な手間や時間も生じさせます。

　業務の効率性だけを考えるのであれば，利用者の代わりに介護職が食べさせるほうが時間もかからず，仕事もはかどり，無駄のない作業となります。

　しかし，要介護状態にある利用者その人は，そうした作業優先の手際よい介護を受ければ受けるほど，今もっている力を低下させていきます。あるいは，食事介助などでは，今もっている力が低下していくばかりではなく，自分とは合わないペースで食べ物を口に運ばれる結果，誤嚥性肺炎[1]（➡ p.59 参照）などを起こしやすくなったりもします。さらには，何かしてもらう自分の姿から利用者の自尊心は傷つき，その結果，意欲の面に関しても本来の状態からさらに後退していく事態が生じがちとなります。

▶▶ 利用者は「何ができるか」「何がしたいか」

　専門的な介護サービスとは，利用者の心身の健康に十分な配慮をしつつ，利用者その人が今もっている力や意欲の活用をはかり，要介護状態であってもその人なりの生活の再構築をはかっていくことをめざしています。それゆえに，要介護状態にある高齢者や障害のある人たちを主人公とした利用者主体の支援を行っていくためには，利用者の「できないこと探し」ではなく，「できること探し」の視点が重要となります。

　つまり，介護職には利用者その人が「何ができないか」を見きわめる以上に，「何ができるか」を見きわめ，「何がしたいか」を引き出していく力こそが必要とされています。だからこそ，介護サービスにおいては利用者の心身の状態のみならず，その人の有する価値観や生活習慣，あるいは生活史などを尊重した個別支援の視点が大切となってきます。

3. 自立に向けた ICF の考え方

❶ ICF とは

　ICF とは国際生活機能分類とも呼ばれ，2001 年に世界保健機関（WHO）の総会におい
て従来の ICIDH（国際障害分類）の改定版として定められたものです。そもそも国際障
害者年の前年（1980 年）に示された ICIDH では，障害の概念について，① impairments
（機能障害），② disabilities（能力障害），③ handicaps（社会的不利）に分けて整理され
ていました。具体的な例にあてはめて説明すれば，①病気やけがによって足に損傷をきた
すこと，②そのために歩くことや走ることが遅くなるといった能力面に支障が生じるこ
と，③さらにはそのために就職などに不利益を被ること，といったように，①〜③は別の
レベル（階層）に存在する問題であるという概念整理です。
　この ICIDH の考え方により障害問題の社会的理解が進むとともに，障害関連施策にも
大きな進展がみられました。しかし，ICIDH の段階では，まだ障害の問題を病気やけが
等の結果として生じるマイナス面でしかとらえていないことが批判されました。
　ICF は単なる障害概念の分類ではなく，人間の生活機能と障害に関する状況を記述す
ることを目的としており，「健康状態」「心身機能・身体構造」「活動」「参加」「環境因子」
「個人因子」という構成要素から成り立っています（図 1-8）。また ICF では，生活機能
の 3 つのレベル（階層）である「心身機能・身体構造（生命レベル）」「活動（生活レベル）」

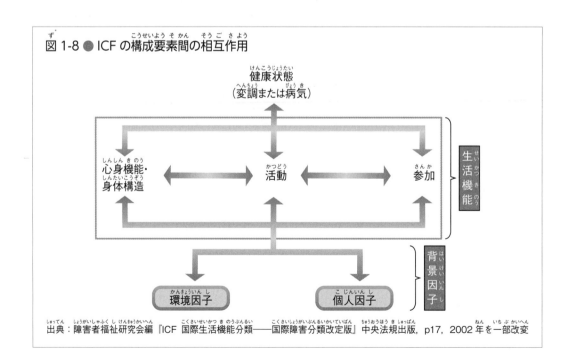

図 1-8 ● ICF の構成要素間の相互作用

出典：障害者福祉研究会編『ICF 国際生活機能分類──国際障害分類改定版』中央法規出版, p17, 2002 年を一部改変

「参加（社会レベル）」が独立して存在しているのではなく，それぞれが相互に影響を与え合うとともに，「健康状態」「環境因子」「個人因子」とも影響を及ぼし合っていると考えています。

　ICF そのものは分類であり，生活機能や障害に対する支援過程などをモデル化していくものではありません。しかし，障害をただマイナスととらえるのではなく，生活機能の観点からプラスの側面も含めて見直していこうとする ICF の視点は，自立支援をめざす介護の基本視点と重なり合うものです。

❷ ICF の視点をいかした介護実践

　「障害がある」という意味からいえば，積極的な医療やリハビリテーションにより「よくする」ことだけをめざしたかかわりにはおのずと限界もあります。本人の「やりたいこと」や「できること」を見いだすとともに生活環境を見直し，福祉用具や道具を活用することなどによって，利用者本人の生活のなかの不自由さの軽減をはかり，QOL を高めていく視点も必要です。

　また，高齢者への生活支援ということでは，現在の状態像だけから利用者の思いを知ることはできません。長い人生を過ごしてきた利用者の生き方や生活史を理解し，今の暮らしのなかで「やりたいこと」や「できること」を支援していく姿勢が求められます。

　ICF の視点をいかした介護においては，利用者がただ一方的に介護を与えられて受け身の生活を送るのではありません。生活のなかで不自由なところがあったとしても，利用者の「やりたいこと」や「できること」を増やしていけるような介護のあり方が求められています。

▶▶ 能力や意欲をいかした介護——生活者として理解する

　介護を必要とする高齢者や障害のある人たちへの支援では，「何ができない人か？」といった消極的側面だけで情報を整理し，1 人では日常生活を送ることができない人といった一方的な見方をしてしまうと，本人の今もっている力や潜在能力を見落としがちとなります。それゆえに，ICF の視点をいかした介護実践においては「何ができる人か？」「何をしたい人か？」と積極的側面からのアセスメントが重要になります。

　たとえば，認知症の人の行動について，図 1-9 のように考えることができます。

　多くの場合，歩くことが可能な身体状況にある認知症の人は，多少の混乱はあっても食事を自分で食べることが可能な人たちがほとんどです。つまり，認知症により施設内を歩きまわっているような身体的自立度の高い利用者の支援課題は，記憶障害によりトイレや自分の居室がわからず，また見当識障害により時間の感覚もわからなくなって，みずから日課を組み立て生活することができないことだけだと整理できます。

図 1-9 ● 認知症の人の行動のとらえ方

歩きまわる　→　【×】問題行動

↓

【○】　歩く力がある：誘導によって，居室・トイレに自分で行くことができる。結果として，一部
介助を必要としても，排泄自立に近い形で生活維持が可能

見方を変えれば，歩行能力が維持できている認知症の人へのかかわりでは，本人にわかりやすいような生活環境を整え，必要な場面での支援を工夫していくことで，その人なりに安定した日常生活を送ることが可能になります。つまり，利用者を一方的な介護の受け手ではなく，生活者としてとらえ直していくことで介護の方向性を一変させることができるのです。

▶▶ 生活の再構築という視点——介護のあり方を見直す

介護福祉士の資格制度ができた当初の介護技術の考え方は，どんなに重度の障害がある利用者に対しても，入浴，排泄，食事その他の介護を行うことができるといった，いわば全介助を前提としたものでした。また，特別養護老人ホームなどの高齢者介護施設のあり方も，少し前までは介護のしやすさを当然視した建物構造であるのが一般的でした。

しかし，介護保険制度がスタートしたころから，全介助を前提とした介護技術のあり方や業務優先の施設運営が時として過剰な介護を生み出し，利用者の廃用症候群を助長しているのではないかと指摘されました。また，2001（平成13）年からはICFの視点の重要性も指摘されるようになり，介護を必要とする高齢者を「回復がむずかしい患者」ではなく，「障害をかかえて生活する人」ととらえ直し，介護のあり方や施設運営を見直していく必要性が強調されるようになりました。

生活を支援する観点から介護のあり方を見直し，要介護状態にあっても利用者の「できること」や「やりたいこと」を見いだしていくことで，まだまだ利用者の生活の可能性は大きくひろがっていきます。そもそも介護保険法第2条第2項では，保険給付にもとづくサービスは「要介護状態等の軽減又は悪化の防止に資するよう行われる」とされています。そのためには，利用者をただ一方的に介護の受け手と見なすのではなく，まさにICFの視点を活用し，利用者本人の生活能力の維持・向上をはかる視点こそが重要となります。

これからの介護のあり方は「介護」と「生活」を切り離すのではなく，要介護状態という利用者の生活像を受け入れつつ，どのような支援によりその人らしい生活の再構築をはかれるのかが重要な視点となります。

▶▶ 「できること」は要介護度の違いでも変わる──個別ケアの重要性

　介護保険制度の基本理念の1つである自立支援という言葉の意味を，身体的な自立をめざすものとしてせまく理解すると，要介護度の重い利用者は自立できないことになってしまいます。ここでいわれる自立とは，独立心や自主性といった精神的な自立も意味しており，自律という言葉に置き換えることが可能です。

　そのような意味で，要介護度の重い利用者に対する介護のあり方としては，その人が過度に依存的な生活を送ることのないよう，少しでも自分の生活に誇りと自信がもてるように支援をしていく視点が重要です（表1-6）。

　また，在宅での生活を望んでいる利用者やその家族に対しては，できる限りそれまでの生活が維持できるよう，利用者本人の心身機能の維持をはかっていく視点も重要です。安全面を重視しすぎて通所介護（デイサービス）や短期入所生活介護（ショートステイ）などの利用場面で常に車いすに座らせておき，結果的に立位や歩行機能が低下してしまったのでは，在宅生活の維持そのものが困難となります。通所介護や短期入所生活介護の利用時にもできる限り自分の力で立ったり，歩いたりすることができるよう，十分な見守りと環境整備，福祉用具の活用といった介護の視点が求められます。

　同時に，利用者が何らかの活動を行ったり，役割をになったりといった生活の支援も大切です。通所介護や短期入所生活介護の場面でも，運動やレクリエーションだけでなく，皿洗いや簡単な掃除を手伝ってもらったり，花の手入れを手伝ってもらったりと，日常生活のなかには利用者の生活経験をいかしてできる活動があります。

　ICFの視点をいかした介護として，要介護状態により心身機能が不自由であっても，また生活のなかに不便な部分があっても，利用者本人が自分らしい生活を送ることができる支援を工夫することが求められます。

表1-6 ● 支援をしていく視点

施設で暮らす要介護度の重い人たちの日課を決める場面	施設側や介護職の事情を優先するばかりではなく，利用者本人の能力や意向を尊重していくことが重要
日常的に行う介護行為の場面	介護職側のスピードや感覚だけでただ作業的に手際よく実施するのではなく，利用者本人にていねいな声かけを行い，意思確認を行ったうえで，本人の気持ちやリズムに即して実施していく姿勢が自尊心を傷付けない観点からも重要
福祉用具や道具を活用して，「できること」を増やしていく介護のあり方	ベッドやトイレ等における立位補助のための手すりを活用し，できる限り自分の力を使って立ち上がってもらうことや，介護用リフトやスライディングボードなどを活用して積極的に離床をうながすことで，利用者の生活は活性化し，結果的に身体的機能の維持・向上をはかっていくことにもつながる。

4. 自立に向けたリハビリテーションの考え方

❶ リハビリテーションとは

　リハビリテーションの本来的な語源は「地位や名誉を回復して，再び人間らしく生きる」という意味をもちます。それゆえに，リハビリテーションの基本的な考え方は，疾病や障害があってもその有する能力と可能性を最大限にいかし，身体的・心理的・社会的に自立（自律）できるよう，あらゆる角度から支援していくことです。

　ICF の視点にもとづく介護の基本的な考え方も，その人ができないことを助けるのではなく，自分でできるように援助していくことにあります。つまり，介護の役割として，高齢者や障害のある人の潜在能力を見いだし，できる限りその能力を引き出していくことが重要であり，これはリハビリテーションの視点と重なり合うものです。高齢者や障害のある人にとっては，日々の生活のなかで行われる生活行為そのものがもっとも大切なリハビリテーションの機会ともなります。つまり，介護サービスを提供していく場合，日常の生活動作全般をリハビリテーションの機会ととらえ直し，いかに身体や頭を使って，それまでの生活を継続させていくかを考えることが重要です。介護現場では，こうした考え方を生活リハビリテーション（生活リハビリ）ともいっています（表 1-7）。

表 1-7 ● 生活リハビリテーションの考え方

高齢者や障害のある人は転倒リスクが高く，さいなきっかけで転倒してしまう人が多くみられる。転倒すれば骨折につながることも多く，骨折から寝たきり状態へ，さらにはそれが身体機能の低下や肺炎などの遠因となるだけではなく，認知症の進行を早める原因にもなる。	日々の生活のなかにおいて体力や能力低下を招かないよう，リハビリテーションの発想を用いた支援の工夫が求められる。
高齢者や障害のある人の立位や移動能力には個別性が高く，転倒のリスクも一人ひとりで異なる。	転倒を予防し，活動的な生活が維持できるように利用者一人ひとりの生活スタイルや身体機能に合わせた生活環境を整えていくために，リハビリテーション専門職との連携が大切となる。
老化は個別性が大きいものの，身体的な機能低下そのものは自然な変化の過程でもある。適切な配慮がなされず，不十分な介護状態に置かれると，高齢者はささいな病気や障害が原因で容易に寝たきりになってしまう。	利用者本人の心身の状態に合わせて生活環境を整え，ほかの人とかかわって身体や頭を使う機会をつくり，閉じこもりにならずに楽しみをもった生活が維持できるよう，リハビリテーションの発想をもった介護のあり方が重要となる。

❷ 介護実践におけるリハビリテーション

▶▶ 生活のなかにおけるリハビリテーションの発想

　介護サービスの提供に際しては、介護保険法第2条第2項の規定にあるように利用者の「要介護状態等の軽減又は悪化の防止」をはかることが必要です。そのため身体拘束については、緊急かつ一時的で代替手段のない場合を除いては許されません。また、過剰な薬物使用による安静や過度に安全を重視することで、利用者の心身機能を損なうことがあってもいけません。日々の介護の積み重ねこそが心身機能の維持・向上にとって重要であるため、生活のなかにリハビリテーションの発想をもつことが必要となります。

　その意味で、2004（平成16）年に厚生労働省から出された高齢者リハビリテーション研究会の報告書にある「高齢者リハビリテーションの基本的な考え方」を知っておくことは、介護の方針を考えるヒントとなります。

▶▶ 自立（自律）支援に向けたリハビリテーションと介護の方針

　利用者の原因疾患や状態像により、自立（自律）支援に向けたリハビリテーションや介護の方針は異なります。しかし、基本的な考え方としては、まずは利用者が動きやすい環境を整え、できる限り自分で動ける状況をつくることが重要であることに変わりはありません。たとえば、脳血管障害の後遺症として麻痺が残った場合、低床ベッドや車いす、手すりのついた洋式トイレなどを利用することにより、自力での排泄が可能となる人も多くみられます。

　脳卒中などにより急に身体状態の悪化がみられた場合、多職種連携のもと、早期治療・早期リハビリテーションが状態回復に有効です。それに対して、自分の部屋やベッドから離れることをいやがる高齢者もみられます。しかし、人間の心身機能は使わなければそれだけおとろえが進みやすく、高齢者の場合、一度おとろえた心身機能を回復させることはむずかしいのが特徴です。

　とくに「自分の部屋やベッドから離れたくない」という訴えの背景にうつ病などがひそんでいる場合には、無理に離そうとはたらきかけても逆効果になりかねません。精神状態が深刻なようであれば、精神科の医師に相談する必要もありますが、それほどでもないのであれば、本人の意思を尊重しつつ、本人が「してみたい」「やってみたい」と思えるような活動を用意したうえで、適切に言葉かけをしてうながしていく支援が求められます。

　介護職は、利用者の自尊心を尊重し、その人らしい生活の実現に向けて根気強くはたらきかけていくかかわりが大切になります。そのためには、リハビリテーションの知識や技術をいかした介護実践が必要になります。

▶▶ 介護予防と重度化防止

　たとえ介護を必要とする状態にあったとしても，利用者本人が日常生活を送るうえで不自由さや不便さが少なくなるように介護サービスを提供することが大切です。

　その一方で，そもそも介護を必要とすることがないように，あるいは介護を必要とする状態であってもそれが少しでも軽減できるように，介護予防や重度化防止といった視点をもって介護サービスを提供することもさらに重要であるといえます。

　本来，人間も自然界に生きる生物であるわけですから，年老いておとろえ，やがて死という現実を迎えることは，いわば仕方のない事実です。とはいえ，老いやおとろえのあらわれ方は多様であり，すべての高齢者が重度の要介護状態となって死を迎えるわけではありません。なかには90歳，100歳を迎えても元気なまま，最期の数日間だけベッド上で過ごして亡くなっていくような人もいます。

　たしかに，高齢期の体力や生活能力は人それぞれであり，要介護状態にいたった原因疾患やけがの状態，あるいは本人が生まれつきもった生命力の違いは大きいといえます。ただし，高齢期の生活状態はそれまでの人生で積み重ねてきた生活習慣などによる影響も大きく，すべての理由が生まれつきの体力や生命力に還元されるわけでもありません。

　その意味では，高齢期にどのような生活を送るのかも，介護予防の観点からは重要なポイントといえます。

▶▶ 介護予防の具体的なあり方

　介護予防のあり方については，ただ軽い運動をして身体を動かしたり，漢字や計算ドリルといった，いわゆる脳トレーニングを試したりする以外にも，さまざまな発想をもって支援することが不可欠です。

　具体的には，利用者本人の思いや生活習慣を尊重したうえで何か日常的な役割をになってもらい，活動的で刺激のある生活を保持していけるような支援が重要です。とくに，高齢者のなかでも80歳代後半や90歳にいたった高年齢の人たちへの支援では，「よくなる」ことをめざして無理をさせる以上に，「悪くしない」といった重度化防止の視点から介護予防に取り組んでいくことも重要です。

▶▶ リハビリテーション専門職の役割

　介護実践における介護職とリハビリテーション専門職との連携といっても，それがどのような場で展開されるのかにより，連携の仕方は大きく異なります。リハビリテーション専門職との連携にあたっては，より専門的な知識や技術が求められる場合もあるため，介護職みずからがリハビリテーションの考え方について学んでいく必要もあります。なお，介護実践におけるリハビリテーション専門職の役割は，ただ身体を動かすことばかりにあるわけではありません。たとえば，表1-8に示すような役割などが期待されています。

表1-8 ● 介護実践におけるリハビリテーション専門職の役割

・飲みこみなどに不安をかかえる利用者に対して，嚥下体操を実施する
・食べやすい食器や食材の工夫をはかり，摂食状態の改善を行う
・利用者の状態像に合わせた福祉用具を活用する
・寝る姿勢や座ったときの状態を安定させるポジショニング

▶▶ 生きる意欲や生きる希望を支える──リハビリテーションの視点と介護

　介護保険法の基本理念には，自立支援とならんで利用者の尊厳の保持がうたわれています。ここでいう自立とは，他者からの援助を受けないことを意味するのではありません。老いや重度の障害があっても，自分の主体的な生活を実現していくために自分でできることを自分で行っていくことは，身体的な自立以上に精神的な自立（自律）の面から重要な意味をもちます。つまり，介護における自立支援とは，自分の暮らしに自信と誇りがもてるように，利用者自身の生きる意欲や生きる希望を支えていこうとするものです。

　利用者の尊厳を保持していくためには，要介護状態になっても自分のことは自分でできるよう，リハビリテーションの視点をもった介護のあり方や専門職との連携が重要になります。

5. 自立_{じりつ}に向_むけた個別_{こべつ}ケアの考_{かんが}え方_{かた}

❶ 個別_{こべつ}ケアの考_{かんが}え方_{かた}と進_{すす}め方_{かた}

　生活_{せいかつ}を送_{おく}るうえでの価値観_{かちかん}や趣味_{しゅみ}・好_{この}みのあり方_{かた}に多様性_{たようせい}があることは，利用者_{りようしゃ}の自立_{じりつ}に向_むけた個別_{こべつ}ケアを考_{かんが}える際_{さい}のむずかしい課題_{かだい}の１つといえます。

　たとえば，食事_{しょくじ}をするという行為_{こうい}１つとっても，人_{ひと}それぞれで考_{かんが}え方_{かた}や好_{この}みに大_{おお}きな違_{ちが}いがあります。栄養面_{えいようめん}を重視_{じゅうし}する人_{ひと}もいれば，味_{あじ}つけや見_みた目_めをとても大切_{たいせつ}にする人_{ひと}もいます。あるいは，食_たべられるのであれば食材_{しょくざい}や調理方法_{ちょうりほうほう}にはこだわらないという人_{ひと}もいます。

　そうしたそれぞれの考_{かんが}え方_{かた}や好_{この}みについては，ふだんの生活_{せいかつ}を送_{おく}るなかでは，どれが正_{ただ}しく，どれが間違_{まちが}ったものであるかなど，だれからも指摘_{してき}されることはありません。こうしたことは食事_{しょくじ}の場面以外_{ばめんいがい}でも，服装_{ふくそう}の好_{この}みや清潔_{せいけつ}に対_{たい}する感覚_{かんかく}，時間_{じかん}の使_{つか}い方_{かた}や人間関係_{にんげんかんけい}のもち方_{かた}など，生活全般_{せいかつぜんぱん}にかかわるすべてのことにあてはまります。

　ふつうに生活_{せいかつ}している限_{かぎ}り，価値観_{かちかん}や好_{この}みが人_{ひと}それぞれ異_{こと}なっていて当然_{とうぜん}だと考_{かんが}えられています。このような視点_{してん}にもとづいて自立_{じりつ}に向_むけた個別_{こべつ}ケアを考_{かんが}えると，介護職側_{かいごしょくがわ}の価値観_{ちかん}を一方的_{いっぽうてき}に押_おしつけるのではなく，利用者_{りようしゃ}の日常的_{にちじょうてき}な生活状況_{せいかつじょうきょう}におけるQOLの向上_{こうじょう}が重要_{じゅうよう}であることがわかります。

　また，時_{とき}として利用者_{りようしゃ}やその家族_{かぞく}から寄_よせられるすべての要求_{ようきゅう}にこたえることが，個別_{こべつ}ケアを重視_{じゅうし}した取_とり組_くみであるかのような思_{おも}い違_{ちが}いも生_{しょう}じがちです。こうした思_{おも}い違_{ちが}いは，対人援助_{たいじんえんじょ}サービスとしての介護_{かいご}の専門性_{せんもんせい}に対_{たい}する無理解_{むりかい}に起因_{きいん}しています。なぜならば，個別_{こべつ}ケアとは，たとえ介護_{かいご}を必要_{ひつよう}とする状態_{じょうたい}にあっても一人_{ひとり}ひとりの利用者_{りようしゃ}が個人_{こじん}として尊重_{そんちょう}され，その人_{ひと}がもっている能力_{のうりょく}に応_{おう}じて自立_{じりつ}した日常生活_{にちじょうせいかつ}を営_{いとな}むことができるよう支援_{しえん}していくことにあるからです。

　ここでいう自立_{じりつ}には，こころの自立_{じりつ}や独立心_{どくりつしん}といった概念_{がいねん}が含_{ふく}まれています。そして，このこころの自立_{じりつ}といった観点_{かんてん}をふまえれば，個別_{こべつ}ケアの尊重_{そんちょう}が，利用者_{りようしゃ}の要求_{ようきゅう}をすべて認_{みと}めていくことにはならないことも理解_{りかい}できるはずです。このことについて，社会福祉_{しゃかいふくし}の援助論_{えんじょろん}では**表_{ひょう}1-9**のように表現_{ひょうげん}されます。

　介護_{かいご}の専門性_{せんもんせい}という観点_{かんてん}から考_{かんが}えれば，ただ本人_{ほんにん}の意思_{いし}を尊重_{そんちょう}し，本人_{ほんにん}の希望_{きぼう}どおりの介護方針_{かいごほうしん}を立_たてることが，個別_{こべつ}ケアを重視_{じゅうし}したよい介護_{かいご}というわけではありません。このことを図_ずに示_{しめ}すと，**図_ず1-10**のようになります。

表 1-9 ● 社会福祉の援助論

| 利用者の一方的な思い（wants）や要求（demand） | ➡ | 主訴 |
| 支援の必要性 | ➡ | ニーズ |

図 1-10 ● 個別ケアを重視した介護

要介護状態にある利用者が部屋から出てほかの人とかかわるのをいやがる。

部屋に閉じこもったままの生活を許容していった結果

利用者本人の廃用症候群は確実に進行するばかりか，刺激も少ない生活環境のなかで，心身機能や認知機能の低下が進んでいきがちになる。

個別ケア

① 介護職とのあいだに一定の信頼関係ができあがるまでは，利用者に無理強いすることはないが，要介護状態にある人にとっては閉じこもりがちの生活環境が適切ではないことを利用者・家族にきちんと説明し，計画的に支援していく対応が必要となる。
② 利用者が部屋から出てもよいと思えるように生活環境を整え，さらに興味がもてる活動場面を提供していく。
③ 「要介護」という状態は，利用者の意思と関係なく存在する事実であることを認めたうえで，専門的な対応をしていくことが望まれている。

介護専門職としての役割

① 利用者の思いを尊重した，個別的で計画的な介護サービスを提供し，利用者自身の気持ちが変化していくようにはたらきかけていく。
② ていねいなアセスメントにより全体的な情報の収集を行い，介護職，さらには多職種が連携をはかるチームとして，必要な方針を定めて支援し，そのうえで記録を残していくといった一連の取り組みが求められる。

❷ 「利用者主体の生活支援」としての介護 ::::::::::::::::::::::::::::::::::::

▶▶ 利用者一人ひとりを尊重する

　介護を必要とする高齢者の多くは，最初から重度の要介護状態にあったわけではありません。ほとんどの人は老化や病気の進行とともに徐々に状態が重度化し，必要とする介護サービスの量が増加していった人たちです。

　そのような意味から考えれば，要介護状態にある利用者への介護では，その人の生活支援を目的として，ただ本人にできないことを手伝うのではなく，**要介護状態の軽減や重度化防止の視点**も取り入れつつ，**今もっている能力を活用した介護**を提供していくことが重要です。

　そのため，アセスメントの視点としても，利用者本人が「何ができないのか？」「どこに不自由を感じているか？」を確認するだけでは十分ではありません。それ以上に，「何ができるのか？」「何がしたいのか？」ということに関心を寄せて観察し，利用者一人ひとりの思いや意欲，生活習慣などを尊重した個別ケアの考え方をもつことが重要です。

▶▶ 全体的・総合的に理解する

　それと同時に，要介護状態にある利用者を理解するためには，現在の生活状態だけをみて介護の必要性を考えるのではなく，そもそも利用者がどんな人で，どんな生活を送ってきたのか，これからどんな生活を送りたいのかなど，全体的・総合的に理解することが求められます。

　なぜなら介護の本来の目的は，それまでの利用者の日常的な生活ができる限り維持されるよう支援していくことにあるからです。そのため，介護サービスを提供するうえでは，利用者本人の価値観やそれまでの生活習慣などを尊重していくことが重要となります。

　その意味では，利用者本人に知的機能や認知機能の障害がなく，自己決定できる人であれば，本人のADLを高めていくことで，利用者自身が自分なりの生活を再構築していくことになるという理解が重要です。

　一方，要介護高齢者のなかでも認知症の人への生活支援にあたっては，本人の置かれた生活環境と本人の思いや生活状態との不一致により，生活上の混乱をきたしているため，ただADLを高めればおのずと生活の再構築がはかれていくものではありません。

　具体的にいえば，ADL向上の視点以上に，利用者本人が自信と落ち着きを取り戻して自分らしく暮らせるように，本人といっしょに生活環境等を整えていく観点，つまり**利用者主体の生活支援としての介護の視点**こそが重要となります。

❸ 利用者の状態像で異なる個別ケア ::

　要介護度の違いにより，生活支援の意味が大きく違ってくることにも注意が必要です。

　要介護状態にあっても，身体的な自由度や意思決定能力，責任能力が比較的十分にある人たちに対しては，本人の意思を尊重し，「〜したい」と思うけれども本人だけでは十分にできないことを手助けすることがQOLの向上につながります。ただし，そうした際に生じるリスクや費用に関しては，基本的に要介護状態にない人たちと同様，本人の自己責任の範囲で考えて支援していくこととなります。一方，要介護度が重い人たちの場合は，身体的な自由度が下がったり，認知症の進行などによって状況の変化がみられたりすることが多くなってきます。そのため，こうした人たちへの生活支援では，意思決定能力が十分にある人たちへの支援と同様の「〜したい」を尊重した手助けをしていくといった発想だけでは，利用者のQOLを向上させることがむずかしくなります（図1-11）。

　重度の要介護状態にある利用者の尊厳を支える介護では，入浴，排泄，食事の介護だけでなく，その人の身だしなみや整容・保清といった生活面への配慮も重要な位置を占めています。介護職は顔や口の中のよごれ，清潔でその人らしい衣類の着用，さらに，においの問題などに十分な気配りが必要とされます。重度の要介護状態にある利用者にとってみれば，日常生活の基礎を支える生活行為について，ていねいな支援を受けることでストレスの少ない生活を送れることが，QOLを決定づけるものとなります。

図1-11 ● 要介護度の重い人たちへの生活支援

状況の変化

① 意思決定能力や責任能力が十分ではない人が多くなる。

② さらに，認知症が進行していけば「思い」と「行動」とを一致させることがむずかしくなり，発語そのものも困難になる場合がある。

③ 要介護状態の重度化が進むと，利用者本人だけでは整容や保清といったセルフケアはもとより，食事や栄養，水分の摂取等といった生命維持活動そのものの自立が困難になる。

⬇

生活支援のあり方

① 排泄環境を含めた細かな面での清潔の確保はもちろんのこと，食事の形態，使いやすい食器の準備，安全で安心できる生活環境や移動手段の確保等，日常生活の基礎的部分についての「生活支援」が重要な意味をもってくる。

② 目の前の小さなことに十分な目配りをしつつ，しっかりとアセスメントを行ったうえで計画的な支援を組み立てていく「個別ケア」が重要となる。

③ 順序立てて段階的な介護展開を確実に行っていくためには，日々の観察結果の分析とそれに関する職員間の的確な情報共有，そして必要に応じての計画立案や対応方法の小まめな見直しといった個別ケアの展開がくり返されていなければならない。

6. 介護の専門性

① 利用者主体の支援姿勢

▶▶ 利用者を主体にした支援

　加齢や老化にともなう障害があっても，その人らしい生活ができるように，一人ひとりの生活をつくる必要があります。そのためには，利用者を主体にした支援が必要であり，その支援を行う介護職の役割は重要になります。

　介護職には，利用者の主体性を考えて介護するための知識や技術，感性が必要で，それぞれの利用者がその人らしく生活できるように創意工夫した支援を行うことが求められます。

▶▶ 生活できる環境づくり

　利用者を支えるためには，生活できる環境づくりも重要です。住み慣れた家であっても，加齢や障害によって身体などに不自由が生じると，生活の継続がむずかしくなることがあります。動きやすい居住空間にするために，住宅改修や福祉用具の導入が考えられますが，利用者の生活に合わせて，本人の主体性を尊重しながら環境づくりを進めていきます。

　家族介護者がいる場合には，その介護負担なども考慮しながら取り組んでいきます。ハード面だけでなく，利用者の精神面についても考慮することが大切です。

▶▶ いちばん落ちつく場所とは

　ホテルや旅館などに数日間宿泊したあと，自宅に帰ったときに，「やっぱり自分の家がいちばん落ちつく」と感じたことはないでしょうか。おそらく，それが大変に評判のよいホテルや旅館であったとしても，同様だと思います。

　では，なぜ多くの人は，長期の外泊のあとで家に帰ると，落ちついたり，ホッとしたりするのでしょうか。それは，自宅というものが，他人が設定した生活環境の中ではなく，自分なりに使いやすいようにしつらえられ，自分なりの生活リズムや生活習慣で，だれにも遠慮することなく過ごすことができる場所だからではないでしょうか。

　介護職に求められるのは，利用者主体の生活支援です。そこで重要なことは，利用者を「お客様」として扱うことではありません。どんなに心身の機能がおとろえ，日常生活のすべての面において他者の手を借りるような状態であったとしても，利用者本人を生活の主体者とみなし，その意思を尊重していく姿勢が大切です。

❷ 利用者の生活意欲と潜在能力の活用

▶▶ 生活意欲を高める介護

　従来は，老化や障害にともなう心身機能の低下，麻痺などがあると，安全を確保するという理由から，要介護状態にある高齢者にベッド上で安静にしてもらうということもみられました。このことを，寝かせきりと言ったりしました。

　しかし，重度の意識障害がある場合や，病気で体調が悪いときなどを除けば，できるだけ動くことが大切です。

　ベッド上の生活では，いわゆる寝たきり状態が続き，廃用症候群になりかねません。少しでも動くことで身体機能が活性化するとともに，生活意欲が生まれてきます。その生活意欲を高めていくことが介護では重要です。

▶▶ 潜在能力を活用する介護

　介護が必要であっても，すべての行為に介助が必要になることはそれほど多くはありません。介護にあたっては，利用者の行為のプロセスのなかで，どこができて，どこができないのかを把握するとともに，工夫すればできると思われる力を引き出すことも大切です。

　利用者の希望や動機づけをうまく活用したり，それまでは自分で行っていないことであっても，発想を変えてアプローチしていくと，潜在能力が引き出されることもあります。

　細やかな観察力と洞察力で利用者の潜在能力を引き出し，生活にいかしていくことが重要です。

▶▶ チームで発揮される介護サービス

　生活とは，24時間365日続いていくものです。そのため，利用者に提供されるサービスは，途切れることなく，一貫して提供される必要があります。また，要介護状態にある高齢者に求められるサービスのなかには，介護職による生活支援もあれば，福祉的な相談援助，さらには医療的な管理など，多様なサービスが必要なケースも少なくありません。だからこそ，**チームケア**が重要になるのです。

　このチームケアには，2つの意味が含まれています（**表1-10**）。

表1-10 ● チームケアの2つの意味

- 他職種とのチームケア（医療，看護などの保健医療関連スタッフ，ソーシャルワーカーなどの福祉関連スタッフとの多様なチームケア）
- 介護職同士のチームケア（訪問介護（ホームヘルプサービス）や介護保険施設，通所介護（デイサービス）などにおける介護職同士のチームケア）

▶▶ 他職種とのチームケアから考える介護職の専門性

　他職種と比較した場合，**介護職の専門性**とは何でしょうか。

　介護職が行う生活支援とは，利用者がたとえ要介護の状態であったとしても，納得できる水準の生活状態が確保され，生きる意欲が高められるべきものです。介護職が提供していかなければならないのは，そのための食事の介助であり，そのための清潔の保持に向けた介助といったことなのです。

　1つ例をあげると，生活の基礎となる食習慣は，食材や調理法，味つけにいたるまで，人によって千差万別です。多くの人にとって食事とは，自分がおいしいと思うものを，おいしいと思える雰囲気のなかで食べることなのではないでしょうか。

　人の生活，とくに高齢者の生活というのは，生きてきた時間の集積です。利用者の1つひとつの動作から，その人の生活習慣を学び，生きる喜びや希望を見いだし，生きる意欲を支援していく介護という仕事は，本当に意義深く，価値がある仕事なのです。

　日常の小さな1つひとつの生活行為のなかにある多様性を知り，そして一人ひとりの利用者の生活支援を組み立てていくことは，介護職以外の他職種が行うことはできません。

▶▶ 介護職同士によるチームケアの基本

　介護職による直接的なサービス提供場面の特徴の1つは，他職種と比べて，利用者との接触頻度が高く，かつ日常生活上のかかわりが求められるということです。したがって，24時間365日の介護サービスを利用していくなかで，利用者が不要なストレスを感じたり，不便を感じたりしないためにも，介護職同士によるチームケアの視点は重要な意味をもちます。

　介護職同士によるチームケアといっても，その基本はまず，一人ひとりの介護職が基本的な知識と技術をしっかりと身につけることです。それとあわせて，一人ひとりの利用者の声にきちんと耳を傾ける姿勢をもつことが大切です。

▶▶ 介護職間の意識の統一

　介護職間の意識の統一も大切です。専門的な介護サービスの提供に際しては，「何のために」「どのような方向性で」「何をしていくのか」について，介護職間でしっかりとした共通認識をもつことが重要です。

　たとえば，ゆっくりではあっても，時間をかければ自分で食事をすることができる利用者に対して，ある介護職はしっかりと見守り，別の介護職は親切心からつい手を出して介助してしまうということでは困ります。

　利用者の状態によっては，介護職が手を出しすぎることで今もっている力を奪ってしまう可能性があります。また，利用者によっては，「自力で」とプレッシャーをかけるよりも，必要な介助を的確に行ったほうが，QOLが高まる場合もあります。

▶▶ チームケアの重要性

　介護職による専門的な介護とは，利用者の単なる手となり，足となって生活行為を代行していくことではありません。利用者の状態や意向をふまえつつ，専門的な観点から適切な判断を行い，時には介助し，時には見守り，時には必要な準備だけを行うといった形で，その人の生活を支援していくものです。

　そのためには，他職種との連携や役割分担も重要ですが，同時に，介護職同士のチームケアの重要性についてもしっかりと意識的に学び，実践していくことが求められます。

❹ 根拠にもとづいた介護

▶▶ 介護とは意図的に行うもの

　従来の介護は，介護の歴史をみるとわかるように，試行錯誤をくり返しながら，熟練した技や感受性，洞察力を得て行われてきました。また，先輩介護職は経験から「コツ」や「カン」を習得し，長い年月をかけて後輩介護職へと伝授し，語り継いできました。

　しかし，この方法ではすぐれた技術などの理論は生まれてきません。多様なニーズをもった利用者への介護は，伝承だけではになえなくなってきました。

　介護は意図的に行うものであり，場当たり的に行うものではありません。意図的に行う介護は，介護を行うまでのプロセスを科学的思考にもとづいて説明する必要があります。

　1つひとつの介護行為の背景には，知識や技術，倫理が統合化されており，根拠にもとづいて行われる必要があります。今後は，介護の専門性がこれまで以上に求められるようになります。

▶▶ 介護過程の展開

　根拠にもとづいた介護を行うためにも，介護職は，利用者の生活課題（生活ニーズ）を明確にしたうえで，その課題を解決するために目標を設定し，その目標達成のために介護計画（個別サービス計画[12]（➡ p.59 参照））を立案していきます。そして，計画にそって援助を実施し，その効果について評価していきます。

　このような「アセスメント→計画の立案→実施→評価」という介護過程（☞第３巻 p.4）の展開をくり返すことによって，一人ひとりの利用者に必要な介護とその根拠を明確にしていくことが必要になります（図 1-12）。

　介護過程を展開することによって，客観的で科学的な根拠にもとづいた介護の実践が可能になり，そうした実践の積み重ねが介護の専門性の確立へとつながっていくのです。

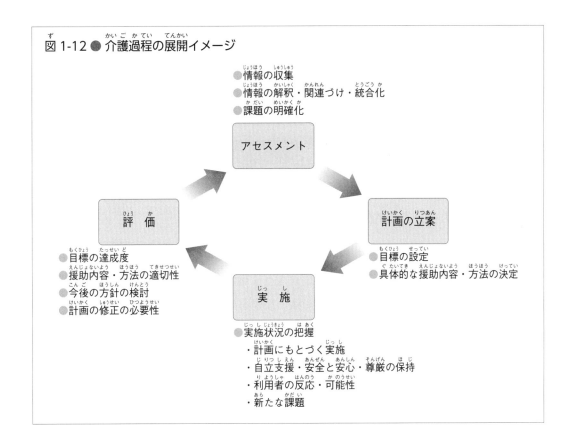

図 1-12 ● 介護過程の展開イメージ

- 情報の収集
- 情報の解釈・関連づけ・統合化
- 課題の明確化

アセスメント

計画の立案
- 目標の設定
- 具体的な援助内容・方法の決定

実施
- 実施状況の把握
  ・計画にもとづく実施
  ・自立支援・安全と安心・尊厳の保持
  ・利用者の反応・可能性
  ・新たな課題

評価
- 目標の達成度
- 援助内容・方法の適切性
- 今後の方針の検討
- 計画の修正の必要性

▶▶ 介護の本質を説明し，伝える力

　介護過程を展開するということは，その人に対してなぜその介護を行うのかを明らかにすることといえます。

　たとえば食事の介護の場合，AさんとBさんに対する介護では，調理方法や盛りつけ方，食べさせ方などは異なるはずです。なぜ異なるのかについて，介護職同士は十分理解できていることでしょう。しかし，多くの人たちにとっては，なぜ介護の方法を一人ひとり変えなければならないのか，わからないのではないでしょうか。

　介護は単なる作業ではなく，一人ひとりの利用者に個別的に対応する支援なのだということを，介護職はきちんと説明できなければいけません。多くの人たちに介護の本質を理解してもらうためには，わかりやすい言葉で表現し，適切に発信していく必要があります。これも介護の専門性の1つといえるのではないでしょうか。

　たとえば，パンフレットや動画などを活用して，介護の現場を見える化するのも1つの工夫です。表面的な紹介にとどまることなく，介護の中身が適切に伝わるように工夫を重ね，介護の実際を知ってもらうことは，専門職だからこそできる仕事です。

　介護技術の習得と実践は介護職にとっての基本であり重要な仕事ですが，これからは介護の本質を説明し，伝える力も同様に大切になります。

介護福祉士の倫理

1. 介護福祉士としての倫理の必要性

❶ 専門職に求められる法的規定

　一般的に専門職と呼ばれる職業人は，一般人にはないような専門的な知識と技術をもっており，かりにそれを悪用した場合，社会や人々に対する影響は大きいものになります。

　したがって，専門職としてもっている知識・技術を悪用せず，善用することが社会のために求められています。

　介護職の場合も，その立場を悪用して虐待などを行えば人の生命・生活をおびやかすことになり，社会においても信用されなくなります。

　このような行為は，実際に虐待などをした本人にとどまらず，介護職全体の信用を失わせることになり，絶対に行ってはならないものです。そのため，介護職の国家資格である介護福祉士に対しては，社会福祉士及び介護福祉士法のなかでさまざまな規定を設けて，高い倫理性を求めています。

　たとえば，同法第45条には「社会福祉士又は介護福祉士は，社会福祉士又は介護福祉士の信用を傷つけるような行為をしてはならない」という信用失墜行為の禁止の規定（☞第2巻p.5）が設けられています。

　そのほか，同法第46条には秘密保持義務について，また，第47条には連携についての規定（☞第2巻p.5）があるなど，国家資格たる介護福祉士として遵守すべき事項が法制化されています。

▶▶ みずからの行動を律する規範

　介護福祉士には，法律以外でも，専門職として守らなければならない行動規範があります。その行動規範を定めているのが倫理綱領です。

　介護福祉士は，利用者がその人らしい人生を実現するために，利用者とともに生活課題とその解決方法を見いだし，生活そのものを支援していく専門職です。なおかつ，支援を必要とする人たちに対して，人間としての尊厳を保障し，自立した生活が送れるように支援する立場にあります。

　しかし，時には利用者に接するさまざまな場面においてどうすべきか，むずかしい判断や行動を求められることがあります。そのようなときには，介護福祉士として守らなければならない規定や公正，公平，正義などと照らし合わせて自分の行動を律することが大切になってきます。そうした行動を介護福祉士一人ひとりが行うことによって，介護福祉士は社会からの期待に応える職業として信頼を得て，確立した国家資格として存在することができるのです。

　介護福祉士は人の生命や生活にかかわる職業であり，人に対しての大きな影響力をもっている職業です。したがって，介護福祉士としては，介護に関する知識と技術を備えていることはもちろん，介護を行ううえで根幹となる倫理について理解し，高い倫理性を養うことが社会的な責務ともいえます。

▶▶ 介護福祉士に倫理性が求められる理由

　介護福祉士には専門的な知識があります。したがって，専門的な知識をもし悪用した場合の社会に対する影響，人々に対する不安感というものは大変なものになるでしょう。極端な言い方をすれば，介護福祉士とは，「心身の状況に応じた介護」という業務を通じて，利用者の生命・財産・将来というものを左右し，うばうこともできてしまいます。利用者に影響力のある業務を行うことを許された国家資格だからこそ，高い倫理性が求められるのです。

　介護福祉士の業務には，利用者との接近性が高く，他人に直接触れるという特徴があります。そのため，介護福祉士にはたとえ悪意がなくとも，なにげなく行っていることが，利用者本人にとっては「尊厳を無視された介護」と受けとられる可能性もないとはいえません。たとえば，介護保険制度における介護サービスの運営に関する基準では身体拘束の禁止（☞第2巻p.40）をうたっていますが，介護福祉士は，身体拘束の禁止に限らず，虐待防止に関する法制度（☞第2巻pp.42-49）なども十分に理解したうえで，日々の業務はもちろん，日常においても倫理というものを遵守した形で行動することが求められています。

▶▶ 法令上の身体拘束の禁止

　介護現場においては，人間の尊厳をおびやかす状況がさまざまな場面で起こり得ます。なかでも，利用者の行動の自由をうばい，制限すること（身体拘束）は，その禁止が制度上でも明確に示されています。

　介護保険制度では，短期入所サービスや施設サービスなどを提供する際の基準を定めた省令において，表1-11のように規定されています。また，障害者の日常生活及び社会生活を総合的に支援するための法律（障害者総合支援法）にもとづく障害福祉サービスや障害者支援施設における運営等の基準を定めた省令でも，同様の規定がなされています。「緊急やむを得ない場合」という条件がつけられていますが，介護サービスを提供する際には，身体拘束は全面的に禁止されていると考えられています。

表1-11 ● 介護保険指定基準における身体拘束禁止に関する規定

・（前略）サービスの提供に当たっては，当該入所者（利用者）又は他の入所者（利用者）等の生命又は身体を保護するため緊急やむを得ない場合を除き，身体的拘束その他入所者（利用者）の行動を制限する行為を行ってはならない。

・（前略）身体的拘束等を行う場合には，その態様及び時間，その際の入所者（利用者）の心身の状況並びに緊急やむを得ない理由を記録しなければならない。

▶▶ 身体拘束ゼロへの手引き

　厚生労働省・身体拘束ゼロ作戦推進会議は，2001（平成13）年，「身体拘束ゼロへの手引き」（以下，手引き）を示して，介護の分野において身体拘束禁止をめざしています。

　手引きでは，従来の介護の領域において，身体拘束はやむを得ないものとして認められてきた背景を示し，身体拘束を許容する考え方を問い直しています。さらに，多くの場合には，身体拘束は利用者の尊厳はもちろんのこと安全をもおびやかす援助方法であるとし，廃止に向けた努力と決意を施設・事業所の責任者と職員全体に求めています。

　介護現場では，身体拘束を廃止できない理由として，スタッフ不足があげられます。これに対して手引きでは，介護方法の改善などで解決する努力を行うとともに，施設・事業所として「どのような介護をめざすのか」という基本的理念や姿勢を問い直し，施設・事業所の責任者と職員全体で取り組むことを求めています。

　また，手引きでは，介護保険指定基準において禁止の対象となっている行為を表1-12のように示しています。さらに，身体拘束をせずに行うケアの原則を示すとともに，やむを得ない場合としての切迫性・非代替性・一時性の要件をあげて，手続きや記録について

表 1-12 ● 介護保険指定基準において禁止の対象となる具体的な行為

① 徘徊しないように，車いすやベッドに体幹や四肢をひも等で縛る。
② 転落しないように，ベッドに体幹や四肢をひも等で縛る。
③ 自分で降りられないように，ベッドを柵（サイドレール）で囲む。
④ 点滴・経管栄養等のチューブを抜かないように，四肢をひも等で縛る。
⑤ 点滴・経管栄養等のチューブを抜かないように，または皮膚をかきむしらないように，手指の機能を制限するミトン型の手袋等をつける。
⑥ 車いすやいすからずり落ちたり，立ち上がったりしないように，Y字型抑制帯や腰ベルト，車いすテーブルをつける。
⑦ 立ち上がる能力のある人の立ち上がりを妨げるようないすを使用する。
⑧ 脱衣やおむつはずしを制限するために，介護衣（つなぎ服）を着せる。
⑨ 他人への迷惑行為を防ぐために，ベッドなどに体幹や四肢をひも等で縛る。
⑩ 行動を落ち着かせるために，向精神薬を過剰に服用させる。
⑪ 自分の意思で開けることのできない居室等に隔離する。

資料：厚生労働省「身体拘束ゼロへの手引き」2001年

の方針等について示しています。

▶▶ 身体拘束をしないための介護職の工夫と努力

介護保険制度導入以降の介護現場では，身体拘束の禁止は常識的な事柄として理解され，定着してきていると考えられます。しかし，現在，身体拘束が介護の領域において本当に減少し，ゼロに近づいているでしょうか。私たちのまわりの介護現場の状況をもう一度見直す必要があるでしょう。

介護職としては，「身体拘束がルールとして禁止されているから守らなければならない」と考える以前に，もう一度，なぜ身体拘束が利用者の尊厳をおびやかすのかについて考えることが大切です。そのうえで，介護職は実際の介護場面でさまざまな工夫をすることが求められます。

具体的には，利用者主体の理念のもと，介護職はもちろん，他職種とも連携を十分にはかって議論を重ね，利用者の安全と生活の豊かさを求めた介護を実現できるように模索していきましょう。

また，個々の利用者の状況を的確にとらえ，身体拘束をしなくても利用者が安全で快適に生活できる環境をつくり上げることが求められます。それは，利用者一人ひとりの状況によって異なるため，個別ケアの視点で取り組むべきものです。

そうした工夫と努力は，単に身体拘束をしないための工夫と努力として消極的にとらえるのではなく，新しい介護を創造していくための活動として，積極的にとらえることが重要です。

▶▶ 高齢者虐待防止法

(1) 高齢者の虐待防止

介護を要する高齢者は権利や尊厳がおかされやすい状況におちいりがちです。そこで，高齢者虐待を防止し，高齢者の権利利益の擁護と養護者の支援の促進を目的として，2005（平成17）年に高齢者虐待の防止，高齢者の養護者に対する支援等に関する法律（高齢者虐待防止法）が公布され，2006（平成18）年から施行されました。法律制定の背景と求められる対策をまとめると表1-13のとおりです。

表1-13 ● 高齢者虐待防止法制定の背景と求められる対策

① 背景
・高齢者に対する虐待が深刻な状況にある。
・高齢者の尊厳の保持にとって虐待を防止することがきわめて重要。
② 求められる対策
・虐待防止のための国などの責務を定める。
・虐待を受けた高齢者に対する保護のための措置を定める。
・養護者の負担の軽減をはかることなど，養護者に対する支援のための措置を定める。

(2) 高齢者虐待の定義

高齢者虐待は，「養護者[13] (➡ p.60 参照)による高齢者虐待」と「養介護施設従事者等[14] (➡ p.60 参照)による高齢者虐待」の2つに分けられています。高齢者虐待に該当する行為の類型は表1-14のとおりです。

表1-14 ● 高齢者虐待に該当する行為の類型（概要）

類型	行為
①身体的虐待	身体を傷つけたり，傷つけたりするおそれのある暴行を加えたりする行為
②ネグレクト	食事を与えなかったり，長時間放置したりする行為（※）
③心理的虐待	暴言を吐いたり，拒絶したりする行為
④性的虐待	わいせつ行為をしたり，させたりする行為
⑤経済的虐待	財産を不当に処分したり，不当に財産上の利益を得たりする行為

※：養護者の場合，養護者以外の同居人による「身体的虐待」「心理的虐待」「性的虐待」を放置することも含む。

（3）　高齢者虐待への対応

　高齢者虐待については，①未然防止，②早期発見，③虐待事案への迅速かつ適切な対応が重要です。介護職は，身体介護や生活援助などにかかわる一連の業務を通して，表1-15に示したような利用者の身体的状況や心理的状況，経済的状況，家屋や部屋などの環境の変化などを把握しやすい立場にあるといえます。

　高齢者虐待防止法では表1-16にかかげる機関および専門職は，高齢者虐待を発見しやすい立場にあることを自覚し，高齢者虐待の早期発見に努めなければならないとされています。発見した際にはすみやかに市町村に通報することが求められています。このとき，守秘義務などをおかすと考えてしまいがちですが，高齢者虐待防止法では虐待の通報を優先するとしています。虐待を受けたと思われる（疑われる）高齢者を発見した場合は，表1-17のような点に留意してください。また，図1-13を参考に，介護職として留意すべき点を確認し，日ごろからさまざまな変化に気づくことができるようにしてください。

　被害を受けた高齢者の保護と養護者の適切な支援のためには，関係機関の連携と協力体制の整備が不可欠です。専門職や専門機関は，与えられた役割と業務内容のなかで虐待の防止と解決に向けた取り組みを行うとともに，市民や家族もできる範囲で見守りを行うことが求められています。

　なお，高齢者虐待の相談・通報窓口，事実確認，適切な措置等は自治体がになうこととなっていることから，厚生労働省は，「『高齢者虐待の防止，高齢者の養護者に対する支援等に関する法律』に基づく対応状況等に関する調査」の結果などにもとづき，自治体に対して高齢者虐待の状況をふまえた法にもとづく対応の強化や養護者支援の適切な実施等を依頼しています。

表1-15 ● 虐待の発見や防止につながるアセスメントの内容（例）

- ●心身の健康状態
- ●栄養状態
- ●生活習慣の変化
- ●居住環境の変化
- ●日常生活動作（ADL）自立度
- ●手段的日常生活動作（IADL）自立度
  （電話の使用，買い物・食事の準備・洗濯等家事，移動・外出，服薬管理，財産管理などの能力）
- ●家族に関する情報　など

表1-16 ● 高齢者虐待を発見しやすい立場にある機関および専門職

【機関】
養介護施設，病院，保健所その他高齢者の福祉に業務上関係のある団体
【専門職】
養介護施設従事者等，医師，保健師，弁護士その他高齢者の福祉に職務上関係のある者

表 1-17 ● 虐待を受けたと思われる（疑われる）高齢者を発見したときの留意点

① 1人でかかえこまないようにする。
② 1人で判断せず，上司や所属長に相談する。
③ 自分の判断で情報収集を行わない。
④ プライバシーに十分配慮して行動する。

図 1-13 ● 養介護施設従事者等による高齢者虐待の防止・対応上の留意点

一次予防（未然防止）

● 基本的な介護技術・知識の向上と確認，倫理教育
● 認知症に関する正しい理解と適切なケアの習得
● 法の理解及び虐待防止に関する学習
● 適切でないサービス提供状況の早期発見・早期改善
　⇒【施設・事業所】適切な所内研修機会の確保や，OJTを含めた人材育成体制等の構築
　⇒【都道府県・市区町村】虐待防止に関するものに加え，適切なケアの水準を確保するための研修・指導等
● 経験の少ない（若い）職員を中心とした，教育的支援
● 男性職員への配慮のほか，規模の大きい施設を中心とした，職員のストレスへの配慮
　⇒【施設・事業所】「働きやすい」職場づくり
　⇒【都道府県・市区町村】職場環境向上のための指導等

二次予防（悪化防止）

● 入所施設等，直接現場に居合わせない通報者からの情報提供があった場合の，適切な情報収集，事実確認
● 事実確認が不調に終わった場合の，継続的な働きかけ
● 通報受理時点で時間が経過している可能性があるケース（元職員からの通報等）における，迅速な対応
● 庁内関係部署，都道府県―市区町村間，関係機関間の適切かつ迅速な連携と情報共有
● 居宅系事業所等での経済的虐待被害の精査
● 適切な事実確認調査や指導等に向けた，担当職員への高齢者ケア・認知症ケアに関する教育

三次予防（再発防止）

● 状況改善が長期にわたらないよう改善状況の細やかな確認
● 虐待対応以外の過去の指導等，虐待ケースへの指導・権限行使後の，継続的な状況確認・追加指導等のフォローアップ
● 不適切な身体拘束への注目と確認・指導の徹底
● 苦情処理体制，第三者評価，介護相談員等，兆候を速やかに察知できる体制構築の促し

出典：認知症介護研究・研修仙台センター『平成25年度老人保健事業推進費等補助金（老人保健健康増進等事業）高齢者虐待の要因分析等に関する調査研究事業報告書』p.104，2014年を一部改変

▶▶ 障害者虐待防止法

(1) 障害者の虐待防止

　虐待は，高齢者のみならず，障害者においても問題となっており，障害者の自立や社会参加を実現するうえでも虐待の防止はきわめて重要です。

　障害者虐待をめぐっては，障害者が心身を傷つけられたり財産侵害を受けたりする事件があとを絶たず，みずから声を発することがむずかしい障害者を虐待や権利侵害から守るための法律がないことが懸念事項とされていました。そのため，2011（平成 23）年に障害者虐待の防止，障害者の養護者に対する支援等に関する法律（障害者虐待防止法）が公布され，2012（平成 24）年に施行されました。

(2) 障害者虐待の定義

　障害者虐待防止法の対象は，障害者基本法に定められている障害者です（表 1-18）。障害者虐待防止法における障害者虐待とは，①養護者による障害者虐待，②障害者福祉施設従事者等による障害者虐待，③使用者による障害者虐待，と規定されています。

　該当する虐待行為は，表 1-19 のような 5 つに類型化することができます。なお，正式な条文については障害者虐待防止法を確認してください。

表 1-18 ● 障害者基本法における障害者の定義

身体障害，知的障害，精神障害（発達障害を含む。）その他の心身の機能の障害（以下「障害」と総称する。）がある者であって，障害及び社会的障壁により継続的に日常生活又は社会生活に相当な制限を受ける状態にあるもの

表 1-19 ● 障害者虐待に該当する行為の類型（概要）

類型	行為
①身体的虐待	身体を傷つけたり，傷つけるおそれのある暴行を加えたり，正当な理由なく拘束したりする行為
②性的虐待	わいせつ行為をしたり，させたりする行為
③心理的虐待	暴言を吐いたり，拒絶したりする行為
④ネグレクト	食事を与えなかったり，長時間放置したりする行為（※）
⑤経済的虐待	財産を不当に処分したり，不当に財産上の利益を得たりする行為

※：第三者（①養護者の場合は養護者以外の同居人，②障害者福祉施設従事者等の場合は当該障害者福祉施設等の他の利用者，③使用者の場合は当該事業所の他の労働者）による「身体的虐待」「性的虐待」「心理的虐待」を放置することも含む。

(3) 障害者虐待を防止するための施策の概要

障害者虐待を防止するための施策として，国や地方公共団体ならびに国民の責務，早期発見，通報などが障害者虐待防止法に規定されています（**表**1-20）。

表 1-20 ● 障害者虐待を防止するための施策

(1) **国および地方公共団体の責務等**
　障害者虐待の防止，障害者虐待を受けた障害者の迅速かつ適切な保護・自立支援，養護者への支援を行うため，必要な体制の整備に努めなければならない。

(2) **国民の責務**
　障害者虐待の防止，養護者への支援などの重要性の理解と施策への協力に努めなければならない。

(3) **障害者虐待の早期発見**
　専門の機関や団体，専門職は，障害者虐待を発見しやすい立場にあることを自覚し，早期発見に努めなければならない（表1-21）。

(4) **障害者虐待の防止と養護者に対する支援等**
　障害者虐待の防止に対する取り組みについては，「養護者」「障害者福祉施設従事者等」「使用者」の3つの区分がある。

① **養護者による障害者虐待の防止および養護者に対する支援等**
　養護者による虐待を受けたと思われる障害者を発見した場合は，すみやかに市町村に通報しなければならない（※）。

② **障害者福祉施設従事者等による障害者虐待の防止等**
　障害者福祉施設従事者等による障害者虐待を発見した場合は，すみやかに市町村に通報しなければならない（※）。また，従事者等は通報をしたことを理由に解雇その他不利益な取り扱いを受けない。

③ **使用者による障害者虐待の防止等**
　使用者による障害者虐待を受けたと思われる障害者を発見した者は，すみやかに市町村または都道府県に通報しなければならない（※）。また，労働者は通報などをしたことを理由に解雇その他不利益な取り扱いを受けない。

(5) **その他**
　市町村・都道府県の部局または施設に，障害者虐待対応の窓口等となる「市町村障害者虐待防止センター」・「都道府県障害者権利擁護センター」としての機能を果たさせる。

※：守秘義務に関する他法の規定は，通報をさまたげるものではない。

表 1-21 ● 障害者虐待を発見しやすい立場にある機関や団体および専門職

【機関や団体】
国および地方公共団体の障害者の福祉に関する事務を所掌する部局等の機関，障害者福祉施設，学校，医療機関，保健所などの障害者の福祉に業務上関係のある団体
【専門職】
障害者福祉施設従事者等，学校の教職員，医師，歯科医師，保健師，弁護士などの障害者の福祉に職務上関係のある者および使用者

▶▶ 児童虐待防止法

(1) 児童虐待の防止

児童虐待の防止等に関する法律（児童虐待防止法）は，超党派の議員によって発議され，2000（平成12）年5月24日に公布，同年11月20日に施行されました。この法律の目的は，「児童に対する虐待の禁止，児童虐待の予防及び早期発見その他の児童虐待の防止に関する国及び地方公共団体の責務，児童虐待を受けた児童の保護及び自立の支援のための措置等を定めることにより，児童虐待の防止等に関する施策を促進し，もって児童の権利利益の擁護に資すること」とされています。

(2) 児童虐待の定義

児童虐待とは，保護者（親権を行う者，未成年後見人その他の者で，児童を現に監護するもの）がその監護する児童（18歳に満たない者）に対して行う表1-22の4つの種類の行為をいいます。

表1-22 ● 児童虐待の種類

類型	行為
①身体的虐待	児童の身体に外傷が生じ，または生じるおそれのある暴行を加えること
②性的虐待	児童へのわいせつな行為，または児童にわいせつな行為をさせること
③ネグレクト	児童の心身の正常な発達をさまたげるようないちじるしい減食または長時間の放置，保護者以外の同居人による①，②または④にかかげる行為と同様の行為の放置，その他の保護者としての監護をいちじるしくおこたること
④心理的虐待	児童に対するいちじるしい暴言またはいちじるしく拒絶的な対応，児童が同居する家庭における配偶者に対する暴力，その他の児童にいちじるしい心理的外傷を与える言動を行うこと

(3)　児童虐待への対応

① 早期発見と早期解決

　　児童虐待に対しては**早期発見と早期解決**が求められます。早期発見は，起きてしまった虐待を早く見つけるというだけではありません。虐待が深刻になる前に子育ての問題をかかえる家庭を見つけ，予防的な観点から適切な支援を行うことも重要です。虐待が起こってしまっている場合は迅速に子どもを保護しなければなりません。

　　児童虐待防止法では，表1-23の機関・施設および専門職が虐待を発見しやすい立場にあることを自覚し，早期発見に努めなければならないことを規定しています。

② 通告

　　児童虐待を受けたと思われる児童を発見した者は，すみやかに市町村や都道府県の設置する福祉事務所もしくは児童相談所，または児童委員を介して市町村や都道府県の設置する福祉事務所もしくは児童相談所に通告しなければなりません。この際，守秘義務に関する他法の規定は，この通告をする義務の遵守をさまたげるものではありません。

③ 立入調査

　　都道府県知事は，児童虐待が行われているおそれがあると認めるときは，児童委員または児童の福祉に関する事務に従事する職員によって，児童の住所または居所に立ち入り，必要な調査または質問をさせることができるとされています。

④ 児童虐待を行った保護者に対する指導

　　児童虐待を行った保護者に対しての指導は，親子の再統合への配慮など，児童虐待を受けた児童が家庭（家庭における養育環境と同様の養育環境および良好な家庭的環境を含む）で生活するために必要な配慮のもとに適切に行われなければなりません。

　　なお，都道府県知事は，指導を受けるように勧告を受けた保護者が当該勧告に従わない場合において必要があると認めるときは，児童相談所の所長によって，児童虐待を受けた児童の一時保護を行わせるなどの措置を講ずるとされています。

表1-23 ● 児童虐待を発見しやすい立場にある機関・施設および専門職

【機関・施設】
学校，児童福祉施設，病院，都道府県警察，女性相談支援センター，教育委員会，配偶者暴力相談支援センターその他児童の福祉に業務上関係のある団体

【専門職】
学校の教職員，児童福祉施設の職員，医師，歯科医師，保健師，助産師，看護師，弁護士，警察官，女性相談支援員その他児童の福祉に職務上関係のある者

▶▶ 配偶者暴力防止法

(1) 配偶者からの暴力防止と被害者の保護

　配偶者からの暴力の防止及び被害者の保護等に関する法律（配偶者暴力防止法）は，2001（平成13）年に制定され，2013（平成25）年に生活の本拠をともにする交際相手からの暴力およびその被害者についても，配偶者からの暴力および被害者に準じて法の適用対象とする法改正が行われました。この法律は，配偶者からの暴力にかかる通報，相談，保護，自立支援等の体制を整備し，配偶者からの暴力の防止および被害者の保護をはかることを目的としています。なお，被害者が男性の場合も法律の対象となりますが，女性が被害者となるケースが多いことから，法律の前文は女性被害者に配慮した内容となっています。

　この法律における「配偶者」とは，婚姻の届出をしていない，いわゆる「事実婚」を含んでいます。また，離婚後（事実上離婚したと同様の事情に入ることを含む）も引き続き暴力を受ける場合を含んでいます。そして，「暴力」とは，身体に対する暴力またはこれに準ずる心身に有害な影響を及ぼす言動をさしています。生活の本拠をともにする交際相手（婚姻関係における共同生活に類する共同生活を営んでいない者を除く）からの暴力については，この法律を準用することとされており，生活の本拠をともにする交際をする関係を解消したあとも引き続き暴力を受ける場合を含んでいます。

　国および地方公共団体は，配偶者からの暴力を防止するとともに，被害者の自立を支援することを含め，その適切な保護をはかる責務を有することとされています。また，配偶者からの暴力（配偶者または配偶者であった者からの身体に対する暴力に限る）を受けている者を発見した者は，その旨を配偶者暴力相談支援センターまたは警察官に通報するよう努めなければならないとされています。

　配偶者からの暴力の防止および被害者の保護のため，都道府県がみずから設置する女性相談支援センターその他の適切な施設において配偶者暴力相談支援センターの機能を果たすようにするものとされています。また，市町村もみずからが設置する適切な施設において配偶者暴力相談支援センターの機能を果たすよう努めることとされています。配偶者暴力相談支援センターでは，相談や女性相談支援員もしくは相談機関の紹介，カウンセリング，被害者および同伴する家族の緊急時における安全の確保および一時保護，自立して生活することを促進するための情報提供その他の援助等を行っています。

2. 日本介護福祉士会倫理綱領
（にほんかいごふくししかいりんりこうりょう）

❶ 倫理綱領作成の経緯
（りんりこうりょうさくせい　けいい）

　介護福祉士を専門職として確立させるためには，知識・技術の専門性を高めるだけではなく，医療など他の専門職と同様に，専門職としての行動規範を定めた倫理綱領をもつことが必要となります。

　そのため，介護福祉士の専門職能団体として，日本介護福祉士会は1994（平成6）年に設立された直後，会のなかに倫理綱領作成委員会を設置し，他の専門職の倫理綱領などを参考にしながら，当時の厚生省などの関係者，法律家などからの助言を受けて，介護福祉士の倫理綱領の作成に着手しました。

　そして，1995（平成7）年に資格をもつすべての介護福祉士がめざすべき専門性と職業倫理を明文化し，日本介護福祉士会倫理綱領を宣言しました。

❷ 倫理綱領の内容
（りんりこうりょう　ないよう）

▶▶ 前文（ノーマライゼーションの実現をめざして）
（ぜんぶん）（じつげん）

　介護保険制度や社会福祉基礎構造改革の理念は，個人が人としての尊厳をもって，地域のなかで，障害の有無や年齢にかかわらず，その人らしい安心した生活が送れるように自立を支援することです。これからの介護サービスは，このような理念にもとづき国民一人ひとりがその人らしく生活していけるよう，利用者個々のニーズに対応したサービスを提供し，その自立を支援することが求められています。

　ある特定の高齢者や，社会的弱者といわれる人たちだけが介護サービスを受ける立場にあるのではなく，だれもが介護サービスを利用できるようになるとともに，そのサービスは公平・公正なものであり，一定の質が保たれたものでなければなりません。

　倫理綱領の前文においては「介護福祉ニーズを有するすべての人々が，住み慣れた地域において安心して老いることができ，そして暮らし続けていくことのできる社会の実現を願っています」と明記してあります。

　この文言は，高齢者や障害者が地域のなかで尊厳をもって生活ができるように支援していくというものであり，ノーマライゼーション[15]（➡ p.60 参照）の実現をめざしたもので，介護福祉士としての基本的な姿勢をあらわしています。

▶▶ 利用者本位，自立支援

　倫理綱領の第1項は，利用者本位，自立支援についてです。

　介護福祉士は利用者本位と自立支援を常に念頭においた介護サービスの提供を行うものであり，介護を行うときの大切な理念として第1項をかかげています。

　利用者本位の介護を提供するためには，利用者の自己決定を何よりも尊重することが大切です。しかし，実際の介護サービスの提供場面においては，ともすれば，介護職主導で行われることがまだまだあります。たとえば，着替えのときに衣服の選択をしてもらうことなく利用者の好みでない衣服を着せるなど，介護職側からの一方通行的なサービスになることもしばしばあります。

　施設・在宅を問わず，生活の主体者はあくまで利用者です。そして，一人ひとりの利用者の生活習慣や生活形態もさまざまです。介護福祉士はそのことを念頭において，利用者のニーズに合わせて介護を提供することが大切です。

　そのためには，一人ひとりのアセスメントを適切に行い，介護計画(個別サービス計画)を作成するなど，介護過程(☞第3巻p.3)をふまえた介護の実践が必要になります。

　どのような生活を送りたいかを決めるのは利用者本人であり，介護福祉士はあくまでも利用者の生活を支援する立場にあることを忘れずに，さまざまな日常生活の介護場面において，利用者からの自己決定を待つことが大切です。そのことが人権の尊重につながります。

　なお，身体的だけではなく精神的にも真の自立支援をめざすことが大切です。

▶▶ 専門的サービスの提供

　第2項は，専門的サービスの提供についてです。

　介護サービスの質の向上が求められているなか，介護福祉士は常に専門職として自己研鑽を継続し，資質の向上に努め，自分の行ったサービスが常に最善なものとなるように介護サービスに対して責任を明確にすることが必要です。

　介護福祉士は人の生命や生活にかかわる職業であり，人に対して大きな影響力をもっている職業です。

　したがって，どのような状況においても冷静に判断し，みずからの行動を律することが大切です。また，自分が行うサービスに対して責任をもつことが必要であり，そのためには，日々努力をして，自分の知識・技術・倫理を高めることが必要になります。

▶▶ プライバシーの保護

第3項は，プライバシーの保護についてです。

利用者も新しい世代の高齢者へと変わりつつあり，介護サービスの利用に対する権利意識も強くなってきています。

契約にもとづくサービス利用においては，利用者保護の観点からもプライバシーの保護は大切です。利用者が適切にサービスを利用できるようにするためには，情報の提供，利用者の権利擁護，福祉サービスの第三者評価（☞第1巻p.219）などがいっそう重要になっています。

介護福祉士も情報提供者となり得るわけですから，情報の提供については公平・中立の立場に立って，必要な情報をわかりやすく伝えることも大切な役割です。

また，介護福祉士は，施設・在宅を問わず，利用者や家族の情報を知り得る立場にもあります。とくに気をつけることは，業務上知り得た情報や家族の秘密などをもらさないことです。もし，その知り得た情報をもらすようなことがあれば，その介護福祉士本人や所属する介護サービス事業者は，家族や利用者のみならず社会からも信用を失うことになります。

介護の仕事は相手との信頼関係のうえに成り立つ業務ですから，利用者や家族の信頼を裏切らないためにも，知り得た個人情報をもらしてはいけません。この倫理項目は法律でも規定されており，2003（平成15）年には個人情報の保護に関する法律（個人情報保護法）（☞第1巻p.229）も公布され，とくに大切な事項といえます。

▶▶ 総合的サービスの提供と積極的な連携，協力

第4項は，総合的サービスの提供と積極的な連携，協力についてです。

高齢者や障害者の生活を支えているのは介護福祉士だけではありません。とくに，介護ニーズを有する利用者は医療ニーズもあわせもつ場合が多く，医師，看護師，理学療法士などの医療職との連携が求められます。

また，医療や介護のみならず，福祉サービスを含めたさまざまな生活支援サービスが，その人の生活に合わせて，切れ目なく継続的に提供されることが必要です。したがって，生活を支えている福祉関係職，行政，ボランティアなどさまざまな関係職種などとの連携・協力も必要になってきます。

このように，介護の仕事においてはますます関係職種との連携が重要であり，介護福祉士も関係専門職と協働するために，他の専門職の専門的な役割などに対する理解が必要であるとともに，チームをマネジメントしていく能力も兼ね備えておく必要があります。

▶▶ 利用者ニーズの代弁

第5項は，利用者ニーズの代弁についてです。

介護福祉士は，利用者のいちばん近くにいる専門職として，常に利用者の気持ちを察し，その期待に応えることが大切です。

コミュニケーションが十分とれない人や自分の言いたいことが言えなかったりする人に対しては，精神的な支援とともに，その人のニーズをくみとり，まわりに対して代弁していくことが大切な役割として求められます。そのためには日ごろの観察が重要であり，洞察力を養うことが必要です。

▶▶ 地域福祉の推進

第6項は，地域福祉の推進についてです。

今後，ますます地域福祉の推進が求められるなか，介護福祉士は，職場でのみその役割や専門性を発揮するだけにとどまってはなりません。自分が生活する地域において介護相談に応じたり，介護技術を教授したり，ボランティア組織や地域のなかでネットワークを構築するなど，介護福祉士がもっている専門性を役立てて，社会的に貢献することが重要です。

そのような取り組みにより，介護福祉士の社会的評価が高まることはいうまでもありません。

▶▶ 後継者の育成

第7項は，後継者の育成についてです。

介護の質を高めるためには，自分自身の自己研鑽により質を高める努力が必要です。今後は，介護の専門職として生涯学習に取り組むことも必要になってきます。

あわせて，すべての人が将来にわたり，よりよい介護が受けられるようにするためには，これから介護をめざす人たちの教育も重要になってきます。そのために，みずからが指導力を高め，後継者の育成に力を注ぐことは，国民の介護サービスの向上のためにも，また介護福祉士制度の発展のためにも重要なことです。

介護福祉士が社会から信頼される職業として確立するためには，以上の倫理綱領を遵守し，日々，専門職として自己研鑽を行っていくことが何より大切になります。

表 1-24 ● 日本介護福祉士会倫理綱領

日本介護福祉士会倫理綱領

1995 年 11 月 17 日宣言

前文
　　私たち介護福祉士は，介護福祉ニーズを有するすべての人々が，住み慣れた地域において安心して老いることができ，そして暮らし続けていくことのできる社会の実現を願っています。
　　そのため，私たち日本介護福祉士会は，一人ひとりの心豊かな暮らしを支える介護福祉の専門職として，ここに倫理綱領を定め，自らの専門的知識・技術及び倫理的自覚をもって最善の介護福祉サービスの提供に努めます。

（利用者本位，自立支援）
１．介護福祉士は，すべての人々の基本的人権を擁護し，一人ひとりの住民が心豊かな暮らしと老後が送れるよう利用者本位の立場から自己決定を最大限尊重し，自立に向けた介護福祉サービスを提供していきます。
（専門的サービスの提供）
２．介護福祉士は，常に専門的知識・技術の研鑽に励むとともに，豊かな感性と的確な判断力を培い，深い洞察力をもって専門的サービスの提供に努めます。
　　また，介護福祉士は，介護福祉サービスの質的向上に努め，自己の実施した介護福祉サービスについては，常に専門職としての責任を負います。
（プライバシーの保護）
３．介護福祉士は，プライバシーを保護するため，職務上知り得た個人の情報を守ります。
（総合的サービスの提供と積極的な連携，協力）
４．介護福祉士は，利用者に最適なサービスを総合的に提供していくため，福祉，医療，保健その他関連する業務に従事する者と積極的な連携を図り，協力して行動します。
（利用者ニーズの代弁）
５．介護福祉士は，暮らしを支える視点から利用者の真のニーズを受けとめ，それを代弁していくことも重要な役割であると確認したうえで，考え，行動します。
（地域福祉の推進）
６．介護福祉士は，地域において生じる介護問題を解決していくために，専門職として常に積極的な態度で住民と接し，介護問題に対する深い理解が得られるよう努めるとともに，その介護力の強化に協力していきます。
（後継者の育成）
７．介護福祉士は，すべての人々が将来にわたり安心して質の高い介護を受ける権利を享受できるよう，介護福祉士に関する教育水準の向上と後継者の育成に力を注ぎます。

学習のポイント 重要事項を確認しよう！

第1章

第1節 介護福祉士の役割と機能

■社会福祉士及び介護福祉士法

● 介護福祉士の定義規定は，「入浴，排せつ，食事その他の介護」などを行うことを業とする者となっていたところを，2007（平成19）年の社会福祉士及び介護福祉士法改正で「心身の状況に応じた介護」などを行うことを業とする者に改められました。　→ p.4

● 2011（平成23）年の社会福祉士及び介護福祉士法改正により，喀痰吸引等の行為が法的に位置づけられ，一定の条件の下に喀痰吸引等の行為が実施できることとされました。　→ p.4

● 2007（平成19）年の社会福祉士及び介護福祉士法改正により，介護福祉士が守らなければならない義務規定が見直され，誠実義務については，個人の尊厳の保持と自立支援が明確に打ち出されました。　→ p.4

■介護福祉士のキャリアパス

● 実務者研修は，国家試験を受験しようとする実務経験者に対して受講が義務づけられている研修であり，「幅広い利用者に対する基本的な介護提供能力の修得」と同時に，「今後の制度改正や新たな課題・技術・知見を自ら把握できる能力の獲得」を目標として行われます。　→ p.7

● 介護職のチームによるケアを推進するにあたっては，チームのなかでリーダーの役割をになう存在が必要であり，その役割をになう存在として，一定のキャリアを積んだ介護福祉士が期待されています。　→ p.9

第2節 尊厳の保持，自立に向けた介護の考え方と展開

■利用者に合わせた生活支援

● 生活支援における介護サービスの目的とは，利用者のQOLを高めていくことにあります。　→ p.17

■自立に向けた支援

● 自立に向けた支援をめざす介護サービスを提供していくためには，生活の主体者としての利用者像を理解するよう努めていく姿勢が求められます。　→ p.18

● 介護サービスにおいては利用者の心身の状態のみならず，その人の有する

第3節 **介護福祉士の倫理**

●介護福祉士としては，介護に関する知識と技術を備えていることはもちろん，介護を行ううえで根幹となる倫理について理解し，高い倫理性を養うことが社会的な責務ともいえます。 → p.39

●介護現場においては，人間の尊厳をおびやかす状況がさまざまな場面で起こり得ます。なかでも，利用者の行動の自由をうばい，制限すること（身体拘束）は，その禁止が制度上でも明確に示されています。 → p.40

■日本介護福祉士会倫理綱領

●日本介護福祉士会は，1995（平成 7）年に資格をもつすべての介護福祉士がめざすべき専門性と職業倫理を明文化し，日本介護福祉士会倫理綱領を宣言しました。 → p.50

1 特別養護老人ホーム

とくべつようごろうじんほーむ
➡ p.2 参照

老人福祉法にもとづく老人福祉施設の1つ。65歳以上の者であって，身体上または精神上いちじるしい障害があるために常時の介護を必要とし，かつ，居宅においてこれを受けることが困難な者を入所させて，入浴，排泄，食事などの介護のほか，機能訓練，健康管理および療養上の世話などを行うことを目的とする施設。

2 ホームヘルプサービス

ほーむへるぷさーびす
➡ p.2 参照

介護を必要とする高齢者，障害児・者，難病患者などを対象に，その居宅をホームヘルパーが訪問し，入浴，排泄，食事などの日常生活上の世話や相談・助言を行うことで，利用者ができるだけその居宅で，自立した生活を送れるよう援助を行うサービス。

3 名称独占

めいしょうどくせん
➡ p.3 参照

国家資格において，その資格の名称を保護することを目的として，登録による有資格者だけがその名称を用いることができるという法的規制。

4 実務者研修

じつむしゃけんしゅう
➡ p.7 参照

介護福祉士の資格取得にいたるまでの養成体系のあり方の1つ。実務経験だけでは十分に修得できない知識・技術を身につけることを目的として，2007（平成19）年の社会福祉士及び介護福祉士法の改正により，介護福祉士国家試験を受験する実務経験者に対して，実務者研修（6か月研修）の受講が義務づけられた。しかし，法改正後に設置された「今後の介護人材養成の在り方に関する検討会」などの場で，本研修会の受講しやすい環境整備を求める議論がなされたこともあり，2011（平成23）年の法改正で，当初600時間とされていた研修時間を450時間にするなどの見直しがはかられた。

5 廃用症候群

はいようしょうこうぐん
➡ p.10 参照

安静状態が長期にわたって続くことにより，身体的には筋・骨の萎縮や関節拘縮などが，精神的には意欲の減退や記憶力低下などがあらわれること。

6 ADL

エーディーエル
➡ p.10 参照

Activities of Daily Living の略。「日常生活動作」「日常生活活動」などと訳される。人間が毎日の生活を送るための基本的動作群のことで，食事，更衣，整容，排泄，入浴，移乗，移動などがある。

7 アウトリーチ

あうとりーち
➡ p.11 参照

英語で「手を伸ばすこと」の意味。福祉や介護の分野では，生活上の課題をかかえながらもみずから支援に接近・接触できない個人や家族のところへ，支援者側が積極的に出向いてはたらきかけること。

8 QOL

キューオーエル
➡ p.13 参照

Quality of Life の略。「生活の質」「人生の質」「生命の質」などと訳される。一般的な考えは，生活者の満足感・安定感・幸福感を規定している諸要因の質のこと。諸要因の一方に生活者自身の意識構造，もう一方に生活の場の諸環境があると考えられる。

9 福祉避難所

ふくしひなんじょ
➡ p.14 参照

高齢者や障害のある人，乳幼児など，災害時に援護が必要であり，一般避難所では避難生活が困難な人たちに配慮した，市町村指定の避難所のこと。

10 DWAT

ディーワット
➡ p.15 参照

Disaster Welfare Assistance Team の略。災害発生後の初期段階に被災地に入り，一般避難所で要配慮者の支援を行う福祉専門職チームのこと。

11 誤嚥性肺炎

ごえんせいはいえん
➡ p.19 参照

細菌が食べ物や唾液などとともに誤って気管から肺に入り，肺に炎症を起こしたもの。

12 個別サービス計画

こべつさーびすけいかく
➡ p.36 参照

介護支援専門員（ケアマネジャー）が作成するケアプラン（居宅サービス計画や施設サービス計画など）の目標を実現するために，専門職ごとに立案された，利用者にかかわるより詳細な計画のこと。利用者一人ひとりの状態をふまえ，その人らしい生活をするための援助ができるように，各専門職の視点からアセスメントを行い，課題の解決に向けた目標や具体的な援助の内容・方法を決定する。介護職が立案する個別サービス計画は，介護過程にもとづいて作成するもので，一般に介護計画と呼ばれる。

🔢 養護者

ようごしゃ
➡ p.42 参照

高齢者虐待の防止，高齢者の養護者に対する支援等に関する法律（高齢者虐待防止法）では，養介護施設従事者等以外のものと定義されている。

🔢 養介護施設従事者等

ようかいごしせつじゅうじしゃとう
➡ p.42 参照

老人福祉法や介護保険法で規定されている高齢者向けの福祉・介護サービスに従事するすべての職員のこと。高齢者虐待防止法において定義されている。なお，養介護施設とは，老人福祉施設（老人デイサービスセンター，養護老人ホーム，軽費老人ホームなど），有料老人ホーム，地域密着型介護老人福祉施設，介護老人福祉施設，介護老人保健施設，介護医療院，地域包括支援センターをいう。

🔢 ノーマライゼーション

のーまらいぜーしょん
➡ p.50 参照

高齢者や障害のある人など，社会的に不利を負う人々を当然に包含するのが通常の社会であり，そのあるがままの姿でほかの人々と同等の権利を享受できるようにするという考え方であり，方法のこと。

介護福祉士による介護実践
かいごふくしし かいごじっせん

（介護の基本Ⅱ）
かいご きほん

第1節 介護を必要とする人の生活の理解と支援
だいせつ かいご ひつよう ひと せいかつ りかい しえん

第2節 介護実践における連携
だいせつ かいごじっせん れんけい

第3節 介護における安全の確保とリスクマネジメント
だいせつ かいご あんぜん かくほ

第4節 介護従事者の安全
だいせつ かいごじゅうじしゃ あんぜん

【到達目標】
とうたつもくひょう

● 介護を必要とする高齢者や障害者等の生活を理解し，ニーズや支援の課題
かいご ひつよう こうれいしゃ しょうがいしゃとう せいかつ りかい しえん かだい
を把握することができる。
はあく

● チームアプローチに関わる職種や関係機関の役割，連携方法に関する知識
かか しょくしゅ かんけいきかん やくわり れんけいほうほう かん ちしき
を習得している。
しゅうとく

● リスクの分析と事故防止，感染管理等，介護における安全確保に関する知
ぶんせき じこぼうし かんせんかんりとう かいご あんぜんかくほ かん ち
識を習得している。
しき しゅうとく

● 介護従事者の心身の健康管理や労働安全対策に関する知識を習得している。
かいごじゅうじしゃ しんしん けんこうかんり ろうどうあんぜんたいさく かん ちしき しゅうとく

介護を必要とする人の生活の理解と支援

1. 「その人らしさ」の理解

❶ 「その人らしさ」の大切さ

▶▶ 「その人らしさ」とは

「その人らしさ」とは，利用者一人ひとりの個性であり，長い生活経験のなかでつちかわれた価値観やこだわり，プライドといったことを意味します。

それは，言葉で伝えられるような普遍的な知識でもありませんし，追体験することによって再現できるものでもありません。また，単純な因果関係でその理由を説明できるようなものでもありません。「その人らしさ」とは，目には見えず，形のないものであり，論理的に根拠をもって説明できるようなものでもありません。

高齢者の生活支援を考えていく際に必要とされる視点は，障害や病気だけではなく，一人ひとりの生活経験の多様性から形成された「その人らしさ」をいかに尊重していくかという視点です。

▶▶ なぜ「その人らしさ」の支援が必要なのか

高齢者や中途障害のある人たちへの支援のむずかしさは，多様で複雑な生活体験からつくられた一人ひとりの「その人らしさ」をどのように理解していくかということにあります。

とくに，認知症の人の場合，長い時間をかけてつちかってきた「自分らしさ」を自分1人の力では維持できず，また「自分らしさ」の維持のために必要な支援をみずから要求できないことから生じる混乱も大きいようです。

人間は精神的な生き物でもあるので，人生経験を積み重ねることで獲得した「自分らしさ」を喪失することに耐えがたいほどの苦痛を感じるものなのです。

それでは介護サービスにおいては，なぜ利用者の「その人らしさ」の支援が必要なのでしょうか。それは，利用者その人にとっての要介護状態とは，病気やけがのように治ることで脱却可能な非日常的な状態ではなく，日常生活そのものを過ごす状態だからです。つまり，要介護状態にある利用者にとっては，それまでに過ごしてきたその人らしい生活の継続こそが，より望ましい姿だといえるのです。

❷ 「その人らしさ」を支える介護サービス

　「その人らしさ」を尊重するポイントはいくつかありますが，その基本は，目には見えないけれど，その人の精神を形づくり，その生活の支えとなっているこころを大切にしていくことです。それは，介護職側が押しつけたような「その人らしさ」でも，あるいは家族などによる昔のイメージでつくられた「その人らしさ」でもありません。必要となる視点は，今ある「その人」が，「その人」自身として，自然に表現している「その人らしさ」を私たちが受けとめていくことです。

　さらに，「その人らしく」生きていくということは，その人が自分なりの存在感や役割をもって生きていくことでもあります。これは介護サービスの利用者であっても同様です。

　「その人らしさ」を考えた場合，現在のその人の姿だけを観察しようとしても，みえないことやわからないこともたくさんあるでしょう。なぜならば，人の生活とは今の姿だけで判断できるものではなく，連続した時間のなかで，その生きてきた歴史，生きていくこれからを考えてかかわっていくべき奥深いものだからです。

　介護サービスを必要とする高齢者であっても，その人はそれまでに長い人生経験を積み重ねてきた人です。だれでもそうですが，要介護状態になったからといって，それまでの自分の価値観や趣味・好みを簡単に変更することはできません。

　人は生きてきたようにしか，老いることはできないものです。つまり，そこでは利用者の多様な価値観や趣味・好みのあり方こそが，利用者自身にとっての自分らしさの意味であり，自身の存在感につながるもの，という視点が必要です。

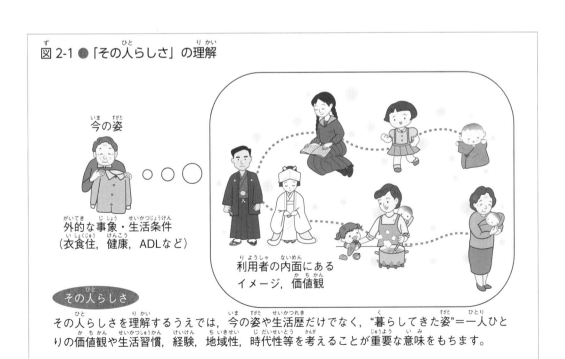

図 2-1 ● 「その人らしさ」の理解

今の姿

外的な事象・生活条件
（衣食住，健康，ADLなど）

利用者の内面にある
イメージ，価値観

その人らしさ

　その人らしさを理解するうえでは，今の姿や生活歴だけでなく，"暮らしてきた姿"＝一人ひとりの価値観や生活習慣，経験，地域性，時代性等を考えることが重要な意味をもちます。

❸ 「その人らしさ」の背景 ::

▶▶ 生活の多様性を知る

　利用者の多様な価値観や趣味，好みといったことから考えてみた場合，この日本社会というのは，思いのほか文化的に多様であって，変化に富んでいることを考慮しなければなりません。

　日本全体でみれば，気候・風土の違いや，生活文化，風習や方言などの違いといったことも小さくはありません。さらには，戦後の日本社会の都市化や工業化などにともなう社会変化といったことも，人々の生活スタイルや価値観に大きな影響を及ぼしています。

　したがって，高齢者の生活観の背景にある多様な生活環境の違いや地域性の違い，さらには個々の生活経験の違いが，一人ひとりの高齢者の多様な生活スタイルや生活感覚をもたらしているのは当然のことでしょう。

　それゆえに，対人援助サービスとしての介護を考えていくうえで，もっとも配慮しなければならないのは，利用者本人がもつ個性であり，その背景にある生活の多様性です。

▶▶ 生きてきた時代や文化を知る

　介護サービスのなかでも，とくに高齢者の生活支援を考える場合，その人が過ごしてきた時代背景や社会の状況，風俗・風習などについての知識がまったくなければ，「その人らしさ」を理解することは不可能です。

　たとえば，多くの高齢者は，物を大切にし，「食べ物を粗末にしてはいけない」と言いますが，それはその高齢者が生きてきた時代を考えれば当然のことです。そうした時代背景なども知らずに，物を大切にする高齢者を「年寄りはケチくさい」などと思っているような人には，「その人らしさ」の尊重などといっても，型にはまったような考えしかできないのではないかと思います。

　利用者の「その人らしさ」を考えていくためにも，まずは時代背景や社会の状況，風俗・風習などを知ることが必要です。

❹ 変化する社会と生活様式

　人の生活は，現代のように，社会の変化が急速に進むと，つい40年，50年前であっても，今とは想像もできないほど生活経験や生活様式が変わってしまっている面があります。

　たとえば，家事の電化が始まったのは，昭和30年代以降のことであり，それ以前の家庭生活における食事の準備や洗濯，掃除といったことは大変な手間のかかるものでした。また，テレビの本格的普及がはかられたのは，1964（昭和39）年に日本で開催された東京オリンピック以降だといわれます。今では1人1台などといわれますが，一昔前まではテレビは大変な贅沢品だったのです。

　また，高齢者を知るうえでは，1945（昭和20）年に終結した日中戦争，太平洋戦争のもつ意味の大きさを理解しておくことも大切です。1945（昭和20）年に日本は敗戦を迎え，戦前の国家体制は大転換がはかられました。このときに起きた国民生活の貧窮や，社会的混乱による社会変革のもつ意味も小さくありません。

　高齢者への生活支援を考えていく場合，こうした現在の高齢者が経験した戦争そのものの影響や戦後の社会的混乱，断絶といったことも頭のどこかにおいておく必要があるでしょう。

　利用者の「その人らしさ」を考えていくためにも，利用者が生きてきた時代と文化に興味をもち，歴史や社会の常識などを知っておくことが必要です。

海外からの引き揚げ者（写真提供：PANA通信社）

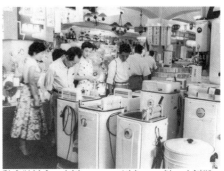

電気洗濯機の普及（1956（昭和31）年の普及率：44世帯に1台）

2. 高齢者の暮らしと支援の実際

❶ これから迎える超高齢社会のなかでの介護観

▶▶「老い」のとらえ方

生き物である人間にとって「老い」とは，ただ悲しむべきことではなく，本来喜ぶべきことでもあります。今でも，喜寿（77歳）や米寿（88歳），白寿（99歳）といったように，社会的な習慣として長寿になることについてのお祝いが日本社会のなかに存在しています。人々の意識のなかには，やはり長生きは好ましいことだという思いがまだまだあるはずです。

また，高齢者自身の思いを考えてみても，多くの人は，老いそのものを否定的にとらえているわけではありません。長い人生のなかで得たたくさんの知恵と経験，あるいは若いころには知り得なかった豊かな人生観について，それをみずからの誇りに感じる高齢の人たちはたくさんいます。とはいえ，豊かな老いの先には，おとろえや死という現実が確実に訪れるのも事実です。

▶▶新たな老いの価値観

これから私たちが迎えようとしている日本社会とは，全人口の3割，4割の人たちが65歳以上になるという，なかなか想像しがたい超高齢社会です。そうした意味では，昔のつらい暮らしのなかでの長寿を祝う価値観とも，あるいは一昔前の高度経済成長期にみられたようなおとろえから目を背けたような価値観とも違った，いわば新たな老いの価値観が求められています。

生き物である人間にとって，避けることのできないおとろえや死の現実を受けとめ，かつ豊かな老いを実現するために，高齢者の誇りを社会として支えていくことが，これからの介護サービスの役割として求められています。

❷ 老化の進行と介護予防という視点

▶▶老化の進行と介護職のかかわり

老化やおとろえということを必要以上に問題視していくような発想で高齢者とかかわっていくことは，高齢者に対して無用の混乱や不安を与えることにもなりかねません。しかし，おとろえは自然な変化だとはいえ，それはだれにも同じようなテンポ，あるいは同じような状態としてあらわれてくるわけではありません。本人が有するもともとの体質や健康状態といった要因が大きいことはいうまでもありませんが，あわせて日ごろの生活習慣

や生活態度といったことも大きな意味をもちます。

　それゆえに，日常生活の多くの場面で介護職の支援を必要とするようになった場合には，とくに介護職側の考え方によって，その高齢者のおとろえの進行具合が大きく左右されることを意識していく必要があります。

▶▶ 介護予防という視点

　介護サービスの提供場面では，介護職側が安易に介護の手間を省いたり，過度な安全への配慮に努めたりしてしまうと，結果的に利用者本人の心身機能を低下させ，要介護状態の重度化を進めることになります。つまり，介護を必要とする高齢者への支援においては，介護職側の考え方や姿勢によって利用者本人のQOL[1]（➡ p.125 参照）そのものが大きく左右されるという認識が必要となります。

　現在，要介護状態にある高齢者の支援に際しては，介護予防（☞第 2 巻 p.26）といった観点ももちながら，利用者主体の介護を行う視点が求められています。そのため具体的には，要介護状態であったとしても高齢者本人にできることは，できる限り自分でしてもらうようにしていくことが大切です。

　また，介護職には積極的な離床や生活リズムの構築に努め，できる限り健康でふつうの生活状態で過ごせるように支援していく姿勢が求められています。

▶▶ 能力を引き出す支援

　2005（平成 17）年の介護保険法の改正以降，とくに介護予防の重要性が打ち出されるようになりました。それぞれの年齢層の人が，それぞれのレベルにおいて，要介護状態になることをできる限り防いだり，要介護状態がそれ以上悪化しないようにしたりする考え方が重要になります。

　病気の種類や状態にもよりますが，たとえば，前期高齢者[2]（➡ p.125 参照）であれば，かりに要介護状態になったとしても，身体を動かすことや自分の役割の再発見に努めることなど，早くから老けこまない取り組みが大切になります。80 歳代後半にいたるような人であったとしても，できることは自分で行うことが，介護予防につながっていきます。

　実際の介護現場では，日常的な家事をしっかりとこなすことが，介護予防の基本となることもあります。調理や食器洗いといった炊事にかかわる動作は，手続き記憶といわれる身体を動かす記憶につながるものです。かりに認知症の症状がみられても，一定の支援があれば，これらの動作は継続できる場合が少なくありません。

事例1を通して，利用者の人生の歴史をふまえた，個別的な生活支援の視点について考えてみましょう。

事例1　介護老人福祉施設で晩年を迎えたＡさん

　Ａさん（90歳，男性）は，5年前に脳梗塞[3]（→ p.125参照）で倒れて入院し，一命はとりとめたものの左半身に麻痺が残りました。その後，在宅での介護生活を送っていましたが，2年前に介護老人福祉施設に入所しました。妻は4年前に亡くなっています。

　認知症はなく，身体的には不自由ながらも，介護職の手を借り，何とか毎日を過ごしています。家族の面会は，同じ市内に暮らす長女が週1回，頼まれた買い物を届けることを含めて顔を出します。また，少し離れた所に暮らす長男の家族が2か月に1回程度，顔を出し，いっしょに昼食を食べに出かけたりもします。

　Ａさんは，若いころには九州で遠洋漁業の仕事をし，船長としてマグロやカツオの群れを追って，太平洋のはるか彼方まで船で出かけていたそうです。その後，日本社会の産業構造が転換していくなかで，高度経済成長の波に乗って勢いづいた大阪に出てきて，海運業に従事しました。この土地での生活は50年以上になります。

　老いてもまだ元気だったころは，旅行が好きで，妻のほか，昔からの友人といっしょに日本全国いろいろな所に行っていたといいます。しかし，5年前に倒れて，身体は不自由になり，それまで元気だった妻も亡くなってしまいました。また，友人も病気がちになったため，電話でのやりとり程度しかできなくなりました。

　Ａさんが入所している介護老人福祉施設はユニットケア[4]（→ p.125参照）を実践している施設であり，居室は個室になっています。Ａさんの部屋には，家族の写真や，友人といっしょに行った旅行の写真などが飾られています。また，若いころから本が好きで，いつも何かを読んでいるような人だったそうですが，最近では，目も見えにくくなってきたことから面倒になっているようです。

　そんなＡさんは，最近，体調をくずしてベッドで過ごす時間が多くなってきました。また，「食欲がない」と言って，ご飯を残すことも多くなってきています。脳梗塞で倒れたあとには，「もう十分に生きたからな，もしものときには無理してまでは生きたくない」と口にしていたこともあります。しかし，まだそのような状態とはいえません。

▶▶ 今もっている力をいかした主体的な生活

　個別的な生活支援を考えていくうえでは，その人の要介護状態や生活している場のあり方はもちろんのこと，その人が過ごしてきた人生のあり方，あるいは病気の種類や進行状態，年齢，さらには家族との関係や，利用者自身がもつ人生観などといったことも大きな意味をもっています。

　したがって，本人ができないことをおぎなうことだけを目的とした介護を行うのではなく，利用者の今もっている力をいかし，利用者自身が主体的な生活を送ることができるような支援を行っていく必要があります。

　と同時に，80歳代後半から90歳代といった**平均寿命**[5]（➡p.125参照）を超えた高齢者に対しては，これまでに過ごしてきた時間の重みを尊重するとともに，残された時間も念頭におきながら支援していく姿勢が求められます。

▶▶ 個別的な生活支援の視点

　事例1のAさんの場合，生活が不活発になることによっていちじるしい機能低下をきたすような事態は避けなければなりません。しかし，過ごしてきた人生や残された時間という視点から考えるのであれば，介護職側からみた健康や食欲などへの関心は，90歳になるAさんにとっては，ゆきすぎたおせっかいのように感じ，生活のなかでのストレスとなるかもしれません。

　高齢者という言葉でひとくくりに理解されがちですが，同じ高齢者であっても，平均寿命を超えた80歳代後半から90歳代にいたる人たちと，前期高齢者といわれる人たちとでは，支援のあり方は，基本的に分けて考えていくべきでしょう。

　もちろん，高齢期の姿は人によって千差万別であり，ただ単純に生物的年齢という物差しだけではかれるわけではありません。病気の状況や要介護状態などによっては，50歳代でも難病により生命の限りを感じて生活している人もいますし，90歳を超えてもまだ元気だという人もいます。

　それでも，年齢からくる生活課題の違いや意識の違いが大きいことも事実です。したがって，高齢者の支援では，一人ひとりに対する個別的な生活支援の視点をもつことが大切だといえるでしょう。

3. 障害のある人の暮らしと支援の実際

❶ 一人ひとりで異なる生活のあり方や支援課題

▶▶ さまざまな心身機能や生活状態

　障害のある人といっても，その生活の仕方や支援のあり方は千差万別であり，一律的なイメージでとらえることはできません。たとえば，身体障害のある人たちを考えてみても，肢体不自由の人たちばかりではなく，視覚に障害のある人，聴覚に障害のある人，あるいは内部障害といって内臓機能の一部に障害のある人などさまざまです。

　さらに，内部障害の人であれば，障害のある機能が心臓機能なのか，呼吸器機能なのか，腎臓機能なのかによって，生じる生活上の課題なども異なってきます。

　このほか，知的障害や精神障害，発達障害のある人たちも，その程度や原因となる病気などによって生活状態や支援課題がまったく異なっています。また，重複障害といって，いくつかの障害がある人たちもめずらしくはありません。

　そのうえ，障害のある人たちへの支援ニーズや支援のあり方についても，その当事者の年齢のみならず，障害の発症時期，受障時期などによって大きく異なってくることを理解しなければなりません。

▶▶ さまざまな支援課題

　障害のある人たちへの支援といっても，そこではただ介護サービスだけが必要とされているわけではありません。子どもたちや若い人たちの場合であれば，教育や就労に関する支援課題も重要です。また，身体障害のある人たちの場合，住む場所の確保や交通手段，情報伝達やコミュニケーション手段のあり方などについても大きな課題があります。

　障害のある人の暮らしを考えた場合には，ただ「障害」という１つの事実だけに着目するのではなく，当事者であるその人が「何をしたいのか」「どのようなことに不自由や不便を感じているのか」という視点から，その支援課題を考えていく姿勢が求められます。

▶▶ 生活障害とは

朝起きてから夜寝るまでの私たちの日常生活とは，通常，身じたくや食事，排泄などといった生活行為をこなすとともに，「働く」であるとか，「学校に行く」であるといったさまざまな社会活動に参加することで成り立っています。そして，身体機能や知的機能において，何ら支障のない限り，日常的な生活行為を深く意識することなく，習慣化した形で自然にこなしているというのが，一般的な感覚ではないでしょうか。

しかし，このようにあたりまえに行われている生活行為とは，実はかなり複雑な作業や一連の手順に従って行われているものです。それゆえに，身体機能や知的機能に障害があると，それをあたりまえのこととして行っていくことができなくなり，生活していくうえで大きな不自由を感じることとなります。それは，生活障害としてとらえることができるでしょう。

たとえば，家事のいっさいを妻にまかせていたために，妻に先立たれて料理や洗濯，掃除に困る男性がかかえる問題も1つの生活障害です。1日の生活リズムや食事の献立を自分で考えずにすむ施設で長く生活した人が，いざ地域で一人暮らしを始めるに際して，準備や訓練を必要とすることも1つの生活障害です。

つまり，生活障害とは，生活環境と本人の機能，状態，さらには能力といった要素が複雑にからみ合ったなかで生じてくるものといえます。

▶▶ 生活障害と生活環境の整備

生活支援としての介護ということを考えた場合，この生活障害という視点をしっかりともったうえで，利用者が今ある状態のなかで，できる限りのことは自分でしてもらえるように生活環境を整えていくことが大切になります。

介護職にそうした視点が欠けていると，表2-1のような答えありきの支援しか考えることができません。その結果として，介護サービスにおいても，支援を受けるだけが役割といった利用者像がつくられていくこととなるのです。

表 2-1 ● 生活環境の整備という視点を欠いた，答えありきの支援の例

① 朝起きるなどの生活リズムが築けない場合は，施設での生活が安心である。
② 朝ごはんが用意できない場合は，訪問介護員（ホームヘルパー）が代わって行う。
③ トイレまでの歩行に不安がある場合は，おむつを使用する。

▶▶ 生活障害のとらえ方

　利用者にとって老いは若返りませんし，固定した障害そのものを治すことは困難ですが，その現実のなかから，**生活の再構築**をはかっていく支援が介護サービスの意味するところです。そしてそれは，何か劇的な変化や結末があるものではなく，平凡な日常生活そのものを支えていくという地道な仕事でもあります。

　人の生活とは，そうしたなにげない毎日を安定的に過ごすことができてこそ，喜びや楽しみ，そして生きる意味や幸せを感じることができるのだと思います。

　介護職の役割とは，障害やおとろえによって生じる日常生活のさまざまな不便や不安を少しでも解消し，利用者本人が要介護状態にあっても，その人らしく暮らしつづけていけるように支援していくことです。それゆえに，生活障害というものを，利用者一人ひとりの個別的な視点から考えていかなくてはなりません。

　介護職には，日常生活を送るうえでの生活障害について，相手の立場に立ってさまざまな角度から考え，工夫していく姿勢が求められます。障害があるから「これはできない」と，簡単に決めつけられるものではありません。介護職が視野を広くもつとともに，柔軟な発想をもって介護の仕事にたずさわっていくことで，利用者の生活の可能性は大きく広がっていくのではないでしょうか。

▶▶ 障害のある人に合わせた道具や生活環境の工夫

　生活障害という視点から障害のある人たちへの支援を考えてみた場合，たとえば，日常生活を送っている重度の身体障害のある人たちのまわりには，生活障害を克服できたり，軽減できる有効な道具がそろっていたりすることに気がつきます。

　重度の身体障害のある人たちにとっては，「友人のところに行って話をしたい」「日当たりのいい場所にちょっと移動したい」という，障害のない人にとってはあたりまえのニーズさえ，いつも介護職に移動の支援を依頼しなければなりません。ところが，みずから動かすことのできる電動車いすがあれば，日常的な生活場面でのちょっとした移動は，自分の意思で，だれに頼ることもなく自由に行うことが可能となります。

　また，重度の身体障害のある人たちには，コンピューターも大変便利な道具になります。発語が困難で自己表現がむずかしかったり，鉛筆を持ったりすることができずに，自分なりの思いや作品を綴ろうとしてもあきらめなければならなかった人たちの状況が，コンピューターの出現で大きく変わりました。

　人間の生活とは，ただ呼吸をして，栄養をとり，清潔を保つということだけで成り立っているのではありません。生きていくうえでの喜びや楽しみといったことも，とても大切なものなのです。

事例2　Bさんが地域で暮らしはじめるまで

　脳性麻痺（☞第4巻p.451）による身体障害のあるBさん（38歳，男性）は，5歳のころから施設で暮らしてきました。知的機能に障害はなく，自作の詩集なども出版したことのあるBさんですが，身体障害の程度は重く，自力での歩行は困難です。Bさんの両手は前方への動作が困難なため，食事，筆記，各種作業なども，かなりの工夫と時間を要します。また，車いすによる移動では，足で地面を蹴っての背面移動が主となります。そうしたBさんが，施設側の応援もあって，地域での生活に移行することとなりました。

　障害のある人たちが地域で暮らすといっても，単に住まいを移せば完了ということではありません。地域で暮らすためには，日中に過ごす場や活動する場，アクセスの確保などが重要です。Bさんの場合，幸いなことに施設を出たあとに通うことが決まっていた就労移行支援事業所のそばに，よい借家を見つけることができました。さらに，その家の近くをバリアフリーのノンステップバスが運行していたので，買い物や外出にも，あまり困難をきたさず生活ができそうでした。

　次に，家の改修です。身体障害のある人の場合，できればその人の障害の程度や障害の状態に応じた，個別的な改修が望ましいのですが，そのためには数百万円，もしくはそれ以上という多大な金額が必要になります。

　Bさんの場合，施設の支援を受けながら地域に出たので，施設職員にいろいろと相談しながら，どこまでは自分でできて，どこからは支援を頼んで，最低限どこまで改修が必要かということを決めていました。結果的に，玄関から出入りするのではなく，庭側から自分の部屋に出入りするように改修し，とりあえず家の中では車いすを使用せず，はって移動する形で生活していくこととなりました。

▶▶ 生活障害をふまえた個別的な生活支援の視点

　介護職の役割は，障害やおとろえによって生じる日常生活のさまざまな不便や不安を少しでも解消し，障害や要介護の状態にあっても，その人らしく暮らしつづけていけるように支援していくことです。したがって，生活障害については，利用者一人ひとりを個別的な視点から考えていかなければなりません。

　ただし，その人の障害の状態のみをみて，単に「何ができないのか」を判断し，その対応方法を考えるといった発想では，できないことを増やしてしまう結果につながりかねません。障害のみに着目するのではなく，利用者のおかれた生活環境や行動目的などとの相互作用の観点から生活障害を考えていくICFの視点（☞第2巻p.224）が重要です。

4. 介護を必要とする人の生活環境の理解

❶ 利用者に合った生活の場

▶▶ 施設における生活環境の変化

　従来の日本の福祉施設や介護施設における生活環境は，数十人あるいは百人の単位で入居者を集め，集中的に介護などのサービスを提供するスタイルが一般的でした。こうした福祉施設や介護施設のあり方も，入居者の状況やその時代背景などのなかでは，それなりの必要性や合理性をもってつくられてきたのだと思います。

　しかし，たとえば認知症の人にとって，従来型の大きな施設のように，同じような部屋が続く長い廊下，広い食堂などの空間，さらには顔を覚えられないほどの大人数の集団というものは，どのように映っていたのでしょうか。もしかすると，認知症の人にとって，これまでの大きな施設のあり方は，一人ひとりの存在感を希薄なものとしてしまう，マイナスの要素になってしまっていたのではないでしょうか。

　つまり，従来の施設介護では，施設側からみた介護の効率性が優先される状況にあり，その効率的な介護をさまたげるのが認知症の人と思われてきた面があったように思います。そこで，近年の介護現場では，個別ケアを実現するために，**グループホーム**[6] (➡ p.125参照) やユニットケアなどの実践がなされ，個室化や 10 人以下の小規模なグループで生活するようなスタイルが主流になってきました。

▶▶ 利用者が認識できる生活環境の整備

　多くの認知症の人にとって，なぜグループホームやユニットケアといった介護サービスのあり方が望ましいのでしょうか。

　それは，日常生活のあり方やその生活範囲のほか，ともに生活する人の人数が認知症の人にも把握できる大きさを前提としているからではないかと推測されます。また，生活空間のしつらえも自宅での生活感覚に近く，足腰が多少不安であっても，車いすのような使い慣れない道具を用いるのではなく，自分の力で移動できるような，あまり広くない空間だからではないかと考えられます。

　本来，利用者の暮らしとその生活環境は切り離せないものです。認知症の人の介護では，これまでは問題行動や不適応行動などといわれ，介護を困難にさせる面のみがクローズアップされてきました。しかし，それは「あなたの介護や今の生活環境は自分に不適応だ」という，認知症の人のこころの訴えであった面も強いのではないでしょうか。

　個々の利用者に適した生活環境を考えることは，まさに介護サービスの質そのものを考えていくことになります。

▶▶ 不適応な福祉用具や生活用品の使用による弊害

　要介護状態にある人の支援においては，その生活の補助手段となる福祉用具（☞第2巻p.232）や生活用品の使用について考えることも大切です。

　介護施設では，からだの小さな利用者が大きい車いすにちょこんと乗っていたり，テーブルやいすの高さがその人に合っておらず，結果的に悪い姿勢で食事をしている場面を見かけることがあります。また，本来は移動用の手段である車いすに乗ったまま，食事のときも含めて1日中過ごしている様子などもめずらしくはありません。

　利用者の状態に合わない福祉用具や生活用品の使用は，利用者の生活の質を向上させるどころか，要介護状態を悪化させることにもなりかねません。

　たとえば，高齢者の場合，車いすで1日中過ごすような状態であれば，確実に**拘縮 7**（➡p.125参照）が進み，歩行能力がおとろえるのはもちろんのこと，しだいに立位をとることさえむずかしくなっていきます。あるいは，食事の際にテーブルやいすの高さが合っていないと，食べづらさを助長し，結果的に食事介助を必要とすることになります。

　また，施設において，トイレの設置数が少なかったり，トイレまでの距離が遠かったりする排泄環境の不備は，結果的にトイレに間に合わなくなり，おむつを使用する利用者を増やすことになります。おむつを使用する場合でも，多くの種類があるなかで，どれでもよいというのではなく，利用者一人ひとりの身体的特徴や生活スタイル，排泄パターンなどに合わせて用意することが，介護職には求められます。

　さらに，自宅で介護している家族や関係者から，時として「施設のショートステイを利用したら，歩けなくなって帰ってきた」という話を聞くこともあります。利用者が転倒でもしたら大変だからと，身体拘束まではしないものの，不安定な歩行を歓迎しないような施設もまだまだ少なくありません。

　しかし，本人にとってはもちろん，自宅で介護を行う家族にとっても，何とか自力で歩けるか，あるいはみずから立位をとることができるかはとても重要なことです。そのまま自宅での介護を続けられるかどうかの大きな判断材料になることも少なくありません。

　施設側の都合ではなく，利用者や家族の思いを優先するのが，専門職としての責務ではないでしょうか。

▶▶ 介護事故の防止と生活環境

　介護現場では，施設のドアや居室に鍵をかけたり，介護事故の防止のためと称して，安易に身体拘束を認めたりするところも見受けられます。近年，介護現場では，リスクマネジメント（☞第2巻 p.92）という用語が定着したこともあって，事故を防ぐ対策を行うことが，あたかもリスクマネジメントであるかのように受けとめられている現実もあります。しかし，人権を無視するような行為をしていながら，どこがリスクマネジメントなのでしょうか。本来，他者の手を借りて日常生活を過ごさなければならない状態とは，だれにとっても心細いものだといえます。にもかかわらず，事故防止のためと称して，意にそわない身体拘束を受けたり，自由に外にも出られない環境に閉じ込められたりしたとすれば，どのような精神状態になるでしょうか。

▶▶ 抑圧的な生活環境と介護の専門性

　たしかに，事故を防止すれば，利用者のからだの健康は維持することはできるでしょう。しかし，こころの健康という視点からはどうでしょうか。上記のような行為が抑圧的な生活環境であることは，要介護状態でない人たちに同じことをした場合に，人権侵害で訴えられる可能性があることを考えれば明らかです。そのような抑圧的な生活環境によって，利用者のこころの健康を損ねている可能性があります。

　介護の専門性という観点からも，鍵をかけたり身体拘束をしたりといった行為には問題があります（☞第2巻 pp.40-41）。たとえば，施設の出入り口を施錠してしまうことで，介護職の側に妙な安心感が生まれ，なぜ利用者が「外に出たい」と訴えるのか，なぜ「家に帰る」と頻繁に訴えるのかという点についての関心や洞察力が弱まります。結果として，そこで行われるのは利用者の生活支援のための介護ではなく，管理や監視，こころの健康に視点をおかない単なる世話ということになりかねません。

　介護における生活環境とは，単に場所そのもののあり方だけを意味するのではなく，使用する福祉用具や生活用品，さらには介護職がもつ視点など，さまざまなものにより構成されます。そして，このときに基本となるのは，利用者の心身の健康の維持につながるものでなければならないという点です。

❸ 人的な生活環境の重要性

▶▶ 人的環境としての介護職の重要性

　介護サービスを利用する高齢者にとって、要介護状態の生活とは、必要以上に遠慮することなく、自分なりに築き上げてきたそれまでの生活スタイルから、何らかの支援を他者から受ける必要を感じるようになる生活への移行を意味します。そのように考えれば、実際は、多くの利用者は、「できれば人の世話になりたくない」と思っていることが推測できます。

　一方で、介護職のなかには、高齢者や障害のある人に対して「何かしてあげる」ことが介護サービスであると考える人が少なくないかもしれません。「できれば世話になりたくない」と思っている利用者と「何かしてあげる」という意識の介護職のあいだにはズレが生じており、介護職のそうした意識や態度を望ましくないものだと感じている利用者はたくさんいるのです。

　先に、生活環境の視点から、施設のあり方や福祉用具などの物的環境の重要性を述べましたが、実は介護サービスにあたる介護職も、利用者にとっては生活環境の1つであり、利用者の生活に与える影響は、決して小さくはありません。つまり、利用者が不必要に不安にかられたり、窮屈な思いをしたりしなくてすむ人的な生活環境を整えることも重要であるといえます。

▶▶ 利用者と専門職との関係性

　生活支援としての介護サービスを考える場合、利用者を「かわいそう」だとか、「してあげている」だとかとらえる発想は、あまりにも表面的であるといえます。介護職に必要とされているのは、介護職としての誇りであり、個々の利用者との関係性のなかでの自分なりの位置の取り方を考えていく姿勢です。誇りをもつべき専門職として、千差万別の状況にある利用者との関係において、みずからがどのような態度をとるべきなのかを考えていくことが大切です。

　たとえば、自分の祖父や祖母、あるいはそれ以上の目上の人たちに対して、なれなれしい態度をとること自体、対人援助の専門職として失格です。また、利用者の日常生活を支えるという意味では、その生活の場において、いつも「お客様」であるというのは、実は落ち着かないことでもあります。

　生きることの支援という意味では、障害のある人もない人も、同じように成長し、苦労しながら、人生の喜びや悲しみを経験していくことが大切です。障害があったとしても、その人らしい自立した生活を送れるように支援していくことこそが、専門的な介護サービスに求められる役割だといえます。

第2節 介護実践における連携

1. 多職種連携

❶ 多職種連携とは ::

▶▶ 多職種連携の意義と目的

　介護の実践における多職種連携の意義は，異なる専門性をもつ多職種がチームになって利用者を支え合うことによって，互いの専門職としての能力を活用して効果的なサービスを提供できる点にあります。そして，多職種連携によって生み出される総合力を発揮することに多職種連携の目的があるのです。

　チームとは，目標や方針を共有し，同じ方向へ向けて互いの専門性をいかしながら協力し合うグループです。チームアプローチとは，チーム援助を行うことをいい，多職種がそれぞれの専門的な視点でアセスメントを行い，目標や方針を共有し，それぞれが自分の専門性を発揮させて総合的に援助を行うことをいいます。

▶▶ チームメンバーとしての介護職

　単に，指示されたことを漫然とこなすだけの介護職にとっては，多職種連携は遠いものです。一方，目の前の利用者に注目し，その人にとって必要な介護が最善のものかどうかを問い，その人の可能性を広げる方法や自立支援をめざして一歩踏みこんだ支援を展開しようとする介護職は，多職種連携をいつも視野に入れて動いています。

　ここで強調したいのは，一歩踏みこんだ支援を展開しようとするときや，質の高いサービスを提供しようとするときには，多職種連携が不可欠だということです。介護職が1人ではできないことや介護職チームだけでは越えられない壁を，多職種チームの総合力によって越えることができます。

　介護職の強みは，利用者のふだんの生活状態を知っていること，1対1の個別援助にあります。介護職はその人の生活に入りこみ側面から支えます。ふだんの状態をよく知っているため，微妙な変化にも気がつきます。その気づきをだれかにつなぐことから，多職種チームによる支援が始まります。

▶▶ 多職種連携の３つのレベル

今，介護実践の現場では，福祉職や医療職，栄養士や調理員，送迎をになう人，事務をになう人など，さまざまな人が働いています。また，チームを構成するメンバーは専門職だけではありません。家族も，近隣の人も，ボランティアも，達成すべき目標や方針を共有し，協力し合う人は皆，チームのメンバーです。

そのチームによるチームアプローチが機能するためには，レベル１「わたし（介護職）があなた（利用者）を支える」という１対１の個別援助，レベル２「みんなであなたを支える」というチーム援助，レベル３「組織や基盤を整備する」という援助，これら３つのレベルのケアシステム（図2-2）がつながり，重層的に動く必要があります。

基本となるのは，介護職が利用者に向き合い，利用者との信頼関係を築いて，１対１で支えることです。しかし，介護職だけががんばってもできることには限りがあります。たとえば，ある介護職が，おむつで排泄している人のおむつをはずしてトイレ誘導をしたいと考えても，介護職１人だけではうまくいきません。排泄記録をつけ，便秘や下痢などについては排便コントロールを看護職とチームで進め，夜間の排泄誘導をどうするかを夜勤の介護職にもひきついで組織的に対応することによって，おむつをはずせる可能性があるのです。

この例が示すように，多職種連携というと，レベル２「みんなであなたを支える」というチーム援助ととらえて，介護職と看護職がチームになることだけを考えてしまいがちですが，そうではありません。介護職が１対１の個別援助によって利用者をしっかり支えるとともに，横に看護職とつながり，基盤を整えて制度やサービスをよりよいものにしていくこと，そして，これらを縦につなげてチームアプローチを考えていくことが大切です。

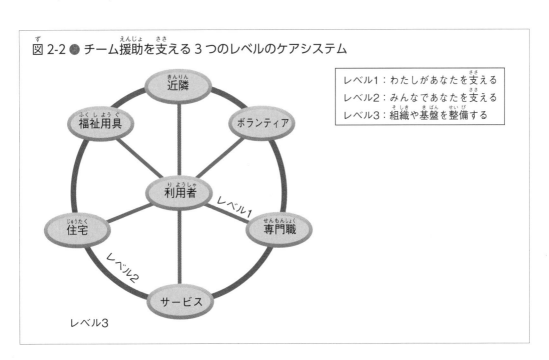

図 2-2 ● チーム援助を支える３つのレベルのケアシステム

レベル１：わたしがあなたを支える
レベル２：みんなであなたを支える
レベル３：組織や基盤を整備する

事例3　食欲不振に関する介護職の気づきから始まった

　　ある介護施設で暮らすCさんの食事量が最近減ってきたことに介護職が気づき，すぐに看護職へ伝えました。そしてフロアの介護職と看護職で話し合い，Cさんの食事の状況を細かく観察し，記録しはじめました。

　　次に，体重の変化を観察し，記録しました。また「体調が悪いのか」「入れ歯が合わないのか」「姿勢を保てずに食べこぼしてしまうのか」という，「なぜ食べられなくなったのか」をアセスメントしました。

　　その結果，「口から食べられるもの，食べたいものを，食べたいときに食べられるように援助しよう」という援助方針を話し合いで決定しました。

　　そこでCさんに食べたいものを聞いたところ「何もない」と言います。

　　しかし，ある介護職が，Cさんは「果物が好き」だということを思い出しました。そこで，施設の栄養士に依頼し，果物（バナナ・ぶどう・いちごなど）を毎食つけてもらい，その結果，入院せずに食欲不振を乗り越えることができました。

　この事例の展開過程を，先に述べた3つのケアレベルにもとづいて解説します。

　はじまりは，ある介護職の「あれ？　最近Cさん，ふだんに比べて食べていないな」という＜気づき＞です。そこから援助が始まりました。1人の介護職が目の前の＜人＞に注目していたから気づいたのです。レベル1「わたし（介護職）があなた（利用者）を支える」がそこにありました。

　気づいた介護職が「このことはだれかに伝えたほうがよい」と判断し，フロアの介護職仲間と看護職に伝え，栄養士も加わり，レベル2「みんなであなたを支える」が動き出しました。多職種連携ができなければ，Cさんは入院することになったに違いありません。

　さて，前もって献立を立てて，食材を購入し，定められたメニューの食事を出すのが一般的な介護施設で，Cさんにだけ果物を提供できたのはなぜでしょうか。

　それは，レベル3「組織や基盤を整備する」が機能したからです。この施設は，均一の標準的サービスを提供するだけの介護施設ではありませんでした。利用者一人ひとりに個別の援助をしていくことに対して，組織的な支えがあるからこそ，そこで働く介護職が声を上げることができたのです。そして，栄養士もまた，現場の工夫でなんとかしようとしたために，Cさんが好きな果物を提供することが実現しました。多職種連携はこのようにして動いていきます。

❷ チームを構成するメンバーの理解

▶▶ 介護支援専門員（ケアマネジャー）

(1) 介護支援専門員の職務

　介護支援専門員は介護保険法にもとづき，ケアマネジメント（☞第3巻 p.32）の要をになう役割として位置づけられました。介護支援専門員とは，要介護者や要支援者（以下，要介護者等）からの相談に応じ，要介護者等がその心身の状況などに応じて，適切な居宅サービスや施設サービスなどを利用できるように，居宅サービス事業者や介護保険施設などとの連絡調整などを行う者であって，要介護者等が自立した日常生活を営むのに必要な援助に関する専門的知識や技術を有するものとして，介護支援専門員証の交付を受けたものをいいます。

　介護支援専門員は，**居宅介護支援事業所**[8]（➡ p.126 参照），**介護保険施設**[9]（➡ p.126 参照），介護予防支援事業所などで働き，利用者のニーズをアセスメントして，ケアプラン（居宅サービス計画や施設サービス計画）を作成します。その際に，サービスを調整したり，サービス担当者会議（☞第2巻 p.211）を開催したりします。

(2) 介護支援専門員と介護職の連携

　介護職は，利用者の状態に変化があった場合は，ケアプランに反映してもらえるように，サービス提供責任者（☞第2巻 p.86）などを通じて介護支援専門員にはたらきかけを行います。たとえば，立ち上がりが不安定になってきた状況が介護支援専門員に伝わることで，ケアプランが変更され，歩行器や手すり等，福祉用具貸与の利用がケアプランに位置づけられます。このように，現場での気づきを介護支援専門員に伝えることで，利用者のニーズにそったサービスの提供が可能になります。

▶▶ 社会福祉士

(1) 社会福祉士の職務

　社会福祉士とは，**ソーシャルワーク**[10]（➡ p.126 参照）に関する業務を担当する**名称独占**[11]（➡ p.126 参照）の国家資格として，1987（昭和62）年に制定された社会福祉士及び介護福祉士法によって制度化された相談援助の専門職です。2007（平成19）年の法改正によって，社会福祉士の定義規定が見直され，社会福祉士は業務を行うにあたって，ほかの福祉サービス関係者などとの連絡・調整を行って，橋渡しを行うことが明確化されました。

　社会福祉士は，社会福祉サービスを必要とする人に対して，権利擁護や自立支援の視点をもって相談・助言・指導をする対人援助の専門職です。病院の医療相談室のソーシャルワーカーとして，介護老人福祉施設などの生活相談員として，福祉事務所のケースワーカーとして，地域包括支援センターの職員として，幅広く活躍しています。

(2) 社会福祉士と介護職の連携

　　介護職は，家族への対応が困難な場合，社会福祉士に，利用者家族との連絡調整を依頼します。また，虐待が疑われる事例を発見した場合は，社会福祉士のいる地域包括支援センターや行政とも連携して支援チームをつくります。このように，現場での気づきを社会福祉士に伝えることで，社会福祉士のソーシャルワークによって，利用者の権利擁護につなげていきます。

▶▶ 精神保健福祉士

(1) 精神保健福祉士の職務

　　精神保健福祉士とは，精神保健福祉領域におけるソーシャルワークに関する業務を担当する名称独占の国家資格で，精神保健医療と福祉にまたがる専門職です。

　　精神保健福祉士は，精神科医療機関，障害福祉サービス事業所，保健所，精神保健福祉センターなどで活躍し，相談や情報提供などのさまざまな支援を行っています。精神科リハビリテーションにおいてはチームの一員としてチームアプローチを展開したり，デイケアの運営や家族会の支援，地域の組織化なども行っています。

(2) 精神保健福祉士と介護職の連携

　　精神障害者が精神科病院を退院し地域で生活を行う際に，障害福祉サービスを利用することがあります。そのような場合，介護職は，精神保健福祉士と連携をとり，生活状況を伝えるとともに，精神障害についての留意点などを伝えてもらいます。このように，精神保健福祉士と連携をとることによって，利用者の状況の変化にもすぐに対応できるようにし，適切な支援を行えるようにします。

▶▶ 医師

(1) 医師の職務

　　医師は**業務独占**[12]（→ p.126 参照）の国家資格です。「医師でなければ，医業をなしてはならない」と医師法に定められており，医師だけが，診断，投薬（注射），手術，生理学的検査などを行うことができ，それ以外の者は行うことはできません。

　　しかし，医師だけですべての診療行為に対応することは困難なので，特定の限定された分野について，医師の指導監督下において，医療関係の国家資格を有する者が業務を行えると法律で定められています。たとえば，看護師は診療の補助行為ができ，理学療法士は理学療法ができます。

(2) 医師と介護職の連携

　　介護職は，病院受診に同行した際，利用者が自分で体調を伝えられない状況であれば，代弁します。また，医師の指示を受けて，体調が整うように，たとえば，水分をいつも以上にとるように支援することなどを行います。このように，介護職は医行為を行

うことはできませんが，利用者の状態を医師に伝えて適切な医療的支援につなげることや，医師から生活支援上の指示を受けることで，利用者が健康を維持できるように支援します。

▶▶ 看護師

(1) 看護師の職務

　看護師とは，厚生労働大臣の免許を受けて，傷病者もしくはじょく婦[13]（➡ p.126 参照）に対する療養上の世話または診療の補助を行うことを業とする者をいいます。

　看護師は，業務独占の資格であり，名称独占の資格でもあります。

　看護師は，病院の中で患者の日常生活援助や治療にともなう処置を行っているほか，介護保険施設などで療養上の世話を行っています。また，保健所や行政で地域の人の健康の保持増進に取り組んだり，企業で働く人の健康管理や健康相談を行ったり，訪問看護ステーションで療養している人の家を訪問したり，幅広い分野で看護を実践しています。

(2) 看護師と介護職の連携

　介護職は，施設の利用者の健康状態がいつもと違うことに気づいた場合，看護師に連絡し，医療機関の受診につなげます。在宅の利用者の場合は，訪問介護員（ホームヘルパー）は，訪問看護の看護師と連携をとって利用者を支えます。このように，介護職と同様に利用者の生活の近くで支援を行う看護師とは，日々の利用者の状態を共有することで，適切な医療・介護の支援につなげていきます。

▶▶ 保健師

(1) 保健師の職務

　保健師とは，厚生労働大臣の免許を受けて，保健師の名称を用いて，保健指導に従事することを業とする者をいいます。

　保健師は，名称独占の国家資格です。また，保健師は看護師の業務「療養上の世話および診療の補助」を行うことができます。

　保健師は，保健所や市町村，病院，福祉施設，学校，企業などで幅広く活躍しています。仕事の内容としては，感染症患者・結核患者・精神障害者・生活習慣病のある人・妊産婦・乳幼児を対象とする家庭訪問・保健指導・地域をベースとした健康診断の開催・健康相談・健康教育を行っています。

(2) 保健師と介護職の連携

　保健師は，看護師と同様に，訪問看護を提供する医療職としても働いています。また，地域包括支援センターの保健師は，要支援・要介護状態になるおそれの高い高齢者について介護予防ケアマネジメントを行いますので，介護予防の事業に従事する介護職

は，現場での情報を保健師に伝え，利用者の状態にそった支援が行われるようにはたらきかけます。このように，保健師とは，看護師や介護支援専門員などと同様の連携をとることで，適切な医療・介護の支援につなげていきます。

▶▶ 理学療法士（PT）

(1) 理学療法士の職務

理学療法士とは，厚生労働大臣の免許を受けて，理学療法士の名称を用いて，医師の指示のもとに，理学療法を行うことを業とする者をいいます。

理学療法士は，病院，診療所，介護老人保健施設などで活躍しています。

具体的には，筋力測定，関節可動域テスト，運動療法や訓練指導などを行い，機能の維持や回復訓練をにないます。

(2) 理学療法士と介護職の連携

理学療法士は，車いすからベッドへ移乗する練習などのリハビリテーションを行うため，介護職は理学療法士と，それぞれの支援場面での利用者の自立度などの情報を共有します。このように情報を共有することで，利用者がふだんはどこまで自分で行えるのかという情報が，理学療法士がリハビリテーションを行う際に活用できる情報となり，逆に，介護職が在宅で介助する際にどこまで自分で行ってもらうのかを判断する根拠となります。

▶▶ 作業療法士（OT）

(1) 作業療法士の職務

作業療法士とは，厚生労働大臣の免許を受けて，作業療法士の名称を用いて，医師の指示のもとに，作業療法を行うことを業とする者をいいます。

作業療法士は，病院，診療所，介護老人保健施設などで，主として障害のある人に対して，手芸や工作，その他の作業を通して日常活動（作業活動）を援助します。

理学療法士が身体の基本的動作能力の回復をはかるのに対して，作業療法士は，幅広い対象者に，応用的動作能力や社会的適応能力の回復をはかります。

(2) 作業療法士と介護職の連携

作業療法士は，片麻痺のある人が利き手交換をして料理をする練習や，関節リウマチのある人が自助具を使って衣服着脱を行う練習などのリハビリテーションを行うため，介護職は作業療法士と，それぞれの支援場面での利用者の自立度などの情報を共有します。理学療法士の場合と同様に，このように情報を共有することで，作業療法士・介護職それぞれの情報が，それぞれに支援を行う際の根拠となります。

▶▶ 言語聴覚士（ST）

（1） 言語聴覚士の職務

　言語聴覚士とは，厚生労働大臣の免許を受けて，言語聴覚士の名称を用いて，音声機能，言語機能または聴覚に障害のある者についてその機能の維持向上をはかるため，言語訓練その他の訓練，これに必要な検査および助言，指導その他の援助を行うことを業とする者をいいます。

　言語聴覚士は，病院，リハビリテーションセンター，療育センターなどをはじめとして，保健医療福祉機関や教育機関など，幅広い領域で活躍しています。

　脳卒中後の失語症，聴覚障害，声や発音の障害など，言葉によるコミュニケーション障害のある人に対して，問題の背景を明らかにし，検査や評価を行い，訓練や指導，助言を行います。また，嚥下に問題がある人に専門的に対応します。

（2） 言語聴覚士と介護職の連携

　言語聴覚士は，コミュニケーション障害のある人に対して，訓練や指導などを行うため，介護職は言語聴覚士と，それぞれの支援場面での利用者の状態などの情報を共有します。理学療法士や作業療法士の場合と同様に，このように情報を共有することで，言語聴覚士・介護職それぞれの情報が，それぞれに支援を行う際の根拠となります。

▶▶ 薬剤師

（1） 薬剤師の職務

　薬剤師は，厚生労働大臣の免許を受けて，調剤，医薬品の供給や薬事衛生を行うことにより，公衆衛生の向上および増進に寄与し，国民の健康な生活を確保する役割をになっています。とくに調剤業務は薬剤師だけが行うことができる独占的な業務です。

　薬剤師は，薬局や病院などで活躍し，調剤業務，服薬指導などを行っています。

（2） 薬剤師と介護職の連携

　薬剤師は，医師の指示を受けて，朝・昼・夕・睡眠前というように，時間ごとに何種類かの薬をセットした一包化を行うため，介護職は服薬についての情報を伝えてもらい，逆に薬剤師（と医師）に，利用者の健康状態や服薬状況について情報を伝えます。このように情報を共有することで，適切な服薬介助につながるとともに，利用者の状態が変化した場合には，薬の変更などの適切な支援につなげることができます。

▶▶ 栄養士

（1） 栄養士の職務

　栄養士とは，都道府県知事の免許を受けて，栄養士の名称を用いて栄養の指導に従事することを業とする者をいいます。

　栄養士は，食物栄養の専門家で食生活を支えます。学校給食，病院，保健所などで生

活環境やからだの状態に合わせた献立をつくり，栄養指導を行い，よりよい食生活を手助けします。

(2) 栄養士と介護職の連携

　　介護職は，施設入居者の食欲が低下してきた場合，栄養士に伝えます。このように情報を伝えることで，本人が食べたいと希望する食べ物を提供したり，食べやすい調理形態にすることで，利用者の食事を支援することができます。

▶▶ 管理栄養士

(1) 管理栄養士の職務

　　管理栄養士とは，厚生労働大臣の免許を受けて，管理栄養士の名称を用いて，傷病者に対する療養のための必要な栄養の指導や，施設での給食管理，施設に対する栄養改善上必要な指導などを行うことを業とする者をいいます。

　　管理栄養士は，学校（給食），病院，保健所・市町村保健センター，福祉施設，外食産業，食品メーカーなどで活躍しています。栄養を考慮した献立の作成，調理，衛生管理，高度な専門知識にもとづいた栄養指導による生活習慣病の予防・治療をにない，食材の発注や原価計算などの食材費管理業務などを行ったり，企業などでの研究開発や教育機関での学習指導を行っています。

(2) 管理栄養士と介護職の連携

　　介護職は，疾患などによって利用者の食事の状況に変化があった場合，管理栄養士に伝えます。このように情報を伝えることで，利用者への療養上の栄養指導などにつなげることができます。

▶▶ サービス提供責任者

(1) サービス提供責任者の職務

　　サービス提供責任者は，訪問介護（ホームヘルプサービス）事業所の柱となる役職であり，サービス提供の安定的な質を確保するための中核をにないます。利用者宅に出向き，サービス利用に関する契約のほか，アセスメントを行って，ケアプランにそった**訪問介護計画**[1]（➡ p.126 参照）の作成などを行います。

　　また，実際のサービス内容に関して訪問介護員への指導・助言・能力開発なども行います。

(2) サービス提供責任者と介護職の連携

　　訪問介護員が利用者の状態の変化に気づいた場合，報告を受けたサービス提供責任者は介護支援専門員にケアプランの見直しを検討してもらうように依頼します。また，このケアプランの見直しにそって，サービス提供責任者は訪問介護計画を作成し直し，この計画に従って訪問介護員はサービスを提供します。このように情報を伝えることで，利用者のニーズにそったサービスの提供が可能になります。

2. 地域連携

❶ 地域連携とは

▶▶ 地域連携の意義と目的

　地域連携は，生活をしている場所や地域で，利用者の求める生活を支援するために行います。介護職が地域連携を行うことによって，チームアプローチが具体的に進み，協働の姿がみえはじめます。

　地域連携を行う際は，所属している職場の役割や機能について考えます。所属する職場によって，期待される役割も仕事の内容も異なります。地域連携は，「○○事業所で○○として働いている○○さん」として，職務を通しての連携が求められます。

事例 4　退院してリハビリテーションの効果がみられた事例

　寝たきりに近い状態で病院から自宅へ帰ってきた D さん。当初は寝返りにも介助が必要でしたが，家に帰ってきたことがうれしくてたまらない様子です。

　訪問介護の利用が始まりました。数か月が経過し，「無理かもしれないけど歩けるようになりたい」とリハビリテーションへの意欲を口にしはじめました。それを聞きとめた訪問介護員が，訪問介護事業所に D さんの思いを伝え，サービス提供責任者が介護支援専門員に連絡。その結果，サービス担当者会議が開催され，訪問リハビリテーションが始まることとなりました。D さんは，日々のリハビリテーションプログラムを壁に貼って毎日はげみ，訪問介護員も，ベッド上のオーバーテーブルに食事を用意するのではなく，車いすで食堂へ行って食事ができるようにしました。また，洗面所に移動して洗顔するように訪問介護計画の内容を見直しました。

　地域の関係機関が連携をとって援助を行った結果，D さんは，ベッドに備え付けた介助バー（☞第 2 巻 p.232）につかまって数秒立てるようになりました。近々，歩行器を借りて試すことにもなり，本人の喜ぶ顔に，関係者も喜んでいます。

　介護職には，介護職だからこそできる地域における生活支援の実践の方法があります。たとえば，訪問介護員が利用者宅で訪問看護師とすれ違って，「最近夜眠れていないようだ」と伝えることもありますし，通所介護（デイサービス）の送り出し時に通所介護事業所（デイサービスセンター）の職員と帰りの送迎時間を確認しつつ，必要なことを伝え合う場面もあります。また，薬局に薬を受け取りに行って，薬剤師から指導された新しい薬の飲み方について訪問介護員を介して利用者に伝えたり，近隣の人と顔見知りになってごみの出し方について打ち合わせをすることもあるかもしれません。こうして訪問介護員は利用者のつながりを地域につくっていくのです。

▶▶ 地域連携の３つのレベル

地域連携には，個人レベルの地域連携，組織間レベルの地域連携，制度レベルの地域連携という３つのレベルがあります。

個人レベルの地域連携とは，利用者を取り巻く地域の関係機関の担当者や関係者が，利用者の支援のために互いに連絡を取り合って連携するレベルです。

組織間レベルの地域連携とは，関係機関のあいだで，「このようなときには，このような連携を結びましょう」という約束事を取り決めて対処するレベルの連携です。

制度レベルの地域連携は，特定の組織と特定の組織で結ばれる連携を超えて，制度となったレベルの連携です。

地域連携の形成を考えてみると，個人レベルでの地域連携が，組織間レベルの地域連携になり，制度を形づくるという現場からつくっていく地域連携となっていくことがあります。

また，その逆の流れで，国が制度をつくり，その枠組みのなかで，組織や個人レベルでの地域連携が整えられるという制度論としての地域連携として進んでいくこともあります。

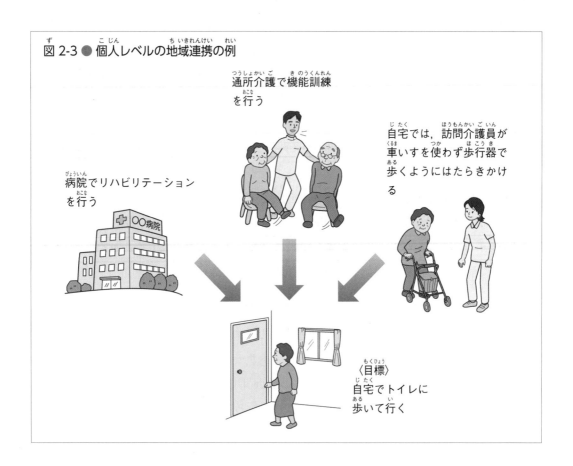

図 2-3 ● 個人レベルの地域連携の例

通所介護で機能訓練を行う

自宅では，訪問介護員が車いすを使わず歩行器で歩くようにはたらきかける

病院でリハビリテーションを行う

〈目標〉
自宅でトイレに歩いて行く

▶▶ 地域連携の形

　たとえば，夜間の時間帯に訪問介護が必要な利用者に対して，関係するサービス提供機関の担当者が集まって，だれが，何を，どのように援助するかを話し合う連携は「個人レベルの地域連携」です。夜間対応型訪問介護事業所が，夜間の訪問状況を昼間の訪問介護事業所にファクシミリ等で連絡することを組織間で取り決めていれば，それは「組織間レベルの地域連携」です。

　そして，利用者の暮らす市町村が，夜間の訪問介護が必要となった人を支えるための制度をつくるとなると，「制度レベルの地域連携」です。たとえば，E市では，定期巡回・随時対応型訪問介護看護事業所を指定し，地域の訪問介護事業所ならびに訪問看護事業所と連携するサービス提供体制の整備が行われています。このような，市内のどこで暮らしていても安心なしくみをつくることや，昼間と夜間をつないでいくしくみを市町村として制度化することなどが該当します。

▶▶ その人の暮らしの流れにそう地域連携

　地域は暮らしの場です。そこで暮らす人は，一時的に病院に入院したり，リハビリテーションを受けたり，訪問看護を利用するかもしれません。ある時点では，要支援者となり，地域包括支援センターが介護予防ケアマネジメントを担当することもあれば，再入院となり，退院時に要介護者となって，ケアプラン（居宅サービス計画）を介護支援専門員が担当することもあるでしょう。介護施設の短期入所生活介護（ショートステイ）を利用することもあるでしょう。

　今現在，どこ（介護サービス事業所や機関）のサービスを利用しているか，主担当者（窓口になっている人）はだれか，を想起すると，連携がみえてくるでしょう。さらには，以前（要支援状態のころ）その人を担当していた地域包括支援センターの担当者と，現担当の介護支援専門員が連携したり，入院した病院と退院後のかかりつけ医や訪問看護との連携など，時の流れにそってつないでいくことを，地域連携の視点としてもつことが大切です。

▶▶ 民生委員

民生委員は，地区を担当して相談活動を行い，地域の声を吸い上げ，状況をよく把握し，関係機関につなぐ役割をもっています。民生委員は，都道府県知事の推薦によって，厚生労働大臣が委嘱し，任期は3年間です。

民生委員は地域の連携窓口として大切な存在です。たとえば，近隣の民家の雨戸が最近閉まっていることに気づいた民生委員が，地域包括支援センターに連絡し，地域包括支援センターの職員といっしょに訪問し，サービス提供が始まることもあります。

▶▶ ボランティアセンター

ボランティアセンターは，ボランティア活動を行っている団体やにない手の情報を整理し，ボランティアを希望する人と受け入れ団体とのコーディネートを行います。また，ボランティア活動を推進し，そのための基盤整備を行っています。

▶▶ NPO（民間非営利組織）

1998（平成10）年，特定非営利活動促進法（以下，NPO法）が成立し施行されました。この法律は，ボランティア活動をはじめとする市民が行う自由な社会貢献活動としての特定非営利活動の健全な発展を促進し，それによって公益の増進に寄与することを目的としています。こうした目的をもった人が集まって組織をつくり，その組織が法人格をもつことで社会的権利を認めていこうという流れで，NPO法は誕生しました。

NPO法人のなかでも，保健・医療または福祉関連の団体がもっとも多く，地域には，訪問介護や小規模多機能型居宅介護などの各種介護保険事業を運営したり，会員向け送迎サービスなど，各種サービスを行っている福祉関連のNPO法人があります。

▶▶ 社会福祉協議会

社会福祉協議会（略称「社協」）は，社会福祉法において地域福祉を推進する団体として位置づけられた，公共性の高い非営利民間福祉団体です。社会福祉協議会では，訪問介護や通所介護などの事業運営を行ったり，ボランティアセンターを設置したり，高齢者の見守り支援ネットワークや地域組織化を推進しています。

日常生活自立支援事業（☞第1巻p.214）の窓口業務については，基幹的な市区町村社会福祉協議会で実施されています。

▶▶ 福祉事務所

福祉事務所は，生活保護法，児童福祉法，身体障害者福祉法，知的障害者福祉法，老人

福祉法，母子及び父子並びに寡婦福祉法に定める援護，育成または更生に関する業務を行う，第一線の社会福祉専門行政機関です。福祉事務所は，都道府県や市および特別区に設置が義務づけられており，町村は任意で設置することができます。

▶▶ 地域包括支援センター

　地域包括支援センターは，2005（平成17）年の介護保険法改正によってその翌年に新設されました。市町村事業として，地域の保健医療福祉をつなぐ包括的で継続的な支援を行う機関であり，主任介護支援専門員，社会福祉士，保健師などが配置されています。
　地域包括支援センターは，おもに包括的支援事業（☞第1巻p.79）などの事業を実施し，地域住民の心身の健康の保持や生活の安定のために必要な援助を行うことにより，その保健医療の向上と福祉の増進を包括的に支援することを目的とする施設です。「地域包括ケアシステム実現への中心的役割」をになうことが期待されています。

▶▶ 病院，診療所

　医療法上，病床数20床以上の入院施設をもつものが病院です。19床以下の入院施設をもつものまたは入院施設をもたないものは診療所といいます（入院施設をもつ場合は，有床診療所といいます）。なお，クリニックとは，診療所の別称です。

▶▶ 保健所

　保健所は，地域保健法によって位置づけられた，住民の健康や衛生管理を支える行政機関です。都道府県，指定都市，中核市のほか，政令で定める市または特別区に設置することとなっています。対人保健分野としては，①健康診断などの感染症等対策，②エイズ相談や難病医療相談などのエイズ・難病対策，③精神保健福祉相談などの精神保健対策などの業務をになっています。

▶▶ 市町村保健センター

　市町村保健センターは，市町村レベルの地域における保健活動・保健サービスの拠点です。都道府県が設置している保健所が，より広域的・専門的な健康課題を把握し，助言する拠点であるのに対して，市町村保健センターは，地域住民に直接保健サービスを提供します。具体的には，住民に対して健康相談，保健指導，健康診査などを行います。

▶▶ 訪問看護ステーション

　訪問看護ステーションとは，訪問看護事業所のうち，病院または診療所以外のものをいいます。職員としては，保健師，看護師，准看護師，理学療法士，作業療法士，言語聴覚士が配置されています。

介護における安全の確保と リスクマネジメント

1. 事故防止と安全対策

❶ 介護における安全の確保の重要性 ::

▶▶ 介護におけるリスクマネジメントとは

　介護の現場では，利用者のプライバシーにどうしてもかかわらざるを得ないことが多く生じます。その場合，専門職として守るべき倫理に加えて，利用者に生じやすい事故などへの対策や，安全への配慮も重要になります。

　介護保険制度上も，介護保険施設（☞第1巻 p.62）等（以下，施設）には，事故発生の防止のための指針の整備や委員会（事故防止検討委員会等）の設置，従業者に対する研修の定期的な実施などが定められており，介護サービス事業者（以下，事業者）全般に対して，事故発生時には事故の状況および事故に際してとった処置についての記録が義務づけられています。

　これら一連のしくみや流れをリスクマネジメントといいます。

▶▶ リスクの回避と尊厳の保持

　介護職は，利用者のリスクの回避に責任を負うことになります。それと同時に，利用者の尊厳の保持を実現しなければいけません。

　従来，安全の確保を理由に，介護の現場で行われてきた行動制限が，介護保険制度においては，身体拘束として原則的に禁止されました（☞第2巻 p.40）。人の暮らしを支える介護の現場では，利用者の尊厳をおかすことなく安全の確保をはかることが当然のこととして定着しようとしています。

　介護が必要になっても，可能な限りみずからの力でみずからの望む生活行為や社会的な活動ができるよう支えるために，介護職には，利用者をよく知り，その人の生活習慣や生きることへの意欲などを引き出し，受けとめ，あるいは提案することができる質の高い支援が求められます。そのことがリスクマネジメントの一環であることを知らなければなりません。

❷ リスクマネジメントの必要性

▶▶ 経験や知識をもとにしたリスクの予測

　私たちの生活を思い浮かべてみると，日常生活のなかには，危険や事故の発生要因となるものがたくさんあることに気づきます。たとえば，街を歩いているときに道に段差があったり，信号機のない横断歩道では車の往来があるなかを横切ったりします。私たちは，そのときに段差があることや車が近づいていることに気づき，段差を乗り越えたり，車が通り過ぎるのを待ったりして危険を回避しています。

　ふだんなにげなくとっている行動のなかにも，実は自分自身の経験や知識をもとに生活上のリスクを予測し，みずからの安全を確保している場面がたくさんあるのです。

▶▶ 利用者の生活を支えるチームとリスクマネジメント

　このことは，介護においても同様です。利用者の生活を支えるということは，そこで生じる利用者の生活上のリスクを未然に予測し，回避するための知識や技術，また，事故が起きたときにはその影響を最小限にとどめ，安全を確保する技術が求められます。

　なぜなら，介護が必要とされる利用者は体調の変化を起こしやすいだけでなく，認知症や慢性疾患への対応には，質の高い介護技術や配慮が求められるからです。しかも，介護の場面では直接身体に触れて介助することが多く，事故につながる危険性は非常に高くなります。また，介護の現場では，複数の介護職や多くの専門職が連携してかかわることになります。さまざまな利用者に対して，どのような場面でも安全が確保でき，一人ひとりの利用者の尊厳ある生活が守られなければなりません。

　そのためには，個々の介護職の技術を高めるとともに，チームや組織でリスクマネジメントを行い，具体的な工夫や方法で事故の回避や軽減をはかることが重要です。

▶▶ リスクに強い環境づくり

　単なる事故防止ではなく，生活全般のリスクに目を向けて，リスクに強い環境をつくるために「安全な環境」の質を高めていくといった「セーフティマネジメント」の視点が必要です。「防ぐべきリスク」への対策やリスクを最小限にとどめる工夫を考え実行することがあたりまえの組織風土の醸成も環境づくりの1つです。なぜなら，組織風土の醸成は，利用者にとって，リスクに強いサービスの環境であるといえるからです。

　では，利用者にサービスやケアを提供する場面で，リスクに強い環境とはどのようなものがあるのでしょうか。環境のなかには，施設や事業所の設備といったハード面と，介護職の技術力や介護職チームあるいは多職種間の連携によるチーム力といったソフト面があります。このようなハードやソフトを，個々の利用者の生活の意向や暮らしを軸に，利用者の目線になって整えていくことがリスクに強い環境づくりといえます。

▶▶ 事故防止検討委員会，リスクマネジメント委員会などの設置

施設では，組織的に事故防止，安全対策を行うために事故防止検討委員会やリスクマネジメント委員会などを設置しています。

表2-2 ● 事故防止検討委員会やリスクマネジメント委員会の役割と機能

① 事故をめぐる情報の収集と共有
・施設全体で発生した事故の状況把握（事故の件数や種類など）
・事故に対する再発防止策の実施状況の把握
・生活を支える介護の工夫・サービスの改善と，その効果の検証
② サービスの質の標準化に向けた取り組み
・効果的な再発防止策の検討と，施設全体での取り組みの促進

委員会の構成メンバーは施設の種別や規模によっても異なりますが，組織的には，管理者，介護職の責任者やチームリーダーで構成され，専門職種として介護職だけではなく医師，看護職や介護支援専門員（ケアマネジャー）など多職種で構成されます。

委員会では，施設全体の事故やリスクの状況の把握，課題検討はもとより，迅速で的確な報告の流れや，事故報告書を記述しやすく要点をおさえた様式に改善することなど，事故報告のしくみの検討も行います。また，居室や共同生活室(リビング，ダイニングなど)の危険な箇所の点検や改善，利用者の個別性に合わせた居住性の向上など，環境の質を高めてリスクを回避する方法を検討します。

▶▶ ケアカンファレンス，サービス担当者会議において検討

利用者の生活スタイルを理解したうえで，日々の身体的状態の変化や心理的ニーズに配慮した専門性の高い介護を行うことや，不適切な介護や画一的な介護による事故を回避することは大切です。また，介護の方法を利用者に合わせて常に見直し，柔軟に対応することは事故予防になります。そのような介護をチームケアとして届けるために，情報共有や課題検討の場として，ケアカンファレンスやサービス担当者会議があります。

ケアカンファレンスやサービス担当者会議では，利用者や家族も参加して検討を行う場合があります。大切なことは，利用者や家族の生活に対する意向や思いを受けとめ，「いっしょに考える」姿勢で「いっしょに考えてもらえる」関係を築き，家族がもつ力を利用者の生活につなげようとする視点です。リスクについて話し合うとなると，ネガティブな雰囲気になりかねませんので，進行役には，参加者が前向きで創造的な話し合いができるような会議の運営や配慮が求められます（☞第2巻pp.210-211）。

❹ 介護事故発生時の対応

▶▶ 利用者の状態確認

　介護事故が発生した場合，利用者への対応が最優先です。まず，利用者の状態確認が必要です。バイタルサイン[16]（➡ p.127 参照），出血，打撲，外傷の状態，痛みの有無などを確認します。医師や看護職と連携して対応し，状態によっては，その場での処置だけではなく，受診対応，救急車の要請も必要となります。対応と同時に，事故の発生を迅速かつ的確にチームリーダーや上司に報告します。いずれの場合でも，迅速かつ的確に判断・行動して，事故のダメージを最小限にとどめるように努めます。

▶▶ リスクに強い組織とチームづくり

　介護事故発生時の救急対応などは，一連の流れをマニュアル化し，研修を重ねて共有することが基本です。しかし，実際の事故や救急の場面では，マニュアルだけでは対応できない事態も発生します。そのような場合でも，チームで連携して情報を伝え合い，判断をあおげる専門職同士の関係と柔軟に対応できるしくみをもっている組織は，リスクに強い組織といえます。

　また，事故後にチームでふり返り，話し合う場をもつことが必要です。事故発生から対応までの一連の過程における課題整理やより適切な対応はなかったかの検証をし，事故予防につなげます。このように，ふり返り，学習するチームは，リスクに強いチームといえます。

▶▶ 介護事故発生時の報告・記録

　介護事故が発生した場合は，利用者への対応と並行して，施設や事業者内でも事故の発生を報告・連絡・共有しますが，家族への報告も必要です。

　家族への報告は，できる限り迅速かつ正確に行う必要があります。報告の遅れや，報告の不正確さは，家族との信頼関係に支障をきたすことがあります。それは，日ごろの介護に対する不信感につながることもあります。どんな重い事故も誠実に報告することは介護にたずさわるものの責務なのです。

　事故の状況やそれにともなう利用者の状況は，家族とも常に共有しながら対応を進めます。家族に対しては，口頭での報告だけではなく，介護記録を開示して説明することもあります。したがって，常に5W1Hを念頭においた正確・適切でだれが見てもわかりやすい記録の技術が求められます（☞第２巻 pp.202-203）。

▶▶ 組織全体による情報の共有と対応

　施設内には，介護事故に関する情報を，口頭や文書によって組織全体に伝達していくしくみがあります。事故発生の経緯とその後の対応などを，組織的に共有するしくみです。

　介護の場面で発生した事故については，介護職からリーダーに報告され，最終的には施設の管理者に報告されるしくみを整備することが義務づけられています。また，事故報告・対応に関する指針も整備しなければなりません。その指針に従って事故報告の手順をマニュアル化し，迅速かつ正確に組織全体で情報を共有することが大切です。

▶▶ 報告しやすい風土づくり

　報告のしくみや事故報告書が整備されていても，介護事故に直面した介護職から報告が上がってこないとしくみは機能しません。施設内に，「報告することが専門職としての責務であり，報告した介護職を責めるものではない」と感じとれる風土を根づかせる必要があります。

　事故は，利用者の心身の状況，物理的な環境，サービス提供のあり方や介護の技術など，さまざまな要因が重なり合って発生するものです。かかわった介護職だけの問題としてしまうと根本的な改善策は生まれてきません。1つひとつの事故を組織全体で受けとめる姿勢，だれが直面しても組織全体のこととして考えていく風土や組織文化そのものが，リスクマネジメントといえます。

▶▶ 報告の義務

　介護保険法にもとづく省令で，介護事故は介護保険の保険者（市町村）や利用者の家族などに連絡することが義務づけられています。また，施設の管理者に報告するしくみの整備も義務づけられています。

　保険者への報告を要する事故としては，骨折，やけど，誤嚥，異食，誤薬などのうち入院または医療機関での治療を要するものや利用者が死亡した場合などがあります。

▶▶ 生活のなかのリスクと対策

　要介護状態の高齢者であっても，福祉用具(☞第2巻 p.232)や自助具[16](➡p.127参照)を使って生活をしやすくすることは可能です。また，適切に福祉用具や自助具を選定することは，安全対策にもつながります。

　たとえば，モジュールタイプの車いす[17](➡p.127参照)，立ち上がりやすい低床ベッド，安定感があって居住空間にもなじむ家具調のポータブルトイレなどが開発されています。

　介護保険施設では，バリアフリー[18](➡p.127参照)の構造をとり，トイレや浴室，脱衣室に手すりが設置されています。在宅でも，トイレや玄関，浴槽に手すりを設置して，身体機能が低下しても自立した生活行為を継続できるように住宅改修をすることができます。

　道具や設備といった物理的環境だけではなく，利用者のニーズを中心に考える人的環境も重要です。介護職やチームが，利用者の個別性や心理的ニーズへ対応したり，生活ニーズを優先したりするといったことがなければ，利用者の行動が落ちつかないばかりか，生活のリスクは高まります。逆に利用者のニーズを優先した環境は，それ自体がリスクに強い環境であるといえます。

低床ベッド

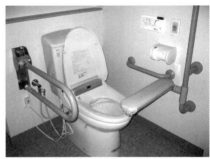

トイレの手すり

浴槽の手すり

▶▶ 転倒および転落に関する対策

(1) 個別性が高い転倒のリスク

　利用者によって，「1人で歩行可能」「介助すれば歩行可能」「歩行器を使用すれば歩行可能」など，歩行能力や機能はさまざまで，個別性が高いものです。言い換えると，転倒のリスクも個別性が高いということです。一度転倒すれば，骨折につながる可能性も高く，骨折が原因となっていわゆる寝たきり状態になり，身体機能の低下や認知症のBPSD（行動・心理症状）（☞第4巻 p.305）を引き起こす原因にもなります。

(2) 身体的なダメージが大きい転落のリスク

　利用者がベッド上で安全な体位をとれない場合の転落のリスクや，入浴や移動に使用するストレッチャーからの転落のリスクは高く，打撲の程度によっては，骨折やけがだけではなく生命にかかわる重篤な状態を招く場合があります。

(3) 行動の理由を探る

　転倒を回避するために，利用者に対して「危ないからじっとしていてください」などと求めることは，本人の思いに反し行動を制限することになり，かえって危険です。不意に立ち上がり，不安定な歩行で移動する場面に出くわしたら，まず，いっしょに行動しながら何をしようとしたのか，何がしたいのか，その理由を探り出します。理由がわかれば，それに合わせた援助が行えます。

　言語によるコミュニケーションがむずかしい利用者であっても，ふだんからきちんと向き合って接していると，しぐさや表情などのサインから本人の思いを理解できるようになります。

(4) 生活環境の整備

　利用者一人ひとりの暮らし，生活スタイルや身体機能に合わせた生活空間になっているかを検証します。

　歩行するときに寄りかかったり，つかまることができるような家具(いすやテーブル)の配置の工夫をしたり，トイレや浴室などの立ち上がり動作を行う箇所に手すりを設置することも有効です。

　また，寝具の種類，床のしつらえ(畳，フローリング，じゅうたん)もさまざまです。転倒・転落しないことが一番ですが，万が一転倒・転落した場合でも，衝撃を最小限にとどめるために，じゅうたんやすべり止めつき床マットを敷く等の工夫も考えられます。

▶▶ 誤嚥を回避して，おいしく食べるための対策

(1) 誤嚥の予防

　高齢者の場合，嚥下機能の低下により細菌が食べ物や唾液などとともに誤って気管から肺に入ると，炎症を起こして誤嚥性肺炎を引き起こす場合があります。また，嚥下機能の低下や唾液の分泌の減少，歯の減少や咀嚼機能の低下により，食べ物を喉につまらせてしまう場合があります。このような誤嚥や窒息を回避するためには，適切な食形態，食事の姿勢，個々の利用者の咀嚼・嚥下機能や口腔内の状態に適した介助を行う必要があります。

(2) その人に合う食形態

　咀嚼機能が低下しているからといって，食形態はペースト状のものがよいとは限りません。ペースト状の食べ物は，舌の上で広がり，喉にたまります。そして，呼吸と同時に気管に入ってしまうことがあります。

　このような場合は，ゼリー状や寒天状のほうが誤嚥を回避できます。咀嚼・嚥下機能が低下しても，嗜好に配慮したメニューで，見た目も味も，季節感にも配慮した提供の方法を工夫して，安全性だけではなく，QOL も維持していくようにします。

(3) 基本的な食事の姿勢（☞第2巻 p.275）

　食事の際，良肢位（☞第4巻 p.2）の保持も誤嚥の回避につながります。いすやテーブルの高さの調整だけで良肢位が保持できる場合もありますが，体幹の筋力が低下して座位保持の機能が低下している場合は，身体が傾いたりします。その場合は，クッションなどを利用して姿勢を調整します。

▶▶ 誤薬を回避するための対策

　介護の場面では，服薬の介助を行うことも多くあります。とくに施設サービスの場面では，利用者が服薬するまでに，複数の施設職員がかかわります。看護職が配った薬を介護職が受けとり，時間に合わせて服薬の介助をします。複数の施設職員がかかわると，間違うリスクは拡大します。

　最初は間違えないように意識していても，毎日の決まりきった仕事ととらえると，薬の内容，名前，利用者が一致しているかどうか注意して確認することがもれることもあります。

　間違えにくい分類方法，色分け，名前シールで明記することや，服薬介助の際に職員間で名前シールと利用者を照合するといった手順をマニュアルにするなど，さまざまな工夫を行い，誤薬のリスクを避けるようにします。

▶▶ 防火，防災に関する対策

　介護保険施設や事業所（訪問系サービスを除く）においては，**非常災害に関する具体的計画**[19]（➡ p.127 参照）を作成したり，非常災害時の関係機関への通報連携体制を整備したりして，定期的に避難・救出などの訓練を行うことが義務づけられています。

　消防計画および消防業務の実施については，防火管理者を置くこととされています。カーテンなどは定められた基準以上の防炎性能を有するものを使用しなければなりません。また，所定の場所に消火器，スプリンクラー設備，自動火災報知設備などの設置が義務づけられています。設備が整っているだけではなく，避難訓練を定期的に実施して，通報，初期消火，具体的な避難路の確認や避難誘導介助のイメージトレーニングが必要です。火災が起きた場合の通報，初期消火，避難は，日々の訓練の積み重ねです。利用者の安全な生活を守るため，実態に合った避難訓練や主体的な防災訓練を積み重ね，いざというときに，適切な判断や行動がとれるようにします。

　地域に向けては，地域の自主防災会，消防団や住民と合同で防災訓練を行うことなどを，介護保険施設や事業所（訪問系サービスを除く）側から提案します。ふだんから，地域住民と連携して災害時の協力関係を構築することで，互いの生活の安全を高めていくしくみを構築するようにします。さらに，火災だけでなく，風水害対策や地震に対する備えや対応などをマニュアル化して防災訓練を行ったり，地域の避難場所の確認や，食糧・水の備蓄などをしておくことも求められています。また，利用者だけでなく，災害時は地域の避難所としても機能できるようにしておくことも重要です。

　災害対策に関しては，2021（令和3）年1月25日に介護サービス事業者の運営基準を改正する省令が公布され，介護サービス事業者には，新型コロナウイルスをはじめとする感染症対策の強化や，地震や水害等の大規模な自然災害が発生しても必要な介護サービスの提供が継続できるように計画（BCP：業務継続計画）を策定し，研修や訓練を定期的に実施するとともに地域や関係機関とも連携した体制をつくることが求められています。

▶▶ 生活の安全（消費者被害など）に関する対策

　在宅で暮らしている高齢者だけの世帯や，一人暮らしの高齢者をねらった**悪質商法**[20]（➡ p.127 参照）があります。被害を未然に防ぐために，訪問系サービスを担当する介護職は，利用者の家で高価な寝具や健康食品などを不必要に購入した形跡や，高額の住宅リフォームや見知らぬ人の出入りを発見した場合は，消費者被害のおそれも考え見過ごしてはなりません。まずは，消費者被害にあわないために，見知らぬ人は家に入れない，家族構成などプライバシーは明かさない，すすめられてもきっぱり断ることを利用者に助言します。

　利用者が実際に被害にあった場合は，消費生活センターの消費生活相談窓口やクーリング・オフ制度（☞第1巻 p.233）の利用を案内し，被害を最小限にとどめる対応をします。

2. 感染対策

❶ 生活の場での感染対策

▶▶ 生活の場の特性を理解する

病気を治療する目的をもつ「病院」と，生活が主体となる「高齢者介護施設」とでは，そこにいる利用者の違いによって感染対策のあり方も当然異なってきます。つまり，感染対策を考えるときは，その場がどういう環境であり，利用者の特性がどうなのかを考慮することが必要になります。

▶▶ 感染対策の基本

生活の場における感染対策は，何よりも「1ケア1手洗い」を徹底することが必要です。

たとえば，利用者が排便したあとに自分でお尻をふくことができなかったとします。そのとき，介護職は利用者に代わってその行為を行いますが，手袋を着用し，便に直接触れなくても，病原体が介護職の手につくことがあります。したがって，1回のケアを終えるたびに手袋を交換し手をていねいに洗うことは，感染対策の基本です。

このように，「1ケア1手洗い」の習慣化が大切です。手洗いの方法は図2-4のとおり液体石けんと流水で行う方法と，アルコールで手指消毒を行う方法があります。

▶▶ 高齢者介護施設における感染対策

日ごろから感染対策を意識した介護を行っていると，感染症が発生したときに早めの対応につながり，被害を最小限に抑えることができます。つまり，万が一感染症にかかっても重症化を回避できる可能性が高く，また，感染症の拡大を防止することにもなります。高齢者介護施設における感染管理体制では，表2-3の項目が求められます。そのほかには，施設の日常的な衛生管理（環境整備，清掃，嘔吐物・排泄物の処理，血液・体液の処理などの留意点）が，平常時の対策として重要です。

▶▶ 在宅における感染対策

在宅で介護を必要とする利用者が1人で暮らしているとします。もっとも感染しやすいのは利用者本人であり，介護職はそのことをふまえて，感染予防の視点をもって対応します。ここが，高齢者介護施設の場合と異なります。

本項目では，おもに高齢者介護施設における感染対策について示していますが，在宅における感染対策においても，基本的な対策や対応は同じです。

図 2-4 ● 手洗いの順序

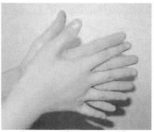
1. 手のひらを合わせ，よく洗う

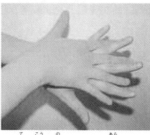
2. 手の甲を伸ばすように洗う

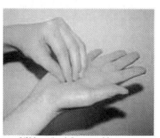
3. 指先，爪の間をよく洗う

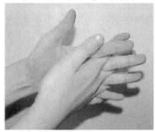
4. 指の間を十分に洗う

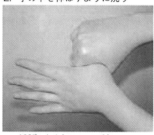
5. 親指と手掌をねじり洗いする

6. 手首も洗う

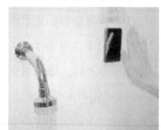

7. 水道の栓を止めるときは，手首か肘で止める。できないときは，ペーパータオルを使用して止める

資料：厚生労働省「高齢者介護施設における感染対策マニュアル 改訂版」p.38，2019 年

表 2-3 ● 高齢者介護施設における感染管理体制のポイント

① 感染対策委員会の設置
② 感染対策のための指針・マニュアルの整備
③ 感染症の発生に関する情報の共有と活用
④ 職員研修の実施
⑤ 施設内の衛生管理
⑥ 職員の健康管理
⑦ 高齢者の健康管理
⑧ 職員が行う感染対策

資料：厚生労働省「高齢者介護施設における感染対策マニュアル 改訂版」pp.10-43，2019 年より作成

▶▶ 感染源の排除

感染症の原因となる微生物（細菌，ウイルスなど）を含んでいるものを感染源といいます。感染源となる可能性があるものとして，表 2-4 のようなものが考えられます。

このような感染源となる可能性があるものを取り除くためには，表 2-4 にある①〜③は素手で触らず，必ず手袋を着用して取り扱うこと，手袋を脱いだあとは，手洗いや手指消毒を行うことが必要です。

表 2-4 ● 感染源となる可能性があるもの

① 嘔吐物・排泄物（便・尿等），創傷皮膚（※），粘膜等
② 血液・体液・分泌物（喀痰・膿等）
③ 使用した器具・器材（注射針，ガーゼ等）
④ 上記に触れた手指

資料：厚生労働省「高齢者介護施設における感染対策マニュアル 改訂版」p.3，2019 年
※：傷やただれた皮膚のこと。

▶▶ 感染経路の遮断

おもな感染経路と原因微生物を表 2-5 に示します。

感染経路を遮断するには，次のポイントに留意します。

① 感染源（病原体）を持ちこまないこと
② 感染源（病原体）を持ち出さないこと
③ 感染源（病原体）をひろげないこと

感染経路を遮断するためには，標準予防策（スタンダード・プリコーション）[21]（➡ p.127 参照）と感染経路別予防策を行います（図 2-5，表 2-6）。

高齢者介護施設における感染症のほとんどは，施設の外から感染源が持ちこまれて発生します。具体的には，新規の入所者など（短期入所サービス，通所サービスの利用者も含む），職員，委託業者，面会者，ボランティア，実習生などが施設外で感染して施設内に持ちこむことが多いようです。なかでも職員は，入所者と日常的に長時間接するため，ふだんから健康管理を心がけるとともに，感染症にかかったときには仕事を休むことができる職場環境づくりも必要です。

表 2-5 ● おもな感染経路と原因微生物

感染経路	特徴	主な原因微生物
接触感染 （経口感染含む）	● 手指・食品・器具を介して伝播する頻度の高い伝播経路である。	ノロウイルス※ 腸管出血性大腸菌 メチシリン耐性黄色ブドウ球菌 （MRSA）　等
飛沫感染	● 咳，くしゃみ，会話等で，飛沫粒子（5μm 以上）により伝播する。 ● 1m 以内に床に落下し，空中を浮遊し続けることはない。	インフルエンザウイルス※ ムンプスウイルス 風しんウイルス　等
空気感染	● 咳，くしゃみ等で，飛沫核（5μm 未満）として伝播し，空中に浮遊し，空気の流れにより飛散する。	結核菌 麻しんウイルス 水痘ウイルス　等
血液媒介感染	● 病原体に汚染された血液や体液，分泌物が，針刺し事故等により体内に入ることにより感染する。	B 型肝炎ウイルス C 型肝炎ウイルス　等

※インフルエンザウイルスは，接触感染により感染する場合がある

※ノロウイルス，インフルエンザウイルスは，空気感染の可能性が報告されている

資料：厚生労働省「高齢者介護施設における感染対策マニュアル 改訂版」p.4, 2019 年

図 2-5 ● 感染経路の遮断方法

常に行う感染対策（標準予防策）

＋

感染症を疑えば加える感染対策（感染経路別予防策）

接触予防策
飛沫予防策
空気予防策

表 2-6 ● 標準予防策の具体的な項目

- 手指衛生　・個人防護用具の着用　・適切な患者配置
- 汚染器材の管理（洗浄・消毒・滅菌含む）　・環境整備　・リネンの管理
- 鋭利器材の取り扱い（※）　・感染性廃棄物の取り扱い
- 血液媒介病原体対策（針刺し切創など）（※）　・呼吸器衛生・咳エチケット
- 安全な注射の手技（※）　・特別な腰椎穿刺処置のための感染予防策（※）

出典：CDC, *Guideline for Isolation Precautions：Preventing Transmission of Infectious Agents in Healthcare Settings*, 2007.
※：高齢者介護施設の介護職は行わない。

▶▶ 宿主（人間）の抵抗力の向上

　感染症の発症は，宿主（人間）の抵抗力に大きく影響されます。日常的に，感染症にかからないよう栄養，睡眠，予防接種などにより身体の抵抗力を強化する取り組みが求められます。**低栄養**[22]（➡ p.127 参照）状態であれば，感染症にかかりやすくなるため，常に利用者の栄養状態の把握が必要です。

▶▶ 発生状況の把握

　介護職は，感染症（**表2-7**）や**食中毒**（➡ p.128参照）が発生した場合や，それらが疑われるような状況が生じた場合には，すみやかに施設長への報告と記録を行います。

① 発生した日時や場所ごとに，利用者と職員の症状の有無など

② 病院を受診した場合には，診断名，検査治療の内容など

▶▶ 感染拡大の防止

　介護職は，感染症もしくは食中毒が発生したとき，またはそれらが疑われるような状況が生じたときには，感染拡大を防止するためすみやかに対応することが必要です。具体的には，手洗いや嘔吐物，排泄物等の適切な処理を徹底し，職員が二次感染の媒介者にならないようにします。また，入所者にも手洗いをうながしたり，医師等の指示により，必要に応じて施設内の消毒や感染した入所者の隔離等を行います。

▶▶ 医療処置

　配置医師との連携により，施設内での対応が困難な場合は，協力病院をはじめとする地域の医療機関等への搬送などの対応を行います。

▶▶ 行政への報告

　施設長は，以下のような場合，市町村などの高齢者施設主管部局に報告するとともに，保健所にも報告し対応の指示を求めます（**表2-9**）。

(1) 報告が必要な場合

① 同一の感染症や食中毒による，またはそれらが疑われる死亡者や重篤患者が1週間以内に2名以上発生した場合

② 同一の感染症や食中毒の患者，またはそれらが疑われる者が10名以上または全利用者の半数以上発生した場合

③ 上記以外の場合であっても，通常の発生動向を上まわる感染症等の発生が疑われ，とくに施設長が報告を必要と認めた場合

(2) 報告する内容

① 感染症または食中毒が疑われる入所者の人数

② 感染症または食中毒が疑われる症状

③ 上記の入所者への対応や施設における対応状況など

表 2-7 ● 高齢者介護施設として対策をとるべきおもな感染症

①インフルエンザ	おもに冬季に流行する。急に高熱が出るのが特徴で，呼吸器症状のほか，筋肉痛，全身倦怠感等の全身症状も強く，これらの症状は5日ほど続く。 重症化すると命にかかわることもある。予防策としては，入所者と職員にワクチン接種を行うことが有効である。
②ノロウイルス感染症・感染性胃腸炎	ノロウイルスは，冬季の感染性胃腸炎の主要な原因である。高齢者介護施設では，感染した入所者の便や嘔吐物に触れた手指で取り扱う食品等を介して，二次感染を起こす場合が多くなっている。おむつや嘔吐物の処理には注意が必要である。
③疥癬	疥癬には通常の疥癬と重症の疥癬（痂皮型疥癬）がある。痂皮型疥癬の感染力は強く，集団感染を引き起こす可能性がある。 疥癬の予防のためには，早期発見に努め，適切な治療を行うことが必要である。皮膚の掻痒感があり，その皮膚に赤い乾燥した皮膚の盛り上がりや線状の皮疹が認められる場合は，ただちに皮膚科専門医の診察を受ける。痂皮型疥癬の場合は，とくに感染力が強いため隔離対応とする。
④腸管出血性大腸菌感染症	大腸菌自体は，人間の腸内にふつうに存在し，ほとんどは無害であるが，なかには下痢を起こす原因となる大腸菌がある。こうした大腸菌のうち，とくに出血をともなう腸炎等を引き起こすのが，腸管出血性大腸菌である。 激しい腹痛をともなう頻回の水様便または血便がある場合には，できるだけ早く医師の診察を受け，医師の指示に従うことが重要である。
⑤結核	多くの人が感染しても発症せずに終わるが，高齢者や免疫低下状態の人は発症しやすいと考えられている。高齢者介護施設は，利用者の特性上感染拡大しやすい環境にあるので，入所時の事前情報を必ず確認することが重要である。
⑥レジオネラ症	レジオネラ症は，レジオネラ属の細菌によって起こる感染症である。 感染源となりやすい施設・設備（入浴設備，冷却塔，加湿器）の点検・清掃・消毒を徹底することが必要である（表2-8）。
⑦肺炎	肺炎球菌は人の鼻腔や咽頭等に常在し，健康成人でも保有している人はまれではない。肺炎球菌は肺炎の主要な原因菌といわれている。 慢性心疾患，慢性呼吸器疾患，糖尿病等の基礎疾患を有する入所者は，肺炎球菌感染のハイリスク群である。重度化予防としては，肺炎球菌ワクチンの接種が重要である。
⑧誤嚥性肺炎	誤嚥性肺炎は，誤嚥がきっかけになっておもに口腔内の細菌が肺に入りこんで起こる肺炎である。誤嚥を起こしやすい高齢者の場合は，ふだんの口腔ケアが重要である。
⑨薬剤耐性菌感染症	高齢者介護施設でとくに注意が必要な菌は，おもに接触感染する薬剤耐性菌である（図2-6）。保菌しているだけでは無症状であり，健康被害もないが，いったん薬剤耐性菌によって感染症を起こすと治療がむずかしくなることがある。 基本的にはだれが保菌していても広がりを防げるよう，標準予防策（スタンダード・プリコーション）の考え方にもとづいた対応が求められる。感染徴候が認められたら早めに医師の診察を受け，医師の指示に従うようにする。

資料：厚生労働省「高齢者介護施設における感染対策マニュアル 改訂版」pp.50-68，2019年より作成

表 2-8 ● レジオネラ症を予防するための加湿器の管理

① 家庭用加湿器は毎日水の交換とタンクの清掃を行う。
② 建物内の設備に組み込まれた加湿装置は，使用期間中は 1 か月に 1 回以上装置内の汚れの状況を点検し，必要に応じ清掃等を実施する。少なくとも 1 年に 1 回以上，清掃を実施する。
③ 加湿装置の使用開始時および使用終了時には，水抜きおよび清掃を実施する。

資料：厚生労働省「高齢者介護施設における感染対策マニュアル 改訂版」p.62，2019 年

図 2-6 ● 薬剤耐性菌の伝播経路

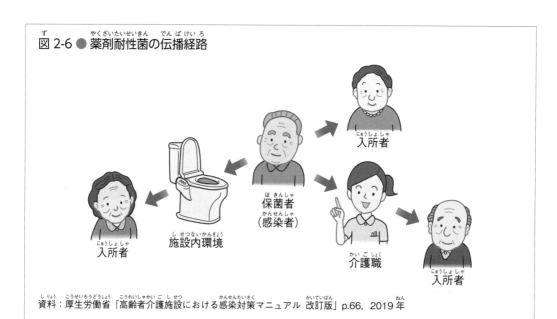

資料：厚生労働省「高齢者介護施設における感染対策マニュアル 改訂版」p.66，2019 年

表 2-9 ● 感染症発生時の報告の義務など

1. 社会福祉施設等においては，職員が利用者の健康管理上，感染症や食中毒を疑ったときは，速やかに施設長に報告する体制を整えるとともに，施設長は必要な指示を行うこと。

2. 社会福祉施設等の医師及び看護職員は，感染症若しくは食中毒の発生又はそれが疑われる状況が生じたときは，施設内において速やかな対応を行わなければならないこと。
   また，社会福祉施設等の医師，看護職員その他の職員は，有症者の状態に応じ，協力病院を始めとする地域の医療機関等との連携を図るなど適切な措置を講ずること。

3. 社会福祉施設等においては，感染症若しくは食中毒の発生又はそれが疑われる状況が生じたときの有症者の状況やそれぞれに講じた措置等を記録すること。

4. 社会福祉施設等の施設長は，次のア，イ又はウの場合は，市町村等の社会福祉施設等主管部局に迅速に，感染症又は食中毒が疑われる者等の人数，症状，対応状況等を報告するとともに，併せて保健所に報告し，指示を求めるなどの措置を講ずること。
   ア　同一の感染症若しくは食中毒による又はそれらによると疑われる死亡者又は重篤患者が1週間内に2名以上発生した場合
   イ　同一の感染症若しくは食中毒の患者又はそれらが疑われる者が10名以上又は全利用者の半数以上発生した場合
   ウ　ア及びイに該当しない場合であっても，通常の発生動向を上回る感染症等の発生が疑われ，特に施設長が報告を必要と認めた場合

5. 4の報告を行った社会福祉施設等においては，その原因の究明に資するため，当該患者の診察医等と連携の上，血液，便，吐物等の検体を確保するよう努めること。

6. 4の報告を受けた保健所においては，必要に応じて感染症の予防及び感染症の患者に対する医療に関する法律（平成10年法律第114号。以下「感染症法」という）第15条に基づく積極的疫学調査又は食品衛生法（昭和22年法律第233号）第63条に基づく調査若しくは感染症若しくは食中毒のまん延を防止するために必要な衛生上の指導を行うとともに，都道府県等を通じて，その結果を厚生労働省に報告すること。

7. 4の報告を受けた市町村等の社会福祉施設等主管部局と保健所は，当該社会福祉施設等に関する情報交換を行うこと。

8. 社会福祉施設等においては，日頃から，感染症又は食中毒の発生又はまん延を防止する観点から，職員の健康管理を徹底し，職員や来訪者の健康状態によっては利用者との接触を制限する等の措置を講ずるとともに，職員及び利用者に対して手洗いやうがいを励行するなど衛生教育の徹底を図ること。また，職員を対象として衛生管理に関する研修を定期的に行うこと。

9. なお，医師が，感染症法又は食品衛生法の届出基準に該当する患者又はその疑いのある者を診断した場合には，これらの法律に基づき保健所等への届出を行う必要があるので，留意すること。

資料：「社会福祉施設等における感染症等発生時に係る報告について」（平成17年2月22日健発第0222002号・薬食発第0222001号・雇児発第0222001号・社援発第0222002号・老発第0222001号）

▶▶ 関係機関との連携

状況に応じて，配置医師（嘱託医師），協力医療機関の医師，保健所，地域の中核病院の感染制御を担当している医師，感染管理認定看護師（ICN）などの関係機関の専門職への報告・相談などを行い，緊密に連携をとることも必要です。

第4節 介護従事者の安全

1. 健康管理の意義と目的

❶ 健康管理の意義と目的

　介護の仕事は，介護サービスを利用する高齢者や障害のある人の生活や生命を支える仕事で，社会にとって不可欠な仕事です。介護職は，高齢者福祉や障害者福祉においてきわめて重要な役割を果たしています。

　介護職には，専門的な知識や技術に加えて，豊かな人間性ややさしさが求められます。豊かな人間性ややさしさを発揮するためには，心身の健康が必要です。

　どのような仕事でも，働き方や仕事の内容，職場の環境が原因で病気になったりけがをしたりすることがあります。介護の仕事でも，働き方や職場の環境等が原因となって，病気やけがが発生することがあります。介護職が，仕事で役割を発揮し充実した生活を送るためには，健康で安全に働けることが重要です。

　介護職自身の健康状態が保てないと，介護サービスの質も低下し，利用者の状態に応じた介護ができなかったり，思わぬ事故につながったりする可能性もあります。そのような意味から，介護職の健康管理はとても大切です。

❷ 介護労働の特性と健康問題

　介護職が支えているのは，食事の介助や排泄の介助のような，利用者の生活や生命にかかわることです。言い換えれば，利用者の人権にかかわる事柄です。

　介護労働のように，「人として生きる権利」を支える労働はヒューマンサービス労働といわれています。ヒューマンサービス労働には，介護労働以外に，保育労働，医療労働などがあります。ヒューマンサービス労働には，仕事の性質や働き方に共通する表2-10のような特徴があり，共通した健康問題が生じます。

表2-10 ● ヒューマンサービス労働の特徴

① 労働の対象者，つまり利用者や患者のことを第1に考えて行動することが求められているため，利用者等のことだけを考えて働くうちに，身体や精神（こころ）に負担がかかり，体調をくずしやすい。

② 24時間365日途切れることが許されない業務が多く，夜勤などもあり，生活のリズムがつくりにくい性質があるため，睡眠不足などから体調をくずしやすい。

③ 「このぐらいで終わってよい」と，仕事の限度を自分で決めにくい特性があるため，職場を離れても仕事のことが気になり，肉体的にも精神的にも過労になりやすい。

④ 専門的な知識や技術を学びつづける必要があるため，仕事の後や休日なども研修があり，休みがとれず疲労がたまりやすい。

　また，介護労働は感情労働としての特性ももっています。感情労働とは，仕事を行うにあたって，いつも自分の感情を相手に合わせてコントロールすることを強く求められる労働のことをいいます。介護場面で，利用者から不快な言葉を浴びせられても，利用者の家族が無理解な態度を示しても，利用者やその家族に自分の感情をぶつけることは許されません。自分のなかに生じた，怒りやいらだち，悲しみの感情を押し殺して仕事を続けることは強いストレスになり，心身の健康を損ねることにつながります。こうした場合は，がまんしつづけないで，職場の仲間や上司に話を聞いてもらうことなどが必要です。

2. 健康管理に必要な知識と技術

❶ 健康に働くための健康管理 :::

▶▶ 過労を防ぐ

　日々の生活のなかで健康を維持するためには，疲労を回復する力と，仕事や仕事以外の原因で生じる身体や精神（こころ）の疲労とのバランスをとり，過労を防ぐ必要があります。

　図2-7に示したのは，このバランスをバネばかりにたとえた「健康バネばかり」です。朝起きると，元気でバネの力が強いので健康の目盛は「良」をさしています。夜寝る前は疲れているので「やや良」か「不良」をさしているかもしれません。しっかり睡眠をとって次の朝には健康の目盛が「良」に回復しているのが，健康な生活です。

　私たちの健康を維持してくれる力は，体力のバネ，趣味・娯楽（楽しさやうれしさを感じる体験）のバネ，休息・睡眠のバネに大きく分けて考えることができます。

　仕事の負担に仕事以外の負担が加わったその重さが，疲労の原因となります。

　健康の目盛が，最近「やや良」や「不良」をさすことが多くなったとしたら，どのような対策が考えられるでしょうか。睡眠時間が不十分なら，睡眠時間を確保する必要があります。体力の低下や体調の不良があるのなら，医師に相談してください。楽しいことをする予定がないのなら，友人や家族と相談して楽しい計画を立ててください。疲労の原因である重りを取り除くことも必要です。

　それでも，疲労がたまる場合には，職場の上司などに相談しましょう。

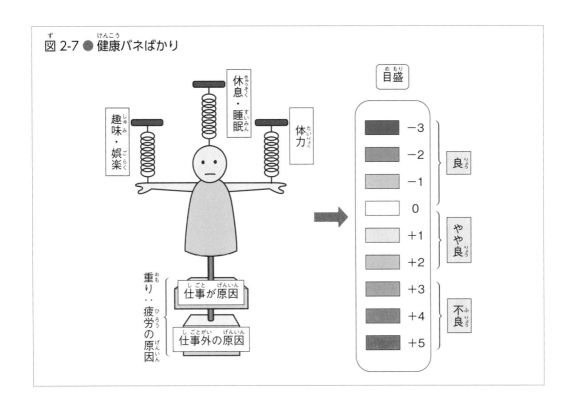

図 2-7 ● 健康バネばかり

▶▶ 食事の管理

　仕事のために身体を動かしているときには，全身の筋肉を使って，必要な姿勢をとったり，力を出したりしています。たとえば，利用者がベッドから車いすに移乗する場面では，介護職は目や耳を使って安全を確認し，利用者に苦痛が生じないように移乗の介助を行います。介護職の全身の筋肉が大きな力を出すので，利用者は車いすに移ることができます。筋肉を使って大きな力を出すためには，脳からの命令情報，呼吸機能（肺を通じて酸素を血液に取りこむ機能）や循環機能（心臓がポンプとなって血液を送り出す機能）により，酸素や栄養分が血液として筋肉に運ばれる必要があります。血液で運ばれる栄養は，食事として摂取したものです。

　つまり，仕事をするためには，必要なエネルギーを食事から身体に取りこむ必要があるのです。朝ご飯を食べずに仕事を始めるようでは，健康の維持ができません。栄養のバランスも大切です。食べすぎて体重が増加し，肥満になるのもよくありません。1年に最低1回は実施される職場の健康診断を利用して，体重の管理にも気をつけましょう。

▶▶ 睡眠の管理

睡眠は疲労の回復にとって大切な役割を果たしています。疲れてくると眠気を感じるのは，身体が疲労からの回復を求めているからです。本来，人間は夜のあいだは眠り，昼間は活動するように身体がつくられています。昼間活動しているあいだに傷んだ細胞や身体の組織を，夜寝ているあいだに修復したり新しくつくり直したりして，次の昼間の活動に備えます。夜のあいだだけつくり出されるホルモンもあります。人間にとっては，昼間に活動して夜，横になって眠ることが自然な姿です。睡眠不足は，腰痛など多くの病気の原因になります。また，こころの病気の原因にもなることが知られています。

多くの介護の職場では，利用者の24時間の生活を支援する必要性から，夜勤が不可欠な働き方になっています。夜勤は夜働くわけですから，昼間働いて夜眠るという睡眠のリズムからみると不自然な生活になります。夜勤に備えて，ふだんから質のよい睡眠をとるようにして（表2-11），睡眠不足にならないようにすることが大切です。

表2-11 ● 質のよい睡眠をとるコツ

寝る場所は、「暗くて、静かで、暖かい」
① 同じ時刻に毎朝起床する。寝だめはしない。
② 朝食を食べ、朝日を浴びる。
③ 日中は、軽く身体を動かすようにする。
④ 寝不足のときは、15～20分の昼寝が有効。
⑤ 寝る前の激しい運動や夜食はやめる。
⑥ 夕食後は、カフェインを含むコーヒーやお茶はひかえる。
⑦ 寝る前に、パソコン・スマートフォンなど液晶画面を見すぎない。
⑧ 眠るための飲酒は、不眠のもと。
⑨ 寝る前は、ぬるめの風呂や軽いストレッチ体操や、音楽鑑賞などで、リラックス。
⑩ 朝起きたときよく寝たと思え、昼間眠くならなければ、睡眠時間はあまり気にしなくてよい。

▶▶ ストレス

　介護の仕事は，1つひとつが利用者にとって重要な意味をもっています。たとえば，食事の介助には，利用者の生命をつなぐ大切な役割があります。食事の介助を行うときは，おいしく食べてもらうための工夫や，誤嚥が起きないよう安全への注意も必要です。しかし，施設で働く介護職は複数の利用者を担当するため，時間をかけて1人の利用者の食事介助に集中できない場面が多いです。

　食事の介助だけでなく，排泄や入浴の介助でも，複数の利用者に対して効率的に行おうとすれば，緊張することになります。仕事だけでなく，利用者やその家族との人間関係，職場の同僚や上司との人間関係でも，緊張することがあるでしょう。

　こうした緊張はこころを疲れさせます。こころを疲れさせるさまざまな事柄をストレッサーといいます。怖さを感じさせる事柄，悲しさを感じさせる事柄，緊張を感じさせる事柄など，ストレスの原因となる事柄はたくさんあります。こころの疲労も身体の疲労と同じで，休息などによりうまく解消できればよいのですが，こころの疲労が重なると，こころの病気にかかります。介護職は，仕事や人間関係からさまざまなストレスを受けるので，こころの健康管理が必要です。

▶▶ 燃え尽き症候群

　このあいだまでふつうに仕事ができていたのに，突然，仕事に対する意欲を失い，朝起きられない，出勤できないなどの状態になることがあります。一生懸命がんばっていたのに，突然，働けなくなるこうした状態を，ガソリンが切れたエンジンにたとえて，燃え尽き症候群（バーンアウト症候群）と呼ぶことがあります。医学的には，うつ症状の1種と考えられています。一生懸命がんばっているのに，まわりからは「あたりまえ」と思われていて，努力が評価されていないと感じることが続いていたり，大きなイベントなどがあり，とくに無理を重ねたあとなどに発生することが多いようです。

　予防のためには，日ごろから，休養を確保し，仕事以外の楽しみ，たとえば，趣味やスポーツ，家族や友人とのおしゃべりなどの時間を大切にし，ワーク・ライフ・バランス（☞第1巻 p.123）を保つことが大切です。「燃え尽き症候群かな？」と思ったら，心療内科や精神科を受診して指導を受けましょう。

▶▶ 腰痛

腰痛は，腰部や背中に生じる痛みをおもな症状とした病気です。初期の症状は，腰の「だるさ」や「重さ」などで，身体の動きも悪くなっていきます。こうした症状が続いたあとに，「いつとはなく」痛みだしたり，仕事のなかの動作がきっかけで強く痛み，日常生活にも支障をきたすことになります。車いすへの移乗介助を行ったときや，便座への移乗介助を行ったとき，低いベッドに合わせてかがんだときなど，さまざまな介助や動作が引き金となって腰痛が起きます。無理せず福祉用具を活用する，不自然な姿勢をとらない，適切に休憩をとるなどの対策をとることが腰痛の予防に役立ちます。「持ち上げない，かかえ上げない，引きずらない」というノーリフティングケアで腰痛を防ぎましょう。

▶▶ 肩こり

頸肩腕障害は，肩こりや，肩や腕の「だるさ」が初期の症状としてあらわれます。病状が徐々に進むと頸や肩，腕に痛みが生じ，腕を動かしたり，物をにぎったりすることができなくなります。手や腕で利用者を支えたり，引き寄せたり，重たい荷物を運んだりするなど，頸や肩，腕に負担がかかることが原因で発生します。適切に休憩をとったり，仕事を始める前後に，頸や肩，腕のストレッチ体操をすることが予防に役立ちます。

▶▶ けがや事故

介護職が働く職場はいつも安全とは限りません。利用者のベッドまわりのコードに足をとられて転倒したり，脱衣室の濡れた床ですべって転倒してけがをすることが，各地の施設などで起きています。立位が不安定な利用者を支えている最中に，利用者の転倒を防ごうとして，介護職がけがをするケースもよく起きています。ほかにも，荷物を持って階段から下りる途中で転落したケース，夜の駐車場で側溝に足をとられて骨折したケース，冬に凍って足場が悪い玄関口で転倒したケースなどがよくあります。訪問介護（ホームヘルプサービス）では，慣れない利用者の居宅の台所でけがをしたり，玄関にいたる階段で転倒し捻挫したりすることなども，めずらしくありません。

利用者の送迎途中での交通事故や，利用者を訪問する途中の交通事故なども，介護職に共通する問題です。

けがや事故の原因が，個人の「不注意」だけにあると考えることは正しくありません。人はだれでも「不注意」になることがあります。予防のためには，「けがや事故」が発生しないように，また，たとえ発生しても重大化しないように，働き方や作業手順，環境を整備することが大切です。

3. 安心して働ける環境づくり

❶ 働く人の健康や生活を守る法制度 :::

　日本における働く人の健康を守る法制度としては，日本国憲法のもとに，労働基準法（労基法）や労働安全衛生法（安衛法）などがあります。

▶▶ 労働基準法

　労基法では，労働時間や賃金，休日に関することなどが定められています。「労働させたら，賃金を支払う」というあたりまえのルールを定めています。その一方で，いくら賃金を支払うとしても，労働者の生活と健康を守るために，労働時間は限られています。通常の労働時間は1日に8時間，1週間に40時間です。これを超える場合，つまり残業する場合は，労働者と使用者が特別な協定（労基法第36条にもとづくので，「36（サブロク）協定」と呼ばれる）を結び，使用者が労働基準監督署に届出をする必要があります。

　労働基準監督署とは，労基法で定めた働き方のルールが守られているかどうか，使用者を監督している役所で，全国各地にあります。一般の犯罪や交通違反をとりしまる警察署と似ています。労働時間や賃金などで困ったときには，だれでも労働基準監督署に相談できます。

　労基法では，残業した場合は，残業代として通常の時間給より高い賃金を支払うことになっています。また，深夜（原則として午後10時～午前5時）の労働や休日の労働は，通常時より時間給が高くなります。

▶▶ 労働安全衛生法

　安衛法は，労基法と一体となって「職場における労働者の安全と健康を確保するとともに，快適な職場環境の形成を促進することを目的」に制定されました。労基法が労働時間や賃金などを定めているのに対して，安衛法は働く人の健康を守り，職場でのけがや事故の発生を防ぎ，気持ちよく働ける職場をつくることを目的としています。

　また，安衛法では，職場の安全や労働者の健康を守る責任が事業者にあるということを明確にしています。職場のなかで労働者が個人的に健康を守る努力をしても，労働時間が長すぎたり，休憩がとれなかったりするような働き方が続けば，健康が守れないからです。けがを予防する場合でも，労働者がいくら注意しても，けがや事故の原因となる危険な職場環境を事業者が整備しなければ予防できないからです。安衛法では，労働者の健康を守るために，事業者が費用を負担して，最低年に1回（深夜業を含む場合は6か月に1回）は労働者の健康診断を実施することが義務づけられています。

▶▶ 労働者災害補償保険法

労働者災害補償保険法は，労働者が仕事が原因で病気になったりけがをしたりした場合（労働災害）に，治療費や休業中の生活費を補償することを定めた法律です。補償の費用は，原則として事業主の負担する保険料によってまかなわれています。介護をしているときに発生した腰痛や濡れた床で転倒してけがをした場合，通勤途中の事故の場合などは，基本的に労働災害として補償されます。

▶▶ 出産・育児，介護にかかわる法制度

子育てや親の介護をしながら働きつづけようとすると，働くことで生じる心身の負担に，育児や介護にともなう負担が加わるため，健康が損なわれやすくなります。そこで，仕事と出産・育児や介護を両立させるため，労基法や育児休業，介護休業等育児又は家族介護を行う労働者の福祉に関する法律（育児・介護休業法）といった法制度が整備されています。

表 2-12 ● 出産・育児，介護にかかわる法制度

産前産後休業（労基法）	出産前は 6 週間，出産後は 8 週間の休業をとることができる。多胎妊娠（2 人以上を同時に妊娠していること）の場合は休業の期間が長くなる。出産前の休業については，労働者からの請求が前提になるが，出産後は母体保護のため，休業させることが雇用主に義務づけられている。
育児休業（育児・介護休業法）	子どもが 1 歳になるまで，育児休業をとることができる。保育所などに入れない場合などは，最長で子どもが 2 歳になるまで育児休業期間を延長できる。育児休業は，両親ともとることができる。
子の看護休暇（育児・介護休業法）	子どもが小学校に入学するまで，両親は 1 人の子どもにつき，1 年間に 5 日まで（2 人以上の場合は 10 日まで），病気やけがをした子どもの看病や予防接種の付き添いのために休暇をとることができる。
深夜業や時間外労働の制限（育児・介護休業法）	子どもが小学校に入学するまで，両親は請求することで深夜業務（午後 10 時〜午前 5 時までの業務）が免除されたり，残業時間の制限を受けたりすることができる。
介護休業，介護休暇（育児・介護休業法）	介護休業は，配偶者，父母，子，配偶者の父母，祖父母，兄弟姉妹，孫など，対象家族が要介護状態にあるとき，対象家族 1 人につき，93 日まで休業をとることができる。また，3 回までなら分割してとることができる。介護休暇は，要介護状態にある対象家族の介護その他の世話を行うために，対象家族 1 人につき，1 年間に 5 日まで（2 人以上の場合は 10 日まで）とることができる。

▶▶ 熱中症と労働環境

近年，地球温暖化にともなって夏季の猛暑が深刻になり，熱中症（☞第4巻 p.258）による死亡者数が増加しています。介護施設内は，利用者の生活に合わせてエアコン等により気温が調節されているため，熱中症の危険性は低くなっています。ただし，介護職にとって，熱中症の危険性が高まる場面が2つあります。1つは，入浴介護の場面です。もう1つは，訪問介護の場面です。

浴室や脱衣室は，裸の利用者が寒さを感じない環境であるため，高温多湿になっています。介護職は，利用者の衣服着脱の介助や歩行の介助，身体を洗う介助など，身体的負担の大きい介助を行います。車いすやストレッチャーからの移乗の介助にも，大きな身体的負担がかかります。こうした介助が続くと，体温が上昇し熱中症の危険性が高まります。

入浴の介助が連続する場合は，水分補給や身体を冷やすための短い休憩をとるようにしましょう。扇風機やエアコンの風を利用して，介護職が涼めるコーナーをつくりましょう。入浴の介助を担当する前日は，いつも以上に体調管理に気をつけましょう。睡眠不足や下痢症状のあるときは，熱中症の危険性が高まるので注意してください。

夏場の訪問介護では，30℃を超えるような高温のなか，利用者の居宅へ移動することがあります。また，エアコンがない利用者の居宅で，身体的負担の大きな介助や時間に追われての家事援助などを行うと，熱中症の危険性が高まります。

利用者の居宅で部屋の温度が30℃を超えているような場合は，利用者にとっても熱中症の危険があります。利用者にエアコンの導入をはたらきかけたり，扇風機や換気による室温の調整に努めましょう。また，水分摂取にも努めましょう。移動用の車内には，保冷剤や冷やしたタオル，飲み物などをクーラーボックスに入れて準備しておきましょう。

熱中症の症状は重症度によって異なります。軽症（Ⅰ度）の場合は，めまいや立ちくらみ，ふくらはぎなどの筋肉痛やけいれんなどの症状があらわれます。涼しいところで休み，身体を冷やし，水分をとりながら様子をみます。症状が続くようなら病院に行く必要があります。中等症（Ⅱ度）の場合は，頭痛や吐き気，身体に力が入りにくい，だるいなどの症状があらわれます。軽症のときと同じように，涼しいところで休み，身体を冷やし，水分をとって，病院に行きます。重症（Ⅲ度）の場合は，まっすぐ歩けない，意識がはっきりしない，名前を呼んでも返事がおかしい，全身がけいれんする，身体が熱いなどの異常があらわれます。命にかかわる事態なので，救急車を呼んでもらう必要があります。

熱中症は，寝不足だったり，下痢をしていたり，前日にお酒を飲みすぎたりしていると，発生の危険性が高まります。正しい知識と健康管理が大切です。

▶▶ けがと労働環境

　けがが発生する構造を考えてみます。図2-8にあるように、「もう少しでけがをしたかもしれない」という、危なかった経験（ヒヤリハット経験）を底辺として、上に行くほどけがの程度は重くなり、ついには「重大なけが」に達するピラミッド型で、けがは発生します。頂点に位置する「重大なけが」が1件発生するまでには、29件の「中程度のけが」「軽いけが」が発生しており、300件のヒヤリハットを経験しているといわれています。けがや事故を予防するためには、ヒヤリハット経験の段階で対策を検討し実施することが大切になります。

　また、けがや事故の発生は、「仕事内容・道具（物）の危険性」によるものがあります。そこには、その仕事を行い道具を使う「環境の危険性」、仕事を行う「人の危険性」が関係します。たとえば、モップがけをしたあとの濡れた床で介護職員がけがをした事例で考えてみましょう。「仕事内容・道具（物）の危険性」としては、濡れたモップでの床ふきをする危険性や、水をしっかりとしぼれないモップを使用する危険性が考えられます。「環境の危険性」としては、濡れるとすべりやすくなる床の材質や、床が濡れていてもそこを通らなければ仕事ができない職場環境が考えられます。「人の危険性」としては、床のふきそうじのあと、床が濡れてすべりやすくなることを知りながら何も対策をとらなかった職場の管理者や、床が濡れることを気にしないで床のふきそうじをしていた人、濡れている床の危険性に慣れて「自分はすべらないから大丈夫」と思いこんだ介護職員の意識があります。

　予防には、「仕事内容・道具（物）の危険性」「環境の危険性」「人の危険性」のそれぞれへの対策が重要です。

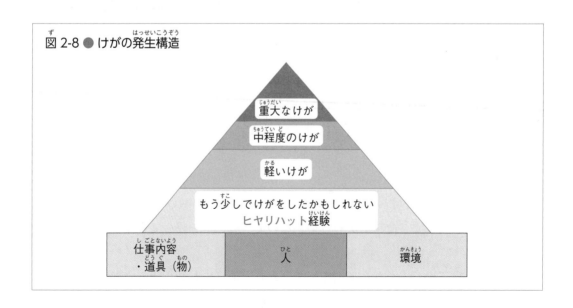

図2-8 ● けがの発生構造

重大なけが

中程度のけが

軽いけが

もう少しでけがをしたかもしれない
ヒヤリハット経験

| 仕事内容・道具（物） | 人 | 環境 |

▶▶4 S（整理・整頓・清掃・清潔）が実施される職場づくり

　どのような職種でも，職場がきれいに整理され，そうじもしっかりされていれば，気持ちよく働くことができます。そうした職場では，事故やけがが少ないことが知られています。介護福祉関係の職場では，利用者が利用する居室内やトイレ，食堂などの整理や清掃はしっかり行われていても，スタッフルームや事務所，人目の届かないリネン室・資材室・倉庫が雑然としていることがよくあります。

　4 S（整理・整頓・清掃・清潔）が実施されている職場では，気持ちよく効率よく働けるだけでなく，心身のストレスも少なくなり，ミスを減らすことができます。衛生的な職場は，感染症の予防にも役立ちます。

学習のポイント 重要事項を確認しよう!

第1節 介護を必要とする人の生活の理解と支援

■「その人らしさ」の理解

- 「その人らしさ」とは,利用者一人ひとりの個性であり,長い生活経験のなかでつちかわれた価値観やこだわり,プライドといったことを意味します。 → p.62
- 対人援助サービスとしての介護を考えていくうえで,もっとも配慮しなければならないのは,利用者本人がもつ個性であり,その背景にある生活の多様性です。 → p.64
- 利用者の「その人らしさ」を考えていくためにも,利用者が生きてきた時代と文化に興味をもち,歴史や社会の常識などを知っておくことが必要です。 → p.65

■高齢者の暮らしと支援の実際

- 要介護状態にある高齢者の支援に際しては,介護予防といった観点ももちながら,利用者主体の介護を行う視点が求められています。 → p.67
- 要介護状態にある高齢者の支援に際しては,利用者の今もっている力をいかし,利用者自身が主体的な生活を送ることができるような支援を行っていく必要があります。 → p.69
- 高齢者の支援では,一人ひとりに対する個別的な生活支援の視点をもつことが大切です。 → p.69

■障害のある人の暮らしと支援の実際

- 介護職の役割とは,障害やおとろえによって生じる日常生活のさまざまな不便や不安を少しでも解消し,利用者本人が要介護状態にあっても,その人らしく暮らしつづけていけるように支援していくことです。 → p.72

■介護を必要とする人の生活環境の理解

- 個々の利用者に適した生活環境を考えることは,まさに介護サービスの質そのものを考えていくことになります。 → p.74
- 利用者が不必要に不安にかられたり,窮屈な思いをしたりしなくてすむ人的な生活環境を整えることも重要であるといえます。 → p.77

介護実践における連携

■多職種連携

●介護の実践における多職種連携の意義は，異なる専門性をもつ多職種がチームになって利用者を支え合うことによって，互いの専門職としての能力を活用して効果的なサービスを提供できる点にあります。 → p.78

●チームとは，目標や方針を共有し，同じ方向へ向けて互いの専門性をいかしながら協力し合うグループです。 → p.78

●チームアプローチとは，チーム援助を行うことをいい，多職種がそれぞれの専門的な視点でアセスメントを行い，目標や方針を共有し，それぞれが自分の専門性を発揮させて総合的に援助を行うことをいいます。 → p.78

●チームを構成するメンバーは専門職だけではありません。家族も，近隣の人も，ボランティアも，達成すべき目標や方針を共有し，協力し合う人は皆，チームのメンバーです。 → p.79

■地域連携

●地域連携は，生活をしている場所や地域で，利用者の求める生活を支援するために行います。介護職が地域連携を行うことによって，チームアプローチが具体的に進み，協働の姿がみえはじめます。 → p.87

第3節 介護における安全の確保とリスクマネジメント

■事故防止と安全対策

●介護の現場では，利用者のプライバシーにどうしてもかかわらざるを得ないことが多く生じます。その場合，専門職として守るべき倫理に加えて，利用者に生じやすい事故などへの対策や，安全への配慮も重要になります。 → p.92

●介護職は，利用者のリスクの回避に責任を負うことになります。それと同時に，利用者の尊厳の保持を実現しなければいけません。 → p.92

●利用者の生活を支えるということは，そこで生じる利用者の生活上のリスクを未然に予測し，回避するための知識や技術，また，事故が起きたときにはその影響を最小限にとどめ，安全を確保する技術が求められます。 → p.93

●施設では，組織的に事故防止，安全対策を行うために事故防止検討委員会やリスクマネジメント委員会などを設置しています。 → p.94

●チームで連携して情報を伝え合い，判断をあおげる専門職同士の関係と柔軟に対応できるしくみをもっている組織は，リスクに強い組織といえます。 → p.95

- 介護事故が発生したときの家族への報告は，できる限り迅速かつ正確に行う必要があります。報告の遅れや，報告の不正確さは，家族との信頼関係に支障をきたすことがあります。 → p.95

■感染対策

- 生活の場における感染対策は，何よりも「1ケア1手洗い」を徹底することが必要です。 → p.101
- 日ごろから感染対策を意識した介護を行っていると，感染症が発生したときに早めの対応につながり，被害を最小限に抑えることができます。 → p.101

第4節 介護従事者の安全

■健康管理の意義と目的

- 介護職自身の健康状態が保てないと，介護サービスの質も低下し，利用者の状態に応じた介護ができなかったり，思わぬ事故につながったりする可能性もあることから，介護職の健康管理はとても大切です。 → p.110

■健康管理に必要な知識と技術

- 日々の生活のなかで健康を維持するためには，疲労を回復する力と，仕事や仕事以外の原因で生じる身体や精神（こころ）の疲労とのバランスをとり，過労を防ぐ必要があります。 → p.112
- 介護職は，仕事や人間関係からさまざまなストレスを受けるので，こころの健康管理が必要です。 → p.115

■安心して働ける環境づくり

- 日本における働く人の健康を守る法制度としては，日本国憲法のもとに，労働基準法や労働安全衛生法などがあります。 → p.117

第2章 用語解説

1 QOL

キューオーエル
➡ p.67 参照

Quality of Life の略。「生活の質」「人生の質」「生命の質」などと訳される。一般的な考えは，生活者の満足感・安定感・幸福感を規定している諸要因の質のこと。諸要因の一方に生活者自身の意識構造，もう一方に生活の場の諸環境があると考えられる。

2 前期高齢者

ぜんきこうれいしゃ
➡ p.67 参照

高齢者を 65 歳以上とした場合，65 歳以上 75 歳未満の高齢者を前期高齢者と区分している。

3 脳梗塞

のうこうそく
➡ p.68 参照

脳血栓や脳塞栓などによる脳血流障害により，脳細胞が壊死におちいった状態のこと。

4 ユニットケア

ゆにっとけあ
➡ p.68 参照

特別養護老人ホームなどにおいて，居室をいくつかのグループに分けて1つの生活単位とし，少人数の家庭的な雰囲気のなかで行うケアのこと。ユニットごとに食堂や談話スペースなどを設け，また職員の勤務形態もユニットごとに組むなど，施設のなかで居宅に近い居住環境をつくり出し，利用者一人ひとりの個別性を尊重したケアを行う試みといえる。

5 平均寿命

へいきんじゅみょう
➡ p.69 参照

0 歳を基点として，その対象集団の平均余命を統計的に推計したもの。

6 グループホーム

ぐるーぷほーむ
➡ p.74 参照

認知症や障害のある人が，家庭的な環境と地域住民との交流のもと，住み慣れた環境で，自立した生活を継続できるように，少人数で共同生活を営む住居またはその形態のこと。介護保険法や障害者の日常生活及び社会生活を総合的に支援するための法律（障害者総合支援法）において，給付対象サービスとして位置づけられている。

7 拘縮

こうしゅく
➡ p.75 参照

かたまって動かなくなること。人は身体を

使わないことによって廃用症候群があらわれ，筋の萎縮（縮むこと）や関節の拘縮などが起こる。

8 居宅介護支援事業所

きょたくかいごしえんじぎょうしょ
→ p.81 参照

介護保険制度によって制度化されたもので，居宅介護支援（ケアマネジメント）を実施する事業所のこと。人員基準として，常勤の介護支援専門員（ケアマネジャー）を１名以上配置することが義務づけられている。

9 介護保険施設

かいごほけんしせつ
→ p.81 参照

介護保険法による施設サービスを提供する施設で，介護老人福祉施設，介護老人保健施設，介護医療院，介護療養型医療施設がある。なお，介護療養型医療施設については，2024（令和6）年3月31日で廃止されることとなっている。

10 ソーシャルワーク

そーしゃるわーく
→ p.81 参照

狭義では，病気や障害，加齢などによって働けなくなった人たちや，失業，劣悪な住宅状況など，貧困がもたらすさまざまな生活問題を対象に，相談やサービスを提供すること。

11 名称独占

めいしょうどくせん
→ p.81 参照

国家資格において，その資格の名称を保護することを目的として，登録による有資格者だけがその名称を用いることができるという法的規制。

12 業務独占

ぎょうむどくせん
→ p.82 参照

国家資格において，資格を取得した者がその根拠法で定められた業務について独占すること。

13 じょく婦

じょくふ
→ p.83 参照

出産後間もなく，妊娠や分娩を原因として発生した生殖器や全身の変化が，妊娠前の状態に戻るまでの期間にある女性のこと。

14 訪問介護計画

ほうもんかいごけいかく
→ p.86 参照

ケアプラン（居宅サービス計画）に示された援助目標にそって，訪問介護事業所のサービス提供責任者が作成する計画。利用者のニーズや状態，家族の状況や希望，思い，周辺環境などの情報を収集したうえで，サービス提供における目標，具体的なサービス内容などが記載される。

15 バイタルサイン

ばいたるさいん
➡ p.95 参照

生きていることをあらわすサイン。生命の維持を示す徴候。一般に，体温，呼吸，脈拍，血圧をさす。

16 自助具

じじょぐ
➡ p.97 参照

高齢者や障害のある人などが，自力でADL（日常生活動作）をしやすいように考案された補助的器具や道具のこと。

17 モジュールタイプの車いす

もじゅーるたいぷのくるまいす
➡ p.97 参照

車いすの各部品が単元化されており，これらの部品を目的によって選択，調整し組み立てられる車いすのこと。モジュールタイプの車いすの特徴として，アームサポートの着脱，アームサポートやフットサポートの高さ調節など，調整機能がある。

18 バリアフリー

ばりあふりー
➡ p.97 参照

公共の建築物や道路，個人の住宅などにおいて，段差を解消したり，手すりをつけたりするなど高齢者や障害のある人の利用にも配慮した設計のこと。

19 非常災害に関する具体的計画

ひじょうさいがいにかんするぐたいてきけいかく
➡ p.100 参照

消防計画，風水害，地震などの災害に対処するための計画のこと。消防計画の策定および消防業務の実施については，防火管理者をおくこととされている。

20 悪質商法

あくしつしょうほう
➡ p.100 参照

悪質な業者が不当な利益を得るために行う，社会通念上問題のある商売方法のこと。不安をあおったり，親切にして信用させたりして商品やサービスを売りつける。

21 標準予防策（スタンダード・プリコーション）

ひょうじゅんよぼうさく（すたんだーど・ぷりこーしょん）
➡ p.103 参照

1996年にCDC（米国国立疾病予防センター）が設定したガイドラインである。簡便性，合理性から日本においても広く利用されている。

22 低栄養

ていえいよう
➡ p.105 参照

必要とする栄養素が量的・質的に供給が不十分である状態のこと。高齢者が低栄養状態となる原因には，加齢にともなう身体機能の低下として，味覚器官や摂食器官の機能低下，消化吸収能力の低下，ADL（日常生活動作）の低下などがあり，そのほかにも経済状態の不備，病気や薬剤投与によることなどがある。

㉓ 食中毒

しょくちゅうどく
→ p.106 参照

食品中で増殖した細菌，またはその産生し
た毒素を含む飲食物を取り入れて起こる健
康障害のこと。その原因別に，細菌性食中
毒，化学性食中毒，自然毒食中毒に分類さ
れている。

コミュニケーション技術

【到達目標】

● 本人・家族との支援関係を構築し，意思決定を支援することができる。

● 利用者の感覚・運動・認知等の機能に応じたコミュニケーションの技法を選択し活用できる。

● チームマネジメント（組織の運営管理，人材管理，リーダーシップ・フォロワーシップ等）に関する知識を理解し，活用できる。

● 状況や目的に応じた記録，報告，会議等での情報の共有化ができる。

介護における
コミュニケーション

1. コミュニケーションの意義，目的，役割

❶ 対人援助関係とコミュニケーション

▶▶ 介護職がコミュニケーションを学ぶ意味

人はコミュニケーションを通じて他者と人間的にかかわり合うことができます。しかし，介護を必要とする多くの高齢者や障害のある人は，何らかのコミュニケーション障害（☞第2巻 p.152）があり，自分の意思や要求を相手に伝えることが困難になっています。

したがって，介護職にはさまざまなコミュニケーション障害のある利用者への具体的な介護方法を学ぶことが望まれます。

コミュニケーションの対象は，自己内，二者間の対人関係，小集団，組織・地域などがあります（図3-1）。利用者と介護職のコミュニケーション場面は，自己内，二者間の対人関係，小集団，組織・地域などにおいて影響し合い展開しており，広くとらえていく必要があります。

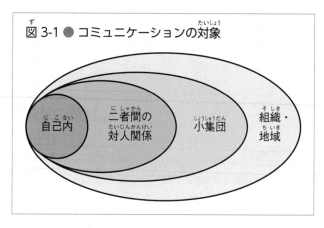

図 3-1 ● コミュニケーションの対象

自己内

二者間の
対人関係

小集団

組織・
地域

したがって，より実践的な介護職となるためには，日常的にごくふつうに行っている，自分たちのコミュニケーションをふり返ってみることが必要です。

▶▶ 自分自身をよく知る

コミュニケーションは，情報の伝達という機能をもちます。それと同時に，人と人とがこころを通わせ，人格と人格が交流することをうながし，互いに理解を深めてわかり合うという機能もあわせもっています。

介護職がより有効な対人援助を行うためには，利用者をよく知ると同時に，自分自身をよく知ることが基本となります。この，自分自身を知る機会というのは，介護の現場における利用者と自分（介護職）の人間関係そのもののなかに存在します。

❷ 人間的・効果的なコミュニケーションの基本 ::::::::::::::::::::::::::::::::::::::

　介護職に求められる人間的・効果的なコミュニケーションの基本として，表3-1に示す7点があげられます。

表 3-1 ● 人間的・効果的なコミュニケーションの基本

① 自分の内面を見直し，しっかりとした自己の概念をもつ。
② 伝えたいことを明確に表現する。
③ 適切な自己開示および相手の自己開示の過程への理解をはかる。
④ 相手の思いを聴く姿勢と技能を高める。
⑤ 自分の感情に気づき，それを認める。
⑥ 基本的な共感の応答を日常の介護に組み入れる。
⑦ さまざまな質問の技法と役割に精通する。

　人間は多様な社会関係を形成しながら，その相互関係を通して自分のなかに自我を確立していきます。また，自己概念が介護関係や介護職間の関係に反映されます。

　高齢者にかかわる際の基本的視点として図3-2が示されます。図3-2のように高齢者は，学ぶことができ，変わることができ，責任をもつことができる存在であることを，介護職は確認しておく必要があります。

図 3-2 ● 高齢者への諸アプローチの基本的な視点

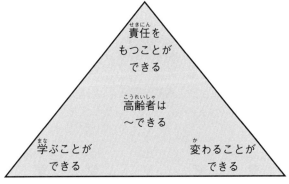

出典：Walter, E., *Empowerment the Aged*.（野村豊子訳）

高齢者を理解する基本的な視点としては，「できない」「できなくなった」「力のない」などの見方ではなく，「学ぶことができる」「変わることができる」「責任をもつことができる」という「〜できる」存在としてしっかりととらえることが望まれます。

2. コミュニケーションの技法^{ぎほう}

❶ メッセージの送り手と受け手 ::

▶▶ コミュニケーションの構成要素^{こうせいようそ}

　二者間^{にしゃかん}のコミュニケーション過程^{かてい}には，さまざまな構成要素^{こうせいようそ}が含^{ふく}まれています（図^ず3-3）。

　コミュニケーションを始^{はじ}める人^{ひと}を送^{おく}り手^て，二者間^{にしゃかん}で伝^{つた}わる情報^{じょうほう}をメッセージ，メッセージを受^うけ取^とる相手^{あいて}を受^うけ手^てといいます。さらに，送^{おく}り手^てのこころや頭^{あたま}に浮^うかんだイメージを相手^{あいて}に送^{おく}るために記号化^{きごうか}した送信^{そうしん}，受^うけ手^てが解読^{かいどく}した受信^{じゅしん}があります。

　図^ず3-3で示^{しめ}されるとおり，1人^{ひとり}の人^{ひと}のなかに送^{おく}り手^てと受^うけ手^ての両者^{りょうしゃ}の役割^{やくわり}があります。送^{おく}り手^てから送信^{そうしん}されたメッセージを受^うけ手^てが受信^{じゅしん}すると，同^{おな}じ受^うけ手^てのなかの別^{べつ}の役割^{やくわり}である送^{おく}り手^てから，今度^{こんど}は逆^{ぎゃく}にフィードバックを送^{おく}ります。そして，はじめの送^{おく}り手^てのなかの別^{べつ}の役割^{やくわり}である受^うけ手^てに受信^{じゅしん}されることによって，双方向^{そうほうこう}のコミュニケーションが成立^{せいりつ}します。

　このように，コミュニケーションは，基本的^{きほんてき}に双方向^{そうほうこう}の機能^{きのう}をもちます。

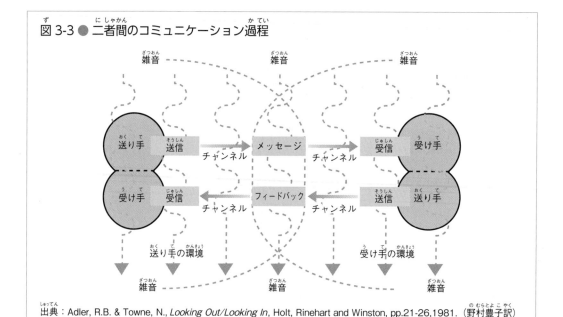

図^ず3-3 ● 二者間^{にしゃかん}のコミュニケーション過程^{かてい}

出典^{しゅってん}：Adler, R.B. & Towne, N., *Looking Out/Looking In*, Holt, Rinehart and Winston, pp.21-26,1981.（野村豊子訳^{のむらとよこやく}）

　二者間^{にしゃかん}でのコミュニケーションは，それぞれが送^{おく}り手^て・受^うけ手^てという2つの役割^{やくわり}をもちながら言語^{げんご}・非^ひ言語^{げんご}という伝達経路^{でんたつけいろ}を通^{とお}して展開^{てんかい}していきます。

▶▶ 送り手と受け手の環境

　送り手と受け手双方のコミュニケーションを成立させる背景にある要素を総称して環境と呼びます。環境を構成する要素には，表 3-2 にあげたように多くのものがあります。

　1つひとつの送信や受信は，送り手と受け手のこれらの諸要素をもとに形づくられているため，十分なコミュニケーションを進めるためには，自分および相手の多くの要素を深く知ることが必要です。

表 3-2 ● 環境を構成する要素

・年齢	・性別	・個人的な価値観	・専門職としての価値観	・人生観
・人間観	・世界観	・宗教	・金銭感覚	・生きがい　・自己概念　・性格
・他者認知	・言語	・生活歴	・職業歴	・家族歴　　　　　　　　　　　など

▶▶ 介護の現場におけるコミュニケーション

　図 3-3 に示されるとおり，メッセージは，送り手と受け手双方の共有部分において成立しています。

　介護の現場においては，通常のコミュニケーション以上に，年齢，価値観，生活歴，言語など，送り手と受け手の環境の相違がきわめて大きいともいえます。そのため，介護職の側から相手の環境に近づいていかなければ，送り手と受け手の共有部分は成立しません。

　たとえば，20 歳代の介護職と 80 歳代の高齢者との間では，相手の高齢者の属している時代の文化・習慣・風俗・大きな出来事，個々の人生の家族的・社会的背景，言葉のつかい方・表現の方法などの多様な知識を学んでおくことが，コミュニケーションを展開するうえで欠かせません。

　さらに，それらの知識に加えて，環境の異なる他者への共感的理解および相手の視点からみる姿勢が望まれます。

▶▶ 言語的チャンネルと非言語的チャンネル

　メッセージを伝える伝達経路（チャンネル）には，言語的チャンネルと非言語的チャンネルの2つがあります。

　言語的チャンネルには，話し言葉，書き言葉などがあり，非言語的チャンネルには，ジェスチャー，表情，声の調子の高低や強弱，身体的接触，ただよう香り，服装や髪型などがあります。声の調子の高低や強弱は非言語的チャンネルに含まれますが，準言語的要素として位置づけられることもあります。すべてのチャンネルのうち，言語的チャンネルが2〜3割であるのに対して，非言語的チャンネルは7〜8割を占めます。また，非言語的チャンネルとは異なりますが，沈黙は言語以上に多くの内容を伝えます。言語的チャンネルと非言語的チャンネルとは，ときに矛盾した内容を伝えることがあります。次の2つの事例から考えてみましょう。

事例1　2つのチャンネルが矛盾しない場合

介護職：「Aさん，こちらにおいでになって2週間になりますが，新しい暮らしには慣れられましたか？」

Aさん：「ええ，みなさん本当によくしてくださって」（と，にこやかにほほえむ）

事例2　2つのチャンネルが矛盾している場合

介護職：「Bさん，こちらにおいでになって2週間になりますが，新しい暮らしには慣れられましたか？」

Bさん：（下を向き，声の調子も低く）「ええ，みなさん本当によくしてくださって」

　事例1のAさんと事例2のBさんとでは相手の介護職に伝えている内容と感情とが明らかに異なります。このような場合，それぞれのチャンネルから伝わる内容の矛盾していることに十分な注意を払う必要があります。

　人の伝える話には図3-4に示す4つの側面が含まれています。この4つの側面のうちで，感情（思い）は，非言語的チャンネルを通って伝わる場合が多く，言語文化が代表的な私たちの社会では，相手の人の言葉とは裏腹の思いを見逃してしまいがちです。

　通常，言語的チャンネルと非言語的チャンネルの矛盾は，介護職に，「理由ははっきりしないけれど，何となく腑に落ちない」という思いを残します。このようなときは，本当の感情（思い）が伝えられてくる非言語的チャンネルに意識的に着目し，よく聴き，コミュニケーションを進めることが必要です。

図 3-4 ● 聴くことの4つの側面

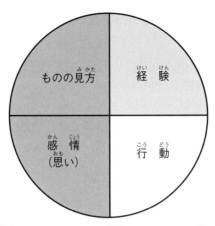

| ものの見方 | 経験 |
| 感情
(思い) | 行動 |

出典：野村豊子「高齢者対人援助職のコミュニケーション技能」『おはよう21』第5巻第4号，p.75，1994年

> 人の話は千差万別ですが，じっくり聴いていると，話し手が見聞きしたこと（経験），行ったこと（行動），感じたこと（感情），およびその人の価値観や考え方（ものの見方）が含まれていることに気づきます。

▶▶ 雑音

　コミュニケーションをさまたげる要因を雑音といいます。雑音には，物理的雑音，身体的雑音，心理的雑音，社会的雑音という4種類があります。表3-3に示されている多くの妨害要素にもかかわらず，通常の私たちの生活では，他者と相互に意思を交流させ，ふれ合い，きわめて自然にコミュニケーションを行っています。

　介護職として，仕事上，また私的な生活のなかで，自分のコミュニケーションの方法に不都合を感じたり，気にかかったりすることもあります。そのようなときには，今までの方法を変えてみるなど，勇気ある一歩が望まれます。

表 3-3 ● 雑音の種類

種類		例
①物理的雑音	音に関するもの	大きな音，耳障りな音　など
	音以外に関するもの	不快な温度，空気，におい，光　など
②身体的雑音		聴力障害，言語障害，入れ歯や補聴器の不具合　など
③心理的雑音		防衛機制（※）　など
④社会的雑音		偏見や誤解にもとづく先入観　など

※：外界に適合するための自我の心理機制。人が不快な緊張感を解消し，心理的に満足を得るためにとる無意識的な解決方法。

3. 支援関係の構築と意思決定の支援

❶ 支援関係の構築

　介護職は，支援を行うなかでコミュニケーションの技法を用いて，利用者および家族と信頼関係（ラポール）を構築していくことが重要です。信頼関係が構築できると，豊かな相談場面につながります。具体的には，利用者に「信頼できる相手である」と認識されると，利用者はかかえている悩みや思いを，堰を切ったように語りはじめることがあります。それを介護職が真摯に受けとめ，いっしょに考えていく姿勢をあらわすことで，さらにその信頼関係は深まり，支援がスムーズになっていきます。このとき，支援を受ける側（利用者）が弱い立場になりがちですので，利用者と介護職は対等な関係にあることを念頭におき，介護職はコミュニケーションにおいてさまざまな配慮が必要になります。たとえば，話が一方的になっていないか，利用者が話せるような間をとっているか，安心できる話しやすい雰囲気になっているかなどに気を配り，利用者の表情や態度の変化にも注意します。

　支援関係の構築においては，第一印象も重要になります。利用者に対して，介護職が「話しやすそうな人」「感じのいい人」といった印象を与えられることが，支援関係の構築の第一歩になります。自分が他者からどのように見えているのか，どのような雰囲気が相手に伝わるのかを理解しておくことが必要です。「自分自身をよく知る」ことの重要性は，本節第１項でまとめていますが，自分自身のことについては，みずから気づくこともありますが，スーパービジョンのなかで気づくことが多く，日ごろからスーパーバイザーからの指導を受けることができる関係も必要になってきます。

　第一印象で利用者によい印象をもってもらえたら，次は，傾聴することが重要です。傾聴とは，ただ単に相手の話を「聞く」のではなく，身を入れて積極的に「聴く」ことです。詳しくは本章第２節でまとめています。しっかりと話を聴くことによって，利用者は「話を聴いてくれている」「自分を認めてくれている」という気持ちになり，信頼関係へとつながっていきます。したがって，話の途中で口をはさんだり，反論するような言動，よそ見をして話を聴いていないような態度をとることはあってはなりません。

❷ 意思決定の支援

　利用者の思いを聴いた介護職が次に行うことは，意思決定の支援です。利用者の自己決定の尊重が大切であることは，日本介護福祉士会倫理綱領（☞第2巻 p.54）のなかでも述べられています。また，2018（平成30）年に厚生労働省は「認知症の人の日常生活・社会生活における意思決定支援ガイドライン」を示しています。

　ここでは，ガイドラインの内容も含め，利用者の意思決定を支援するにあたり，介護職が注意すべき点を整理します。

　1つめは，利用者の意思決定能力の状態に応じた支援が求められます。認知症の症状のある人や，重度の知的障害，精神障害のある人など利用者の状態によっては，意思決定が困難な場合が少なくありません。利用者の権利を守り，アドボカシー[1]（➡ p.215 参照）やエンパワメント[2]（➡ p.215 参照）を通して支援していくことが必要です。

　2つめは，介護職の思いを押しつけないことです。介護職には自分自身の価値観があり，どうしても，「こうなったほうがよい」といった思いがはたらきます。この思いは自分の価値観なのか，専門職としての価値観によるものなのかをよく点検し，相手の価値観を尊重することが重要です。利用者の価値観を理解するためには，これまでの生活歴や家族関係などを理解することも大切です。自分の思いを押しつけることなく，利用者といっしょに考えていくことが必要です。

　3つめは，選択の幅を広げるために，十分な情報提供をすることです。選択肢を多く提供し，それぞれのメリットとデメリットをしっかりと伝えます。介護職が最初から情報を操作してしまうことは避けなければなりません。

　4つめは，場所や時間といった環境にも配慮することです。慣れない場所では，不安や緊張などから自分の意思を表現できない場合があります。いつも以上に時間をかけて意思を確認したり，急かさないことも大切です。

　最後に，パターナリズムにおちいらないようにすることも重要です。パターナリズムとは，介護職が利用者に対して「～してあげる」という保護的な態度をとることです。とくに判断能力が十分ではない利用者に対してはおちいりやすいため，あくまでも自立支援であることを意識して，支援がパターナリズムにおちいっていないかを点検することが必要です。

　以上述べたように，意思決定の支援では，利用者が「自分で決めた」という思いになるように支援していきます。「介護職に決められた」と思っている状況では，利用者は納得していないため，何かうまくいかない状況になった際に，「介護職のせいだ」と決めつけたり，支援関係の解消につながってしまうようなトラブルに発展することもあります。したがって，利用者とのあいだで，そのつど本人の意思を確認しながら支援を行っていくことが必要であり，コミュニケーションが重要になります。

第2節 介護における コミュニケーション技術

月

日

1. 話を聴く技法

❶ 聞くことと聴くこと

　聴くことは，かかわることと表裏一体です。聴くことは，相手の話す言葉を聞くだけでなく，こころの声に能動的に耳を澄ますことです。「聴」という字の元は「聽」であり，相手の語る話に耳をつき出し，自分自身のこころを1つにして，相手のペースに合わせ，自分の価値観ではなく相手の価値観を尊重し，積極的に聴くことをあらわしています。この積極的に聴く技能は，傾聴といわれ，対人援助の基本技能であるばかりでなく，重要な価値観，姿勢，もしくは態度であるともいわれます。

❷ 傾聴の3段階

　図3-5は，二者間の関係において聴くことを3つの段階に分けて示したものですが，もっとも十分な傾聴は第3段階であると考えることができます。
　第1段階では，利用者の語る言葉を聞きます。第2段階では，利用者は言葉を語りますが，同時に介護職からの何らかの感情移入を体験します。この場合，介護職は利用者に十分に関心を向けています。第3段階では，利用者は語り，またあるときには沈黙し，「聴いてもらっている」「理解されている」ことを十分に感じとっています。介護職は自分の先入観を離れ，利用者の言葉を聴き，向かい合っている利用者のありのままの姿にこころから関心を向け，利用者の気持ちをさし示すようなみずからの感情があることに気がついています。

　このように考えると，傾聴の第3段階では，介護職は利用者のなかで生じてくる感情を映し出す鏡の役割をになっているといえます。言葉を換えていえば，介護職は利用者の感情と同時に自分の感情も聴き，みずからの感情を二者の関係の進展を促進するための共鳴板のように用いており，この状態は聴き手自身の直観的な感情体験が重視される共鳴（resonance）と呼ばれています。介護職が日々体験している利用者とのコミュニケーション過程において頻回に用いられるのは，この共鳴です。
　たとえば，介護老人福祉施設の入所者と介護職との人間的な交流では，入所者が「この人が聴いてくれていると感じる」と同時に，介護職は，「この人の思いが伝わってくる。

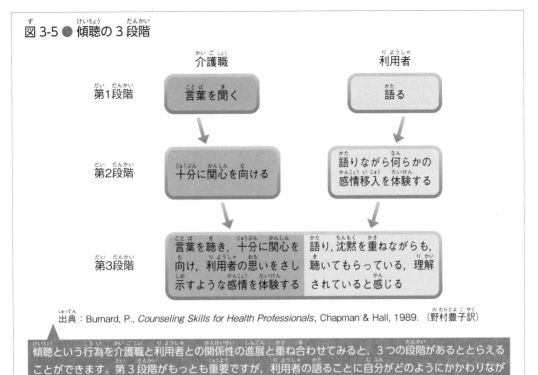

図 3-5 ● 傾聴の 3 段階

介護職　　　　　　　　　利用者

第1段階　　言葉を聞く　　　　　　　語る

第2段階　　十分に関心を向ける　　　語りながら何らかの
　　　　　　　　　　　　　　　　　　感情移入を体験する

第3段階　　言葉を聴き，十分に関心を　語り，沈黙を重ねながらも，
　　　　　　向け，利用者の思いをさし　聴いてもらっている，理解
　　　　　　示すような感情を体験する　されていると感じる

出典：Burnard, P., *Counseling Skills for Health Professionals*, Chapman & Hall, 1989.（野村豊子訳）

傾聴という行為を介護職と利用者との関係性の進展と重ね合わせてみると，3 つの段階があるととらえることができます。第 3 段階がもっとも重要ですが，利用者の語ることに自分がどのようにかかわりながら聴いているのか，という点に気づくことも大切です。

本当にその思いのとおりだ。私も同じように感じる」といった関係が成立しています。この関係があるからこそ，入所者は安心して自分をゆだねることができるのです。

　さらにこの状況では，言葉で語るよりも，沈黙や非言語が物事や思いの本質を伝えることも多くなります。入所者と介護職は，相互に感じ合い，二者間には共同性が築かれています。誤解を恐れずにいえば，このときのコミュニケーションは理知的であると同時に直観的に行われているのです。よく，「理由はわからないけれど，あの人の言うこと，伝えたいことが，ああ本当にそのとおりだと感じる」とやさしく愛情の深い介護職が語る基礎には，みずからの直観的な感情を共鳴板のように用いていることがあると考えられます。

❸ よい聴き手とは

　よい聴き手とは，受容的であり，また共感的であることが基本となります。自分の価値観によって立つのではなく，相手の価値観（人生観，人間観，社会観，宗教観など）から物事をみて把握します。

　「もし，私が C さんだったら，今起きていることや体験はどのようにとらえられるのだろう」と C さんの見方に思いを寄せます。さらに，伝わってくるその人の価値観を通して，表現されている思いや感情に共感します。

2. 利用者の感情表現を察する技法

❶ 感情表現にかかわる得意・不得意

　人には感情表現にかかわる得意・不得意があります。たとえば，Ｄさんはうれしさをあらわすことが得意な反面，怒りをあらわすことはあまり得意ではありません。また，Ｅさんは悲しみやつらさを適切に表出しますが，喜びや満足，楽しさ，うれしさなどの感情はほとんど見せません。

　対人援助のなかで相手の思いを受けとめ，それを相手に共感的に戻すためには，相手の思いを知ると同時に，自分自身の感情表出の傾向を知ることも必要です。

❷ 第1次共感と第2次共感

▶▶ 共感とは

　共感は，対人援助を行う介護職にとって欠かせない価値観や態度であり，共感の技法には，表3-4に示す2つの要点があります。共感は，同情とは異なります。同情は，たとえば「ご主人を亡くされてお気の毒に」などのように，常に自分の側に立って相手から少し距離をおいているのに対し，共感は，積極的に相手の感情や思いを共有する（相手の感情を理解し，その思いを聴き手の言葉として戻す）ものです。

　イーガン（Egan, G.）[3]（➡ p.215参照）は，共感の技法を，第1次共感（基本的共感）および第2次共感（深い共感）という2つのレベルに分けています（表3-5）。

▶▶ 第1次共感の技法

　イーガンは，第1次共感の技法を応答の技法としてとらえています。具体的には，利用者の言葉を受けとめるときに，その人の感情と，その感情が起こった理由を区別してとらえ，再び「○○（理由）だから，～（感情）ですね」と，理由と感情をいっしょにして返答する方法です。Ｆさんの話を聴くＧ介護職の応答を例にあげてみます。＿＿＿が理由，＿＿＿が感情をあらわしています。

表 3-4 ● 共感の技法がもつ2つの要点	
第1の要点	利用者のこころとともに身をおき，利用者の内側からみた思い，感じ方および考え方を，情動的かつ知的に理解する。
第2の要点	伝わってきた利用者の内側からみた思いを自分自身の言葉と非言語を通して，利用者に応答として伝える。

表 3-5 ● 第 1 次共感と第 2 次共感

第 1 次共感	基本的共感ともいわれ，相手の話をよく聴き，その話の内容を理解し，話に含まれている思いを受けとめ，内容の理解と思いをこちらの言葉に変えて応答する技法
第 2 次共感	深い共感ともいわれ，第 1 次共感よりもさらに一歩進んで，相手が表出していない，こころのなかにこめられた思いも含めて応答する技法

F さ ん：「息子も嫁も時間を見つけて訪ねてくれるんです」

G 介護職：「お忙しいなかで，息子さんもお嫁さんも時間を見つけて F さんに会いにいらっしゃる……，F さん，うれしいでしょうね」

F さ ん：「ええ，それでね，孫も大きくなって，今年は大学受験ですって」

G 介護職：「昔は小さかったお孫さんも，もう大学を受験されるようになって，F さんのご自慢ですね」

▶▶ 第 2 次共感の技法

　第 2 次共感は，相手が言語的に表現していない内面や思いを深く洞察し，その思いと，その思いが生まれた背景を的確に理解して，相手に伝わりやすいように戻す方法です。介護施設に入居して 10 年になる H さんの話を聴く J 介護職の対応を例にみてみます。

H さ ん：「先日，10 年ぶりに息子が会いにきてくれました」

J 介護職：「長いあいだお会いになっていらっしゃらなかった息子さんが訪ねて来られて，うれしいひとときでしたね」

H さ ん：「昔は，あんなやさしい表情を見せてくれませんでした……」

J 介護職：「お会いになって，うれしい思いとともに，胸のつかえもおりたような……」

H さ ん：「本当ね。もう，息子の子どもも大きくなっていて，たいしたものだなと思いましたし，昔のしこりがすーっと消えたような気がしました」

J 介護職：「息子さんも時の流れとともに，少しずつ，ご両親への見方も変わっていらっしゃるのかもしれませんね」

H さ ん：「そうね……。今度来たら，当時のことを話してみようかしら」

　数限りない体験や出来事を積み重ねてきた高齢者にとって，第 2 次共感は，大切な人との関係を修復したり，今までの人生を統合し，長いあいだだいてきたさまざまな葛藤との折り合いをつけたりすることを支える役割を果たします。第 2 次共感では，「本当にわかってくれる人が，今ここにいる」というような感触が残ります。そして，その思いは，記憶の底に深く残り，長く続くやすらぎにもなります。介護の現場では，第 2 次共感は意識せずに用いられていることが多いと考えられます。

3. 利用者の納得と同意を得る技法

何らかの変化が身のまわりやさまざまな関係のなかで起こったときに，今までと異なった対応を適切に行うことはとてもむずかしいものです。このようなとき，介護職は，利用者や家族が今まで当然のこととして行ってきた対応の仕方を適切でないものとして否定してしまうのではありません。むしろ，それをいかし，認めると同時に，ほかに異なった方法や考え方もあることを，おだやかに共感的に伝え，その新しい試みを確認し，それを取り入れることを援助する必要があります。

そのような場面で求められるコミュニケーション技術には，「明確化」「焦点化」「要約」の技法，さらに「直面化」の技法があります。

❶ 明確化の技法

明確化とは，相手の話す内容が，具体的でなく，また，まとまりがつかない場合に，「たしかなことかどうか」をうかがう技法です。

質問の形式をとることが多いのですが，質問をくり返してばかりでは，尋問になってしまい，表面的に明確化されても，相手にいやな思いやとまどいを残すことになります。また，内容の明確化だけではなく，とくに気持ちや思いの確認は簡単ではありません。気持ちや思いは，言葉ではなく非言語的に伝わる場合が多いからです。

明確化を目的として，介護職が利用者の思いを別の言葉や表現で言い直すこともあります。これも基本的共感をふまえたうえでの明確化といえるでしょう。

❷ 焦点化の技法

焦点化とは，利用者が話したい内容に焦点を合わせて受けとめ，介護職が自分のなかで理解し，まとめたうえで，全体として利用者に戻す（フィードバックする）技法です。

このまとめる過程は，たとえば，10ある内容をいくつかにしぼりこんで，利用者が選びとる過程をうながすものでもあります。このとき，利用者への共感がなければ，焦点化はただのまとめ作業になってしまいます。

焦点化では，明確化と同様に，質問の形式が多く活用されます。認知症の人とのコミュニケーションでは，焦点化も明確化もむずかしいとされています。しかしながら，相手の尊厳の核となる体験をしっかりと理解すれば，利用者自身が話を進めることもできますし，二者間の理解も深まります。

❸ 要約の技法

　要約は，会話の内容，それが意図していることの意味，感情や思いなどを総合的にまとめ，利用者に伝える技法です。したがって，介護職が利用者をしっかりと理解していることが前提となります。

　介護職が要約を行うなかで，利用者の選択順や重要度を考えていくため，要約の結果のメッセージは，要約の前よりもずっと，利用者にわかりやすくなっています。

　もし，要約する過程やその結果として，「本当にこのようなことをおっしゃっているのだろうか？」ととまどいがあるときには，率直にたずねてみることです。「あなたのことを正しく聴くことができているか？」をたずねる姿勢は，信頼関係をうながし，聴く側と聴かれる側という立場を超え，パートナーとしての二者関係へとつながります。

　また，とくに認知機能に障害のある人とのコミュニケーションでは，適切な長さを一区切りとして，語られる話を相手が理解できるようにていねいに細分化し，それぞれの区切りの要点をまとめて戻すことも大切です。

❹ 直面化の技法

　直面化とは，相手が自分の行動や行動がもたらす影響について，今よりも深くとらえられるようなきっかけを設ける技法です。

　日常生活のなかで直面化というと，相手を傷つけるのではないかとためらわれたり，攻撃と取り違えられたりする場合があります。対人援助における直面化も，誤まった用い方をすると相手を傷つけることになります。一方で，よい聴き手が深い共感とともに適切に用いると，直面化は，二者間の相互交流を進め，両者にとってかけがえのない信頼関係をはぐくむものとなります。

表 3-6 ● 直面化の技法を用いる際に前提となる理解

① 深い共感との関係性
　直面化と深い共感は，1枚のコインの裏と表といってもよいもので，相手への深い理解と思いの通い合いがないところでの直面化は，関係性を破壊し，相手を深く傷つけてしまう。
② 「徐々に」または「適宜」という判断
　直面化の技法は，相手の自己開示，信頼関係の形成や進展の度合いに合わせて，バランスよく用いる。バランスのとれない直面化は，相手と率直に向かい合うことを避けている行動として伝わる場合もある。
③ 相手への尊厳
　直面化においては，相手への尊厳の気持ちをしっかりともち，介護職としての姿勢や行動の倫理的側面を守ることが求められる。

---

4. 質問の技法

① 質問の具体的な役割と留意点

　質問の具体的な役割と，質問を用いる場合の留意点としては，**表 3-7** に示す内容があげられます。

表 3-7 ● 質問の役割と留意点

① 質問の具体的な役割
・利用者が体験や思いを話すきっかけをつくる。
・利用者の介護に大切な情報を追加する。
・はっきりと伝わらない話の内容や感情を明確化する。
・利用者が自分の力をいかし，現状を変える一歩をふみ出すための勇気づけをする。
② 質問を用いる前の留意点
・効果的な質問をするうえでもっとも重要な準備は，利用者との信頼関係の形成である。
・性急で頻回な質問を避け，あせらずに適切なときを見計らって質問を用いる。
・質問が尋問や詰問であってはならない。質問に答えるかどうかは利用者が決めるということを常に念頭においておく。
・質問をする際には，答えを暗示したり，誘導したりしないようにする。

---

② 質問の種類

▶▶ 閉じられた質問

　閉じられた質問とは，「はい」または「いいえ」で答えられる質問，および簡単に 2 ～ 3 の単語で答えられる質問です。たとえば，次のような質問です。

例：「お部屋は寒くありませんか？」「お子さんは何人いらっしゃいますか？」
　　「お生まれになった故郷はどちらですか？」

　これらの質問を頻繁に用いると，利用者の意向を制限してしまうことにもなります。一方，何か特別な事柄や状況を明確にしようとする場合，この閉じられた質問を用いると，短時間にはっきりとした状況などが浮かび上がります。

▶▶ 開かれた質問

　開かれた質問は，相手に自由を認め，相手が自分自身の選択や決定による答えを見つけることをうながします。たとえば，次のような質問です。

例：「趣味は何ですか？」「今，気がかりなことは，どんなことでしょうか？」

「入居されてからのここでの暮らしをふり返られて，どのように思われますか？」

これらの質問は，利用者が自分の世界を広げて，場合によっては今の状態よりも深く自分や周囲の世界を知ることをうながします。開かれた質問では，利用者が話の展開をリードすることになります。

▶▶ 重複する質問

重複する質問には2つの型があります。

1つは，「～ですか？　それとも～ですか？」とたずねるもので，これは選択肢が2つに限られる場合に適しています。たとえば，「明日いらっしゃるのは午前中ですか？　それとも午後ですか？」などがあります。

もう1つの型は，2つの異なった質問を同時にたずねるものです。たとえば，「介護老人福祉施設に入所される前はどちらにお住まいでしたか？　ご家族とは別に暮らしていらっしゃいましたか？」などはその例です。

重複する質問のうち，前者は，閉じられた質問と同様に相手の答える自由を制限しますが，答えを明確にする役目もあります。後者は，とても答えにくいもので，また，戻ってくる答えはたしかな情報とならない傾向があります。

▶▶ 矢継ぎ早の質問

矢継ぎ早の質問は，質問の形式ではなく，質問の仕方に焦点をおいたものです。利用者に事実をたずねる質問は，重要であっても，それが矢継ぎ早になってしまうと，「事実は把握できたが，こころは離れてしまった」という結果になりかねません。

利用者が質問に対して十分に考えられる時間を確保し，次の質問をする前には，その直前の答えをしっかり受けとめます。そして，基本的共感の応答を加えていくと，待つ姿勢をとることができるようになります。

▶▶ 評価的な質問

介護職の価値判断にもとづいて用いられるのが評価的な質問です。たとえば，「この施設では，みなさんがなさりたいと思われる集まりや行事をたくさん行っているのですが，Kさんはどれにも参加されないのですか？」という質問は，「参加すべきである」という介護職の価値観をもとにたずねています。たずねられた利用者は，参加したくない，あるいは参加できない理由や思いを言うことができなくなってしまいます。

「参加すべきである」という前提でたずねるこのような質問は，利用者に対して失礼なばかりではなく，相手を傷つけるものでもあります。この評価的な質問のほとんどは，「よくない」という評価にもとづいて用いられるため，利用者との信頼関係を，質問する前よりも悪化させてしまうことにつながります。

5. 相談・助言・指導の技法

相談は，相談面接[4]（→ p.215参照）の形式をとる場合を前提として，そのプロセスが考えられてきました。また，助言や指導の技法も同様に，相談面接の形式をとることを念頭に開発され，教育や訓練が継承されてきています。一方で，相談面接の形式をとらない面接として，従来から生活場面面接[5]（→ p.215参照）などの方法も示されてきました。介護職のコミュニケーション技術として相談・助言・指導の技法を理解するには，相談面接や生活場面面接の方法・考え方をどのように介護職の技能にいかすことができるのかという視点と，利用者やその家族からみて，どのような相談・助言・指導が必要とされているかという視点の両方からみることが大切です。

❶ 身近な相談相手としての介護職の役割

介護職が利用者の相談を受ける場合は，問題や課題の解決を目的としたものだけではありません。身近な人にだからこそ伝えられるとまどいや不安，心配，気づきなどを「日常のなかの非日常」ともいうべき何かの機会にあらわし，伝える場面もあります。

人は，自分のなかに違和感やあせり，収まらない怒りやさびしさ，気がかりなことや心配事などを感じて思いつめ，そのままにしていると具合が悪くなりそうなとき，だれにわかってもらいたいと思うでしょうか。やはりもっとも身近にいる人ではないかと思います。

介護職は，利用者が自分の思いや状況を問題や課題として認識したり，周囲の人が問題に気づく前の「よくわからないもやもやした状態」のときに自然に思いを表現したりすることをうながし，それを受けとめる役割を果たしているといえます。

❷ 介護職に求められる相談の技術

相談面接では，相談の目的，継続回数の予測，面接の頻度と1回の長さを明確にしておきます。1回の相談で終了する場合ももちろん多いのですが，継続することに意味をもたせる場合もあります。

一方，介護職が利用者の相談を受ける場合は，さまざまなコミュニケーション技術を集約し，総合的に活用する場合がほとんどです。つまり，介護職には，利用者のニーズや意向を適切に把握したうえで，相談面接技術をふまえ，「話を聴く技法」「感情表現を察する技法」「納得と同意を得る技法」「意欲を引き出す技法」などを総合的に組み合わせて活用する技術が求められます。

❸ 相談を受ける際の原則

バイステック（Biestek, F. P.）[6]（→ p.215 参照）は，ソーシャルワーカーがクライエント[7]（→ p.216 参照）に個別にかかわる際の実践原則として 7 項目を示しています（表 3-8）。これは介護職の守るべき原則ということもできます。

表 3-8 ● バイステックの 7 原則

①個別化	一人ひとりの利用者が，遺伝や環境の因子にもとづいた，あるいは人生経験にもとづいた独自性をもった個人であるとして迎えられる権利とニーズをもっていることを的確に認識し理解すること。
②意図的な感情表出	利用者のかかえる問題が部分的または全体的に情緒的なものであるときに，利用者がそのような感情を表現したいというニーズをもっていることを認識すること。
③統制された情緒的関与	利用者が自分の感情に対して，援助者から適切な反応を受けたいというニーズをもっていることを認識し，理解すること。
④受容	利用者は，生まれながらにして尊厳と価値をもっているという認識をもち，利用者にこのようになってほしいと望むのではなく，利用者を現実のあるがままの姿で把握し，接すること。
⑤非審判的態度	自分の役割について，利用者を非難したり問いつめたりすることではなく，援助することであると自覚すること。
⑥利用者の自己決定	利用者は問題解決の方向などを自分で決める権利とニーズをもっていることを認識すること。
⑦秘密保持	面接のなかで明らかにされる秘密の情報を他人に漏らさないこと。

❹ 利用者・家族に対する助言・指導

社会福祉士及び介護福祉士法には，介護福祉士の業務として，利用者およびその介護者に対して介護に関する指導を行うことが明記されています。たとえば，利用者の家族が自己流の考え方や方法によって介護を行っている場合，その方法によって，明らかに利用者の状態を悪化させてしまっているようなとき，または家族介護者自身の心身に大きな負担を与えてしまっているようなとき，介護福祉士には専門的な知識や技術にもとづき，正しい方法を助言したり指導したりする役割があります。

しかし，家族にしてみれば，何度も工夫を重ね，もっともよいと判断して行っている方法について，「それは誤っています」「このように行うべきです」などと言われると，まるで責められているように感じたり，これまでの自分たちの取り組みが台なしになるように思われることもあります。したがって，家族に対して助言や指導を行う場合は，その方法をすぐに否定したり，訂正したりするのではなく，まずは，どうしてそのようにしているのか，その方法にいたった過程を考えてみることが大切です。そのことによって，利用者に対する家族の思いや家族の強みに気づくことができ，家族の考えや方法を尊重しながら，よりよい方法を見いだしていくことにつながる可能性もあります。

6. 利用者の意欲を引き出す技法

❶ 利用者の意欲の低下

▶▶ 利用者の意欲の低下に気づく

意欲の低下は，その人の言動の減少にあらわれてきます。たとえば，表3-9のような利用者の変化に気づくことが，利用者の意欲の低下を把握する第一歩になります。

表3-9 ● 意欲の低下によって生じる利用者の変化

・毎回参加していた行事に姿をみせなくなる。
・身なりに気をつかわなくなる。
・人との会話が減る。
・自分でできることを人に頼るようになる。　　など

言動の減少とともに，「早く死にたい」といった言葉で自分のつらさを伝えてくることもあります。これは利用者からの重要なメッセージであり，意欲が低下しているサインとも考えられます。

ただし，言葉の意味をそのまま解釈し，自殺願望があるとすぐに判断せず，メッセージにこめられた利用者の思いを把握するように努める必要があります。

▶▶ 利用者の意欲の低下の背景を考える

利用者の意欲が低下していると気づいたならば，次にそれを引き起こしている要因は何かを考えてみましょう。ここでは，利用者自身や利用者を取り巻く環境，なかでも，利用者の家族関係の変化に注目します。なお，うつ病などの精神疾患が疑われる場合には，医療関係者に相談しましょう。

表3-10 ● 意欲の低下を引き起こしているおもな要因

① 利用者自身の変化
　　加齢や病気にともなう身体的・認知的機能の低下などにより，利用者はこれまであたりまえのようにできていたことができなくなり，だれかに依存しなければ生きていけないと感じることによって，自尊心が低下することがある。
② 利用者を取り巻く環境の変化
　　家族の死や入院・入所などによる別居は，これまでつちかってきた家族との深い関係を失うとともに，その家族との関係のなかで果たしてきた役割の喪失にもつながる。
③ 利用者の家族関係の変化
　　身体的・精神的・経済的機能の低下は，これまでの親子や夫婦の力関係を逆転させ，自分の存在意義を感じられなくなることがある。

148

❷ 利用者の意欲を引き出す留意点

▶▶ 利用者の感情に共感する

　意欲が低下した利用者は，意欲が低下するにいたった経緯のなかで感じた気持ちも含め，無力感，絶望感，閉塞感などさまざまな感情をいだいています。介護職は，このような利用者の感情を「孫から○○と言われた○○さんは，どんな気持ちだっただろう」と，利用者の立場で思い描くことが不可欠です。そして，その感情を非言語的コミュニケーションや言語的コミュニケーションで利用者に伝えましょう。「私のことをわかってくれる」という経験だけでも，利用者の意欲を高めることができるでしょう。

▶▶ 利用者の人間関係を活用する

　人は必ず他者とつながっているという感覚が必要になります。介護職は，利用者に対して，新たな関係の構築や従来の関係の活性化を試みましょう。人間関係の構築においては，さまざまな経験をしてきた1人の人として利用者に関心を示すことが基本です。また，同じサービスを利用している人と新たな関係を築くことも考えられます。この場合，利用者同士の認知状態や相性を考慮したうえで，必要に応じて関係を築けるようにはたらきかけをします。利用者と家族や友人などの関係が疎遠になっているようなら，家族や友人に利用者の様子を継続的に伝えて，利用者とのかかわりが生じる何らかの役割をになってもらうことにより，相互交流を活性化することができます。

▶▶ 利用者の自己決定を尊重する

　利用者の自己決定を尊重することは，利用者の意欲を引き出す際にも非常に重要です。介護を必要とする人の生活では，どうしても介護職や家族介護者が指示や管理を行うことが多くなります。利用者にとっては，自分の生活でありながら，だれかにコントロールされているという感覚をもっているのではないでしょうか。認知症や知的障害などで判断能力が低下している場合にも，最初から無理だと決めつけずに，「どれから召し上がりますか」のような声かけが必要です。

▶▶ 利用者のストレングスをいかす

　利用者は必ずさまざまなストレングス[8]（➡ p.216 参照）をもっています。このストレングスを生活歴などから把握し，日々の生活でいかせるような環境をつくりましょう。米を洗う，味見をする，洗濯物をたたむ，植木の水やりをするなど，どのようなことでも，利用者の興味にもとづき活動ができるような機会を確保します。そして，「この花がきれいに咲いたのも○○さんのおかげです」と，利用者が自分のストレングスを再確認できるように伝えましょう。

7. 利用者と家族の意向を調整する技法
りようしゃ　かぞく　いこう　ちょうせい　　　ぎほう

❶ 利用者と家族の意向
りようしゃ　かぞく　いこう

▶▶ 利用者の意向を把握する
りようしゃ　いこう　はあく

　利用者の意向を把握することは，介護を行ううえで不可欠なことですが，それほど簡単なことではありません。「○○さんはどうされたいですか」のような質問に，仮に利用者が「○○です」と明確に答えたとします。しかし，介護職との信頼関係が未構築で本当の意向が話せなかったり，言ってもどうせ無理だろうとあきらめて真の意向を話さなかったなどの理由によって，それが利用者の真意であるとは限らないことがあります。

　介護職は言葉と表情などとの違和感に注目し，真意ではないと感じられる場合には，利用者の本当の意向を知りたいというメッセージをくり返し伝えましょう。そして，利用者の非言語的コミュニケーションに注目しながら，傾聴（☞第2巻 p.138）や共感（☞第2巻 p.140）の技法を活用することが大切です。

▶▶ 家族の意向を把握する
かぞく　いこう　はあく

　家族の意向を把握する際，利用者のものと異なるからといって，家族が利用者のことを大切に思っていないと安易に決めつけてはいけません。利用者と家族の意向が異なるにいたったさまざまな背景に目を向けてみましょう（表3-11）。

　どのような状況であっても，介護職が自分の価値観で家族の意向を判断し，非難することがないように注意しましょう。

表 3-11 ● 利用者と家族の意向が異なるにいたったおもな背景

① 家族が利用者の状態や状況を正確に理解していない
　　子どもにとって自分の親が老いていく現実を直視するのはつらいものである。そのため，自分の希望が加味されたフィルターで現実を認識することがある。
② 家族の価値観で利用者のことを考えている
　　家族が「利用者のために」と考えたことであっても，利用者の意向と異なることがある。たとえば，家族が利用者の意向を無視して保護しようとすることがよくある。
③ 家族の利益を第1に考えている
　　家族が自分の生活を第1に考えることも当然あり得る。利用者の意向が家族によって無視され，利用者の権利が侵害されているような場合には，利用者の権利を擁護しなければならない。

▶▶ 利用者の意向の現実性を検討する

　利用者と家族の意向の相異点を確認したうえで，利用者の意向の現実性を検討します。その際，利用者の意向が家族など他者の権利を侵害する可能性がある場合には，利用者の意向を吟味しなければなりません。たとえば，「入浴に関しては妻の介護しか受け入れないという意向が利用者本人にはあるが，妻は，高齢や腰痛のため入浴の介護を続けると健康を損なう可能性が高い」というような場合には，この利用者の意向は妻の権利を侵害する可能性があります。状況をふまえた意向になるよう，利用者を支援します。

❷ 利用者と家族の意向の調整

▶▶ 利用者の意向を家族が理解できるように支援する

　利用者と家族の意向が異なる場合，まず必要なのは家族が利用者の真の意向を理解することです。できる限り，利用者が自分で自分の意向を家族に伝えられるように支援しましょう。

　そのためには，表3-12に示すような支援が必要になります。そして，言い換えや要約（☞第2巻p.143）などの技法を活用して，利用者と家族が共通の理解を得ていることを確認しながらコミュニケーションをうながします。

　利用者が自分で話すのが困難な場合や，利用者と家族の利害が対立している場合などには，介護職が利用者の意向や家族への思いなどを代弁する必要があります。

表3-12 ● 利用者の意向を家族が理解できるようにするための支援

① 利用者の意向を聴く。
② 家族の意向を聴く。
③ 利用者が家族に自分の意向を話せるように利用者を動機づける。
④ 家族が利用者の意向を聴くように動機づける。
⑤ 利用者と家族がコミュニケーションをもてる場を設定する。
⑥ 利用者が話しはじめられる状況をつくる。

▶▶ 利用者と家族の意向が一致するように支援する

　家族が利用者の意向を理解することができたら，互いの意向が一致するように調整します。利用者と家族の考える具体的な方法は異なっていたとしても，「母には楽しい毎日を送ってほしい」といった希望の部分では同じことが多々あります。このような利用者と家族の共通の思いに焦点をあて，同じ方向を向いていることを確認し合ったうえで，「そのとき，お母様ならどのように考えられるでしょうか」のように，家族が利用者の立場で考えることができるように支援します。

介護場面における利用者・家族とのコミュニケーション

1. コミュニケーション障害の理解

❶ コミュニケーション障害とは ::

▶▶ コミュニケーション障害の定義

　私たちの言語によるコミュニケーションの過程は，からだのしくみにもとづいて考えた場合，図3-6のように示すことができます。

① 　耳や目などの感覚器官を通じて，音や文字などの情報を得ます。

② 　感覚器官から得た情報は，感覚神経を介して脳に到達します。

③ 　情報は**大脳新皮質**[9]（➡ p.216 参照）の聴覚野，視覚野，言語野に到達し，情報のもつ意味が理解されます（図3-7）。

④ 　情報の意味を理解した脳は，それに対してこたえるための意思表示（発話や文章作成）を企画します。

⑤ 　脳で企画された発話や文章作成などの情報は，運動神経を介して口や手などに伝達されます。

⑥ 　口や手などに伝えられた情報は，発話（発声）や動作（身振り手振り）として相手に送信されます。また，手に伝えられた情報は，書字動作（文字や文章）や動作（しぐさ）としても相手に送信されます。

⑦ 　⑥で送信された発話や文章は，相手に送信されると同時に，送信者自身の耳や目を通して脳にも送り返されます（フィードバック）。

⑧ 　⑥で送信された発話や文章などの情報を受信した相手は，その内容の意味を解読します。同時に，送信者自身も送り返された内容を解読し，自分の意思表示の内容と一致するかどうかを検証します。

⑨ 　⑧で検証した結果，一致しないときには再度，自分の脳で情報発信を企画し，やり直すことになります。

　このような情報のやりとりを経て，私たちは相互理解にいたるコミュニケーションをはかっているわけですが，**コミュニケーション障害**とは，この過程が何らかの支障によって適切にはたらかず，コミュニケーションを実践することができない状態を意味するものです。

図 3-6 ● からだのしくみにもとづいたコミュニケーションの過程

①耳や目を通して情報を受信する

 （相手が）情報を送信する

 （相手が）自分の脳で意思表示を計画する

⑨

②情報が脳（聴覚野・視覚野・言語野）に到達する

⑧受信した相手が情報を解読する一方，自分も意思表示の内容を検証する

③脳で情報を解読する

④脳で意思表示を企画する

⑦相手に情報を送信し，自分の脳に送り返す（フィードバック）

⑤情報が口，手，目などに伝達する

⑥話す，身振りをする，書く

図 3-7 ● 大脳新皮質のおもな部位の名称

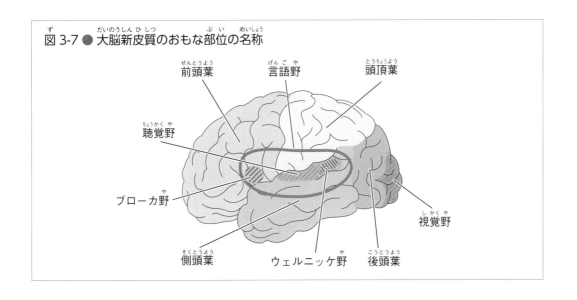

前頭葉　　言語野　　頭頂葉

聴覚野

ブローカ野

側頭葉　　ウェルニッケ野　　後頭葉

視覚野

▶▶ コミュニケーション障害の原因

利用者と介護職のあいだで生じる**コミュニケーション障害の原因**は，大きく分けて，①生活環境に問題がある場合と，②利用者のコミュニケーションにかかわる諸機能が何らかの原因で障害されている場合が考えられます。いずれの場合も，情報のやりとりが十分になされず，結果としてコミュニケーションがうまくはかれない状態におちいります。

コミュニケーション障害になると考えられるおもな生活環境としては，**表3-13**のような状況があげられます。

また，コミュニケーションにかかわる諸機能が何らかの原因で障害されているケースとしては，聴力や視力，脳（とくに大脳新皮質）の機能低下のために，言葉の理解や話すこと，見て理解することなどに支障が生じていることなどが考えられます。

コミュニケーションの過程に問題が生じる場合の障害の症状とその状態について，コミュニケーションにおける情報のやりとりの過程にそって**表3-14**としてまとめました。

表3-13 ● コミュニケーションを阻害するおもな生活環境

① 周囲の騒音で聴きとりにくい状況にあるため，情報のやりとりが思うようにできない。
② 照明などの設備が不十分なため，適切な情報を得にくい。
③ 人間関係がとぼしく，孤独な状況にあり，情報が得にくい。
④ 新聞やテレビ，ラジオなど，情報提供機器が入手しにくいため，情報が得にくい。

表 3-14 ● コミュニケーションの実践の過程におけるコミュニケーション障害の症状

情報処理のレベル	診断・症状	コミュニケーション障害の状態
情報収集のレベル	聴力低下（耳） ・加齢性難聴　など	●外耳・中耳あるいは内耳などの損傷により，聞こえがよくない状態。
	聴覚理解の低下（脳） ・聴覚失認 　語ろう（狭義の聴覚失認） 　環境音失認，失音楽 　　　　　　　　　など	●脳損傷により聴覚情報の理解が低下している状態。そのため，言語音をはじめ，風や雨の音，電車や車，電話などの環境音，メロディなどの理解がむずかしい。
	視力低下（目） ・白内障や緑内障　など	●眼球や水晶体などの損傷にともなう視力低下が生じ，視覚情報が得られない状態。
	視覚理解の低下（脳） ・視覚失認 　色彩失認，物体失認， 　相貌失認（※）　など ・半側空間無視 ・視空間認知障害 ・文字言語の理解障害（失読症など）	●脳損傷により視覚情報の理解が低下している状態。そのため，方向や位置関係，人の顔の識別，色や形の認識，文字の認識，身体部位などの理解がむずかしい。
情報維持のレベル	長期的維持が困難 ・エピソード記憶の障害 ・意味記憶の障害	●若いころなどかなり前の記憶を忘れてしまう状態で，加齢なども含め脳の機能低下が原因のことが多い。
	短期的維持が困難 ・学習障害 ・想起困難 ・健忘	●身近で今現実に体験している状況の情報を維持（記憶）できない状態。覚えられない，思い出せないなどの症状を認める。おもに脳損傷が原因。
情報伝達のレベル	行為・ジェスチャーが困難 ・運動器官の障害 ・失行 ・前頭葉症候群	●骨折や関節症など身体部位の障害が原因で運動動作が困難となり，意思表示がむずかしい状態。また，脳損傷にともなって生じる手や道具の使用困難（失行）や判断や計画など自主的実践が困難な状態（前頭葉症候群）のため，コミュニケーションがむずかしい状態。
	言葉や文字の産生が困難 ・発声・構音障害 ・失語症 ・発語失行 ・失書症 ・音読の障害（失読症など）	●手や発語器官の動きが，けがや腫瘍などにより低下し，書字や音読，発声・発音が困難な状態。また，脳損傷にともない，書字や音読，発話などが困難となり，コミュニケーションがむずかしい状態。

※：人の顔の識別がむずかしくなる症状。

▶▶ 介護の実践に役立つ視点からの理解

　介護職が行う生活支援は，コミュニケーションが土台とされます。そのうえ，介護現場で出会う多くの利用者は，コミュニケーション障害をかかえています。

　介護職がコミュニケーション障害について理解する目的は，介護の実践を通して生活支援を行うためであり，利用者との信頼関係を築くためです。したがって，医療職や心理・療育の専門職と同じ視点からコミュニケーション障害を理解するのではなく，介護の実践に役立つ視点から理解することが大切です。

▶▶ コミュニケーション障害を観察するためのポイント

　介護職がコミュニケーション障害を観察するためのポイントとしては，表3-15に示す6つがあげられます。

　これら6つのポイントは，コミュニケーション障害の原因を類別するものです。
　①では，知的障害と，脳血管障害や変性疾患などの類別が可能です。
　②では，身体の末梢器官の障害と，中枢性の障害（脳疾患）の類別が可能です。
　③では，認知・思考系の障害なのか，行為系の障害なのかの類別が可能です。
　④と⑥では，脳の左右半球機能の障害傾向の類別が可能です。
　⑤では，認知症とその他の認知機能障害の類別が可能です。

　これら6つのポイントを観察することにより，コミュニケーションや介護の方向性がおおむね理解できます。つまり，6つのポイントについて観察を行うことで，介護の実践に必要なコミュニケーション障害の傾向が示され，その原因と障害傾向を把握することが可能になります。

　なお，表3-16は，コミュニケーション障害を引き起こすおもな病気についてまとめたものです。

表 3-15 ● コミュニケーション障害を観察するためのポイント

① 【先天性の病気】【後天性の病気】どちらを患っているか?
② 【目に見え, 触れられる身体部位】【脳】どちらを損傷しているか?
③ 【理解が困難】【意思表示が困難】どちらが主か? もしくは, 両方か?
④ 【言語】【非言語】どちらの障害か?
⑤ 【記憶障害】が認められるか? 【記憶障害】だけしか認められないのか? 【記憶障害以外】
も認められるか?
⑥ 上肢や下肢に【片麻痺】が認められるか? 【片麻痺】は右側か, 左側か?

表 3-16 ● コミュニケーション障害を引き起こすおもな病気

障害部位		おもな病名	
脳部位の障害	先天性の障害		染色体障害 (ダウン症など), 代謝障害 (フェニルケトン尿症など), 発達障害 (自閉症スペクトラム障害など)	など
	後天性の障害	脳血管障害	脳梗塞, 脳血栓, 脳出血	など
		変性疾患	アルツハイマー病, パーキンソン病	など
		感染症	脳炎, 髄膜炎, エイズ	など
		中毒性障害	アルコール依存症, 薬物・金属中毒	など
		外傷性障害	脳挫傷, 交通事故による後遺症	など
		脳外科的疾患	脳腫瘍, 慢性硬膜下血腫	など
身体部位の障害	感覚器官の障害		先天性／後天性の視力低下, 聴力低下	など
	運動器官の障害		上下肢のけがや術後に生ずる運動機能障害 (脱力や機敏性の低下など)	など
	発語器官の障害		声帯や舌・口腔内の外傷や腫瘍および術後に生ずる発声障害, 構音障害	など

2. 視覚の障害に応じたコミュニケーション技術

> **事例3　視覚に障害のある高齢者への支援**
>
> 　糖尿病を患っているLさん（70歳，男性）は，入退院をくり返していたが，1か月前に介護老人福祉施設に入所した。50歳ごろから**糖尿病性網膜症**[※]（➡ p.216参照）も発症していて，視力の低下が徐々に進行し，現在は新聞の大見出しがようやく見える状態である。Lさんはずっと一人暮らしで，からだの調子がよいときは親戚が経営する造園業を手伝ってきた。現在，親戚は他界し，遠方にいる兄弟とは交流がない。

❶ 支援の始まり

　施設内でのLさんの様子は，表3-17にあるとおりです。

　食事のとき以外は，自室にこもりがちなLさんと何とかコミュニケーションをとろうと，介護職がLさんの自室を訪ねて話しかけるのですが，介護職の顔を見ようとせず，「ああ」「知らん」など，最低限のことしか返事をしません。そのうちに，部屋の棚の上を見渡しながら，何かを探している様子を見せたので，「何を探しているのですか？」と聞くと，「うるさい」と言ってうつむいてしまいました。しばらく気まずい時間が流れたので，介護職は雰囲気を変えようと思い，「天気がよいので散歩に行きませんか」と明るく言ってLさんの腕にそっと触ると，「おれに勝手に触るな。見えないと思ってバカにするな」と叱責されました。

　このようなLさんの状況を受け，介護職のあいだで，あらためて，視覚障害のある人への対応を考えることにしました。

表3-17 ● 施設内でのLさんの様子

・自室にこもりがちで，ほかの利用者との交流がない。
・屋外への散歩に誘っても断る。
・面会者はいない。
・時に，大きな声で介護職に感情をぶつける。
・時折，窓の外を眺めている。

❷ 支援の経過

視覚障害のある人への対応として，環境の工夫と，会話の工夫の2つを試みました。

(1) 環境の工夫

部屋で探し物をする回数が減ることで，Lさんのイライラを少しでも減らすことができるのではないかと考え，Lさんの持ち物は必ず決められた場所に置くようにしました。

物の位置を説明するときは，「あっち」「こっち」「向こうの」などの言葉を使わず，「Lさんの右隣に」「Lさんの左手の近くに」など，具体的な表現を使って示すようにしました。

また，Lさんは，新聞の大見出し程度の文字は読めることから，大きな文字やわかりやすいイラストなどを使って，少しでも刺激を与えたり世間の情報を提供したりするようにしました。見にくいときは，代わりに読むことも心がけました。

(2) 会話の工夫

Lさんに話しかけるときは，いきなり声をかけるのではなく，まず，Lさんの名前を呼んでから，自分の名前を名乗り，用件を話すようにしました。そして，声をかける前に，いきなりからだに触れることは避けるよう心がけました。これは，肩を軽くたたくなどの行為であっても，視覚障害のある人を驚かせることになるからです。

また，会話の途中で別の用件が入ってきたり，席をはずさなくてはならなかったりすることもあります。会話をやめるときは，「呼ばれたので，1分ほど行ってきますね」などと具体的に伝えるようにしました。黙ってその場から離れると，Lさんには状況がわからないため，不安になったり，介護職に不信感をもったりすることにつながるためです。

造園業の手伝いをしていたLさんには，「外に出て自然に触れたい」という思いがあることが考えられました。時折，窓の外を見ている様子からも，それがうかがえます。そこで，そのようなLさんの思いをくみとりながら会話のきっかけをつくることにしました。天候や庭の風景など，本人はあまり見えないから話題にしないほうがよいのではないかと躊躇してしまいがちですが，見えないところをおぎなって口頭で説明することが大切です。

天気のよい朝に，Lさんに次のように話しかけてみました。

介護職：(Lさんの前に行って目線を合わせて)
　　　　「Lさん，担当の○○です。今日はとてもよい天気なんですよ」

Lさん：「……」

介護職：「中庭の桃の花が咲きはじめました。いいにおいがしていますよ」

Lさん：「……」

介護職：「桃もいろいろな種類があるんですね。薄いピンクとか，赤に近い色とか」

Lさん：「うん」

介護職：「いったい，何種類くらいあるんでしょうね」

Lさん：「白いのもあるぞ」

介護職：「へえー。さすが植物に詳しいですね。ちょっと庭に出て，見てみましょうよ。もっとお話聞かせてください」

Lさん：「うん……少しだけ出てみるかな」

❸ 解説 ....

　人は多くの情報を視覚から得ているといわれています。視覚の障害があると受けとる情報がかなり少なくなるため，日常生活に大きな影響を与えます。たとえばコミュニケーションをとるとき，顔と名前を一致させて相手を確認することができません。また，表情やしぐさを見ながら会話ができません。したがって，相手がだれであるのかわからないままコミュニケーションをとらざるを得なかったり，相手の気持ちやその場の雰囲気などの微妙なニュアンスをとらえることができなかったりします。私たちは，視覚情報から感じとったその場の雰囲気によって会話の自然なやりとりの間を形成していますから，視覚障害があると話と話の間合いもとりにくくなります。

　Lさんのように人生の途中で障害を負うことになった場合は，自分の視力が低下していくという現実を受けとめ，その生活に慣れていくのに非常に時間がかかることが多いものです。時には，介護職に対していらだちをぶつけてしまうこともあるでしょう。Lさんの事例では，支援する側が介助の方法を見直すことで，Lさんの不安やいらだちを軽減し，徐々に新しい生活様式へ導くきっかけができました。

　Lさんには視力を活用しながら生活してきた長い経験の蓄積があります。Lさんのまわりにある視覚的な情報を，介護職が口頭で説明することで，Lさんのもつ生活経験の蓄積を活用する手助けとなり，Lさんは自分の生活のカンを取り戻すことができるのです。

3. 聴覚の障害に応じたコミュニケーション技術

事例4　難聴のある高齢者への支援

　Mさん（85歳，女性）は，70歳を過ぎたころから耳の聞こえが悪くなり，中度の**加齢性難聴**[1]（→p.216参照）と診断され箱型補聴器を使いはじめた。5年ほどたって，認知機能が低下していることに家族が気づき，かかりつけ医を受診したところアルツハイマー型認知症と診断された。その後，補聴器は使わなくなった。しばらく娘家族と暮らしていたが，娘家族が転勤となり，近隣の介護老人保健施設に入所した。

❶ 支援の始まり

　施設でのMさんの様子は，表3-18にあるとおりです。

　入所のときに，家族が補聴器を持ってきていましたが，自室の引き出しに入ったままで使っていません。介護職が大きな声で話すと，何とか聞こえている様子ですが，ほとんどの問いかけに「はいはい」と答え，きちんと伝わっているかわかりません。介護職が「歯をみがきましょう」と言って，Mさんが「はいはい」と答えたので伝わったかと思っていたら，いつまでたっても座ったまま，などというようなことがよくあります。

　ほかの利用者にMさんからかかわることはまったくなく，時にほかの利用者がMさんに話しかけても「うんうん」とうなずくだけのことが多いため，やりとりが続きません。

　このままでは，介護職とMさんのかかわりに行き違いが生じたり，ほかの利用者との交流も薄くなったりということが心配され，今後のMさんとのかかわりを考えることになりました。

表3-18 ● 施設でのMさんの様子

・補聴器は，自室の引き出しに入れてあるが，使っていない。
・介護職が大きな声で話すと，何とか聞こえている様子。
・ただ，ほとんどの問いかけに「はいはい」と答え，きちんと伝わっているか不明。
・ほかの利用者との交流がない。

聴覚障害と認知症のあるMさんへの対応として，補聴器装用と会話の工夫という2つを試みました。

(1) 補聴器装用

引き出しにしまったままになっていたMさんの補聴器を，補聴器専門店で調整してもらいました。その補聴器をMさんに見せたところ，「それは何ですか？」と尋ねたので，Mさんの補聴器であることを伝えましたがピンとこない様子でした。1日2時間，朝の整容と食事，昼の1対1のリハビリテーションのときに，補聴器をつけてもらうようにしました。

2週間ほど過ぎると，Mさんは介護職が補聴器を持ってくると，自分から手に取り，耳につけるようになりました。介護職の目を見て，話にじっと聞き入り，じっくり考えて答えを返すことが増えました。また，隣の利用者の様子にも関心を向けるようになりました。

(2) 会話の工夫

補聴器をつけている，つけていないにかかわらず，Mさんと話をするときは，あまり大きすぎない声で，はっきりと，口元を見せて話すようにしました。また，「歯みがきをしましょう」などと伝えるときは，歯ブラシをMさんに見せながら話しかけるようにしました。そのとき，歯ブラシを介護職の顔の横に持ってきて，介護職の顔と歯ブラシがMさんの視界に同時に入るようにすると，メッセージが伝わりやすくなりました。

③ 解説

　聴覚障害のある人とかかわるときは，まず，補聴器を持っているかを確認しましょう。持っている場合は，持参してもらいましょう。ただし，使う前に，耳鼻科医，言語聴覚士，認定補聴器技能者などの専門家に，必ず調整してもらいます。合わない補聴器では効果はありませんし，場合によっては，かえって耳を傷めてしまうことがあります。箱型，耳かけ型，耳穴型などがありますが，どのタイプもマイクで音を集めて，音を増幅して，耳に届けるというしくみです。個人の耳の状態に合わせた調整は，購入時はもちろん，その後も定期的に行う必要があります。

　長く補聴器を使わないでいると，自分のものと認識できなかったり，使い方がわからなかったりします。たとえ昔使っていたとしても，補聴器は慣れるまで時間がかかりますから，最初は短時間から使いはじめ，「音が聞こえることはよいことだ」という成功体験をもってもらいましょう。補聴器は1対1での比較的静かな場所でもっとも効果を発揮します。そのような場面から使いはじめましょう。

　補聴器を使った経験がある人の場合は，しばらく経つと再び使えるようになることが多いです。耳に音や声という刺激が入ることにより，覚醒度が上がります。また，相手の話すことを真剣に聞く態度，考える態度，まわりの人に関心を寄せるなどの効果が期待できます。このような変化は，本人を取り巻く人々との日々のコミュニケーションの質を大きく変える力をもっています。

　加齢性難聴の場合，補聴器をつけさえすればクリアな音で聞き取れるようになるわけではありません。また，補聴器から聞こえてくる音に慣れるのにも時間が必要です。個人差はありますが，だいたい3か月から半年くらいはかかるでしょう。また，補聴器は，騒がしいところや，大人数での会話（食事やレクリエーションなど）には不向きです。

　補聴器をつけている，つけていないにかかわらず，聴覚障害のある人とのコミュニケーションにおいて大切なのは環境です。私たちのまわりには，実に多くの音があふれています。足音，車の音，エアコンの音，スピーカーから流れる館内放送，テレビの音，食器の当たる音などは周囲雑音と呼ばれ，聴覚障害のない人は気になりませんが，聴覚障害のある人にとっては，さらに聞き取りを低下させる原因となります。ドアを閉める，テレビなどを消すといった環境を整備することは，コミュニケーションをとるうえでの大切な前提条件です。

　会話の工夫も欠かせません。相手の正面にまわり，表情・視線・口の動きを見せて話しましょう。とくに，口の形をはっきり示すことは，認知症の程度にかかわらず効果があることが確かめられています。もし，左耳と右耳で聞こえに差がある場合は，少しでも聞こえのよいほうの耳から話しかけましょう。ただし，必要以上に大きな声を出してはいけません。騒音暴露といって，耳の状態をさらに悪化させてしまいます。

手でジェスチャーをしたり，物を見せたりするときは，手や物を顔の位置に近づけて動かしましょう。相手は，口の動き，表情，手や物を同時に見ることができるので，話の内容が理解しやすくなります。

　また，どちらの方向から音や人の声が聞こえてくるかわからないので，話すときは，相手のからだに触れるなどして注意をうながし，相手が自分を注目しているか確認したあとに話しかけましょう。言葉は，適切な大きさで・ゆっくり・はっきり発音しましょう。

　紙などに話の内容を書く筆談も，難聴のある人との基本的なコミュニケーション方法です。ただし，話の内容を全部書こうとすると，書くほうも読むほうも時間がかかり，非効率であるばかりか，会話のリズムがくずれてしまいます。ポイントは「キーワードだけを書く」ことです。紙だけでなく，くり返し消して書ける簡易筆談器などもあります。また，近年では，磁気で書くボードや感圧式のメモパッドなども活用できるでしょう。

表 3-19 ● 難聴のある人とのコミュニケーションのポイント

① 補聴器を持っていたら，専門家に調整してもらったうえで，使ってみる。
② 聞こえのよい耳があれば，そちら側から話しかける。
③ 話しかける前に，正面にまわる。
④ 表情や口元が見えるように配慮する。
⑤ 手や物を自分の顔の位置に近づけて話す。
⑥ 適切な大きさで・ゆっくり・はっきり発音する。
⑦ 話のテーマやキーワードを明らかにする。
⑧ テレビを消すなど，周囲を静かにする。
⑨ 筆記具とメモを用意する。
⑩ できるだけ 1 対 1 で話す。

4. 構音障害に応じたコミュニケーション技術

事例5 地域の友人と疎遠になり，孤立している高齢者への支援

　Nさん（82歳，女性）は，4年前から自宅で介護サービスを利用して生活している。8年前に脳血管障害[12]（→p.216参照）で倒れ，左片麻痺（中度）と嚥下障害，**構音障害**[13]（→p.216参照）が残る。歩行は困難である。夫は4年前に胃がんの手術を受けたあと，健康を損ねており，Nさんの介護はおもに訪問介護員（ホームヘルパー）が担当している。子どもはいないが，40年来の付き合いのある友人が近くに複数いる。

❶ 支援の始まり

　最近のNさんの様子は，表3-20にあるとおりです。Nさんは，もともと，民生委員をするほどの世話好きで，隣近所の子どもたちを集めて昔話をしたり，おやつを差し入れたりしていました。しかし現在，Nさんは構音障害や左片麻痺を気にして近所の人との付き合いを避けているようで，楽しみのない生活だと訪問介護員にもらすことがあり，夫との会話もほとんどないと言います。そこで，表3-21のような支援の方針を立てました。

表3-20 ● 最近のNさんの様子

- 要介護2（中度の左片麻痺）。認知症の症状はみられない。体調をくずしがちな夫と二人暮らしである。
- 訪問介護員との会話以外コミュニケーションの機会も少なく，構音障害による不明瞭な発話のため，近所の人との付き合いも疎遠となる。
- 歩行が困難であるため外出もほとんどしないが，花が好きで庭に出ることがある。
- 嚥下障害があるため，今では食べることも楽しみではない。

表3-21 ● Nさんへの支援の方針

① 構音障害に対して，指折り法を用いて，発話の明瞭度を上げる工夫をする。
② 嚥下障害への対応と訓練を，言語聴覚士と連携して行う。
③ 車いすで散歩に出かける。
④ 杖歩行で室内を歩く練習をする。
⑤ 夫とNさんでいっしょにテレビを観て，それを話題に会話する。
⑥ 右手は使えるため，自立に向けた訓練を作業療法士と連携して行う。

訪問介護員が家事援助を行う際に，会話を楽しみながらNさんにも手伝ってもらうことにしました。発音が不明瞭な場合は，「指を1本ずつ折りながら発音してみましょう」と言って**指折り法**（➡ p.216 参照）で発音してもらうと，明瞭度が向上して，本人も驚いていました。しかし，訪問介護員といっしょに行うと明瞭に発音できるものの，1人ではうまくいきませんでした。

嚥下障害に対しては，口の体操を食事の前に行うこととしました。呼吸や飲み込みのタイミングを，手の動きで視覚的にうながすと，嚥下障害は軽減しました。

外出の試みについては，Nさんは気が進まず，車いすに乗ろうとしませんでした。室内での杖歩行も杖が邪魔だと言って使おうとしませんでした。右手を活用した生活行為として，左手を使用せずに調理が可能な方法をNさんといっしょに工夫しました。しかし，自分でしたいという意欲がわいてこないようでした。また，夫といっしょにテレビを観ながらお茶を飲みましたが，夫とNさんの好きなテレビ番組が異なり，Nさんも夫もあまり楽しそうではありませんでした。

そこで，訪問介護員はNさんの支援について再検討を行い，元気なころの状態に少しでも近い生活を再度獲得し，Nさんらしい前向きな日常生活と人間関係を取り戻すことを目標に，表 3-22 のように支援の方針を立て直しました。

はじめは，他人の家に訪問することを躊躇していたNさんでしたが，同じ悩みを克服した話に感動し，出かける決心をしました。実際に，訪問先の右片麻痺のある女性が，お茶を左手で入れてくれたり，りんごをフォークで取ってくれたりするのを見て驚いたようでした。その後のNさんは，とても前向きになり，積極的に自分に何ができるか考え，実行するようになりました。聞きとりにくい言葉で依頼して情けない思いをするより，むしろ自分から動いて人の役に立つほうが，心を通わせ合うことができるという楽しみを知ったようでした。

また，別の日に車いすでNさん宅を訪問したほかの利用者が，Nさんの家の庭に咲いている菊をほめると，Nさんは右手ではさみを持ち，手伝ってもらいながら4,5本切って，

表 3-22 ● Nさんへの支援の方針 （再検討後）

① 一定の成果が得られた構音障害と嚥下障害の訓練は続けることにする。
② 調理やお茶飲みは，他者を交えたホームパーティー形式で行うこととし，最初は訪問介護員がNさん夫妻を別の利用者夫妻の家（有料老人ホーム）に誘う。同じ悩みを克服した人との出会いの機会を自然な形でつくる。
③ ほかの利用者にNさんの家まで車いすで訪問してもらい，自分らしさを取り戻す機会をつくる。

その利用者にプレゼントしました。それからのNさんは，毎日菊に水をやり，草取りをして，庭の手入れをするようになりました。自分の部屋にも夫の部屋にも菊を切って飾りました。

その後，Nさんは杖をついて，近所を散歩するようになりました。よその家の庭の様子を見て歩くのが趣味になったようで，近所の人と出会うと，植物の育て方などを相談したり，されたりするようになりました。少しずつですが，Nさんらしい生活が戻ってきているように思われます。

❸ 解説

構音障害や左片麻痺などを気にして，従来の近所付き合いができなくなり，地域の友人と疎遠になってしまったNさんの事例です。コミュニケーションに障害のあるNさんに対し，当初は障害そのものの改善を直接求めた支援を行っていました。家事や外出についても，自立した生活が可能となるために，Nさんに対して訓練や作業をすることが計画されました。しかし，Nさんにとって，「障害があるからできないのに……」「どうして今さら，こんなからだを無理して使うのか」という疑問が生じていたようです。

Nさんにかかわる訪問介護員は，言葉では説明し，Nさんから同意は得ていたのですが，支援を実施してみると，なかなか思うようにいかない結果となりました。その後，方針を見直した結果，Nさんらしさが戻りつつある状態にいたりました。Nさんが他者とのコミュニケーションを再開した理由として，表3-23のような点が示唆されます。

コミュニケーション機能の障害のある人に対して，喪失した機能の回復を支援することは必要ですが，機能が改善するだけで他者とのコミュニケーションが再開されるわけではなく，まず「自分自身を取り戻すこと」に向けた支援が大切です。

表3-23 ● Nさんが他者とのコミュニケーションを再開した理由

① 訓練や自立に向けた実践は，本人に「やる気」をもってもらうことが大切で，本人に「強いる」ような支援であってはならない。

② やる気を起こしてもらうためには，口頭ではなく，実際に同様の障害のある人が困難を乗り越えて生活する姿にふれてもらうことが理解しやすく，説得力もある。

③ やる気が出てくると，人間は自信や好奇心がわいてくるので，活動範囲も広がる。車いすでの活動範囲の拡大を無理やり求めるより，興味をもったり自信をつけたりすることによって，人間は自然に前向きになることができる。

④ 他者の役に立つ経験が，自信と誇りにつながり，人間として自分を自覚したことが，他者とのコミュニケーションの再開につながる。

5. 失語症に応じたコミュニケーション技術

事例6　施設で暮らす失語症のある高齢者への支援

　Pさん（76歳，男性）は，1年前に介護老人福祉施設に入所した。3年前に脳血管障害で倒れ，右片麻痺（軽度）と**失語症**（→ p.217参照）によるコミュニケーション障害が残る。妻は5年前に他界しており，一人息子（48歳，独身）は同じ市内で自営業を営んでいる。

❶ 支援の始まり

　最近のPさんの様子は，表3-24にあるとおりです。

　Pさんは病気になる前から他者とのコミュニケーションが得意ではなく，仕事上の付き合いを越えることはほとんどありませんでした。介護老人福祉施設に入所する際に，息子から，Pさんはとてもさびしがりやであることを伝えられていたため，現在の状況（自室に1人でいることが多く，とくに親しい入所者がいないという状況）を何とか改善する必要がありました。そこで，介護職は表3-25のような支援の方針のもとに，Pさんにかかわることを話し合いました。

表3-24 ● 最近のPさんの様子

・要介護3（軽度の右片麻痺）
・言語を理解することよりは，自発的に話すことが困難な運動性失語症（ブローカ失語症）がある。
・認知症の症状はみられない。
・聴覚理解面では，口頭で説明されたことも理解できないことがある。
・自室に1人でいることが多い。
・趣味の読書も失語症で障害されるためはかどらず，施設内・外のレクリエーションにも参加していない。
・とくに親しい入所者もいない様子である。

表3-25 ● Pさんの支援の方針

① Pさんの自室に入る際に必ず大きな声であいさつし，Pさんの反応を求める。
② 食事の際に頻繁に言葉をかけ，Pさんの発話をうながす。
③ レクリエーションの際には，参加をうながし，車いすで迎えに行く。
④ 排泄の際には介助が必要なため，呼び出しボタンを押してもらうようにする。

❷ 支援の経過 ：：

　表 3-25 の方針にもとづく支援を実施しはじめた結果，P さんは介護職を避けるようになり，ますます 1 人で自室にいる時間が長くなってしまいました。

　そこで，介護職は P さんの支援について再検討を行い，日常生活のなかで心を開くことができる機会を見いだし，P さんらしいコミュニケーションが可能な生活環境を整えることをめざし，表 3-26 のような支援の方針を立てました。

　再検討後の方針にもとづく支援を実施した直後から，P さんは自室を訪れる介護職に，何かと質問するようになりました。また，小鳥の鳴き声を気にするようになったほか，ポスターの内容も漢字の部分は理解できるようで，説明を求めてきたり，机に向かって本を手にしたりするようになりました。

　トイレへの誘導については，時計を指さして催促したり，コミュニケーションノートの「トイレ」の写真をさし示したりして意思表示するようになりました。さらに，ほかの入所者も P さんの部屋から聞こえる小鳥の鳴き声や音楽に誘われて，P さんの部屋に立ち寄るようになり，入所者，職員を問わず，P さんのかたわらで談笑する環境が生まれました。

表 3-26 ● P さんの支援の方針（再検討後）

① 　P さんの自室にラジカセを置き，小鳥の鳴き声や昔の唱歌などを，BGM（バック・グラウンド・ミュージック）のように静かに流す。

② 　P さんが自宅で趣味の読書をしていた環境を思い出せるように，自室に小さな机といすを置き，数冊の本と家族の写真，花びんに生けた花（庭に咲いている花）を飾ってみる。

③ 　「失語症友の会」の全国大会のポスターと，会員の活動の様子を撮影した写真を P さんの目につく場所に貼ってみる。

④ 　コミュニケーションノートを作成し，P さんが図や写真をさし示すことで，自分の意向を伝える手段を提案してみる。

⑤ 　針を動かして自由に時間を設定できる時計を置き，自室の時計と見比べることによって，時間の経過や約束の時間を理解できるようにする。

　失語症のあるPさんに対して，はじめは言葉をかけてPさんに反応を求めたり，レクリエーションに誘ったりと，言語や動作によって直接Pさんにはたらきかける支援を試みました。

　この方法は，「訓練」の意味では有効な場合も多いのですが，障害のある機能を使うことは，障害のある人にとっては苦痛をともないます。したがって，Pさんは介護職を避けるようになってしまったと考えられます。

　その後，Pさんの反応をみて再検討を行い，あらためて実施した支援は，Pさんに間接的にはたらきかける手段であるといえます。つまり，喪失した機能にはたらきかけるのではなく，維持されている機能にはたらきかける支援ということになります。

　失語症のある人は，言語機能が障害されるものの，視覚情報を受けとることや，小鳥の鳴き声のような非言語的な音を理解する力は維持されることが多いものです。

　この事例では，その人に適した生活環境を整えるように工夫し，生活意欲を引き出すことにより，コミュニケーション機能が活性化されたことがわかります。失語症のある人とのコミュニケーションを考える際には，本人の「伝えたい」「知りたい」「関係をつくりたい」という目的意識や，意欲を導き出すことが大切です。

　介護場面におけるコミュニケーション技術の実践は，失語症のある人の機能の向上をめざす訓練ではなく，生活をしやすくするための支援であるということが，この事例を通して理解できると思います。

6. 高次脳機能障害に応じたコミュニケーション技術

> **事例7 周囲に誤解され，施設で孤立している高齢者への支援**
> 　Qさん（72歳，男性）は，3年前に脳腫瘍の手術を受け，その後，左側の**半側空間無視**[13]（➡ p.217参照）が認められた。昨年の暮れ，路上で自転車と衝突し，右大腿骨頸部を骨折し，介助が必要となる。同居していた長男夫婦が今年3月に離婚。離婚後は長男が面倒をみていたが，仕事との両立がむずかしく，介護老人福祉施設に入所となる。

❶ 支援の始まり

　長男が高校生のときから，父と子の二人暮らしであったため，Qさんも長男も家事は可能でした。しかし，3年前の脳腫瘍の手術後から，徐々にQさんは自立した生活が送れなくなり，昨年の暮れに，骨折して手術を受けてからは，ほとんど家事をすることはなくなりました。また，歩行も排泄も自立では困難になったことから，介護サービスを利用することとなりました。サービスの利用に際し，自宅での生活の可能性も検討しましたが，長男が離婚して間もないこと，仕事との両立が困難なことを考慮して，介護老人福祉施設に入所となりました。

　施設に入所して間もないころのQさんの様子は，表3-27にあるとおりです。

表3-27 ● 施設に入所して間もないころのQさんの様子

> ・要介護3（歩行困難，排泄困難，左半側空間無視を認める）。
> ・発話の面で明確な障害はない。
> ・認知症の症状はみられない。
> ・施設に入所して日が浅く，長男の離婚やみずからの身体の不自由さに対する不安などもあるため，ほかの入所者との談笑に加わることは少ない。
> ・左半側空間無視があるため，右隣の人のおかずに手をつけてしまったり，コップをとってしまったりすることがある。こうしたことがたび重なるため，周囲の人から誤解され，孤立してしまっている。
> ・「家に帰りたい」と長男に話すことがある。

これまで家族以外の人とかかわりのない生活をしてきたため，他者とのコミュニケーションで困るという経験がQさんにはありませんでした。ところが，施設では，「私のおかずを盗んだ」「私の魚に箸をつけた」「私のタオルで顔をふいた」「あいさつをしたのに，知らん顔をしていた」などと言われてしまい，Qさんもこれを無視することはできず，むきになって言い争うことになってしまいました。担当の介護職はほかの介護職と相談し，表3-28のような支援の方針を立てました。

表3-28 ● Qさんの支援の方針

① 食事の際には，Qさんの右側に介護職が座り，誤って右隣の人のおかずに手をつけることがないように対応する。
② 洗面所で歯みがきや洗顔をするときは，右側に隙間ができないように，必ずいちばん右の洗面台を使用する。
③ 介護職が仲介して，Qさんをほかの入所者のところに誘い，コミュニケーションの場をつくり，仲直りの機会を設ける。

方針①と②を実践することにより，食事のときと洗面所での言い争いは大きく軽減しました。しかし，方針③については，これまでの経緯から，ほかの入所者とのコミュニケーションは思うように成果が得られず，Qさんの顔を見たとたん苦情を言い出す入所者もいて，争うために誘うといった感じになってしまいました。

介護職の多くは，Qさんの歩行困難や排泄困難の支援を行うことはできましたが，高次脳機能障害[17]（➡ p.217 参照）の半側空間無視が，このように生活場面に影響することを十分に理解していませんでした。ほかの入所者に，Qさんの障害について説明しましたが，Qさんの行為を受け入れる気持ちまでにはいたりませんでした。「人の物を盗った」「あいさつされなかった」という思いは，想像以上にほかの入所者の心に入りこんでいるようでした。そこで，表3-29のように支援の方針の再検討を行いました。

長男はQさんの希望もあり，自宅での一時待機を了承し，居宅サービスを利用することになりました。担当の介護職は，ほかの入所者に半側空間無視の症状を理解してもらうための努力を続け，折にふれ，Qさんの立場を説明しました。その結果，何人かの入所者は「Qさんは間違ってしたんだから，許してあげよう」と思うようになりました。この事実をQさんと長男に伝え，通所介護の利用をすすめましたが，Qさんは「絶対に行かない」と言い，通所介護の利用にはいたりませんでした。そこで，居宅サービスの内容の充実をはかり，当分のあいだ，自宅で生活することにしました。

Qさんの生活は自宅で落ち着きを取り戻したようで，現在は，施設入所者の数人が訪問

表 3-29 ● Q さんの支援の方針（再検討後）

① 一時期，Q さんとほかの入所者が顔を合わせないようにする。
② 長男に事情を話し，一時期自宅で訪問介護（ホームヘルプサービス）を利用しながら生活するか，ほかの施設に移るかを相談する（ユニットやフロアの交換ができる場合には，選択肢に含める）。
③ ほかの入所者に Q さんの障害を理解してもらうため，左側の視野を衝立でふさいでゲームを行い，右側にある他人のものと，左側にある自分のものが同じ場合，間違いやすいことを体験してもらう。
④ ほかの入所者が Q さんの障害を理解して受け入れることができるようになった時点で，Q さんを通所介護（デイサービス）に誘い，関係が修復できそうな場合には施設に戻ることを提案する。
⑤ Q さんがほかの入所者の自分に対する誤解を受け入れられない場合には，新たな生活の場を相談し，整える。

介護員といっしょに Q さんの自宅を訪問し，Q さんとお茶を飲みながら世間話をするまでに関係は回復しつつあります。また，長男は，居宅サービスを利用することで，父子 2 人の生活も不可能ではないと思うようになったといいます。

　コミュニケーションの目的が，相互に理解し合い，信頼できる仲間として付き合う関係を構築することにあるとしたら，この事例が示すように，一度こじれた人間関係の修復は非常にむずかしいといえます。誤解が生じることを予防するタイミングをはずしてしまうと，コミュニケーションの機会を提供する支援だけでは，信頼関係の修復はできないことがわかります。

　このような場合には，再検討後の方針にみられるように，一度，距離をおいて，再構築に向けた準備期間をとることが必要でしょう。とくに，Qさんの場合，高次脳機能障害だけではなく性格も手伝って，このような結果にいたったと考えられます。したがって，孤立した状態が長く続けば，いっそうQさんは心理的に追いつめられてしまうように思われます。

　一方で，介護職は，半側空間無視をはじめ，高次脳機能障害が生活に及ぼす影響を十分に観察し，学ぶ必要があります。利用者と日常生活を過ごすことの多い専門職であることから，大いにこの分野での貢献が期待されます。

　この事例では，担当の介護職が，Qさんの障害を理解してもらうために体験ゲームなどを通して努力した結果，何人かの入所者から理解を示す声を聞くことができ，Qさんと長男に連絡しました。しかし，Qさんは誤解されたつらさを忘れてはいませんでした。施設内での人間関係の調整には十分気を配っているつもりでも，このような結果となる場合があります。しかし，施設から一度離れ，気分的に楽になったことにより，Qさんの自宅では，かつて誤解し合った人同士が，別人のように親しくコミュニケーションをはかっています。

　このように，コミュニケーションは，同じメンバーであっても，どのような場所で，どのような時に行われるかにより，その効果は分かれます。また，性格的にコミュニケーションの苦手な人もいますので，介護現場では，個別的な要因に十分配慮することが必要です。

7. 知的障害に応じたコミュニケーション技術

事例8　知的障害の男性への支援

　Rさん（29歳，男性）は，重度の知的障害と広汎性発達障害（☞第4巻 p.470）の特徴をあわせもっている。**特別支援学校**[18]（→ p.217 参照）を卒業し，**就労継続支援B型**[19]（→ p.217 参照）事業所に通っている。思春期のころから気持ちが不安定になり，ちょっとしたことでイライラするようになった。変化が苦手で新しい場所や人に慣れにくく，物の置き方やスケジュールなど1回経験したことはそのとおりに再現しようとする傾向があった。就労継続支援B型事業所の生活に慣れた3年目ごろから，思いどおりにならないとパニックを起こすことが多くなった。

❶ 支援の始まり

　Rさんの様子は，表3-30 にあるとおりです。Rさんは学童期まではおとなしく，素直に指示に応じていました。思春期のころから音に敏感になり，子どもの声やインターフォンの音などを嫌がるようになりました。また，学校から帰宅すると部屋を見まわして変化がないか確認し，動かされた物があると元の位置に戻す，冷蔵庫に常備している食品を点検し買い物を要求する，テレビは決まったチャンネルに合わせる，といったこだわりが強くなりました。このころは，学校でマラソンなどにより体力的に発散したり，本人の好きなパズルやタブレットでの簡単なゲームなどの活動提供をしたり，家庭でも夕方散歩に行くなど，本人の気分転換をはかりつつ過ごしました。就労継続支援B型事業所への通所が始まり2年ほどは，指示に従って黙々と作業をこなしていました。徐々に，思いどおりにいかないときに「ウー」という発声をするようになり，物を投げたり，壊したりすることが多くなりました。そこで，表3-31 のような支援の方針を立てました。

表3-30 ● Rさんの様子

- 療育手帳2度（重度の知的障害），幼児期に広汎性発達障害と診断される。
- 言葉は単語やCMのフレーズ，または言われたことをそのままくり返す。
- 排泄，食事，着替えなど基本的な身のまわりのことは1人でできるが，トイレでのこだわりや，偏食，着るもののこだわりなどがあるため，指示や介助を要する。
- 運動障害はなく，歩く・走ることができるが，スポーツを楽しむことはできない。
- 成人してからてんかん発作が出現したが，服薬でほぼコントロールできている。
- 自分の思いどおりにならないときや予定の変更，「だめ」といった禁止言葉などでパニックを起こし，物を投げたり，壊したりすることが多い。

表 3-31 ● Rさんへの支援の方針

① だめなことは「いけません」ときちんと注意する。
② 本人が「お茶」と言うときは，その要求を満たすよう，そのつどお茶を提供する。
③ 1日のスケジュール表を絵でわかりやすく示し，声をかける。

❷ 支援の経過

　Rさんは，1日のスケジュールを把握し先の予定を要求するようになりました。たとえば，昼食の1時間前に「お昼ごはん」と言って食堂へ移動しようとしたり，2時ごろから「コーヒー」（3時の休憩時に自販機で缶コーヒーを買う）と言って部屋を出て行くといった具合です。「まだですよ」とか「待っていてくださいね」と声をかけると，大声を出し机の上の物を払いのけました。そこで，だめなことは「いけません」ときちんと注意しました。すると，机の引き出しを引っぱり出して投げる，近くにいる人をたたく，つばを吐くなど禁止の対象となる行動がエスカレートしてしまいました。

　また，「お茶」と言うので，お茶のペットボトルを渡すと1回で飲み干し，1日に何本も要求するようになりました。多い日には1日に7ℓも摂取することがありました。

　1日のスケジュールを絵カードにしたところ，「お昼ごはん」「コーヒー」と，好きなときに好きな絵を取って要求するようになりました。そして，思いどおりにならないことでパニックになってしまうことも増えてしまいました。そこで，支援方針を見直しました（表3-32）。

表 3-32 ● Rさんへの支援の方針（再検討後）

① 好きな活動（パズル，ペグさし，絵カード合わせ，タブレットなどの机上課題または散歩などの戸外活動）を提供し，介護職といっしょに楽しむ。
② 作業活動については，終了の見通しが立つように環境設定する。飽きたら歩いて部屋を一周するなど気分転換をはかる。
③ 発語は要求だけでなく，場面や人に反応してパターン的に言っている場合や，現在の作業への拒否であったりすることを理解し，状況と表情から推測し適切な対応をする。
・お昼ごはんやコーヒーの時間は「まだですよ」と言い聞かせるのではなく，時計の絵を図示し「〇時になったらお昼ごはんです」「今は〜をしましょう」と，何をしたらよいか伝える。
・こだわりの強いお茶やコーヒーの要求は，時間を決め，一定の少ない量を提供してよい行動パターンを形成する。
④ スケジュールについては，仕事と休み時間，行先など，不穏にならないような内容だけを示す（好きなことについて予告するとすぐにそうなると思いこみ，待てずにパニックになってしまうため）。

Rさんが午前に作業をしているそばから「お昼ごはん」と言っているのは，作業の終了，そして昼食という流れはわかっているものの，いつになったら終了なのか，ということがわからず見通しがもてずにいたからのようです。作業終了の見通しがつくよう，箱を2つ用意し，やるべきものと終わったものに分けるようにしました。そうすると，やるべきものの箱の中が無くなったら終わり，ということが視覚的にわかり納得しやすかったようです。そのうえで，12時の時計の絵を用意して室内の壁時計を見せ，「お昼ごはんは12時ですよ」と教えました。時計が読めなくても12時の時計の針の位置を図形として認識し，壁時計の12時の形と見比べて理解することができるようになりました。作業終了から12時までのあいだはタイマーをセットし，タイマーの数字が変化するのを見ながら，好きな鉄道雑誌のページをめくったりして過ごせるようになりました。

　当初，介護職は，Rさんの「お茶」「コーヒー」という言葉を，本人の要求として受けとめ，お茶のペットボトルや缶コーヒーを渡していました。しかし，水分摂取が大量になり困った行動になってしまいました。Rさんは，「飲み切る」というこだわりや，ある場面で同じ言葉を発する，というパターン的行動が定着しやすい特性があることから，「お茶」「コーヒー」という言葉は必ずしも要求ではないかもしれない，ということが考えられました。その後，お茶やコーヒーも時間を決め，時計の絵と壁時計を見せて教え，タイマーが鳴ったら，あらかじめペットボトルの3分の1程度の量にしたお茶を渡すことで，水分量も一定に抑えることができ，本人の満足感を得ることもできました。

　スケジュールについては，好きなことは直前に伝えるようにすることで，落ち着いて過ごせるようになりました。

❸ 解説

　知的障害のある人のコミュニケーション能力は，話し言葉がまったくない人から，単語を列挙する人，文章で日常会話が可能な人までさまざまです。いずれの場合も，自分の気持ちを表現することはとてもむずかしいです。そのため，相手の話に共感する，話を傾聴するといった介護における基本的技術だけではうまくいきません。また，「はい」「いいえ」で答えられる質問や，選択肢を呈示する質問に答えられたとしても，質問の口調に応じて「はい」「いいえ」が変わってしまったり，選択肢のいずれかをランダムに言っているだけで本人の意思を反映しているとは言いがたい場合もあります。

　知的障害のある人のコミュニケーション障害は，言葉の意味理解がむずかしいことにあります。一方で，記憶力が良好なため，覚えたフレーズを状況に合わせて上手に話せたりします。それで，言葉の意味理解のむずかしさに気づかれにくく，不適切なかかわりにより本人が不安になり混乱してしまうことがあります。

　この事例のRさんは，アニメのセリフを再生したり，むずかしい言葉を言ったりする

ことがあるので，介護職は，いろいろなことがわかっていると思い，最初のころは，言い聞かせて行動を修正しようとしました。また，本人の言葉を要求としてのみとらえたことで，それが困った行動になり，注意が折り重なり行動が悪化する，というマイナスの連鎖になってしまいました。その後，支援を再検討し，本人の認知発達レベルに合わせた好きな活動を介護職といっしょに行うことで楽しさを共有しました。いけないことは注意するというネガティブなかかわりとは反対のポジティブなかかわりで信頼関係を築くことができました。そのうえで，本人の発する言葉の意味を適切に理解し対応することで，適応的な行動が形成されました。

　大切なことは，知的障害のある人の認知発達レベルを知り，それぞれのレベル別に異なるこころの世界を理解することです。認知発達レベルを知る簡便な方法として太田ステージ評価というものがあり，適切なアプローチを考える際の参考になります（表3-33）。知的障害のある人が発信する行動や言葉の意味を介護職が適切に推測し，「こう思ったのですね。それでこうしたのですね。」と共感することが望まれます。そして，本人にとってわかりやすい環境設定やかかわりを工夫すること，わかりやすい声かけをすること，これが知的障害のある人とのコミュニケーションのポイントです。

表3-33 ● 太田ステージ別コミュニケーションのポイント

太田ステージ	特徴およびコミュニケーションのポイント
太田ステージⅠ	＜物事を各種感覚で知る段階＞ ・本人からの要求は，人の手を引いたり，実力行使，または指さしや単語を言える場合もある。 ・見慣れた物を見せて予告したり，「〜しましたね」と話しかける。
太田ステージⅡ〜Ⅲ-1	＜物の名称や「〜するもの」という用途語などがわかる段階＞ ・単語または2語文（名詞＋動詞）を話したりするが，質問に答えることはむずかしい。 ・見知った物の絵カードや，見慣れた文字単語を見せて伝える。
太田ステージⅢ-2	＜頭の中に2つの物を思い浮かべて考えることができる段階＞ ・会話が成立しているようでも一方的な発話になりやすい。抽象的な内容は理解できない。 ・簡単な文章で1回に1つのことを伝える。肯定的，具体的な表現を心がける。

8. 精神障害に応じたコミュニケーション技術

事例9　一人暮らしの統合失調症の男性への支援

　Sさん（63歳，男性）は，統合失調症（☞第4巻p.465）の診断を受けており，ピアサポーター[20]（➡p.217参照）や成年後見人の支援に加え，居宅介護（ホームヘルプサービス）を利用して1人で暮らしている。身のまわりのことはある程度自立しているが，肥満傾向で腰痛を理由にして家にこもりがちである。施設や病院で知り合った友人がたずねてくることはあるが，Sさんがたずねていくことはない。介護職には，家事および買い物（いっしょに行くよう誘うことも含む）等の支援が依頼されている。

❶ 支援の始まり

　Sさんは，高校卒業後ホテルに就職しましたが，20代後半に仕事のストレスから父親への暴言，暴力が出現し，精神科病院で統合失調症と診断されました。父親の同意で医療保護入院して以来，病状が安定したあとも父親との折り合いが悪く入院が長期化しました。Sさんが57歳のときに父親が亡くなると退院して自宅に戻り，母親（80歳）との二人暮らしを始めました。2週間に一度タクシーで通院する以外はほぼ自宅で過ごし，母親が元気だったこともあり，数年間は障害福祉サービスや介護サービスを利用せずに生活できていました。

　ある朝，母親が心臓発作のため自宅で急死すると，生活が立ちいかなくなったSさんは通院先に再入院しました。その後，病院の精神保健福祉士の支援により成年後見人（司法書士）が選任され，相続手続きがすむとSさんは自宅への退院を希望しました。病状的には退院可能でしたが一人暮らしの経験がなかったことから，主治医や精神保健福祉士は自宅に帰る前に宿泊型自立訓練事業の利用を提案しました。施設に入所すると，もともと料理好きだったSさんは自炊訓練をし，身なりにも気を配るようになっていきました。ただ，外出プログラムには参加したがらず，買い物も通販ですませるなど，屋外の喫煙スペースで煙草を吸う以外は施設から外出することなく過ごしました。

　2年間の自立訓練を経て自宅での一人暮らしの開始にあたり，関係者（相談支援専門員，介護職，ピアサポーター，訪問看護スタッフ，通院先の精神保健福祉士，成年後見人）がSさんの自宅に集まり，ケア会議を開催しました（**表3-34**）。

表 3-34 ● ケア会議での確認事項

- 一人暮らしは未経験のため，自宅での生活を安定させることを当面の支援目標とする。
- 通院，服薬と病状の確認は，訪問看護スタッフと主治医等が行う。
- 調理や掃除など家事への助言とサポート，買い物やごみの分別を介護職が支援する。
- 親の遺産があり経済的には裕福であるが通販等での浪費やトラブルを避けるため，預貯金の管理は成年後見人が行う。
- 日常的な金銭管理は，毎月定額の範囲で生活できるよう，相談支援専門員（地域生活支援員を兼務）とピアサポーターの地域生活支援員が支援する。
- 通所サービスの利用はSさんが希望していないが，家にこもりがちとなりADLが低下することや生活リズムがくずれることを防ぐ必要がある。訪問者は，できるだけSさんに外出をすすめ，可能なときは近くのコンビニやスーパーなどへの同行支援を行う。

❷ 支援の経過

　Sさんは，介護職が買い物に行く際，お金を封筒から出して手渡し，戻るとレシートとお釣りを黙って受けとります。Sさんは無口な人で介護職が「散歩がてらいっしょに行ってみますか」と誘っても「今度でいいです」と即答します。ところが，あとから「赤字になりそう」「次はいつですか」「明日は買い物しなくていいです」と，居宅介護事業所に頻回な電話があります。「次は水曜日です」「お金はまだありますよね」「明後日うかがうので相談しましょう」と介護職は応じていますが，徐々にSさんのことを厄介な人だなと思うようになっていきました。

　ある日介護職が買ってきたスライスハムを見て，「昔，一流ホテルで働いていたんですよ」とSさんがうれしそうに話しはじめました。めずらしく笑顔で「ホテルのレストランで，オードブルとかステーキやカキフライなんかをつくっていたんですよ。あなたはオードブルつくれますか」と言いました。しかし，Sさんはいつもレトルトカレーなど簡単な食事なので，介護職は「あら，私はコックじゃないのでつくれません。Sさんだって，お1人でそんなもの召し上がらないでしょう」と笑って答えました。ところがSさんは「もういいです」と部屋に引っこんでしまいました。介護職は，どう答えればよかったのかと考えながらSさんの自宅をあとにしました。

　その後「あの人は，もうよこさないでほしい」と，Sさんから事業所に電話がありました。担当の介護職から話を聞き「食事の話はしないことにしよう」と話し合いましたが，Sさんとのコミュニケーションのとり方について，あらためて事業所では関係者で協議をしました。

　通院先の精神保健福祉士から「Sさんは長期入院や施設での生活など，食べたいものを自分で決める機会が少なかったのでメニューのバリエーションがとぼしいかもしれません。メニュー表や料理の写真を見せるなど，具体的に考える手助けをしていただくとよい

と思います。また，若いときにコックをしていたことを入院中も自慢げに話されていて，職歴に対するプライドをおもちです」との話がありました。これを受けて介護職からも「どんなレストランだったんですか」などと問いかけて，会話のきっかけにしていこうといった意見が出ました。

　頻回な電話への対応については，認知症高齢者では，自宅の壁にメモを貼ったり大きなカレンダーに書きこんだりしているため，Sさんにもメモしてもらうよう提案してはどうかという意見もありました。これに対して病院の精神保健福祉士は，「Sさんは，60歳を過ぎてはじめての一人暮らしです。失敗しないようにと緊張や不安もあると思います。ヘルパーさんが来ることは知っているけど確認したい，お金は残っているけど心配，という心理状態も考えられます。依存的にも見えますが，だれかとのつながりを確かめたり，人とのかかわりを求める気持ちともいえますし，会話のきっかけに同じ話題をもち出すことはよくあります。みなさんがSさんに関心を寄せていることを表現し，会話の広げ方を学んでもらうことも有意義です」と述べました。

　ケア会議を経て，Sさんの人生の歴史を考え，その人となりを理解するためのコミュニケーションの重要性を再確認しました（表3-35）。

表3-35 ● Sさんとのコミュニケーションの留意点

- ・Sさんの生育歴や職歴を理解し，ストレングス（強み）や興味関心に応じて対話をする。
- ・経験のとぼしいSさんが，物事を具体的に考えられるように例をあげて手助けする。
- ・Sさんの不安を理解して受けとめつつ，会話を通して安心感を提供する。

❸ 解説

　統合失調症の人への支援は，医療や介護，福祉的な支援および訓練を提供する多様な施設・機関で行われており，近年は支援を受けながら自宅で生活する人が増加しています。症状や障害の程度によって支援内容は異なりますが，多くは対話によるコミュニケーションを必要とします。さらに，どこでどのように支援するかによってもその技術の用い方は異なります。

　たとえば，生活上の障害である金銭管理や家事（調理や清掃，ごみ捨て等），買い物や外出時の支援などであれば，本人が自分でできる範囲と求められる支援内容について，本人の意向を聞き出したりくみとったりする技術や，支援の過程で本人と協働する技術などが必要です。一方，不眠や被害妄想，興奮，無為自閉など症状に応じた支援を提供するには，本人の困惑や不快を理解し感情を受けとめたことを表現する技術と，適切に対処するために本人にわかるように説明（情報提供や助言）する技術が必要です。また，期日に合

わせた支払いや書類手続き，定期的な通院や服薬など，日常生活や療養生活の状況を本人に確認する際は，支援者が知りたい答えを引き出せるようなたずね方の技術が必要です。

　なお，統合失調症の症状の1つに妄想があります。現実ではないことを現実だと信じこんだ状態をいいますが，その人の思いが含まれていると考えられます。一般に「否定も肯定もしない」対応が望ましいと解説されますが，日常会話でそうするとあいまいな相槌を打つことになりがちで，コミュニケーションが深まりません。たとえば，「だれかにねらわれている」といった被害妄想とも思えるような言動に対して，「そんなはずはない」と否定する代わりに，「それは怖いですよね。でも私は味方ですよ」とか「心配ですね。ただ，○○さんのことを支援している私たちがついていますよ」など，不安やおそれなどの気持ちを理解して受けとめつつ，安心感を提供できるような言葉を伝えます。

　以上のようなコミュニケーションを上手にとるには話し方のコツがあります。表3-36に基本となるポイントを示します。

表3-36 ● 話し方のポイント

①わかりやすい話し方	「私は」「○○さんは」「先生が」と，主語をはっきりさせる。一度にいくつものことを伝えようとせず，文章を短く区切る。
②的をしぼる	抽象的な表現をひかえ具体的に話す。閉じられた質問でたずねると効果的である。「○○について聞きます」と話の的をしぼる。
③聞きとりやすさの工夫	語尾をはっきりさせてハキハキと明快に話す。周囲の雑音が会話の邪魔にならないような環境調整の配慮も大切である。
④くり返し確認する	一度の説明や応答でわかったはずと思わず，何度かくり返して本人の理解を確かめる。メモを用いたり復唱してもらう方法もある。
⑤言葉と態度の一致	怒っているのに笑顔を見せるなど，言葉と態度の矛盾があると混乱を招き，正しくメッセージが伝わらない。両者を一致させる。

　なお，コミュニケーションは双方向性のあるものですから，上記のような支援者からの能動的なはたらきかけだけでなく，本人の表情や態度，話し方や声の調子などを観察して非言語的メッセージを受けとめることや，本人に特有の言語表現を理解する力も必要です。人と人とのかかわりですから，初対面からうまくいくとは限りません。人間関係を構築しながら，その人となりを理解するよう努め，相手に合った言葉を選ぶ柔軟な対応ができるようになることをめざしましょう。

9. 認知症に応じたコミュニケーション技術

事例10　認知症の高齢者への支援

　Tさん（80歳，女性）は，夫と死別した4年前から，もの忘れがひどくなり，同じ物をいくつも，何回も買うようになる。

　3年前の夏，長女が実家に戻った際，近所の病院を受診したところ，軽度から中度のアルツハイマー型認知症（☞第4巻p.345）と診断された。コミュニケーションが困難で，会話がうまくかみ合わない状況である。

　一人暮らしであったが，2年前の2月，調理中にボヤ騒ぎを出したことから，長女が施設への入所を希望し，4月に介護老人福祉施設に入所となる。長女は隣接する市に住んでいるが，常勤の仕事についており，ほかに頼れる親戚や家族はいない。

❶ 支援の始まり

　最近のTさんの様子は，表3-37にあるとおりです。

　施設入所後のTさんは，食事は準備がしてあれば自分で食べますが，自分で準備ができなくなっています。排泄は，トイレの場所さえわかれば，今のところ自立しています。そのほか，入浴を拒否し，服を脱いだり浴室に入ったりすることをいやがります。

　長女以外の訪問者はほとんどなく，新聞を読んだりテレビを観たりすることもない日々を送っています。このような状況にあるTさんについて，介護職は表3-38のような支援の方針を立てました。

表3-37 ● 最近のTさんの様子

- 要介護3（軽度から中度のアルツハイマー型認知症）
- もの忘れや何かを探して歩きまわるような行動がみられるほか，ADLが困難で，見当識障害が認められる。
- コミュニケーション障害があり，施設の職員やほかの入所者とのコミュニケーションがうまくできない。
- 運動障害は認められない。
- 聴力は保持しており，物音に敏感に反応する。
- 入浴を拒み，なかなか入浴しようとしない。
- Tさん自身は施設入所を希望していたわけではないため，施設にいても1人でポツンとしている。
- 部屋の戸締まりや物の始末が困難で，衣服も気温に合わせることがむずかしい。

表 3-38 ● Tさんの支援の方針

① 1日のスケジュールを表にまとめ，Tさんのベッドのわきに貼る。
② 散歩の際に，目に入る自然の変化に注意をうながし，会話をしてみる。
③ 衣服を着るとき，今日は寒いか暖かいかなど，窓を開けて注意をうながす。
④ 施設内で「こんにちは，Tです」と，介護職といっしょにあいさつすることを試みる。
⑤ 風呂場でほかの入所者が入浴するところを見学してもらい，拒む原因を考える（見つける）。

❷ 支援の経過①

　Tさんは，**見当識障害**[21]（➡ p.217 参照）があるので，1日の流れを知ることによって生活がしやすくなると考え，方針①を実施しました。しかし，スケジュール表にはあまり興味を示しませんでした。

　方針②の実践では，トマトがなっているところで足を止め「なってるね……」と言ったので，「これは何ですか」と聞いたところ，何か言いましたが内容を理解することはできませんでした。しかし，Tさんは満足気に歩いていました。

　方針③の実践では，窓を開けて「寒いですか？　暖かいですか？」と聞いてみましたが，Tさんは窓の外の景色を見ているばかりで応答はなく，何をするために窓を開けたのか，理解できない様子でした。

　方針④の実践では，介護職がうながすと，Tさんは「こんにちは」と言いますが，何のためにあいさつをするのか，わからないようです。途中で飽きてしまうことが多く，施設の玄関から入ってくる人に興味をもち，玄関のホールから動かなくなる様子がみられました。この事実から，Tさんが歩きまわる目的の1つは「だれかを探しているのではないか」ということに気づきました。

　方針⑤の実践では，ほかの入所者が入浴していても，Tさんは入る様子をみせず，ただじっと見ていました。

　このような支援を約1か月続けましたが，目標に向けた成果が得られないことから再検討し，表 3-39 のように方針を修正しました。

表 3-39 ● Tさんの支援の方針（再検討後）

① 表を貼るだけではなく，24時間 RO（リアリティ・オリエンテーション）を行い，説明や対応を通して，少しでもTさんが1日の流れを理解して安心できるよう努める。
② 散歩はTさんが好きなようなので，続けることにする。
③ Tさんの好きな作業をほかの入所者といっしょに行う過程を通して，コミュニケーションをはかってみる。
④ 風呂場を介護職といっしょに清掃することにより，理解をうながす。

❸ 支援の経過② ::

　24 時間 RO[22] (➡ p.218 参照) の実践は，朝食と昼食のあいだの時間を利用して行いました。スケジュール表は，ベッドのマークの横に介護職の顔写真を，風呂のマークの横には，長女とＴさんの顔写真を並べて貼り，簡単な口頭説明とジェスチャーでオリエンテーションを行いました。

　Ｔさんには，1つのスケジュールをこなすたびに，「ここまで終わりました。次はこれです」というように表をさし示しました。毎日行ったところ，Ｔさんはしだいに表の前で待っているようになり，介護職の顔を見て笑うようになりました。

　Ｔさんは散歩が好きなので，入所者数名を誘っていっしょに行くことにしました。Ｔさんは毎日通る道なので，自分の興味あるところで立ち止まり，ほかの入所者と「きれいね」「大きいね」「こっちも見て」というような言葉を交わしているようで，生き生きして見えました。

　また，施設の風呂場をいっしょに掃除しながら，長女が幼かった当時の入浴にまつわる思い出話をするうちに，Ｔさんは，施設の風呂場に対して自宅の風呂場と同様の親近感をもつようになり，しだいに入浴を拒まなくなりました。

❹ 解説 :::

　認知症の人とコミュニケーションを行う場合には，具体的な体験や実物を通して行うのが効果的といえます。したがって，再検討された方針では，スケジュール表を貼るだけでなく，24 時間 RO を用いて理解をうながした結果，信頼関係の構築がなされたといえます。

　また，Ｔさんの好きな散歩を，ほかの入所者とのコミュニケーションの機会としたことは，効果的であったといえます。共通の道でいっしょにからだを移動させることで，目にするものすべてが共通世界となり，話題も体験も共有できます。互いに楽しく散歩をしているため，どのようなことを言っても共通の話題となり，こころが通い合う条件がそろうことから，コミュニケーションが成立しやすい環境設定といえます。何よりもＴさんが毎日歩く道なので，安心してほかの入所者と付き合うことができるように思われます。

　入浴も同様で，いっしょに作業を行う過程で現実を理解し，安心感が得られ，拒否する理由がこころのなかで消失していくように思われます。

第4節 介護におけるチームマネジメントとコミュニケーション

1. チームマネジメントの理解と活用

❶ 介護実践におけるチームマネジメント

▶▶ 介護実践におけるチームマネジメントとは何か

　マネジメントとは，管理・調整，経営などの意味をもつ言葉で，おもにビジネスの分野で広く使われている言葉です。介護実践の分野でも，リスクマネジメント，ケアマネジメントという言葉は広く知られ，日常的に用いられています。

　介護現場におけるマネジメントというと，介護支援専門員（ケアマネジャー）やリスクマネジャーの役割をになう中心メンバーが管理・調整の業務を行うイメージをもつ人が多いと思います。しかし，チームマネジメントとは，チームが行動するために必要な目標を設定し，目標達成のためにさまざまな資源を効率的に活用するしくみを整えることです。

　言い換えると，チームメンバー全員が役割と責任をもって，チームの力，サービスの質を高めるために行う幅広い取り組みをさします。そのため，管理職やベテラン職員に限らず，新任職員もチームマネジメントにかかわる大切な存在なのです。

　介護実践におけるチームマネジメントを，①ケアの展開，②人材育成・自己研鑽，③組織の目標達成という3点に整理して考えてみます。

　図3-8からわかるように①〜③の3つは，チームマネジメントの具体的な取り組み（道順）であり，チームマネジメントのねらい（目標）ともいえるものです。チームマネジメントの3つの柱と考えておくとよいでしょう。

▶▶ ケアを展開するためのチーム

　チームや組織には，つくられた目的や果たすべき機能・役割があります。介護を実践する場は施設や病院，利用者の自宅などさまざまですが，場所が違えばかかわる人や使用できる用具なども異なります。つまり，その場ごとの特性があるということです。

　利用者の心身の状況や場に応じた連携が求められ，そのために必要な役割を果たすメンバーが集まりチームがつくられます（表3-40）。

▶▶ チームの機能と役割

　日常的なケアは利用者と介護職との1対1の関係のなかで行われます。また，介護職

186

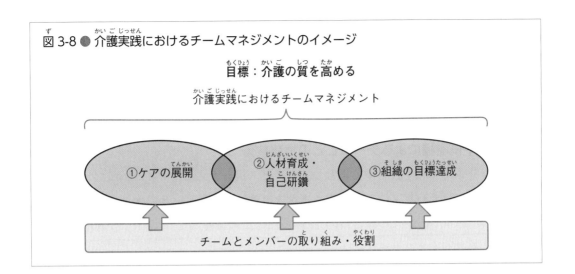

図 3-8 ● 介護実践におけるチームマネジメントのイメージ

目標：介護の質を高める

介護実践におけるチームマネジメント

①ケアの展開　②人材育成・自己研鑽　③組織の目標達成

チームとメンバーの取り組み・役割

表 3-40 ● ケアを展開するためのチーム

チーム等	メンバー例	実際の取り組みの例
同職種チーム（介護職）	介護職	①施設，事業所での介護職チーム ②特定の業務や取り組みを行う介護職チーム （例）排泄，食事，入浴ケアチーム，研修委員会，レクリエーションチーム
多職種チーム（地域包括ケア，地域ネットワークを含む）	介護職，医療職，相談職，地域の関係者等	①在宅の利用者を支えるケアチーム ②施設での看護職やリハビリテーション職，介護支援専門員とのチーム ③特定の業務や取り組みを行う多職種チーム （例）リスクマネジメント委員会，感染症対策委員会，身体拘束廃止委員会等 ④地域ケア会議，支え合いの地域会議（協議体），地域見守りネットワーク，医療介護連携の会議等
法人や施設，事業所チーム	法人や施設，事業所に所属する職種	上記の同職種チーム，多職種チームに加えて，運営管理，事務や調理等にかかわる人を含めたメンバーで，法人や施設，事業所全体の取り組みを協議・実施するチーム （例）新しい事業の検討や行事の実施，広報，求人活動の検討等

に限らず，さまざまな職種・職員による協働で展開されてもいます。多職種協働では，それぞれの職種が役割に応じて，専門的な視点でアセスメントを行い，ケアを展開するのが特徴です。チームの一員である介護職は，介護過程（☞第3巻p.4）を展開できる力を基礎にして，チームでの協働を生み出していく実践力，つまりチームワークを生み出す力が求められます。チームワークとは，チームで目標を共有し，目標達成のためにチームメンバーで協働することをさします。チームで協働してケアを展開するためには，チームでの情報共有が必要不可欠です。情報共有では，複数の職種・職員が把握した情報をチームで

共有しますので，さまざまな情報がつなぎ合わさります。情報がつなぎ合わさることで，利用者の全体像をより広くみることができたり，バラバラであった利用者の生活状況を1つの生活の流れとして結びつけることができるようになったり，まとまりのある理解につながっていきます。

▶▶ 多職種や同職種によるチームごとの情報共有

多職種チームで情報を共有する場としてサービス担当者会議（☞第2巻p.211）があります。この会議にはサービスにかかわるさまざまな職種が出席し，そのメンバーに介護職も含まれます。また，サービス担当者会議以外にも，同職種のチームごとに情報が共有され，日々のケアが進められます。

介護現場はサービスの種類にかかわらず，複数の介護職による交代制の勤務で成り立っています。個々の介護職は，勤務形態や業務内容によって，食事や入浴の介助など，利用者の生活の一場面に限定したかかわりになることもあります。また，訪問介護（ホームヘルプサービス）などの訪問系のサービスでは，1日にかかわる時間も限られています。

そこで，利用者の生活を継続的に支えるために，同職種のチームでも日々の実践の情報を共有する場が日常的に設けられる必要があります。具体的には，介護現場で行われるチームミーティングや，勤務交代時に行われる申し送り[23]（➡p.218参照）などがそれにあたります。また，最近では，介護現場におけるICT[24]（➡p.218参照）活用が進められ，パソコンやインターネットを活用した記録や情報共有，コミュニケーションを行う施設，事業所も増加しています。

▶▶ チームメンバーの相互関係

チームの規模にも関係しますが，チームで活動をする際にチームメンバーである個人の行動や発言は，無意識のうちにチーム全体からの影響を受けています。その反対に，メンバー個人の行動や発言はチーム活動全体に影響を与えるという関係にもあります。

チームとメンバーは，プラスの影響を与え合うこともあれば，その逆にマイナスの影響を与え合うこともあります（図3-9）。

チームワークは，メンバーの活動がチーム全体に影響を与え，チームの活動がメンバーに影響を与えるというグループ・ダイナミクス[25]（➡p.218参照）の関係にあります。自立支援に向けたグループ・ダイナミクスをはたらかせられるかどうかが，ケアの展開の質に大きくかかわります。

チームの業務や役割は，文書化されてメンバーに共有されていることが理想ですが，必ずしもそのようなチームばかりではありません。メンバーとして与えられた業務や役割を果たしながら，チーム全体の業務や役割を理解しなくてはならない場合もあります。チームそのものもメンバーとの相互関係を通じて成長し，変化するものだと考えましょう。

表3-41に示した例は，介護施設におけるチームでの取り組みの例です。実際の施設では，研修委員会，感染症対策委員会，行事企画チーム，実習生受け入れチームといった名称で，その目的ごとに少人数でチームをつくり，目的にそった活動を行っています。

いずれの業務もチームのリーダーや特定のメンバーだけの業務と考えるのではなく，チームメンバーの理解と協力により取り組まれることによって成果が得られるものと理解しましょう。

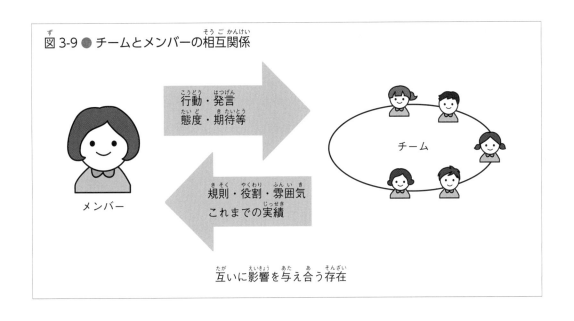

図3-9 ● チームとメンバーの相互関係

行動・発言
態度・期待等

チーム

規則・役割・雰囲気
これまでの実績

メンバー

互いに影響を与え合う存在

表3-41 ● 介護施設におけるチームでの取り組み

分類	内容
介護業務等	介護，家族支援，ユニットやチーム（委員会等）運営，苦情対応，行事企画，実地指導等への対応，介護保険・障害者福祉制度等の活用（加算要件等の確認），届出・調査への協力，各種会議の企画と参加　　　　　　　　　　　　　　　など
リスク管理等	介護事故対策，苦情対応，感染症対策，安全指導，個人情報保護，災害時対応　　　　　　　　　　　　　　　　　　　　　　　　　　　　　　　　　　　　　など
人材育成・確保	研修計画立案・実施，キャリア開発（新任教育等），研究発表，実習生受け入れ　　　　　　　　　　　　　　　　　　　　　　　　　　　　　　　　　　　　など
設備・備品管理	設備や備品，消耗品の管理，機器や用具の点検　　　　　　　　　　　　　　　など
労務管理等	勤務表作成，健康管理（メンタルヘルス，腰痛対策等含む），人事・目標管理　　　　　　　　　　　　　　　　　　　　　　　　　　　　　　　　　　　　　など
地域との連携	関係団体との調整・交流，地域ケア会議参加，見学・ボランティア受け入れ調整　　　　　　　　　　　　　　　　　　　　　　　　　　　　　　　　　　　　　など
経営への参画	目標の決定と管理，コスト管理，求人活動　　　　　　　　　　　　　　　　　など

▶▶ ケアマネジメントと介護過程

　介護職は介護を必要とする人の生活を支えるために，利用者の状態の変化を把握しながら，支援の方針にそい，目標に向かって，チームメンバーの1人として介護を実践します。この実践は，利用者が望む生活の実現に向けた，意図的で根拠をもった取り組みであり，介護職個人の思いつきで行われるものではありません。

　介護保険では介護支援専門員が，また，障害福祉サービスでは相談支援専門員が，利用者の生活全体を支えるためにケアマネジメント（☞第3巻 p.32）にもとづいてケアプラン（居宅サービス計画や施設サービス計画，サービス等利用計画）を作成し，利用者にどのようなサービスを提供するのかを計画書としてあらわします。

　居宅における介護では，どの事業所が利用者にサービスを提供するかが，また施設における介護では，どの職種が利用者にサービスを提供するかがコーディネートされます。ケアプランを作成する過程ではサービス担当者会議が開催されます。この会議を通じて，利用者がどのような生活を送りたいと望んでいるかを多事業所・多職種チームで確認し，どのような目標に向かって，どのようなケアを行っていくのかという方針が共有されます。

　そのうえで介護職は，同職種チームで介護過程を展開して，より具体的で専門的な介護計画（個別サービス計画）を立案し，目標の達成に向けた支援を行います。

▶▶ チームの実践力の高まりと人材育成・自己研鑽，組織運営管理

　多くの介護職は利用者の暮らしを継続的に支えるために，同職種とチームを組むとともに，多職種とも協働して利用者とかかわります。また，法人や施設，事業所といった所属組織のなかでさまざまな役割のチームのメンバーとなり，よいケアのためのしくみづくりにもかかわりながら，常にチームでケアを展開していきます。その1つひとつのチームでのケアの展開が，利用者の望む自立した生活を実現させていくのです。

　チームで協働する意味をふまえて，ていねいな実践を積み重ねることで，チームの実践力は高まります。また，それにともなって人材育成や自己研鑽，組織運営管理の必要性を感じることも多くなるでしょう。

　たとえば，利用者Uさんへのケアを提供するなかで，当初はわからなかったUさんの障害に対する理解やアセスメントの不足に気づいたとします。このことは再アセスメントの実施につながると同時に，チームとして障害の理解やアセスメント力を高めるために，勉強会の開催や個人学習の実施へとつながります。

　さらに組織の運営管理の視点からみると，Uさんの疾病・障害だけでなく，ほかの疾病や障害を含めた研修計画の立案や，介護マニュアルの充実に向けた取り組みにつながることもあるでしょう（図3-10）。

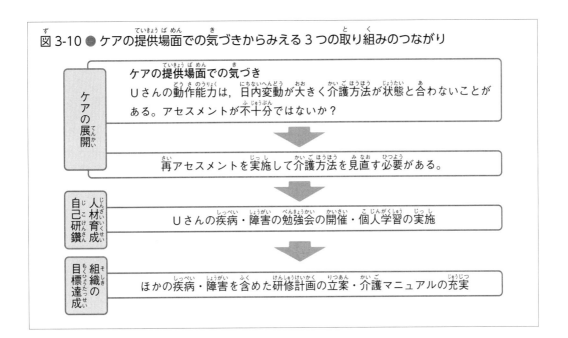

図 3-10 ● ケアの提供場面での気づきからみえる 3 つの取り組みのつながり

ケアの展開

ケアの提供場面での気づき
Uさんの動作能力は，日内変動が大きく介護方法が状態と合わないことがある。アセスメントが不十分ではないか？

↓

再アセスメントを実施して介護方法を見直す必要がある。

人材育成・自己研鑽

Uさんの疾病・障害の勉強会の開催・個人学習の実施

組織の目標達成

ほかの疾病・障害を含めた研修計画の立案・介護マニュアルの充実

▶▶ ケアカンファレンスがもつ意味

　ケアの展開過程において個別サービス計画をチームで検討するケアカンファレンス（☞第 2 巻 p.210）は，チームマネジメントの視点からみて非常に重要な取り組みです。

　介護職が集まり，利用者の意向をふまえながら意見交換や情報共有を行い，ケアの方針や支援内容を決定していくプロセスは，人材育成の場としても大きな意味をもちます。ケアカンファレンスには本来の意味に加えて，専門職を育てる大きな力があります。

　また同様に，組織の運営管理の視点からみても大きな意味があります。法令を遵守しているか，適切なケアが行われているかを複数の立場や職種がチェックする管理機能を果たすことができます。さらには，アセスメントで明らかになりながらも充足できないニーズに着目することで，施設内や地域のなかで不足している社会資源を明らかにし，整備・開発していくことにもつながります。

　このように介護現場で行われているチームの取り組みの多くは，①ケアの展開，②人材育成・自己研鑽，③組織の目標達成に分類できるといってよいでしょう。

　介護業務を通して目にする日常的なチームの取り組みが，3 つの分類のなかでどのような意味をもつものなのかを考察することも，チームマネジメントを実践するうえで大切な視点です。

▶▶ 人材育成・自己研鑽とチーム

ケアの展開プロセスをチームで1つひとつ確実に積み重ねることで，介護職は多くの気づきを得ることができます。「利用者の体調に変化はないか」「利用者は苦痛や不安を感じていないか」など，ケアの提供によって生じる利用者の反応や変化を確実にキャッチできなければ，利用者の望む暮らしに向けた，より効果的なかかわりをもつことはできません。

変化をキャッチする力を高め，根拠のあるケアを行うために，介護職には学びが欠かせません。チームとしての人材育成，介護職としての自己研鑽はケアの質を高めるための重要な取り組みです。

▶▶ 人材育成・自己研鑽の取り組み

人材育成・自己研鑽は，現場での実際の仕事を通しての学び（OJT）と，研修会や通信教育など，介護の現場を離れての学び（Off-JT）の2つに分けることができます。

体系的に知識の整理や土台づくりをするためにはOff-JTが効果的ですが，時間的な制約も生じ，その機会は限られることも多いでしょう。一方，仕事につくことにより，OJTで学びを得る機会は飛躍的に多くなります。

OJTは実際の仕事を通して学べるので，その内容と仕事のずれは少なく，効果的な学びの方法といえます。また，継続的なOJTを通じて，新任者やメンバーのサポートがなされたり，人間関係が構築されたりと，チームづくりも促進されます。

しかし，OJTは，指導者の負担が大きくなりがちです。また，指導者によって指導内容にばらつきが生じることもあります。さらに，業務に合わせた教育・訓練のため，断片的になりがちで，全体を通しての学びや整理がむずかしいという短所もあります。

効果的な人材育成を行うために，2種類の教育訓練を組み合わせて行うことが求められます（表3-42）。

▶▶ OJT，Off-JTとチームマネジメント

日々行われているOJTの短所をおぎなうには，チームでの取り組みが非常に有効です。チームで効果的にOJTに取り組むことができれば指導者の負担は軽減され，指導内容のばらつきが減るなどの大きな効果を得ることができます（図3-11）。

研修計画や介護マニュアルの作成・見直しなど，OJTに体系的に取り組む組織では，指導する側のチーム全体へ与える教育的な効果が期待できます。みずからの介護方法をふり返り，必要に応じて見直すなかで，その根拠を説明するために言語化・文章化をはかることは，指導する側も自己研鑽の大きなチャンスになります。

表 3-42 ● 介護現場における，OJT と Off-JT の長所と短所

タイプ	長所	短所
OJT on-the-job training （仕事を通した訓練・学び）	○学びと仕事のずれが少ない。 ○チームの人間関係づくりが進む。 ○指導する側，チーム全体を育成できる。	○指導者の負担が大きい。 ○指導者によって内容に差が出る。 ○業務に合わせるので，体系的になりにくい。
Off-JT off-the-job training （仕事を離れての訓練・学び）	○知識の整理や土台づくり，現場にない新しい取り組みに向く。 ○学びのメニューが豊富でタイミングも選ぶことができる。	○費用や時間がかかる。 ○実践とのずれが生じやすい。 ○効果が出るまで時間がかかる。

　最近では，Off-JT に分類される研修会やセミナー等においても，介護現場での実習やレポート作成を通じた学習が含まれているものや，上司と相談して習得目標を決定したり，現場に戻ってチームでのふり返りを行うことを要求するような研修もあります。また，多くの施設や事業所では，研修会での学びを文書にしてチームメンバーで共有したり，学んだ内容をもとに発表会や伝達研修を実施したりしています。

　人材育成・自己研鑽につながる学びのかたちはさまざまなものがありますが，その学びをチームで共有・活用することで，学びの効果はより大きなものとなります。効果的な人材育成・自己研鑽にチームの力は不可欠なものといえるでしょう。

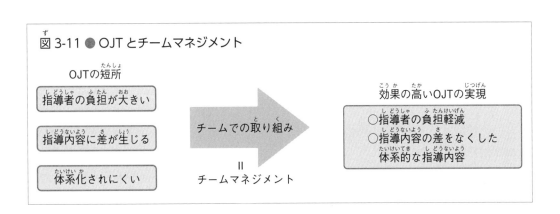

図 3-11 ● OJT とチームマネジメント

OJTの短所

指導者の負担が大きい
指導内容に差が生じる
体系化されにくい

チームでの取り組み
＝
チームマネジメント

効果の高いOJTの実現

○指導者の負担軽減
○指導内容の差をなくした体系的な指導内容

▶▶ 組織の理念・目標とチーム

　介護サービスを運営する法人や施設・事業所には理念があります。理念とは，あるべき状態についての基本的な考えといえるでしょう。この理念を具体化して実現するために，目標が設定されます。

　つまり，組織の理念を具体化するための取り組みとして，法人全体の目標，施設・事業所の目標，チームの目標など，さまざまなレベルで目標の設定が行われます。

　多くの場合，法人の理念や目標にそって，施設・事業所やチームでの目標を組織内のメンバーで検討して決定します。さらに，この内容にそって個人の目標管理を行う法人もあります。

　最近では，理念や目標の設定とその取り組みの重要性が広く知られるようになり，多くの法人や施設・事業所において，職員への徹底や周知はもちろんのこと，ホームページなどを通じてその内容や具体的な取り組みを広く公表しています。

▶▶ 組織の目標達成のための取り組み

　組織やチームの目標達成のための取り組み（運営管理）が，よりよいケアを展開するために必要な取り組みとなることを，目標設定の例を見ながら確認してみましょう。

　図3-12に示すつながりをみていくと，組織の理念やチームの目標はケアの質を高め，適切なケアや行動を選択する際の判断基準・方向性を示すものとして，介護実践や自己研鑽の指針となることが理解できます。

　このような目標管理・達成のしくみを組織・チーム内につくっていくことも，チームマネジメントの取り組みの1つです。

　ここまでチームマネジメントの3つの取り組みについて述べてきましたが，これらは互いに関連して，機能をおぎなう関係にあります。

　チームマネジメントの3つの取り組みの関係は図3-13のように示すことができます。日々のケアを見直し，改善していくこと（A部分）も大切ですが，あわせて，人材育成・自己研鑽の取り組み（B部分）や，理念や目標の徹底をはかること（C部分）もケアの質を高めることに大きく関係しているのです。

　言い換えると，よいケアをチームで提供していくためには，日々のケアの質の向上だけを考えるのではなく，チーム全体で「人を育てる取り組み」「組織としての理念や目標を共有する取り組み」もあわせて行うことが大切になります。

図 3-12 ● 組織・チーム目標と介護実践のつながり（例）

■法人全体の理念・目標
利用者一人ひとりの「自分らしい自立した暮らし」を実現する。

実践 ⬆ ⬇ 具体化

■施設・事業所のチームの目標
自立した暮らしをめざして多職種協働の個別ケアを実践する。

実践 ⬆ ⬇ 具体化

■多職種チームの目標
食事ケアの質の向上のため，管理栄養士，歯科衛生士等と協力して
利用者全員の食事形態，口腔内の状態，ケア方法の再評価を行う。

実践 ⬆ ⬇ 具体化

■介護職のチーム・個人の目標
・口腔内の清潔保持と異常の早期発見のために口腔ケア研修へ参加する。
・口腔ケアチームに所属して口腔アセスメント票を作成し活用する。

よりよいケアの実現

図 3-13 ● チームマネジメントの 3 つの取り組みの関係

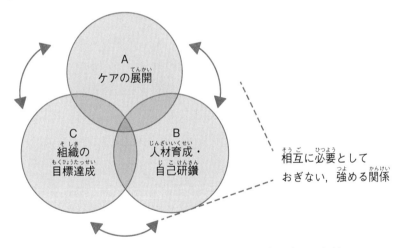

A
ケアの展開

C
組織の
目標達成

B
人材育成・
自己研鑽

相互に必要として
おぎない，強める関係

① 「A」を高めるために 「B」と「C」の取り組みが必要
② 「B」を高めるために 「A」と「C」の取り組みが必要
③ 「C」を高めるために 「A」と「B」の取り組みが必要

2. チームのコミュニケーションとは

❶ 専門職チームのコミュニケーション ::

　チーム（☞第2巻 p.78）とは，その方針を共有し，同じ方向へ向けて互いの専門性をいかしながら協力し合うグループです。チームのコミュニケーションの目的は，チームの力を引き出すこと，チームによる支援を動かしていくことにあります。

　チームのメンバーが専門性をいかし合うためには，それぞれの専門職がそれぞれの専門性に照らし合わせて，どのような情報に着目し，それをどう判断するのか，専門職としてのアセスメントを伝え合うことが大切です。そのうえで，どのような方針で支援を進めていくのかを話し合い，支援目標や方針を共有し，だれが何をになうかチームを構成するメンバーの役割分担や支援内容をおおまかに決めていきます。このようにしてチームによる支援が動きはじめます。

　多職種協働のチームが機能するためには，その職種（職場）が職種内チームとなり，さらにそれが多職種協働チームにもなり，二重のチーム構造が機能し合うことが求められます。このようにして，チームによる支援（チームケア）が進むのです。

　施設介護の現場では多くの介護職が同時に働いています。一方で，居宅サービスの1つである訪問介護は1人で訪問することが多いため，1人職場のように思われるかもしれませんが，その利用者宅の訪問をいつも同じ訪問介護員（ホームヘルパー）で担当するのはむずかしいので，仲間とスケジュールを調整して訪問予定を組むなど，複数の訪問介護員が担当することが多いものです。施設でも居宅でも介護職の仕事は，常に，チームのなかにあります。

❷ チームのコミュニケーションの方法 ::

　チームのコミュニケーションを進める具体的な方法として，記録，報告・連絡・相談，会議があります（図3-14）。介護職にとって，記録は，継続的に，より質の高い個別支援を行うために大切なものであると同時に，専門職として記録を残す責務もあります。報告・連絡・相談（頭文字をとって「ホウレンソウ」と略されることもあります）は，仕事を進めるうえで不可欠なものです。どの仕事にも報告すべきこと，連絡しなければならないこと，相談すべきことがあり，さらに会議の場で関係者が集まって物事を決定しなければなりません。とくに，介護の仕事は，介護職1人ではできません。また，勝手に進めることもできません。

　多職種協働において，介護職としてチームのコミュニケーションをどのようにはかっていくのかは，利用者に対する支援の内容に大きく影響します。必要な報告や連絡がされなかったり，相談もなく，特定の介護職の判断だけで進めることは，チームによる支援の方向性をゆがめ，利用者に不利益を及ぼしてしまうかもしれません。それは，あってはならないことです。

　チームのコミュニケーションを円滑に進めるために，いつ，だれに報告すべきか，連絡しなければならないのか，どこまで自分で判断してよいのか，どのようなときに相談すればよいのか，会議の目的や進め方などについて基本的な知識を得ておく必要があります。

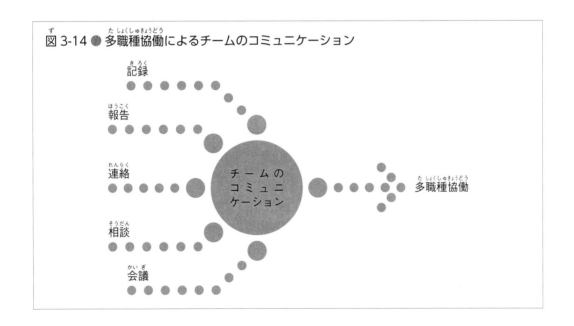

図3-14 ● 多職種協働によるチームのコミュニケーション

記録
報告
連絡
チームのコミュニケーション
多職種協働
相談
会議

3. 記録による情報の共有化

❶ 記録の意義と目的

▶▶ 記録の意義

　介護の現場では記録が重視されます。その理由は，介護という業務の特性にあります。

　介護を必要とする人に対して，尊厳を保持し，自立した日常生活を送ることができるよう支援するためには，介護職だけでなく，ほかの多くの専門職，時には地域住民やボランティアなどとの密接な連携が必要です。

　その連携を適正かつ確実にする方法の1つが記録です。記録が残っていなければ，実施した事実を証明することはできません。

　記録は，書いただけでは一方的なコミュニケーションで終わります。書いたものを受けとめて活用する関係があって，双方向のコミュニケーションが成り立ちます。介護において大切なのは双方向のコミュニケーションです。それは記録においても同じです。

▶▶ 記録の目的

　介護における記録の目的は，表 3-43 に示したとおりです。

表 3-43 ● 記録の目的

① 利用者の生活の質の向上
② 適切な介護サービスの提供
③ 情報共有の促進
④ 介護サービス事業所や介護保険施設などの運営管理
⑤ リスクマネジメントの可視化
⑥ 介護職の教育や現任訓練
⑦ 介護職のスーパービジョン
⑧ 介護福祉に関する調査や研究
⑨ 既存の介護福祉の知識の評価や新しい知識の創出
⑩ 介護福祉の統計や社会福祉全般の向上

出典：佐藤豊道『介護福祉のための記録 15 講』中央法規出版, pp.9-12, 1998 年より作成

❷ 記録の効果 ::

▶▶ 利用者からみた記録の効果

　利用者と介護職とが記録を共有することで，利用者にとっては表 3-44 のような効果がもたらされます。利用者は何を見てほしいのか，また，利用者の尊厳・自立・自己決定や自己選択は実現できているのかなど，記録をとおして見定めることが必要です。

▶▶ 介護職からみた記録の効果

　介護職は業務として，利用者の理解を深めるための情報のほか，介護行為の具体的な事実とその根拠，実施後の利用者の変化などを記録します。記録があることで，介護職が行ったサービスの跡が残り，業務にいかすことができます（表 3-45）。実際に行ったサービスにもとづき，利用者の人生や生活がよりよい変化を遂げれば，介護職の仕事の誇りにもつながります。

表 3-44 ● 利用者からみた記録の効果

① 好みや意思を尊重してもらえる。
② 介護職の得意な方法ではなく，利用者のやりやすい方法に合わせてもらいやすくなる。
③ だれか 1 人に伝えたら，みんなにわかってもらえる。
④ 思いこみや決めつけをせず，言動の背景を探ってもらえる。
⑤ 関心をもち，見守ってもらえる。
⑥ 事実が残ることにより，人権が尊重される。

表 3-45 ● 介護職からみた記録の効果

① それぞれの職員が把握したエピソードを共有することで，利用者の価値観や考え方を尊重できる。
② 表現しない（できない）けれど存在する利用者の思いや能力に気づくことができる。
③ 提供した介護の結果を確認し，サービス内容の検証，修正ができる。
④ 事実をありのままに書くことで，利用者の言動の背景を考えられるようになる。
⑤ 観察力が増し，明確な意図にもとづいた情報収集ができるようになる。
⑥ 報告・連絡・相談がしやすくなる。
⑦ スーパービジョンに活用できる。

介護職が活用する記録にはさまざまな種類があります。

たとえば，①介護職が書いて活用する記録，②介護職は書かないが，活用する記録，③介護職は書かないが，情報を提供して，書かれたものを活用する記録，などに分けることができます（表3-46）。

表 3-46 ● 介護職が活用する記録

①介護職が書いて活用する記録	②介護職は書かないが，活用する記録（他職種の記録）	③介護職は書かないが，情報を提供して，書かれたものを活用する記録
入所時の記録 介護記録 申し送り記録 排泄記録 チェック表（排泄・水分摂取量・食事摂取量・バイタルサイン・体重など） ヒヤリハット報告記録 事故報告記録 身体拘束経過記録 家族との連絡記録 ケアプランにもとづく介護計画の実施記録 苦情相談記録 クラブ，レクリエーション，余暇活動記録 研修報告記録 ケアカンファレンス記録　など	健康診断表 ワクチン接種記録（インフルエンザ・肺炎球菌・コロナなど） 入所前・入所時の訪問記録 フェイスシート 受診記録 家族との面談記録 栄養改善のための記録 苦情相談記録 運営推進会議記録　など	ケアプラン ケアカンファレンス記録 苦情対応記録 感染症対応記録　など

▶▶ **介護記録**

介護記録とは，利用者に対して行われた介護行為を記したもので，いつ，どこで，どのような状態・状況の利用者に，何を判断しどのような介護を提供したのか，その結果はどうであったのかなどを記録します。おもにケアプランにもとづいた介護内容を記録しますが，かかわった人にしかわからない利用者のささいな変化も記録に残します。記録しなければ忘れられ，共有できません。「バイタルサインに異常はないけれど，動作が緩慢でいつもと様子が異なる」と書かれた記録を読み，夜勤の介護職がいつもより頻繁に様子を見に行き，発熱に早く気づき対応できたりすることがあります。記録を書き，読み，共有す

ることで，チームとして利用者の生活を継続して支援することができます。

▶▶ ヒヤリハット報告記録

　ヒヤリハット報告記録とは，日常業務のなかで起きたヒヤリハットをだれにでも起こり得ることとして全員で共有し，改善に向けた取り組みにつなげることを目的とした記録です。ヒヤリハットが起きたとき，所定の用紙に従い，①内容，②発生日時，③発生場所，④状況，⑤原因，⑥そのときの対応，⑦今後の対応策について5W1Hで詳細に記録します。とくに発生原因については，「利用者」「介護職」「環境」の3つの側面から具体的に検討します。定期的にこれらの報告書をまとめ，月や曜日，時間や場所による内容の違いや傾向を探り，確実に改善できるようにしっかり検討します。それを積み重ねることで事業所全体の注意力も喚起され，介護の質が高まり，類似のヒヤリハットやもっと大きな事故を未然に防ぐことができます。

▶▶ 家族との連絡記録

　利用者が介護サービスを受ける場合，いつもと環境や過ごし方に違いが出ます。サービスの利用により，利用者が混乱することなく生活が継続できるようにするためには，家族とサービス提供事業者のあいだでの情報の提供と共有が必要です。情報の共有がない場合，日常生活の連続性が途切れ，自宅でつちかわれていた生活習慣がくずれることがあります。一方，情報を共有することでよいリズムがつくられ，生活の活性化につながることがあります。情報の共有に役割を発揮するのは連絡帳です。連絡記録には，日中の様子，水分や食事の摂取状況，連絡事項，確認事項などを記載します。家族とサービス提供事業者が利用者の視点に立ち，連携して支援することが可能になります。

▶▶ ケアカンファレンス記録

　ケアカンファレンス記録とは，介護職，看護職，リハビリテーション職，栄養の専門職など多職種が集まり，利用者の支援について話し合った会議記録のことです。利用者のよりよい状態をめざして，あるいは差し迫った課題を解決するために，互いのもつ情報を提供して，確認し合い，利用者の目標の実現に向けて，具体的な援助方法について話し合い記録します。たとえば，朝昼夕で多少のばらつきがあるが30分ほどで完食していた利用者が，毎回，60分かかるようになった場合，途中で介助が必要かどうかを話し合うためなどの目的でカンファレンスを開きます。各専門職の視点から検討し，食べる意欲があり，むせもなくおいしく食べられているなら，時間がかかってもそのまま様子をみることを共有し，ケアの統一をはかることができます。

▶▶ 5W1H を活用する

5W1H（When, Where, Who, What, Why, How）の要素を取り入れて記録すると，簡潔で明確な記録を書くことができます（表 3-47）。

表 3-47 ● 5W1H とは

When ・・・いつ（○年○月○日，○時○分ごろ）
Where ・・・どこで（居室，食堂，トイレ，浴室，玄関などの場所）
Who ・・・だれ（どのような人）（だれがだれに，だれとだれが）
What ・・・何（何が起きたか，何をしたか，何をされたかなど）
Why ・・・なぜ
How ・・・どのように

▶▶ 文体をそろえる

文体には，常体（文末に「だ，である」を使う）と敬体（文末に「です，ます」を使う）があります。

会話の場合はていねいで，やわらかな印象を与える敬体を使い，記録では事実を簡潔に明確に伝えやすい常体を使います。

▶▶ 読みやすく，わかりやすく書く

介護職は，利用者の心身の状況に応じて，意図的なはたらきかけを行います。記録には，その意図的なはたらきかけと，はたらきかけによる利用者の変化を書き記します。

記録は，ほかの人にも読まれ活用されますので，正確で，読みやすく，わかりやすく書くことが大切です（表 3-48）。

▶▶ 記録に不適切な言葉は使わない

記録には，使わないほうがよい言葉があります（表 3-49）。その多くは，介護職が判断した言葉です。判断した言葉を書くのではなく，その言葉で書きあらわそうとした事実（出来事，状況など）を具体的に記録します。介護職の判断を書く場合には事実と分けて書きます。

また，人権や尊厳を損なう言葉，自立支援や自己決定の視点が感じられない言葉も，記録を書くときにはふさわしくありません。

表 3-48 ● 記録を書くときの留意点

① 主語を明確にする。	⑦ 1文の長さを35文字以内にする。
② 記憶がたしかなうちに書く。	⑧ 必要時，利用者の言葉をそのまま書く。
③ 事実をそのまま書く。	⑨ ほかから得た情報は情報源も書く。
④ 要点を簡潔に書く。	⑩ 誤字，脱字に気をつける。
⑤ わかりやすい表現で書く。	⑪ 手書きの場合は読みやすいようにていねいに書く。
⑥ 適切な専門用語や略語を使う。	

表 3-49 ● 記録を書くときに使わないほうがよい言葉

・不穏　・拒否　・勝手に〜　・指示に従わない　・指示が入らない
・機嫌がよい，悪い　・気むずかしい　・暴力的　　　　　　　　　　など

▶▶ 介護記録の電子化

施設，事業所において電子記録の導入が進んでいます。電子化によりデータを同時にいろいろな記録に反映させることができ，記録にかかる時間の短縮，効率化がはかれます。また，職種間での情報共有も容易になり，多職種の視点からの分析，課題の早期発見・解決につながりやすくなります。さらに，業務に入る前に必要な利用者の情報を一覧で簡単に確認できるため，情報漏れによるリスクを軽減できます。

▶▶ 記録を書き間違えたとき

記録は事実を書き残す公的文書です。記録を書くときは，書き換えができないように，消せないボールペン（黒）などで書きます。記録を訂正する場合は，間違えた文字に二重線をていねいに引き，訂正をして訂正印を押します（図 3-15）。

図 3-15 ● 記録を訂正する方法の例

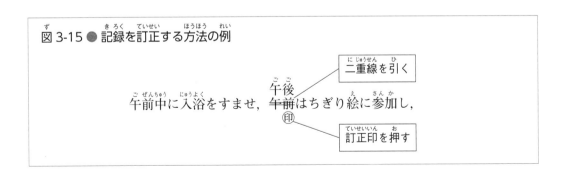

二重線を引く
午後
午前中に入浴をすませ，午前はちぎり絵に参加し，
印
訂正印を押す

❺ 記録の保護と管理 :::

▶▶ 個人情報とは

記録には個人情報が含まれます。個人情報は，個人情報の保護に関する法律（個人情報保護法）において，生存する個人に関する情報であって，特定の個人を識別することができるものと規定されています（☞第1巻 p.229）。

▶▶ 記録を取り扱う際の留意点

介護職はもちろん，利用者にかかわる施設や事業所内の職員は，個人情報が外部にもれることがないように，適切な対応をとる必要があります。

(1) 個人情報を含む記録類の保管の仕方

介護の現場では，ケアプラン，介護計画，介護記録，苦情や介護事故の記録など個人情報が含まれる記録類がたくさんあります。紙媒体の記録は鍵のかかる場所に保管します。電子媒体の記録はパスワードを設定し，第三者に知られないようにします。記録の閲覧は決まったところで行う，記録は持ち出さない，個人情報が書かれた書類を机上に広げっぱなしにして放置しないなどの整理整頓をすることも，個人情報の漏洩防止に役立ちます。保存年限を過ぎた記録は，情報が漏洩しないように適切に処理して廃棄します。

(2) 記録類の開示を求められた際の対応

本人から記録類の開示の請求を受けたときは，本人に対し遅滞なく開示しなければなりません。また，請求を受けたデータの全部または一部について開示しない旨を決定したときは，本人に対し遅滞なく，その旨を通知しなければなりません。

情報開示により誤解が解けた例もあります。認知症の利用者が転倒し受診しました。数日後，額の大きなこぶと首にまで広がった内出血を見た家族が不審に思い，介護記録の開示と説明を求めました。介護記録には転倒したときの様子，受診の結果，その後の変化が詳細に書かれていたため，不信感が払拭され，信頼につながりました。

(3) 事例発表で記録を取り扱う際の留意点

事例発表等で個人情報のデータを活用したい場合は，本人に説明をして同意を得てからデータを収集し活用します。本人が判断できない場合は，本人の代理人等に説明をして同意を得ることが必要です。また，同意が得られても実名で用いることはしません。①生年月日ではなく年齢を用いる，②氏名や住所，施設名などはイニシャルではなく，アルファベットを順にふる，③必要な情報のみを用いるなど，個人が特定されないように配慮します。

職場内での事例検討会では，匿名化する必要はありません。職場から持ち出す可能性がある場合は，漏洩を防止するために匿名化します。

▶▶ 介護記録の例

　介護職は利用者のいちばん身近にいる専門職です。だからこそ、いちばん多くの情報を把握しています。利用者の思いが尊重され、利用者自身が十分に力を発揮でき、安心して、安全に暮らせるためには、介護職が記録の目的を理解して、必要な事実を客観的に簡潔に書き記すことが求められます。

図 3-16 ● 介護記録の例

日時	内容	サイン
6/15（木） 12：30	Ｖさんは昼食で、粥を半分以上残していた。粥は好きかと聞くと「嫌い」と答えた。嫌いなのになぜ食べているのか聞くと「出されるから」と言う。好物を聞くと「わからない」と小さな声で答えた。寿司は好きか、まんじゅうは好きかとたずねると、「海苔巻やいなりずしは食べたい」「粒あんの最中を食べてみたい」とはっきりとした声で答えた。なぜ粥が提供されているのかを含め、食事内容について看護師や栄養士と相談する必要があると考える。	吉田

　図 3-16 に示した記録をもとに、介護職は看護師、栄養士とミーティングをもちました。そのなかで、表 3-50 のようなことが確認されました。

表 3-50 ● 記録をもとにＶさんについて確認されたこと

① 咀嚼、嚥下ともに問題なく、常食が食べられる。
② 半年前に風邪をひいたときに粥になり、回復後も変更していなかった。
③ 介護職は深く考えずに提供し、本人は出されるから仕方がないと思っていた。
④ 本人は好物を考えても仕方がないから、考えることもしなくなっていた。

　ミーティングのあと、Ｖさんの食事は常食になり、好みも配慮してもらい、毎回食事を楽しんで、全量摂取するようになりました。

　介護職には、情報を把握するための観察する力、疑問をもつ力、目的に応じて記録する力が求められます。適切な記録がなければ、Ｖさんはいつまでも「よくない状態」が続いたかもしれません。

4. 報告・連絡・相談による情報の共有化

❶ 報告・連絡・相談の意義と目的

　報告・連絡・相談は，利用者の生活を支援するチームの一員として仕事を進めるために不可欠であり，チームのコミュニケーションを円滑に進めるという意義と目的があります。

　介護の仕事は，1人で勝手に進めることはできません。また，すべてを自分1人でかかえていては何も進みません。したがって，報告・連絡・相談は，仕事をするうえで必要な行動ということができます。

　今日の介護保険施設では，ユニットケア（→ p.218 参照）や小規模化が進んでいます。それにともなって，一人ひとりの介護職にまかされる業務の範囲が明確になってきています。ユニット内（小規模施設内）で起こっていることを，その場にいる介護職がどのように報告・連絡・相談するのか，これまで以上に介護現場における報告・連絡・相談の適切さが問われる時代になっています。

❷ 報告・連絡・相談の具体的な方法と留意点

▶▶ 報告

　報告は，頼まれた仕事が終わったときに責任をもって担当した事柄の結果について，仲間や上司に対して行います。長期間にわたる仕事であれば，途中で，進行状況を報告することも必要です。

　介護保険施設では，介護職がシフトを組んで勤務しているため，夜勤の介護職が日勤の介護職に対して，勤務時間帯の様子を報告する申し送りが業務に位置づけられています。これも1つの報告です。

　報告の際の留意点は表 3-51 のとおりです。

表 3-51 ● 報告の留意点

・報告をする「タイミング」を考える。
・いつ，だれに報告するべきか，確認する。
・口頭による報告がよいのか，文書による報告がよいのかを検討する。
・報告の筋道と要点を整理する。
・報告内容には，「見たこと」「観察したこと」「実際にあったこと」などの「客観的事実」と「そのことに対する自分の判断」を含める。
・トラブルや事故，苦情については，すぐに報告する。

▶▶ 連絡

連絡の意義と目的は，連携を強めることにあります。自分の仕事をうまく進めるためなどの目的があって相手と連絡をとったりします。介護の現場では，利用者本人や家族，関係機関から問い合わせがあったときなど，それに応じるために連絡をとることも多くあります。円滑なコミュニケーションを進めるためには，適時の連絡が大切です。

チームメンバーと連絡をとるために，いつ（または，どのような場面で），だれに，どのような手段で連絡をとればよいのかを確認しておく必要があります。連絡をとったときは，相手から得た情報や相手の反応についてメモや記録に残しておきましょう。

連絡の際の留意点は表 3-52 のとおりです。

表 3-52 ● 連絡の留意点

- 連絡をする「タイミング」を考える。いつ，だれに連絡するべきか，確認する。
- 状況に応じた適切な連絡方法を確認しておく。
  （緊急時は携帯電話，夜間は自宅の電話，日中はファクシミリなど）
- 口頭による連絡がよいのか，文書による連絡がよいのかを検討する。
- 内容については「５Ｗ１Ｈ」を頭において連絡する。
  （いつ：When，どこで：Where，だれが：Who，何を：What，なぜ：Why，どのように：How。「いくら：How much」を入れて，「５Ｗ２Ｈ」とする場合もある）

▶▶ 相談

相談によって，仕事の進め方や仕事上の悩みなどに対して助言を得ることができます。また，必要な情報も得ることができます。さらに，相談することによって，自分勝手な思いこみによる方法ではなく，職場全体の方向性をふまえて仕事を進めることができます。

１人でかかえこまずに，仕事を前に進めるためには，適時の相談が大切です。主観的な思いこみは，他人に語ることで客観視できたり，外から評価してもらうことで，自分の仕事の仕方や支援の方法をふり返ることができたりします。

相談の際の留意点は表 3-53 のとおりです。

表 3-53 ● 相談の留意点

- いつ，だれに相談するべきか，確認する。
- 資料や進行プロセスなどを準備してから相談する。
- 自分なりの考えや対策を頭に描いてから相談する。
- 相談の目的を明確にしてから相談する。
- 相談内容はメモをとる。
- 相談した結果や経過について，報告する。

5. 会議による情報の共有化

❶ 会議の意義と目的

▶▶ 会議を開催する意味

　会議は関係者が集まって相談し，物事を決める場です。関係者の顔と顔がつながり，直接，意見交換をするなかで，信頼関係が形成され，具体的な連携のパイプをつくることができます。

　会議の場には，関係者が一堂に会しているので，その場で詳しい状況報告を行い，連絡事項を全員に確実に伝えることができます。わからないことについては，互いに質問し合い，だれもが同じレベルで情報を理解することができます。

　このように，会議は情報共有の場であり，問題解決の場でもあります（表3-54）。集まった人々の経験や知恵を集め，検討課題の解決を進めていく場なのです。

表 3-54 ● 会議の種類

・情報共有型…連絡事項を全員に確実に伝えるための会議
・問題解決型…その時々に職場で検討しなければならないことについて話し合う会議

▶▶ 会議の準備と参加する態度

　会議を開くには十分な準備が必要です。また，何のための会議なのかがあいまいで，単に「○○会議」と称して集まっているだけでは，時間の無駄です。

　参加者の貴重な時間を使って開催するため，会議は目的を明確にし，時間を決めて，効率的に実施することが大切です。

　会議に参加するときの態度を，表3-55にあげます。

表 3-55 ● 会議に参加するときの態度

・会議の目的を理解して参加する。
・事前に資料に目を通し，会議に集中する。
・質問は簡潔に，また，意見を述べるときは，要点をしぼって伝える。
・他者の意見に耳を傾け，自分と意見が違う人の発言についてもさえぎらない。

▶▶ 職場内ミーティング

それぞれの職場には，職場内の問題を解決することを目的とした会議があります。ミーティング，主任会議，業務改善委員会など職場によって会議の名称はさまざまです。この問題解決型会議における留意点は，表3-56のとおりです。

表3-56 ● 問題解決型会議における留意点

・利用者の立場で考える（主語は利用者）。
・できない理由を並べ立てるのではなく，可能にする方法を考える。
・壁（困難なこと）を具体的にあげ，1つひとつの解決策を考える。

事例11　ミーティングのテーマが，いつの間にかすり替わってしまう

ある施設で，「身体拘束防止のための事例検討」というテーマの職場内ミーティングが開かれたときの，介護職の発言である。

「歩くと転ぶかもしれません。骨折すると大変なので，車いすに縛ることもやむを得ません」

この介護職の発言のとおりに介護を行うと，利用者は，車いすから離れることができないため，座ったまま車いすで移動するなど，車いすの上で生活することになる。一見，主語は利用者で，利用者の安全のためにやむを得ず縛るしかないという印象を与えているが，本当にそうだろうか。

あなたは座ったまま，何時間も同じ姿勢でいられますか。利用者は長時間，車いすに座っているため，腰や尻が痛くなり，姿勢を変えたり，立ち上がったり，歩いたりしたいはずです。利用者を車いすに縛っているのは，実は，「利用者が立ち上がると，介護職は手間がかかって困るから，歩かないようにさせている」のかもしれません。

職場内ミーティングにおいて課題の解決を考える際には，常に主語は利用者本人であることを確認しましょう。とくに強調したいのは，できない理由を探していては，問題は解決しないということです。

▶▶ ケアカンファレンス・事例検討会

ケアカンファレンス・事例検討会は，本人の意向や希望をふまえて，参加メンバーが知識と技術と経験知を集結し，よりよい介護について考える場です。

目標を共有し，ケアプランにもとづいた個別サービス計画を立案したり，修正，評価を行います。チームメンバーのだれがどのような役割をになうのかを明確にし，連携を具体化する場でもあります。

事例提供者は，とくにどのようなことを検討したいのか，ケアカンファレンスの目的を明確にし，資料を準備します。施設や事業所で定めた記録様式がある場合はそれにそって準備します。

ケアカンファレンスの進め方と留意点は，表3-57，表3-58のとおりです。

表 3-57 ● ケアカンファレンスの進め方（1事例を45分で検討する場合の例）

・事例提供者は一定の様式にそって資料をまとめておく。
・司会者（タイムキーパー），記録者を選出する。
〈時間配分〉
　　5 分　事例紹介（事例提供者）
　10 分　事例のイメージ化（全員）
　　5 分　アセスメント情報とケアプランの提示（事例提供者）
　25 分　アセスメント情報とケアプランの検討（全員）

表 3-58 ● ケアカンファレンスの留意点

・参加メンバーは，事前に資料をよく読み，疑問や意見をメモしておく。
・当日，司会者と記録者を決める。
・時間を厳守する。
・参加者は事例提供者に対して，「こんなこともできていないの」と批判したり，「こう書いてあるけれど，ここは間違っているのでは」とあら探しをしたりしない。
・事例像や生活状況をイメージし，共有化に努める。
・参加メンバーの知識や技術や経験知を集結する。

▶▶ サービス担当者会議

　サービス担当者会議は，介護支援専門員が呼びかけ，居宅サービス事業者の担当者が集まって開催されます。ケアプラン（居宅サービス計画）原案の内容について，担当者から，専門的な見地からの意見を求めることを通じてケアプランの内容を検討していく会議です。

　サービス担当者会議には，利用者本人や家族も参加します。ケアプランの原案をもとに，本人や家族の意向を確認したうえで，支援の方針や目標を明確にして，関係者がどのような協力体制を組むかを話し合います。

　集まった専門職がそれぞれの専門性にもとづいた意見を述べ，それを反映したケアプランを作成することによってチームによる支援が促進され，ケアプランがよりよいものになります。

　サービス担当者会議の進め方と留意点は，表3-59，表3-60のとおりです。

表 3-59 ● サービス担当者会議の進め方

・参加メンバーの紹介
↓
・利用者からサービスに対する希望や意向を話してもらう
↓
・総合的な援助方針の検討と確認
↓
・ケアプラン原案の提示
↓
・専門職としての意見と意見交換
↓
・役割分担や大まかな支援内容の確認

表 3-60 ● サービス担当者会議の留意点

・中心は利用者。本人が望む暮らし，本人の意向や希望を共有する。
・専門用語や略語を使わず，わかりやすく説明する。
・会議で資料を配付することや会議で扱う情報について，あらかじめ利用者および家族に説明して了解を得ておくとともに，プライバシーの保護に留意する。
・チームメンバーが互いに何をするのか，関係者の合意をはかる。

学習のポイント 重要事項を確認しよう！

第3章

第1節 介護におけるコミュニケーション

■コミュニケーションの意義，目的，役割

●介護を必要とする多くの高齢者や障害のある人は，何らかのコミュニケーション障害があり，自分の意思や要求を相手に伝えることが困難になっています。　→ p.130

●介護職がより有効な対人援助を行うためには，利用者をよく知ると同時に，自分自身をよく知ることが基本となります。　→ p.130

■コミュニケーションの技法

●メッセージを伝える伝達経路（チャンネル）には，言語的チャンネルと非言語的チャンネルの2つがあります。すべてのチャンネルのうち，言語的チャンネルが2〜3割であるのに対して，非言語的チャンネルは7〜8割を占めます。　→ p.134

●コミュニケーションをさまたげる要因を雑音といいます。雑音には，物理的雑音，身体的雑音，心理的雑音，社会的雑音という4種類があります。　→ p.135

■支援関係の構築と意思決定の支援

●介護職は，支援を行うなかでコミュニケーションの技法を用いて，利用者および家族と信頼関係（ラポール）を構築していくことが重要です。信頼関係が構築できると，豊かな相談場面につながります。　→ p.136

●意思決定の支援では，利用者が「自分で決めた」という思いになるように支援していきます。　→ p.137

第2節 介護におけるコミュニケーション技術

■話を聴く技法

●積極的に聴く技能は，傾聴といわれ，対人援助の基本技能であるばかりでなく，重要な価値観，姿勢，もしくは態度であるともいわれます。　→ p.138

■利用者の感情表現を察する技法

●対人援助のなかで相手の思いを受けとめ，それを相手に共感的に戻すためには，相手の思いを知ると同時に，自分自身の感情表出の傾向を知ることも必要です。　→ p.140

■利用者の納得と同意を得る技法 ──────────────
● 利用者の納得と同意を得る技法として,「明確化」「焦点化」「要約」の技
法,さらに「直面化」の技法があります。　　　→ p.142

■質問の技法 ──────────────
● 閉じられた質問とは,「はい」または「いいえ」で答えられる質問,およ
び簡単に2～3の単語で答えられる質問です。開かれた質問は,相手に
自由を認め,相手が自分自身の選択や決定による答えを見つけることをう
ながします。　　　→ p.144

■相談・助言・指導の技法 ──────────────
● 介護職は,利用者が自分の思いや状況を問題や課題として認識したり,周
囲の人が問題に気づく前の「よくわからないもやもやした状態」のときに
自然に思いを表現したりすることをうながし,それを受けとめる役割を果
たしているといえます。　　　→ p.146

■利用者の意欲を引き出す技法 ──────────────
● 利用者の自己決定を尊重することは,利用者の意欲を引き出す際にも非常
に重要です。　　　→ p.149

■利用者と家族の意向を調整する技法 ──────────────
● 利用者の意向を把握することは,介護を行ううえで不可欠なことですが,
それほど簡単なことではありません。　　　→ p.150

第3節 **介護場面における利用者・家族とのコミュニケーション**

■コミュニケーション障害の理解 ──────────────
● コミュニケーション障害とは,情報の受信から発信までの過程が何らかの
支障によって適切にはたらかず,コミュニケーションを実践することがで
きない状態を意味するものです。　　　→ p.152
● 利用者と介護職のあいだで生じるコミュニケーション障害の原因は,大き
く分けて,①生活環境に問題がある場合と,②利用者のコミュニケーショ
ンにかかわる諸機能が何らかの原因で障害されている場合が考えられま
す。　　　→ p.154
● 介護職がコミュニケーション障害について理解する目的は,介護の実践を
通して生活支援を行うためであり,利用者との信頼関係を築くためです。　→ p.156

■チームマネジメントの理解と活用 ─────────────

● チームマネジメントとは，チームが行動するために必要な目標を設定し，目標達成のためにさまざまな資源を効率的に活用するしくみを整えることです。そのため，管理職やベテラン職員に限らず，新任職員もチームマネジメントにかかわる大切な存在なのです。 → p.186

● 介護現場で行われているチームの取り組みの多くは，①ケアの展開，②人材育成・自己研鑽，③組織の目標達成に分類できます。日常的なチームの取り組みが，3つの分類のなかでどのような意味をもつものなのかを考察することも，チームマネジメントを実践するうえで大切な視点です。 → p.191

● 人材育成・自己研鑽は，現場での実際の仕事を通しての学び（OJT）と，研修会や通信教育など，介護の現場を離れての学び（Off-JT）の2つに分けることができます。 → p.192

● 目標管理・達成のしくみを組織・チーム内につくっていくことも，チームマネジメントの取り組みの1つです。 → p.194

■チームのコミュニケーションとは ─────────────

● チームのコミュニケーションの目的は，チームの力を引き出すこと，チームによる支援を動かしていくことにあります。 → p.196

● チームのコミュニケーションを進める具体的な方法として，記録，報告・連絡・相談，会議があります。 → p.197

■記録による情報の共有化 ─────────────

● 記録は，書いただけでは一方的なコミュニケーションで終わります。書いたものを受けとめて活用する関係があって，双方向のコミュニケーションが成り立ちます。 → p.198

● 介護職は業務として，利用者の理解を深めるための情報のほか，介護行為の具体的な事実とその根拠，実施後の利用者の変化などを記録します。 → p.199

● 介護職はもちろん，利用者にかかわる施設や事業所内の職員は，個人情報が外部にもれることがないように，適切な対応をとる必要があります。 → p.204

■報告・連絡・相談による情報の共有化 ─────────────

● 介護の仕事は，1人で勝手に進めることはできません。したがって，報告・連絡・相談は，仕事をするうえで必要な行動ということができます。 → p.206

■会議による情報の共有化 ─────────────

● 会議は情報共有の場であり，問題解決の場でもあります。集まった人々の経験や知恵を集め，検討課題の解決を進めていく場です。 → p.208

1 アドボカシー

あどぼかしー
➡ p.137 参照

権利擁護ともいう。社会福祉の分野では，自己の権利や援助のニーズを表明することが困難な利用者に代わって，援助者が代理として，その権利の獲得やニーズの充足を行うことをさす。

2 エンパワメント

えんぱわめんと
➡ p.137 参照

社会的に排除されたり，差別されたりしてきたために「能力のない人」とみなされ，自分自身もそう思ってきた人々が，みずからについての自信や信頼を回復し，みずからの問題をみずからが解決することの過程を通して，身体的・心理的・社会的な力を主体的に獲得していくこと。

3 イーガン（Egan, G.）

いーがん
➡ p.140 参照

アメリカの心理学者。「私はあなたに十分関心をもっていますよ」と相手にごく自然に伝える身体面の動作として5つをあげ，英語の頭文字をとって SOLER（ソーラー）と名づけた。

4 相談面接

そうだんめんせつ
➡ p.146 参照

利用者やその家族がかかえている生活上の課題を解決する目的で行われる面接のこと。相談面接にあたっては，その目的のほか，継続回数の予測，面接の頻度と1回あたりの長さなどをあらかじめ明確にしておくようにする。

5 生活場面面接

せいかつばめんめんせつ
➡ p.146 参照

利用者の生活場面で行われる面接のこと。具体的には，利用者の居宅，福祉施設の居室や食堂，病院のベッドサイドなどで行われる。この面接の利点としては，利用者が直面する実生活上の問題をその場で具体的に把握することができ，介護職の側からも積極的に利用者にはたらきかけて生活課題を発見していくことがあげられる。

6 バイステック（Biestek, F. P.）

ばいすてっく
➡ p.147 参照

アメリカの社会福祉研究者。個別援助の援助関係における価値観について，7つの原則を示した。

7 クライエント

くらいえんと
➡ p.147 参照

援助対象者の意味であり，福祉分野では
サービス利用者と呼ばれるのが一般的であ
る。

8 ストレングス

すとれんぐす
➡ p.149 参照

個人，家族，コミュニティなどのもってい
る「強さ」（能力・意欲・自信・資源など）
のこと。

9 大脳新皮質

だいのうしんひしつ
➡ p.152 参照

大脳半球の表面をおおう灰白質部分を大脳
皮質といい，おもに脳神経細胞の神経体に
よって構成されている。大脳皮質は，大脳
の最外層をおおう新皮質と，新皮質の内側
にある古皮質からなり，新皮質は，学習や
言語活動，認知など，人間らしい高次な精
神活動をになうとともに，運動や感覚の中
枢の機能をもつ。

10 糖尿病性網膜症

とうにょうびょうせいもうまくしょう
➡ p.158 参照

眼底出血などによる視力障害を生じる糖尿
病の合併症。日本では，中途失明の主要な
原因の1つである。

11 加齢性難聴

かれいせいなんちょう
➡ p.161 参照

加齢とともにみられる聴力障害で，低音域
の聴力は保たれる一方，高音域の聴力が障
害されるという特徴がある。

12 脳血管障害

のうけっかんしょうがい
➡ p.165 参照

血管不全による脳障害で，多くは突発的に
発症し，脳障害の部位，程度によりさまざ
まな神経症状を呈する。脳血管の閉塞で虚
血が続けば脳梗塞の過程が進み，脳の軟化
が起こる。また，出血により，脳実質内に
血腫をつくるものを脳出血，くも膜下腔に
出血するものをくも膜下出血という。

13 構音障害

こうおんしょうがい
➡ p.165 参照

正しく発音できない状態のこと。種類とし
ては，①運動性構音障害，②器質性構音障
害，③機能性構音障害がある。

14 指折り法

ゆびおりほう
➡ p.166 参照

健側の手の指を折りながら，これに合わせ
て言葉を拍ごとに区切って発話すること
で，系統的に言葉を獲得する訓練法のこ
と。たとえば，犬ならば「イ／ヌ」，電話
ならば「デ／ン／ワ」というように区切る。

⑮ 失語症

しつごしょう
➡ p.168 参照

大脳の言語野が損傷されることによって生じる言語機能の障害であり，すでに獲得していた言語を話したり，聞いたり，書いたり，読んだりすることが困難になる。損傷部位によって言語の表出面が障害される運動性失語症，理解面が障害される感覚性失語症など，異なるタイプがあらわれる。

⑯ 半側空間無視

はんそくくうかんむし
➡ p.171 参照

左右どちらか半分に対して注意が向かなくなる症状で，網膜には物が映っていても，脳の損傷によってその物を認識できないことから生じる。目は見えるのに半側にある人や物を無視したり，ぶつかったりするといった行動を起こす。

⑰ 高次脳機能障害

こうじのうきのうしょうがい
➡ p.172 参照

脳血管障害などにより脳に損傷を受け，その後遺症として生じた記憶障害，注意障害，社会的行動障害などの認知障害などのこと。

⑱ 特別支援学校

とくべつしえんがっこう
➡ p.175 参照

学校教育法にもとづいて，視覚障害，聴覚障害，知的障害，肢体不自由や病弱のある人に対して，幼稚園，小学校，中学校や高等学校に準ずる教育を行うとともに，障害による学習上または生活上の困難を克服し，自立をはかるために必要な知識技能を授けることを目的に設置される学校のこと。

⑲ 就労継続支援Ｂ型

しゅうろうけいぞくしえんビーがた
➡ p.175 参照

通常の事業所に雇用されることが困難であり，雇用契約にもとづく就労が困難である障害のある人に対して，就労の機会の提供，生産活動の機会の提供，就労に必要な知識および能力の向上のための訓練などを行うサービス。

⑳ ピアサポーター

ぴあさぽーたー
➡ p.179 参照

同じ障害や症状のある人が，みずからの体験にもとづいて，仲間の障害のある人を支援する活動をピアサポートといい，そのような活動に取り組む人をピアサポーターと呼ぶ。

㉑ 見当識障害

けんとうしきしょうがい
➡ p.184 参照

認知症の中核症状の１つ。現在の時刻や年月日，季節（時間の見当識），あるいは場所（場所の見当識）などの基本的な状況を感覚的に把握できなくなること。また，人の顔（人物の見当識）の識別や関係性がわからなくなること。

22 24 時間 RO

にじゅうよじかんアールオー
➡ p.185 参照

RO（Reality Orientation：リアリティ・オリエンテーション）とは，グループアプローチのテクニックの1つで，認知症の人の見当識障害を正しい方向へ導くことにより，現実認識を深めることを目的としている。24 時間 RO は，RO の1つで，認知症の人とスタッフとの日常生活における基本的なコミュニケーションのなかで「自分はだれか」「現在どこにいるか」「今は何時か」などの現実認識の機会を提供する。

23 申し送り

もうしおくり
➡ p.188 参照

仕事の内容や状況を口頭で伝えることをいい，介護の現場では，勤務シフトのひきつぎ時（たとえば，夜勤者から日勤者へ）に行われる。その勤務帯の出来事，留意事項などを伝える場である。

24 ICT

アイシーティー
➡ p.188 参照

Information and Communication Technology の略。「情報通信技術」と訳される。

25 グループ・ダイナミクス

ぐるーぷ・だいなみくす
➡ p.188 参照

小集団の場にはたらくさまざまな心理的力動性を研究して，人間関係や社会現象を解明しようとする科学のこと。集団力学と訳される。社会福祉の援助においては，施設，在宅のいずれであっても集団援助の形態をとることが多いので，集団援助技術を進めるための分析や方法としても活用されることが多い。

26 ユニットケア

ゆにっとけあ
➡ p.206 参照

特別養護老人ホームなどにおいて，居室をいくつかのグループに分けて1つの生活単位とし，少人数の家庭的な雰囲気のなかで行うケアのこと。ユニットごとに食堂や談話スペースなどを設け，また職員の勤務形態もユニットごとに組むなど，施設のなかで居宅に近い居住環境をつくり出し，利用者一人ひとりの個別性を尊重したケアを行う試みといえる。

自立に向けた
生活支援技術の基本
（生活支援技術 Ⅰ）

第**1**節 生活支援と ICF

第**2**節 居住環境の整備と福祉用具の活用

第**3**節 移動・移乗の生活支援技術の基本

第**4**節 食事の生活支援技術の基本

第**5**節 入浴・清潔保持の生活支援技術の基本

第**6**節 排泄の生活支援技術の基本

第**7**節 着脱，整容，口腔清潔の生活支援技術の基本

第**8**節 家事援助の基本

【到達目標】

● 生活支援における ICF の意義と枠組みを理解している。

● ボディメカニクスを活用した介護の原則を理解し，実施できる。

● 自立に向けた生活支援技術の基本（移動・移乗，食事，入浴・清潔保持，排泄，着脱，整容，口腔清潔，家事援助等）を習得している。

● 居住環境の整備，福祉用具の活用等により，利用者の生活環境を整備する視点・留意点を理解している。

生活支援と ICF

1. 生活支援とアセスメント

❶ 生活支援とは

▶▶ 介護職が行う生活支援

介護とは，加齢にともなう身体機能の低下や障害によって，日常の生活行為に介助を必要とする人々にかかわり，生活の継続を支援していくことです。

介護を必要とする人からみると，今までできていたことができなくなり，これまでの暮らしが変化することを余儀なくされるつらさがあります。介護職は，介護サービスを利用するこのような人たちの生活を把握し，利用者のこだわりや価値観を尊重し，これまでと同じ方法や手順ではないにせよ，必要なところを介助し，利用者自身がもっている力を最大限に発揮してもらいながら，その人らしい生活の継続を支援していきます。

このように考えると，介護職が行う生活支援とは，ただ単に言われたことをすればよいというものでもなければ，業務としてこなすものでもないことがわかります。介護職に求められることは，自分の目の前にいる利用者に対し，どのような介護が必要なのかを判断し，なぜその方法を選択したのかという根拠を考えることができ，自分以外の介護職にも共通認識してもらえるように，記録として残すことです。

❷ 生活を把握する方法

生活支援を行うために必要なことは，介護を必要とする人の生活について現状を把握することです。

生活を把握する方法とは，その人の生活全般について，観察・記録・コミュニケーション等の介護技術を用いて情報を得ることです。情報には，介護職の視覚，聴覚，嗅覚，触覚といった感覚を用いて得る情報（客観的情報）と，苦痛，悩み，希望，意欲などその人が発する言葉から得る情報（主観的情報）があります。これら客観的情報と主観的情報から得た内容を解釈・統合し，その人にどのような介護が必要か，それはなぜかという介護上の課題を分析して，課題の優先度を判断し，介護の方向性を明確にしていきます。この一連のプロセスをアセスメント（☞第3巻 p.10）といいます。

利用者の生活を支援するにあたっては，その人の心身の状況に応じて，移動・移乗，食

事，入浴・清潔保持，排泄，衣服着脱，睡眠などの介護を行います。表4-1では，車いすへの移乗と移動の介護に必要な観察項目をあげました。客観的情報と主観的情報の両方を把握する必要があるのは，介護職の客観的情報のみで介護を進めた場合，一方的な介護になってしまう可能性があるからです。

表 4-1 ● 車いすへの移乗と移動の介護に必要な観察項目

	客観的情報	主観的情報	各項目が観察に必要な理由
福祉用具や自助具を正しく使用できるか	✓		自立的支援に関する観察項目
適切な自助具が使用されているか	✓		
自分で行う気持ち，意欲があるか		✓	
車いすの操作は正しくできているか　など	✓		
座位がとれるか	✓	✓	身体的状況に関する観察項目
麻痺はないか	✓	✓	
立ったり，座ったりができるか	✓	✓	
歩行ができるか	✓	✓	
寝返りができるか	✓	✓	
起き上がりができるか	✓	✓	
関節の拘縮はないか	✓	✓	
脚，胸，手の力の筋力低下はないか	✓	✓	
動作に痛みはないか	✓	✓	
周囲の状況の認識ができるか		✓	
視力や視野の障害はないか　　　　　など	✓	✓	
移乗するための空間はあるか	✓		リスクを回避する観察項目
移乗時に安定した姿勢が保たれているか	✓		
ふらつきはないか	✓	✓	
福祉用具の損傷・故障はないか	✓		
覚醒しているか　　　　　　　　　　など	✓		
意思の伝達ができるか	✓		尊厳に関する観察項目
自分のしたい動作の意思があるか		✓	
好みの自助具を取り入れているか　　など		✓	

2. ICF の視点とアセスメント

❶ ICF の考え方

▶▶ ICF とは何か

介護において，ICF はどのように活用することができるでしょうか。まずは，ICF から説明していきましょう。

ICF（☞第4巻 p.394）とは，International Classification of Functioning, Disability and Health の略であり，**国際生活機能分類**と訳されています。2001 年に，**世界保健機関（WHO）**[1]（⇒ p.354 参照）がすべての人をとらえるときの共通言語として提唱したものです。

ICF は，心身機能・身体構造，活動，参加，環境因子，個人因子の各構成要素によって成り立ち，心身機能・身体構造，活動，参加の3つの構成要素は並列になって，人が生きるための生活機能となっています。この生活機能に影響を及ぼす背景因子として，環境因子と個人因子があげられています（図 4-1，表 4-2）。

これらの各構成要素は互いが網の目のようにからまっているので，1つの要素が変化するとほかの複数の要素にも影響を及ぼすものであると考えられます。

構成要素は実際にはさまざまな領域からなり，それぞれのカテゴリーに分かれています。カテゴリーは利用者の状態・状況を把握するための観察項目として役立ちます。

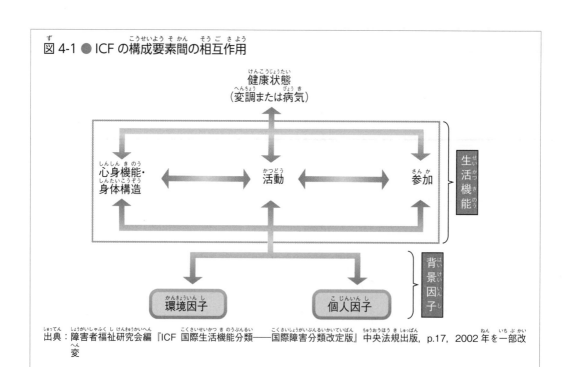

図 4-1 ● ICF の構成要素間の相互作用

健康状態
（変調または病気）

心身機能・身体構造 ⇆ 活動 ⇆ 参加 ｝生活機能

環境因子　　　個人因子 ｝背景因子

出典：障害者福祉研究会編『ICF 国際生活機能分類——国際障害分類改定版』中央法規出版，p.17，2002 年を一部改変

いうマイナス面だけではなく，「生きることの全体像」

...はプラスとマイナスの両側面から表現が可能なも

のにな...

ま...

をとら...

表 4-2 ●...目の具体例

構成...	...メント項目の具体例
健康状態	変調，傷害，けが（外傷），妊娠，加...素質のような状況
心身機能・身体...	...能（心理的機能を含む）をいい，「身...部分などの身体の解剖学的な部分を...声と発話の機能，心血管系・血液...・代謝系・内分泌系の機能，尿...関連する機能，皮膚および関連...すること
活動と参加	「活...な観...りのこ...具体例...解，書く...む，手紙を......ドを整える，家具の配置，他者との協力，ストレス対処，危機...処等），コミュニケーション，運動・移動，セルフケア（自分の身体を洗ってふき乾かすこと，身体各部の手入れ，排泄，更衣，食事，自分の健康管理等），家庭生活（住居，家事等），対人関係，主要な生活領域（教育，仕事，経済生活），コミュニティライフ・社会生活・市民生活（宗教とスピリチュアリティ，人権等）
環境因子	人々が生活し，人生を送っている物的な環境や社会的環境，人々の社会的な態度による環境を構成する因子のこと。具体例：物的環境（住居と構造，食品，薬，福祉用具等），人的環境（家族・同居者・友人等の支援や態度），自然環境（動物と植物，気候，光，音，振動等），サービス・制度・政策
個人因子	個人の人生や生活の特別な背景。具体例：性別，人種，年齢，体力，ライフスタイル，習慣，生育歴，教育歴，職業，過去および現在の経験，行動様式，性格

出典：障害者福祉研究会編『ICF 国際生活機能分類——国際障害分類改定版』中央法規出版，2002 年より作成

▶▶ している活動，できる活動，する活動

　介護職は生活を支援する専門職として中心的な役割をにないます。その際，利用者に対する観察項目として ICF のすべてのカテゴリー項目（約 1500 項目）を用いることは困難ですが，こうした分類の考え方（表 4-3）を介護における観察の視点として用いることは可能です。

　とくに活動は，利用者の日常生活に多くのかかわりをもつ介護職にとって，大切な視点になるものです。介護を必要とする人がどの程度自力でできるのか，一部介助が必要なのか，全介助が必要なのかを判断することは重要であり，そのために 1 つひとつの行為の何を観察するのか，必要な視点は何かを整理する際に役立つのが活動の視点です。

　活動は，実行状況（している活動）と能力（できる活動）に区別されます。大川は『介護保険サービスとリハビリテーション』（中央法規出版，2004 年）のなかで，実行状況とは「毎日の生活の中で特別な努力なしに実行している活動」であり，能力とは「訓練や評価の場面で発揮できる活動能力」と述べています。

　つまり「している活動」とは，ふだんの生活のなかで実際に「している」生活行為であり，「できる活動」とは専門家や家族のはたらきかけ，工夫などによって，ふだんはできないけれども訓練時や評価時には「できる」ものです（表 4-4）。「できる活動」を「する活動」にすることをめざし，「している活動」に到達させます（図 4-2）。

表 4-3 ● 生活機能の階層構造（各階層の特徴）

心身機能・身体構造	活動	参加
生物レベル （生命レベル）	個人レベル （生活レベル）	社会レベル （人生レベル）
＊身体のはたらきや精神のはたらき，また身体の一部分の構造のこと。	＊生きていくのに役立つさまざまな行為で，「している活動」と「できる活動」がある。	＊社会的な出来事に関与したり，役割を果たすこと。
それに問題が起こった状態は機能障害（例：脳梗塞などによる手足の麻痺，関節の拘縮）と構造障害（例：事故などによる手足の一部切断など）。	ADL（日常生活作）から家事・仕事・人との交際・趣味など，生活行為のすべて。 それらが困難になった状態は活動制限。	例：主婦としての役割，親や祖父母としての役割，地域社会（町内会や交友関係）のなかでの役割，その他いろいろな社会参加のなかでの役割。 それらが困難になった状態は参加制約。

出典：大川弥生『介護保険サービスとリハビリテーション』中央法規出版，p.4，2004 年を一部改変

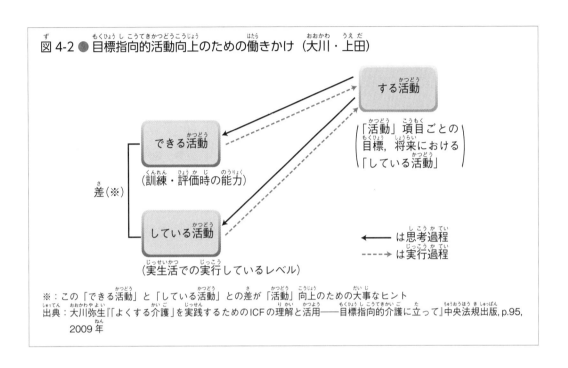

表4-4 ● 「できる活動」「している活動」の例

機能訓練室では，車いすでの座位から，手すりをつかんで立位になることができるが，居室では「できない」と言い，介護職による介助を求める。

図4-2 ● 目標指向的活動向上のための働きかけ（大川・上田）

する活動

できる活動
（訓練・評価時の能力）

差（※）

している活動
（実生活での実行しているレベル）

「活動」項目ごとの
目標，将来における
「している活動」

⟵ は思考過程
----→ は実行過程

※：この「できる活動」と「している活動」との差が「活動」向上のための大事なヒント
出典：大川弥生『「よくする介護」を実践するためのICFの理解と活用──目標指向的介護に立って』中央法規出版, p.95, 2009年

▶▶ 介護職とICF

　利用者の身近な存在である介護職は，とくに「している活動」という視点で利用者の生活行為の情報を得ることが大切です。これまでの「できないところを介護する」という視点ではなく，ICFが示す相互作用（図4-3）をよく理解し，他職種と連携しながら「している活動」「できる活動」を向上させ，「活動」「参加」を可能にし，「心身機能」によい影響をもたらすことは，利用者の暮らしを支える介護職のあり方と合致するのではないでしょうか。

　介護職は日常生活の状況をもっとも詳細に把握できる専門職です。ICFによる共通したツールを用い，生活機能，とくに日常生活における活動について背景因子との関連から現状の「している活動」「できる活動」を把握し，生活支援という視点からどのような方法で行うことで「する活動」まで到達させることができるかを考え実施します。

図 4-3 ● ICF の構成要素間の相互作用

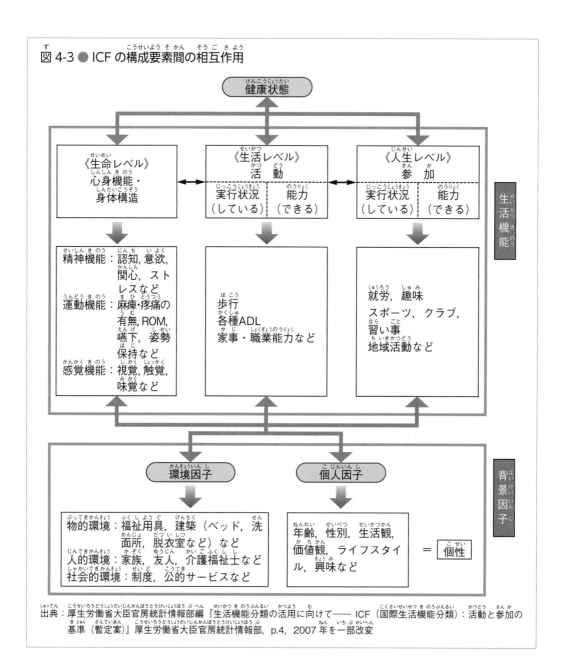

出典：厚生労働省大臣官房統計情報部編『生活機能分類の活用に向けて―― ICF（国際生活機能分類）：活動と参加の基準（暫定案）』厚生労働省大臣官房統計情報部，p.4，2007 年を一部改変

❸ ICF と生活支援技術のアセスメント

　「生活支援技術Ⅰ」（第4章）と「生活支援技術Ⅱ」（第5章）では，人の生活を支援する技術を全般的に学びますが，その際，単に手順を身につければよいわけではありません。基本技術のプロセスを基盤に，自立度が高い人にはどのような介助方法がよいか，一部介助が必要な人にはどのような介助方法がよいか，また，全介助が必要な人にはどのような介助方法がよいかを考え，判断できなければなりません。それぞれの状態に合わせた介護を提供するためには，さまざまな角度からの観察の視点が必要となります。

　本章第3節以降では，移動・移乗，食事，入浴などの場面ごとに，介助の視点や実際の介助方法を解説しています。その際，各節にある「ICF の視点と○○の介助のアセスメント」では，ICF の各構成要素（①心身機能・身体構造，②活動，③参加，④環境因子，⑤個人因子）に健康状態を加えた6項目を指標に，観察のポイントをあげて，ICF の視点と生活支援におけるアセスメントの視点の関係性を整理しています（☞第2巻p.248，p.276，p.284，p.302，p.307）。

　また，「○○の介助におけるアセスメントの視点」では，おもに心身機能・身体構造は【身体的側面】や【精神的側面】として，活動は【ADL など】，参加や個人因子は【社会的交流】，環境因子は【環境的側面】の領域に読み替えて区分し，それぞれ行為ごとに観察のポイントをあげています（☞第2巻p.251，p.256，p.266，p.309，p.314，p.320，p.439）。

　生活支援技術（介護技術）のなかには，支援する手法としての観察の技術も含まれています。生活支援技術（介護技術）を身につけることは，観察できるための知識，判断できる力，そして支援する技術と一連の過程を学ぶことになります。

居住環境の整備と福祉用具の活用

1. 居住環境の意義

❶ 居住環境としての住まい

　人が生きていくうえで生活の基盤となるのが住まいです。

　住まいは，何をするにも自分流のスタイルを保つことができる場所であり，好きなときに目覚め，好きなときに食事をし，好みの衣服を選んで自分らしく装い，好きな音楽を聴いたり，好きなテレビを観たり，寝そべったり，また，だれにも邪魔されずに排泄や入浴ができるプライベートな空間が確保されています。

　こうした1つひとつの生活行為を，人はただ生命を維持するためだけに行っているわけではありません。食べる行為や身なりを整える行為も，自分なりの満足感をもちながら行っています。1つひとつの行為が心地よいという感覚のなかで，とくに意識することもなく，日常生活のなかで行われます。

　このように，住まいとは，日々の暮らしのなかで個人の欲求を満たす場であり，生命の安全が確保され，明日への生きる原動力をつちかう場です。

　また，住まいは，家族と生活をする場でもあります。夫婦，親子，兄弟・姉妹がそれぞれの役割をもち発揮しながら助け合い，認め合って，よりよく生きていこうという精神的な豊かさをも含んだ空間です。

　このように考えると，居住環境としての住まいとは，家族をいつくしみ育て，人生の終わりまでをやすらかに過ごす場であり，ライフサイクル[2] (➡ p.354 参照) のどの時点においても住みやすく，人が安心して快適に生活ができる場であることが求められます。

❷ 住まいの役割

　住まいには，自然災害などから身を守るシェルターとしての役割や，生命をはぐくみ財産を守り，生活文化を伝承する生活の場としての役割，また，個人と家族，近隣との地域社会を結ぶ役割があります。

　人は，大人になり高齢期を迎えるまでに，一生涯生まれ育った場所で住みつづける人もいれば，転居によって住み替える人などさまざまです。

　世帯の状況をみてみると，1980（昭和 55）年の時点では，65 歳以上の者のいる世帯のうち，三世代世帯の割合が全体の半数を占めていましたが，2022（令和 4）年では夫婦のみの世帯および単独世帯がそれぞれ約 3 割を占めています。今後も 65 歳以上の一人暮らしや夫婦のみで暮らす高齢者が増加することが予想されます。

　住宅の所有状況は，65 歳以上の高齢者の持ち家率が 8 割以上ともっとも高く，残りの約 2 割は借家等で生活しています。高齢になり自分の身体がおとろえたときに住みたい住居の形態として，「現在の住居に，とくに改修などはせずそのまま住み続けたい」や「現在の住宅を改修し住みやすくする」が上位に並び，次に「介護を受けられる特別養護老人ホームなどの施設に入居する」等となっています。

　しかし，高齢期の多くを自宅で過ごす高齢者にとって，自宅内での事故が多いのが現状です。65 歳以上の高齢者の家庭内事故でもっとも多い発生場所は，居室です。次いで，階段，台所・食堂，玄関となっており，体力のおとろえにより，なにげない移動動作が不自由になり，転倒・転落がきっかけで骨折などの事故が発生していることがわかります。若年層では事故が起きづらい場所で，高齢者の事故が起こっています。

　高齢期の住まいは，転倒・転落などを予防し安全で健康な生活が持続できるように居住環境を整えることが求められます。

2. 生活空間と介護

❶ その人らしさを実現する居住空間

▶▶ 住み慣れた場所と介護の関係

長年住み慣れた地域や家で暮らしつづけることは，高齢者にとって重要な意味があります。住んでいた地域の空気感やまわりの人との人間関係がどれだけその人を支えているのか，目には見えないものの，その人の心理や行動に深く影響しています。

生まれ育った土地を離れ，子どもと同居する高齢者のなかには，言葉や生活習慣の違いなどによって，周囲の環境や人間関係に溶けこめないという人もいます。

介護が必要な高齢者の生活支援では，生活してきた地域やそこでの暮らしに目を向け，生活から切り離さない介護を考え，生活の継続をはかることが重要です。とくに生活意欲が低下している高齢者には，生活の背景に目を向け，居心地よい居住環境を整えることが，その人らしい生活を再構築することにつながります。

▶▶ 居場所の確保

居場所とは，自分が安心して身をおくことができる場所であり，自分が自分らしくあるための環境をさします。

居場所の条件としては，次のことが考えられます。

① だれからも干渉されることがない。
② 自由な時間がもてる。
③ 自己決定が保障されている。
④ よいもわるいも許される集団がある。
⑤ さまざまな出会いや発見がある。

居場所に身をおくと，安心した心理状態になれるとともに，そこに他者とのつながりが存在していることが重要です。それは，介護が必要な状態になったとしても同様です。居場所があるかないかによって，その人のQOL[3] (➡ p.354 参照)や満足度は大きく異なってきます。

自宅はプライベートな空間だけに，居場所は確保されやすいといえます。施設でもなるべくプライベートな空間を確保しようと，談話室やプレイルーム，家族との面会室，理美容室や喫茶室など，生活空間にゆとりをもたせる工夫がみられます。

従来型の介護保険施設では，多床室から個室へと生活空間も見直され，小グループを単位としたユニットケア[4] (➡ p.354 参照)の施設も整備されてきています。施設も，自宅にいたときと同じように「あたりまえの生活ができる」場へと変わりつつあります。

❷ 居住環境のアセスメント

▶▶ 日常生活上の問題

　私たちは自分の暮らしやすいように居住環境を整え，使用目的や好みを反映した家具や電化製品などを身のまわりに置きながら生活しています。しかし，加齢による心身機能の低下によって，ふだんなにげなく使っているトイレや浴室，階段は，たちまち使いづらくなる可能性があります。

　介護が必要な状態となった人の生活支援を考える場合，今ある環境に生活を合わせるのではなく，利用者の生活に環境を合わせることが必要となってきます。介護職には，その人の生活スタイルや心身機能の状態を考慮しながら，自立に向けた生活が継続できるように，居住環境を整えることが求められます。

▶▶ ICF の視点と居住環境の整備におけるアセスメント

　介護を必要としている人の日常生活を支援するためには，その人の全体像を把握し，理解することが重要です。介護の領域でも，アセスメントを行ううえで ICF の視点が求められるようになりました。

　居住環境は，ICF の環境因子に位置づけられ，なかでも物的環境に該当します。居住しているのは自宅か施設か，具体的に支援を行ううえで，トイレや浴室はどのような設備や配置になっているか，日常生活で用いる家具や器具などについて情報収集し，活動の制限や参加の制約がないかアセスメントすることは重要です。

　また，居住環境のアセスメントでは，個人の好みや生活への満足度も重要であり，利用者の生活史や文化的な背景，生活習慣，価値観，こだわりといった個人因子にも着目します。

　加齢や病気によって生活機能が低下した場合，適切な居住環境が整備されていなければ活動制限や参加制約につながりますが，逆に居住環境が整備されていると活動や参加という生活機能の障害は軽減されることにつながります。居住環境を適切に整えることは，自立に向けた生活の実現へとつながり，利用者の QOL の向上をはかることができます。

3. 福祉用具の活用

❶ 福祉用具とは

　福祉用具は，「心身の機能が低下し日常生活を営むのに支障のある老人又は心身障害者の日常生活上の便宜を図るための用具及びこれらの者の機能訓練のための用具並びに補装具をいう」と福祉用具の研究開発及び普及の促進に関する法律では定義されています。

　高齢者に対しては，老人福祉法にもとづく日常生活用具給付等事業が 1969（昭和 44）年から始まり，現在ではこれらの種目は一部の種目を除き介護保険法により給付されています。

　障害者の日常生活及び社会生活を総合的に支援するための法律（障害者総合支援法）による補装具，日常生活用具，介護保険法による福祉用具貸与および特定福祉用具販売の対象用具などの公的制度を活用して，利用者の生活を支援するとともに，給付対象外の福祉用具についても，積極的に活用する視点が大切です。

❷ 代表的な福祉用具

▶▶ 起居関連用具

（1）　特殊寝台

　特殊寝台（図 4-4）は，ギャッチベッドや電動ベッドとも呼ばれています。床板全体が上下する高さ調整機能，背中を支える部分が昇降する背上げ機能，膝上げ機能などがあり，ベッド上での寝返りや起き上がり，立ち上がり動作を補助します。

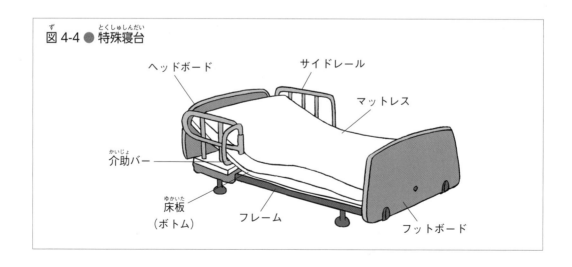

図 4-4 ● 特殊寝台

(2) 褥瘡予防用具

褥瘡ができないように，**支持基底面積**[5]（➡ p.354 参照）を拡大し，圧迫の分散を行ったり，圧力がかかる部位を移動させて（一時的に浮かせて），圧迫からの解放を行ったりするものです。

エアマットやウォーターマットのようにマットレスとして使用するものや，ビーズクッションのように除圧しながら体位を保持するもの，スライディングシート（スライディングマット）のように，摩擦を減らしてベッド上での姿勢を変えるものなどがあります（図 4-5）。

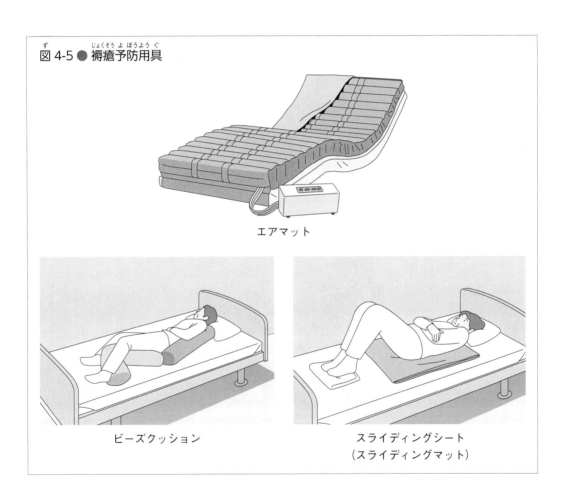

図 4-5 ● 褥瘡予防用具

エアマット

ビーズクッション

スライディングシート
（スライディングマット）

▶▶ 移動・移乗関連用具

(1) 手動車いす

　車いす（☞第2巻 p.257）は車輪がついたいすで，歩行が困難な人が用いる福祉用具です。後輪の外側についているハンドリムと呼ばれる輪を，両手で操作する自走用と，介助者が取り扱いやすいように駆動輪を小さくし，ハンドリムがついていない介助用があります。

　背もたれの角度が変わるリクライニング式車いすや座面の角度が変わるティルト式車いすといった姿勢調整の機能を有した車いすもあります（図4-6）。

　手動車いすに電動補助装置を装着することで電動化した車いすもあります。本人が長い距離を移動しやすいように，手動から電動に切り換えて使うものや，坂道を押しやすいよう介助者が操作して使うものもあります（図4-6）。

(2) 電動車いす

　電動車いすは，上下肢の障害のため手動車いすを自分で駆動できない人や，駆動はできるが長距離の利用が困難な人が使います。道路交通法では歩行者とみなされ運転免許は不要ですが，最高速度は時速6km以下に制限されています。

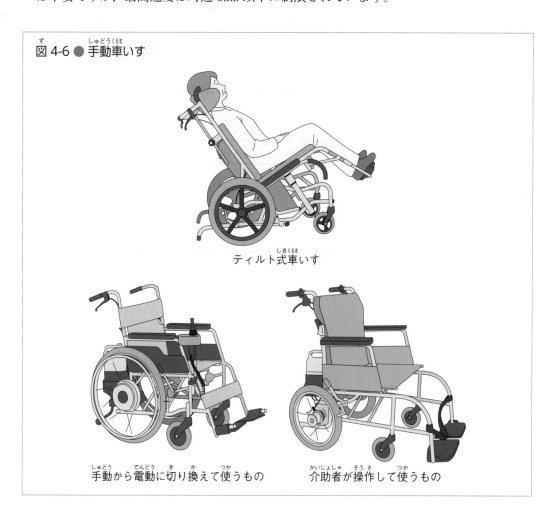

図4-6 ● 手動車いす

ティルト式車いす

手動から電動に切り換えて使うもの　　　介助者が操作して使うもの

(3) 簡易スロープ

玄関などの段差を解消するために用いる持ち運び可能なもので，2本レールのものとフラットな板状のものがあります（☞第2巻 p.387）。

(4) 簡易手すり

移乗や移動に用いるため，居室やトイレの床に置いて使用するものや天井と床のあいだを突っ張って固定するものなどがあります（図4-7）。

(5) 歩行補助具

歩行補助具として，杖や歩行器などがあります。杖には，一般的なT字杖以外に，ロフストランド・クラッチ，多点杖，サイドケイン（ウォーカーケイン／杖型歩行器）などがあります（☞第2巻 p.386）。また，歩行器は，身体を囲むフレームと，長さ調整が可能な4本の脚で構成されます。車輪のない歩行器には，固定式と交互式があります。固定式は歩行器を持ち上げて使いますが，交互式はフレームに可動性があり，左右の脚を交互に前に振り出しながら使用します（☞第2巻 p.385）。

車輪のある歩行器のなかには，傾斜センサーおよび駆動ユニットを搭載し，上り坂ではアシスト機能，下り坂では減速機能，急加速による転倒防止機能や，斜面を横切るときに，歩行器が下側に向くことを防ぐことによって直進しやすくなる機能を有しているものがあります。

(6) スライディングボード

天板の上部がすべりやすい素材で加工されており，ベッドから車いすなどへすべりながら移乗できる用具です（図4-8）。車いすはアームサポートやフットサポートが着脱できるものを選ぶことと，移乗先の高さが同等かやや下がることが使用条件になります。

(7) 移動用リフト

移動用リフトは，身体をつり上げることで，移動が困難な人の移動を補助する用具で

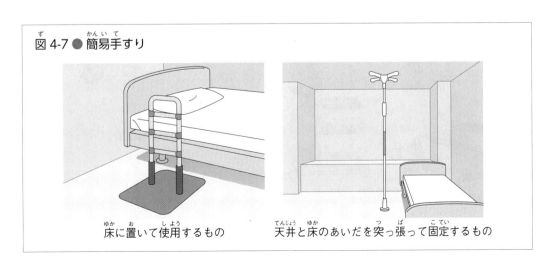

図 4-7 ● 簡易手すり

床に置いて使用するもの　　　　天井と床のあいだを突っ張って固定するもの

す。①据置式（☞第2巻 p.387），②床走行式（☞第2巻 p.387），③固定式（図 4-9）に分けられ，おもに居室，浴室，玄関周囲で使用されます。車いすの段差昇降を可能にする「段差解消機」（☞第2巻 p.387），座いすやいすが昇降することで立ち上がりを補助する「立ち上がり補助いす」（図 4-9），車いすやいすに座った状態で1段ずつ階段を昇降す

図 4-8 ● スライディングボード

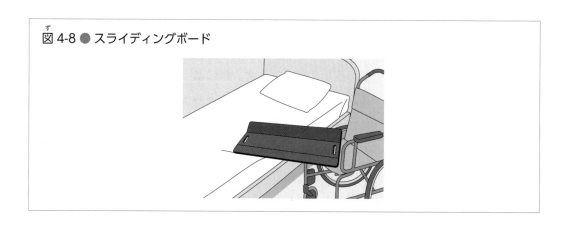

図 4-9 ● 移動用リフト

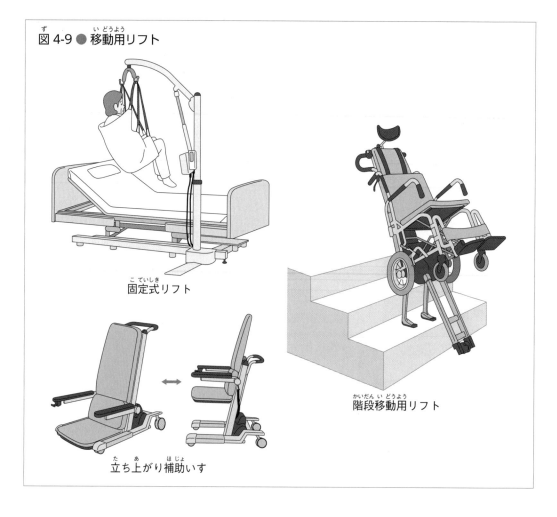

固定式リフト

立ち上がり補助いす

階段移動用リフト

る「階段移動用リフト」（図 4-9）は，介護保険では福祉用具貸与の種目として取り扱われています。

▶▶ 排泄関連用具

本人の身体機能や認知機能に合わせて，それぞれの排泄関連用具を選択します。

腰掛便座は，トイレで座ったり立ち上がったりすることが困難な場合に使用する福祉用具です。①和式便器の上に置いて腰掛式に変換するものや洋式便器の上に置いて高さをおぎなうもの，②電動式またはスプリング式で便座から立ち上がる際に補助できる機能を有しているものがあります。

また，一般的にポータブルトイレ（☞第 2 巻 p.415）と呼ばれている移動可能な便器などもあります。

自動排泄処理装置（図 4-10）は，尿または便が自動的に吸引されるものです。尿や便を受ける部分と蓄尿部から構成されています。

その他，尿器（☞第 2 巻 p.417），差し込み便器（☞第 2 巻 p.417）などがあります。

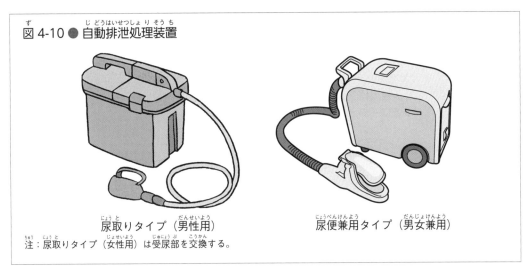

図 4-10 ● 自動排泄処理装置

尿取りタイプ（男性用）　　　　尿便兼用タイプ（男女兼用）

注：尿取りタイプ（女性用）は受尿部を交換する。

排泄予測支援機器は，本人が常時装着し，膀胱内の尿量が一定の量に達したと推定されたときに，介護者に通知する機器です（図 4-11）。おむつへの排泄を可能な限り減らすことが期待できます。

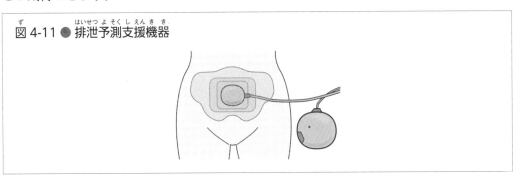

図 4-11 ● 排泄予測支援機器

▶▶ 入浴補助用具

入浴補助用具（図4-12）は，浴室への移動，洗身時の座位保持，浴槽への出入りなどの補助を目的とする用具で，入浴用椅子（シャワーチェア），入浴用車いす（シャワーキャリー）（☞第2巻p.405），浴槽内椅子，浴槽用手すり，入浴台，浴室内すのこ，浴槽内すのこ，浴槽内昇降機（バスリフトなど）（☞第2巻p.405），入浴用介助ベルトなどがあります。

浴室や浴槽の形状は多様なため，入浴動作とともに浴室の環境に配慮して，福祉用具を選択するようにします。

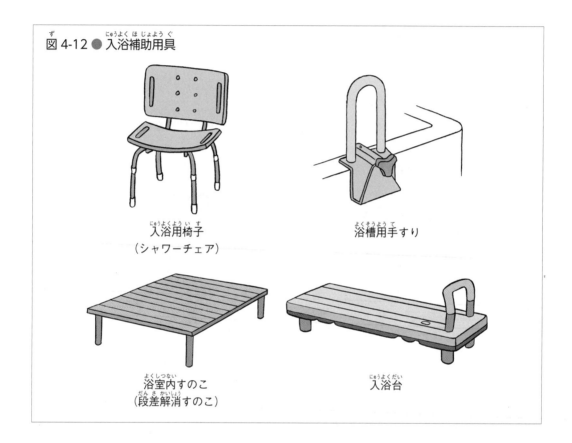

図 4-12 ● 入浴補助用具

入浴用椅子
（シャワーチェア）

浴槽用手すり

浴室内すのこ
（段差解消すのこ）

入浴台

▶▶ 自助具

自助具とは，にぎりを太くしてにぎりやすくしたフォーク（☞第2巻p.394）や角度をつけて食べやすくした皿（☞第2巻p.395）など，肢体不自由のある人の生活動作を，みずからの力で容易にできるよう工夫された道具のことです。食事，更衣，入浴，調理などを支援する自助具が市販されており，これらを活用して自立支援に役立てます。

❸ 生活で福祉用具を活用する視点

▶▶ 生活上の問題の明確化

　福祉用具で解決できる生活動作を明らかにすることが重要です。1つの福祉用具によって，入浴，排泄といった一連の生活行為のすべてが解決するわけではありません。たとえば，入浴台により浴槽の出入りが容易になりますが，浴室までの移動が支援できるわけではありません。したがって，入浴行為のうちどの動作が問題であるかを具体的に把握し，その問題が解決できるよう，福祉用具の組み合わせを考えていかなければなりません。

▶▶ 利用者との適合

　車いすの座幅やフットサポートの長さが不適切で，身体が前方にずり落ちた姿勢をよく見かけます。福祉用具の使用には，利用者の体型と福祉用具が適合していることが不可欠です。

　起き上がり動作を例に考えてみましょう。ベッド上で起き上がりの介助を必要とする人の場合，本人の身体機能をおぎない，介護職の負担も軽減するため，特殊寝台を利用しようと考えます。このとき，利用者の体格が大きく，手をつくスペースがせまいために起き上がりが困難であれば，幅が広いベッドを選択するだけで，利用者本人の能力を活用した起き上がり動作を支援することができます。動作を確認し，なぜ起き上がりに介助が必要なのかを明らかにする視点が大切です。

▶▶ 家族介護者との適合

　車いすを介助する際，グリップは操作しやすい高さなのか，家族が入浴する際に入浴用椅子や浴室内・浴槽内すのこの取りはずしに負担がかからないかなど，福祉用具の操作や準備について，家族介護者の能力との適合をはかることは重要です。

　また，慢性の腰痛などは，長期にわたる身体的ストレスで悪化します。こうした家族介護者の腰痛や健康状態の悪化により，十分な介護力が得られないことも多く，負担を軽減する福祉用具の導入・活用は家族介護者の健康を守るためにも必要です。

▶▶ 環境との適合

　入浴用椅子を洗い場に置くと浴室の扉の開閉ができない，設置したスロープの角度が急で使いづらいなど，居住環境により福祉用具の有効性は左右されます。使用する環境に配慮して福祉用具を選定することが大切です。また，段差の解消，扉の交換といった住宅改修や家具の配置換えを行い，福祉用具が使いやすい環境を整備する視点も重要です。

移動・移乗の生活支援技術の基本

1. 移動・移乗の介助を行うにあたって

❶ なぜ移動をするのか

▶▶ 生活に必要な行為を行う

日常生活を継続するためのもっとも基本的な行為は食事と排泄です。生きていくためには，栄養をとり，老廃物を排泄しなければいけません。加えて，身体を清潔に保ち，衛生的に過ごすには，入浴や整容（歯みがきや洗面など）も重要です。

通常これらの行為は，寝室を起点にして居間や食堂，トイレ，浴室，洗面所で行われます。たとえ何らかの障害により移動が困難になっても，ベッド上での生活にならないように，それぞれの場所までの移動を支援することは，生活を支えるうえで基本的な視点です。

▶▶ 快適に過ごす

尿意や便意があるのにおむつを使用することには不快感をともないます。ベッドから立ち上がり，ズボンや下着を上げ下げする能力があれば，ポータブルトイレを利用することができ，おむつよりも快適に排泄できます。

さらに，トイレまで移動すれば，個室でだれにも気をつかうことなく落ち着いて用を足すことができます。

このように，移動は快適な生活を送るうえで重要な行為です。

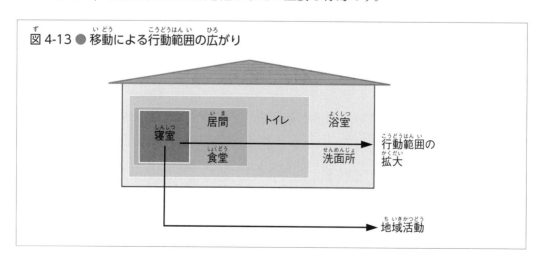

図 4-13 ● 移動による行動範囲の広がり

寝室
居間　トイレ　浴室
食堂　洗面所
行動範囲の拡大
地域活動

▶▶ 生き生きとした生活を継続する

　人は他者との交流を求め，さらには集団のなかで役割を果たし，創造的な活動へとみずからの欲求を実現させています。この欲求が生活の範囲を維持・拡大していく源であり，移動する動機の1つといえます。

　高齢者が老人会の親睦旅行や，お祭りなどの地域活動に参加することを例にとってみましょう。集団への参加は，身じたくや行動を見直したり，悩みごとを相談したりするきっかけになります。

　また，共通の趣味をもつ友人との会話，たとえば盆栽などの趣味についての情報交換は，自宅で趣味活動を継続する意欲の向上につながります。

　突然の事故や病気などで障害を負うことになった場合も，同様のことがいえます。それまでの生活が継続できなくなったときの精神的なショックは大きいものですが，再び移動手段を獲得して目的地に行けるようになることは，それまでの生活を継続するだけでなく，気持ちを前向きにするうえできわめて大切なことです。

▶▶ 身体機能を維持する

　筋力や関節の機能を維持し，また骨を丈夫に保つなど，身体機能を維持することは，生活を継続するために必要なことです。

　筋力の維持には，ふだんから最大筋力の20〜30％以上の筋力を利用する必要があります。関節は，長い期間動かさないでいると，動く範囲が減少する拘縮 [6] (➡ p.354 参照)といわれる状態になってしまいます。

　移動は，姿勢を変える動きをともなうため，筋力や関節可動域を維持する運動につながります。また，重力に抵抗した姿勢をとることは，骨に力を加えることになり，骨を丈夫に保つことにつながります。

　移動はまさに，身体機能を維持する運動の一部といえるでしょう。移動することにより，身体機能の維持がはかられ，身体機能を維持することにより，移動することができるのです。

▶▶ 原則

　介助する際には，次の原則を徹底するように心がけてください。

　※　介助する前に，「利用者の今の状態をアセスメントしたうえで，介助内容を説明し，同意を得る」，そして，介助したあとに，「体調などを確認する」のは，すべての基本です。必ず行うようにしましょう。

　※　本人の動作を見守りながら，必要時に声をかけたり誘導したりしましょう。

　なお，「食事，入浴・清潔保持，排泄，着脱，整容，口腔清潔」の介助，および家事援助などを提供する際も同様です。

❷ 移動動作の基礎となる理論

　日常の身のまわりの行為，家事などの生活を維持するための行為，仕事などの生産的行為，趣味などの余暇的行為，地域活動などの社会に参加する行為など，人が生きていくうえで営む生活全般の行為を生活行為と呼びます。そのすべてに必要なのが運動（からだを動かすこと）と，移動（ある場所からほかの場所へ移ること）です。円滑な運動と移動は，快適な「生活行為」につながり，健康の維持・増進を可能にします。そもそも，その心身の健康が「生活行為」の前提になってもいるのです。ゆえに，「生活行為」の障害は生活範囲をせばめ，生活意欲の低下を招き，不健康な状態を引き起こします。

　利用者の「生活行為」を理解したり支援したりするためには，利用者の身体構造について多面的な理解が必要です（表4-5）。その理解を前提として，ボディメカニクスも意識した支援を行う必要があるのです。

表 4-5 ● 移動動作の基礎となる理論

理論	内容	介助時の視点，応用
支持基底面積	物体や身体を支える（支持する）ための基礎となる，床と接している部分を結んだ範囲のこと。	・広くする→安定する，重心移動が安定する→接地面，摩擦面が増えて動かしにくくなる。 ・せまくする→不安定になる→接地面，摩擦面が減って動かしやすくなる。
重心	物体を1点で支えてバランスをとろうとした場合の点。その物体のすべての重さがかかっていると考えられる点のこと。	・高くする→不安定になる→慣性の法則がはたらきやすくなる。 ・低くする→安定する→動かしにくくなる。 ・寄せる→力を入れやすくなる，安定して動かしやすくなる。 ・離す→支えるなどの力を入れにくい一方で，慣性の法則がはたらきやすくなる場合もある。
重心線	重心から床面に垂直に下ろした線のこと。	・重心線が支持基底面の内側に入っていないと，身体が倒れる。 ・介助者が膝を曲げて，腰を落とす（重心を低くする）ことで，姿勢が安定する。また，腰への負荷が小さくなる。

ベクトル	大きさと向きをもった量のこと。力をはたらかせて物を動かすと，同じ大きさの力でも，押すのと引くのとではその効果はまったく異なる。力は大きさだけではなく，向きももつ。	・介助の際は，押すのではなく引くことでベクトルを集め，意図した方向に確実に動かすことができる。
慣性の法則	電車が急ブレーキをかけると，乗車している人が倒れそうになるように，静止している物体はそのまま静止し続けて，運動している物体はそのまま動き続けること（等速直線運動）。	・仰臥位から側臥位に体位変換する際に，膝を立て下肢から先に回転させると，慣性の法則がはたらき（トルクや，てこの原理もはたらく），倒れこむ形で身体の向きが変わる。
慣性モーメント	回転させたり止めたりするときの手ごたえの大小（回転運動に対する抵抗の大小）をあらわす量のこと。傘をたたんでいるときよりも開いているときのほうが，回転させたり止めたりするのに大きな力を要する。	・膝を立てられない利用者の下肢を組んでもらう（重ねる）ことで，小さな力で利用者を回転（仰臥位から側臥位に変換）させることができる。
トルク	物体を回転させる力のこと。自転車を例にすると，ペダルを押す（こぐ）力。回転する軸の中心に近い場所を押して回すよりも，遠くの位置を押したほうがトルクをかけやすくなる。	・利用者の身体を小さくまとめ，膝を立てて，肩と膝を支えて利用者の体軸を回転させると，トルクの原理がはたらきやすくなる。この方法によって，小さな力で利用者を回転（仰臥位から側臥位に変換）させることができる。
てこの原理	物体に「支点」を介して力を加えることで，小さな力を大きな力に変えたり，小さな移動距離を大きな移動距離に変えたりする目的で使われるしくみのこと。	・てこの原理の応用で「運動範囲の増大」「運動速度の増大」につながり，「少ない力で同一の結果を得る」ことができる。
摩擦力	接触している２つの物体のうち，どちらかがすべったり転がったりするときに，その接触面においてこれらの運動をさまたげる方向にはたらく力のこと。	・ベッド上での上方移動の際に感じる抵抗のように，摩擦力がはたらくと，身体の接触面に，動作の方向と逆方向の力がはたらくため，押して動かすには力がいる。 ・つるつるした床＝摩擦力が低くすべりやすい。 ・粘着性のある床＝摩擦力が高くひっかかりやすい。

❸ ボディメカニクスの活用 ::

▶▶ ボディメカニクスとは

　ボディメカニクスとは，骨格や筋肉などの相互関係で起こる身体の動きのメカニズムです。ボディメカニクスを正しく応用することで，利用者・介助者双方の負担を少なくし，障害を起こさず，無駄な動作をすることなく介助することができます。また，ボディメカニクスは力学的に安定し，疲労しにくい「よい姿勢」につながります。

▶▶ ボディメカニクスのポイント

　以下のボディメカニクスのポイントは，単独でとらえず，関連性を複合的にとらえて活用する必要があります。

(1) **支持基底面積を広くとり，重心位置を低くする**
　　介助者や利用者が足を前後・左右に開き支持基底面積を広くすることで，立位姿勢の安定性を高めます。また，重心位置を低くすることで，身体がより安定します。

(2) **介助する側とされる側の重心位置を近づける**
　　介助者と利用者双方の重心を近づけることで，移動の方向性がぶれずに一方向に大きな力がはたらくため，より少ない力での介助が可能になります。

(3) **大きな筋群を利用する**
　　腕や手先だけではなく，腹筋・背筋など，身体の中心部分に位置する太く大きな筋肉を活用して介助します。腹筋・背筋・大腿四頭筋・大殿筋などの大きな筋肉を同時に使うことで，1つの筋肉にかかる負荷が小さくなり，大きな力で介助することができます。その結果，介助者の身体にかかる負担を少なくし，腰痛などを防ぐことができます。

(4) **利用者の身体を小さくまとめる**
　　利用者の腕を組んで，身体を小さくまとめます。これにより，利用者の身体を小さな力で回転させることができます。

(5) **「押す」よりも手前に「引く」**
　　押すと力が分散しやすくなるため余計な力が必要となり，目的の位置まで移動させることがむずかしくなります。引くと力を一方向に集中させることができるため余計な力を入れることなく，目的の位置に容易に移動させることができます。

(6) **重心の移動は水平に行う**
　　介助する側が足を広げて立ち，持ち上げずに下肢の動きだけで水平に移動することで，安定して重心移動ができます。

(7) **介助者は身体をねじらず，骨盤と肩を平行に保つ**
　　身体をねじると，力が出しにくいだけでなく，重心がぐらついて不安定になります。

244

また，腰部への負担が大きくなり，腰痛の原因にもなります。介助者のつま先を動く方向に向け，骨盤と肩を平行に保つようにすると，身体をねじらずに姿勢が安定します。

(8) てこの原理を応用する

てこの原理を使えば，小さな力を大きな力に変えることができます。利用者は腰を支点にし，肘を力点にして起き上がります。介助する場合は，利用者の腰が支点となり，肩甲骨付近を力点にして起こします。このように，介助の場面では，てこの原理が多く用いられています。

(9) 身体の各部位の回転を意識し，回転軸を利用する

ベッドから車いすへ移乗するときの身体の動きは，上肢・下肢の回転や，上体の前傾姿勢（＝前方への回転）をともないます。また，ベッド上で**長座位**[7]（➡ p.354 参照）（☞第 4 巻 p.3）から**端座位**[8]（➡ p.355 参照）（☞第 4 巻 p.3）になるときは，利用者の骨盤を回転軸として介助します。前述の「移動動作の基礎となる理論」をふまえ，身体の回転や回転軸を意識して介助します。

(10) 生理学的に自然な動きを意識する

「いすから立ち上がるときには，足を引いて前かがみになると，自然に**殿部**[9]（➡ p.355 参照）（☞第 4 巻 p.73）を上げることができ，重心線を支持基底面積に収めるため，円を描くように上体を起こしていく」など，起き上がったり，立ち上がったりするときの動作は，連続したさまざまな要素で構成されており，それを自然に（＝定型的に無意識で）行っています。介助者はその自然な動きを，前述の「移動動作の基礎となる理論」を用いながら意識化し，介助に反映させます。それにより，無理のない介助が行えます。

そのようにすると，利用者の「みずからの自然な身体の動きを介助者に補助してもらう」という意識につながり，介助者にまかせきりになったり，介助者に身体を預ける形になり，物体のように動かされたりする状況を防ぐことができます。それもまた「自立支援」のために求められる介助です。

---

❹ 配慮すべきポイント

▶▶ 移動・移乗の介助における基本的な視点

(1) 動線を考えた動きをする

ボディメカニクスをふまえたうえで，環境・状況に最適な動線を考え，無駄な動きにならないようにします。最適な動線で介護することで，利用者・介助者両方の負担を減らすことができます。また，動線を考慮することで，利用者が自分でできる場合もあります。

(2) 事前に，利用者の体調等を確認する

移動できるかどうかを判断するため身体の状態を利用者に聞いたり，観察したり，記

録を確認したりして，利用者の移動能力，痛み，障害，疾病の状態，心理面等を確認します。また，関係する他職種の指示や，申し送り事項の有無と内容も確認します。

（3）介助の目的・内容・方法を伝え，同意を得る

利用者の心身の状況や**対人距離（パーソナルスペース）**[10]（➡ p.355 参照）をふまえたうえで適切な距離をとり，視線を合わせます。動作の目的と内容を伝え，具体的に，何をどのように介助するのか，その際にどのような注意点があるかなどを伝えます。

また，認知症の人は，単に「○○ですよ」「○○しましょう」とだけ伝え，あとは無言で介助をはじめると，「驚く」「強制感をもつ」「不快や恐怖を感じ，混乱をきたす」ことにつながり，結果として BPSD（行動・心理症状）につながる可能性もあります。「これから介助が行われる」ことを，その人の状態に応じて**言語的コミュニケーション**[11]（➡ p.355 参照）と**非言語的コミュニケーション**[12]（➡ p.355 参照）の両方を用いて伝えるなど，伝え方を工夫しましょう。目的と手順がわかれば，利用者も反応しやすく，みずから動きやすくなります。できることは自分で行おうとする意欲や意思決定をうながす意味もあり，またやり方に慣れて，自分で行える部分の拡大にもつながります。

（4）1つの介助ごと，動作ごとに説明をする

認知症の人の混乱を防ぐためには，事前の声かけだけではなく，動作ごとに説明をすることが安心につながります。尊厳を守りつつ，場合によっては利用者にわかりやすい表現（**オノマトペ**[13]（➡ p.355 参照）を使いましょう。

（5）命令口調や号令口調を用いない

介助をするときは，命令口調や号令口調のかけ声（「いくよ」「それっ」「せーの」「よいしょ」など）にならない配慮が必要です。

立ち上がるときなど，利用者自身が習慣的に「よいしょ」と言い，介助者が共感的に合わせて「よいしょ」と言うことを否定するものではありません。複数の介助者が介助タイミングを合わせるために口にすることもあるでしょう。しかし，介護は「作業」ではなく，利用者は「モノ」ではありません。専門職として適切な発言を意識する必要があります。

（6）適切な言葉で，体調・気分を確認する

開かれた質問と閉じられた質問を使い分けます（☞第2巻 p.144）。たとえば，立ったときは，立ちくらみなどを確認するため，「立ちくらみはありませんか」など，閉じられた質問を使います。

（7）適切な方法で介助する

利用者のニーズや目標を意識し，利用者の心身の状況と環境に適した方法・速度で，安全・安楽に介助します。利用者の尊厳の保持に十分に配慮し，利用者のズボンをつかんで身体を支えることなどはせず，危険行為や不潔行為とならないように注意して行います。そのためにもケアチームで話し合い，利用者に合った介助方法や手順について事

前に共通認識をもつ必要があります。

(8) 利用者の四肢は，「点」ではなく「面」で支える

　　介助者が，利用者の上肢や下肢を保持したり，保持して動かしたりする際には，片手で上からつかむのではなく，介助者の両手で関節と関節の2点で保持します（図4-14）。片手だけ使う場合は，前腕全体を使って下から面で支えるようにします。

　　片手で上からつかむと，皮膚や関節を痛める可能性があると同時に，利用者の心理的ストレスになる可能性があります。

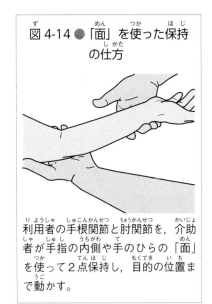

図 4-14 ● 「面」を使った保持の仕方

利用者の手根関節と肘関節を，介助者が手指の内側や手のひらの「面」を使って2点保持し，目的の位置まで動かす。

(9) 患側の状態に注意する

　　片麻痺のある利用者の患側は，運動麻痺や感覚麻痺のため，みずからの力で適切な位置に動かせなかったり，痛みやしびれを感じにくかったりします。介助の際は，関節や皮膚に障害を起こすことを防ぐため，患側の状態を把握したうえで，位置や動かし方などに注意を払います。

(10) 使用する物品は計画的にすべて持参し，環境を整えて用いる

　　スライディングボードやスライディングシート，車いすなど介助に必要な物品は，定期的に点検し，利用者に介助の同意，物品を使用することの同意を得たあとに用意し，介助を行う場所に持ちこみます。忘れ物は事故などにつながります。

　　介助を始める前に利用者に同意を得て，動きやすいように床頭台や利用者の履物を移動させるなど，環境を整えます。物品は，利用者の身体状況に合わせて調節・点検してから使用します。介助が終わったら，物品は利用者のベッド上など，プライベートゾーンに安易に置かず（置く必要がある場合は利用者に同意を得る），介助後には元の位置に戻して，環境を整えます。

(11) 身だしなみのマナーを守る

　　感染症の媒介防止や介助者自身のけがの防止のために，清潔な衣服を適切に着用するとともに，頭髪なども含め利用者に失礼のない身だしなみになっているか確認しましょう。とくに，伸びた爪，名札，アクセサリー類，ベルトの金具等は，利用者にけがをさせる可能性もあります。介助をする前に確認し，必要なければはずすなど利用者に危害が及ばないようにします。

❺ ICF の視点と移動・移乗の介助のアセスメント ┈┈┈┈┈┈┈┈┈┈┈┈┈┈

　介護職には，高齢期における慢性疾患などを通じて，身体活動や精神活動の低下にともなって起こる廃用症候群[14]（➡ p.355 参照）の発生を予防し，寝たきりにさせない工夫が必要です。そして，その人の移動能力をおぎない，生活行為が円滑になるように，障害に応じた福祉用具を活用して移動の拡大をはかるなど，生活行動の広がりをもたせることが求められます。

　表4-6 は，移動・移乗の介助において，アセスメントの情報収集に必要な観察のポイントを，ICF の視点にもとづいて整理したものです。

表 4-6 ● ICF の視点と移動・移乗の介助のアセスメントの関係

ICF の構成要素関連			観察のポイント
健康状態			・脳卒中などの脳疾患 ・関節リウマチ ・筋萎縮性側索硬化症 ・脊髄損傷 ・骨折 ・骨粗鬆症 ・認知症 ・パーキンソン病 ・身体状態（顔色，皮膚，表情，睡眠，食事，排泄，姿勢，歩き方，体重の増減，体調の変化など）　　　　　　　　　　　　　　など
生活機能	心身機能・身体構造		・麻痺や拘縮，振戦の程度 ・筋力低下の程度 ・長期臥床による屈曲の程度 ・関節可動域 ・感覚機能の障害の有無 ・認知機能の低下の有無 ・言語障害の有無 ・意欲の有無（単なる気分の問題か，意識レベルはどうか，不満や不安，痛みや不快感などの反応を把握する）　　　　　　など
	活動 （ADL など）	起き上がり・寝返り	・首を伸ばしたり回したりすることができるか ・膝を左右に倒すことができるか ・手を伸ばすことができるか ・足や腰の回転ができるか ・顔を寝返る方向に向けて顎を引くことができるか ・手で介助バーをつかむことができるか　　　　　　　　　など
		座位	・背筋を伸ばすことができるか ・体重を骨盤と足の裏で支えられるか ・股・膝は直角に曲げられるか　　　　　　　　　　　　　　など

		立位 <small>りつい</small>	・身体を前屈にできるか <small>しんたい ぜんくつ</small> ・殿部を浮かし腰と膝を同時に上に向かって伸ばすことができるか <small>でんぶ う こし ひざ どうじ うえ む の</small> ・立ち上がって身体が後ろに反らないか <small>た あ しんたい うし そ</small>　　　　　　　　　　　　　　　　など
		歩行 <small>ほ こう</small>	・両足に体重を均等にかけることができるか <small>りょうあし たいじゅう きんとう</small> ・手すりがあれば歩けるか <small>て ある</small> ・杖を使えば歩けるか <small>つえ つか ある</small> ・歩行器があれば歩けるか <small>ほ こう き ある</small>　　　　　　　　　　　　　　など
		その他 <small>た</small>	・コミュニケーション，意思の伝達　　　　　　　　　　　　　　など <small>い し でんたつ</small>
	参加 <small>さん か</small>		・仲間や地域社会とのつながり，趣味，家庭での役割　　　　　　など <small>なか ま ち いきしゃかい しゅ み か てい やくわり</small>
背景因子 <small>はいけいいんし</small>	環境因子 <small>かんきょういん し</small>		・物的環境（居室内などの段差，家具の配置，生活動線，福祉用具 <small>ぶってきかんきょう きょしつない だん さ か ぐ はい ち せいかつどうせん ふく し よう ぐ</small> の整備・配置，経済面など） <small>せい び はい ち けいざいめん</small> ・人的・社会的環境（家族介護力，近隣住民，友人，地域の支援体 <small>じんてき しゃかいてきかんきょう か ぞくかい ご りょく きんりんじゅうみん ゆうじん ち いき し えんたい</small> 制，制度・政策など） <small>せい せい ど せいさく</small>　　　　　　　　　　　　　　　　　　　　など
	個人因子 <small>こ じんいん し</small>		・知的状況・価値観・希望（大切にしているもの，健康観，生きが <small>ち てきじょうきょう か ち かん き ぼう たいせつ けんこうかん い</small> い，楽しみなど） <small>たの</small> ・性格（前向き，恐怖心，心配症，依存心など） <small>せいかく まえ む きょう ふ しん しんぱいしょう い ぞんしん</small> ・生活歴，生活環境 <small>せいかつれき せいかつかんきょう</small>　　　　　　　　　　　　　　　　　　　　　など

2. 体位変換の介助

❶ 体位変換の介助を行うにあたって

寝た状態で長時間同じ姿勢でいると，身体の同じ部位にかかる重さ（体圧），筋肉疲労，血管や神経の圧迫が原因となって，血行障害やしびれ感などが起こります。

また，長いあいだ寝たきりの状態が続くと，骨や筋肉が萎縮し，関節も拘縮することからいっそう動くことが困難になります。そのほか，外部からの刺激が少ないと，精神機能が低下する弊害や呼吸機能への影響が生じます。その弊害を予防するのが体位変換です。

体位変換とは，臥位の状態で身体全体の位置を変換することをいいます。体位変換を行うことで利用者は，安楽な体位の保持，同一体位の圧迫による血流障害の防止，筋や関節の拘縮予防，肺の各部位をいかした呼吸，排痰の促進といった効果を得ることができます。

そのため，介護職はできるだけ利用者の身体を起こし，体位を変えます。そして，臥位から座位へと体位が変換できるように，利用者の自立へ向けた介助の視点が重要です。

体位変換の介助を行う際に，介護職はまず自分自身が，安定した姿勢をとることが前提となります。安定した姿勢をとるためには，表4-7に示すことが基本となります。

表 4-7 ● 安定した姿勢をとるための基本視点

① 重心の位置を低くする（膝を曲げて腰を低くする）。
② 支持基底面積を広くとる。
③ 足底と床面の摩擦抵抗を大きくする（すべらない履物を使用する）。

---

❷ 体位変換の介助におけるアセスメントの視点 ::

体位変換は，人が無意識に行っている運動の1つです。しかし，障害などにより身体機能が低下している利用者は自分で行うことがむずかしいため，介護職は，長時間の同一姿勢による苦痛や不快感の除去，褥瘡予防，安楽な姿勢の保持などを目的に介助をします。

体位変換の介助において，アセスメントの情報収集に必要な観察のポイントを表4-8に示します。

表4-8 ● 体位変換の介助におけるアセスメントの視点

観察項目		観察のポイント	
身体的側面		・麻痺（運動麻痺・感覚麻痺），拘縮，振戦の状態 ・痛みの程度 ・関節可動域の制限の有無 ・褥瘡の有無	など
精神的側面		・整容，家事などの生活行為への意欲はあるか ・外出への意欲はあるか ・認知力の低下はないか ・1日の大半を過ごしている場所はどこか ・生活習慣	など
ADLなど		・起き上がりができるか ・座位保持ができるか ・両足のつく座位保持ができるか ・立位保持ができるか ・身のまわりのことができるか ・知覚障害のためにしびれや痛みを感じないことはないか ・体力の程度 ・何らかの方法でコミュニケーションははかれるか	など
社会的交流		・状況に見合った社会的に適切な方法で人々と交流をしているか ・家族や近隣の人との人間関係が保たれているか ・家族内や近隣における役割の内容や程度はどうか ・仕事やボランティア活動，老人クラブや町内会行事への参加の有無	など
環境的側面	物的環境	・居室空間の状況 ・福祉用具の利用状況 ・介護しやすい環境であるか ・自費でサービスが使えるか	など
	人的環境	・介護職の介護技術 ・家族の介護力（介護に対する知識）	など
	社会的環境	・公的・私的サービスはあるか	など

▶▶ 自立度が高い利用者への介助の視点

　自立している利用者に対しても，効果的な声かけをしていくことで，より自立度が高くなるように介助する必要があります。日常生活のほとんどが自立している利用者でも，筋力の低下などにより不安定な動作で移動や移乗を行っている場合があります。「自立している」という先入観をもたずに，介護職は常に利用者の潜在的な運動能力を導き出すためのアセスメントを行い，利用者自身の可能な動きを最大限に発揮できるよう介助していくことが重要です。

▶▶ 水平移動（手前に寄せる）

　Aさんは左片麻痺がありますが，健側の手足は十分活用できます。現在，Aさんは寝ているあいだにベッドの片側に寄ってしまっている状態です。Aさんは安全に横になるために，ベッドの中央に自力で移動したいと考えています。

介助方法

❶　Aさんは枕を移動する方向へ寄せます。患側（左側）の手は胸の上に，健側（右側）の足は患側の膝の下に入れます。

❷　Aさんは健側の手で介助バーをつかみ，頭を上げ，上半身をベッド中央に寄せます。

❸　次に，健側の足で患側の足を持ち上げます。

❹　そのまま健側の足でベッド中央に下肢を寄せます。

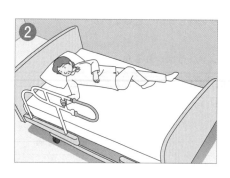
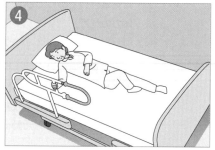

▶▶ 仰臥位から側臥位へ（横に向く）

　Bさんは左片麻痺がありますが，健側の手足は十分活用できます。長時間同じ姿勢だったので，仰臥位[15]（➡ p.355参照）（☞第4巻 p.3）で寝ているBさんに側臥位[16]（➡ p.355参照）（☞第4巻 p.3）になってもらいます。

介助方法

❶　Bさんは寝返る方向へ顔を向けます。健側（右側）の手で同方向へ枕を寄せます。患側（左側）の手を胸の上に置きます。

❷　Bさんは健側の膝を立て，足先は患側の膝の下に入れます。

❸　Bさんは健側の手で介助バーをにぎり，健側の膝を倒します。

❹　Bさんは健側の手を直角に曲げ，健側の足を前に引き出して膝を曲げ，体位を安定させます。

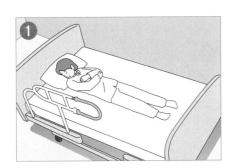

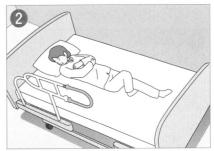

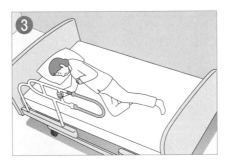

▶▶ 起き上がりから端座位へ

　Cさんは左片麻痺があります。座位姿勢は安定しており，なるべく長時間，自分で座れるように望んでいます。これから食堂へ移動するので，仰臥位になっているCさんに端座位になってもらいます。

介助方法

❶　Cさんは健側（右側）の手で介助バーをつかみながら，身体を横に向けます。健側の足は患側（左側）の足の下に入れます。

❷　Cさんは健側の足を使って下肢をベッドの端に寄せます。

❸　Cさんは足を下ろしながら，介助バーをつかんでいる側の肘を使い，頭を上げて上半身を起こします。

❹　Cさんはベッドに腰をかけ，両足底を床につけて座位姿勢をとります。

❺　介護職はCさんの姿勢の安定性を確認します。

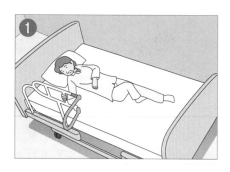
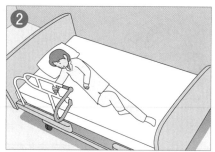
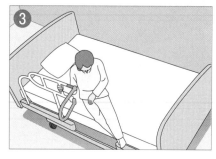
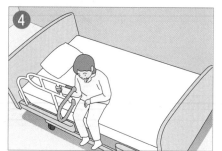

▶▶ 端座位から立位へ

　Dさんは，座位姿勢が安定しています。なるべく自分で杖や介助バーを使いながらでも，立ち上がりたいと望んでいます。これから着替えるので，介護職は端座位で座っているDさんに立位（☞第4巻p.3）になってもらいます。

介助方法

※以下のイラストでは，着替えの準備は省略しています。

❶　Dさんは介助バーにつかまり，浅く座り上体を前に倒します。膝を曲げた状態で体重を前方に移動します。

❷　Dさんは体重を前に移しながら，前かがみの姿勢で腰を上げます。

❸　Dさんは膝を伸ばしながら立ち上がります。

❹　介護職はDさんの膝裏と腰がきちんと伸びているかなどを確認します。

3. 車いすの介助

❶ 車いすの介助を行うにあたって

　車いすは，歩行が困難な人の移動手段として利用します。しかし，現在は単なる移動手段という意味だけでなく，高齢者，病気や障害のある人などが自立した生活を送るうえで欠かせない，大切な福祉用具となっています。たとえば，車いすを利用することにより，趣味活動や旅行など，幅広い社会参加へとつながっていきます。また，歩行がある程度できる人でも，車いすを併用することによって，活動範囲がぐんと広がります。介護職は常に利用者が安全に車いすを使用できるような配慮をすることが必要です。

❷ 車いすの介助におけるアセスメントの視点

　車いすの介助において，アセスメントの情報収集に必要な観察のポイントを表4-9に示します。

表4-9 ● 車いすの介助におけるアセスメントの視点

	観察項目	観察のポイント
身体的側面	運動機能障害の有無と程度	・麻痺（運動麻痺・感覚麻痺），拘縮，振戦の状態 ・変形，筋萎縮の有無 ・筋力の低下　　　　　　　　　　　　　　　　　　　　　など
	身体機能の制限	・座位や立位など姿勢の保持，関節可動域の制限の有無，歩行や移乗の可否と程度　　　　　　　　　　　　　　　　　　　　　　　　　　　など
	その他	・感覚機能の有無や程度，認知機能の低下　　　　　　　　　など
精神的側面		・声かけへの反応，障害受容の程度，認知障害の有無と程度，活動・参加への意欲，趣味や興味をもてるものの有無，気分の落ちこみ，恐怖，不安，依存心，生活習慣　　など
ADLなど		・移乗ができる，見守りが必要，できない ・自走ができる，見守りが必要，できない ・意思伝達ができる，できない　　　　　　　　　　　　　　など
社会的交流		・家族との交流の有無，地域との交流の有無，対人関係，社会的活動への参加の有無　　　　　　　　　　　　　　　　　　　　　　　　　　など
環境的側面	物的環境	・ベッドの高さ，手すりの設置状況や段差の有無，車いすで移動が可能な住宅状況かどうか，自費でサービスが使えるか　　　　　　　　　　　　　　　　　など
	人的環境	・介護職の介護技術 ・家族の介護力（介護に対する知識）　　　　　　　　　　　など
	社会的環境	・公的・私的サービスはあるか　　　　　　　　　　　　　　など

❸ 車いすの基本構造

▶▶ 車いすの基本構造

車いすを利用する場合は，図4-15の車いすの構造を理解したうえで，必ず安全に利用できるか確認することが必要です。表4-10を参考に点検は常に行うようにしましょう。

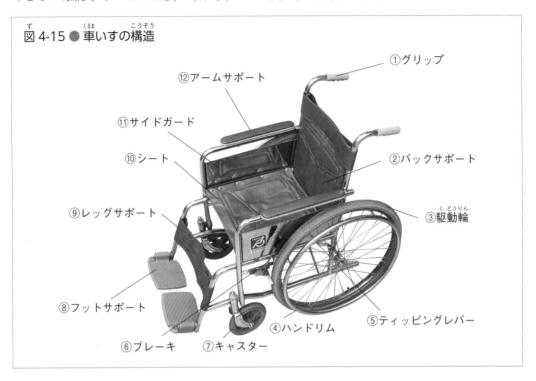

図4-15 ● 車いすの構造

- ①グリップ
- ⑫アームサポート
- ⑪サイドガード
- ⑩シート
- ②バックサポート
- ⑨レッグサポート
- ③駆動輪
- ⑧フットサポート
- ⑤ティッピングレバー
- ⑥ブレーキ
- ⑦キャスター
- ④ハンドリム

表4-10 ● 車いすの点検内容

①グリップ	にぎりの部分はゆるくないか，ぐらぐらしないかなどを点検する。
②バックサポート	利用者がゆったりできるか，取りつけ状態を点検する。
③駆動輪	タイヤの空気圧，回転，摩耗，よごれなどを点検する。
④ハンドリム	取りつけ状態，手でうまく回せるか，よごれなどを点検する。
⑤ティッピングレバー	ぐらぐらしないかなどの取りつけ状態を点検する。
⑥ブレーキ	ブレーキをかけたまま押してみるなど，効き具合を点検する。
⑦キャスター	スムーズに回転するか点検する。
⑧フットサポート	利用者の膝の高さに適合しているか，ぐらぐらしないかなどの取りつけ状態を点検する。
⑨レッグサポート	取りはずしができるタイプもあるので，取りつけ状態を点検する。
⑩シート	利用者に適合したものか，ゆったり座っているかを点検する。
⑪サイドガード	ぐらぐらしないかなどの取りつけ状態を点検する。
⑫アームサポート	取りはずしができるタイプもあるので，取りつけ状態を点検する。

▶▶ 車いすのたたみ方

① ブレーキをかけます。
② シートの前後を両手で上に持ち上げ，左右の幅をせばめます。
③ 最後にアームサポートを持ち，さらに左右をせばめます。

▶▶ 車いすの広げ方

① 左右の手でアームサポートをつかみ，少し外側に開きます。
② 次にシートに両手を置き，下に手を押しつけしっかりと開きます。このとき，シートの端に指をはさまないように気をつけます。

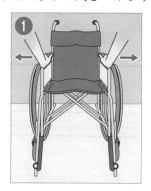 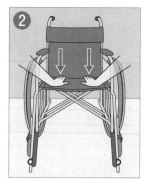

▶▶ 車いすのブレーキのかけ方

車いすの横に立ち，片手はグリップをにぎり，もう一方の手でブレーキをかけます。

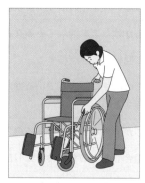

▶▶ 自立度が高い利用者への介助の視点

　高齢で筋力低下のある人や軽度の麻痺により不安のある人など，自立度が高い利用者の場合，「できる」という気持ちを大切に，その状態を維持してもらうようにはたらきかけます。介護職は車いすの準備や片づけを介助し，移乗については不要な介助はせずに見守ることが大切です。ただし，危険なときにはすぐに支えられる場所に常に位置します。

▶▶ ベッドから車いすへの移乗の介助

　Eさんは脳血管疾患により軽度の左片麻痺があります。Eさんのもっている力を活用し，端座位の状態から車いすに移乗するのを介助します。

介助方法

❶　ベッドの端へ浅く腰かけた座位をとってもらいます。介護職はEさんの患側（左側）に立って見守ります。

❷　介護職は車いすをEさんの健側（右側）の手が届く位置にもっていき，安全に移乗できるように見守ります。Eさんは健側上肢を使って自分が移乗しやすい位置に車いすを置き，ブレーキをかけます。

❸　介護職はEさんに健側上肢で車いすの遠いほうのアームサポートをしっかりにぎるよう伝え，見守ります。

❹　Eさんは健側下肢を軸に腰を回転させ，車いすにゆっくりと座ります。このときEさんは移乗する健側の足を少し前に，患側の足は少し後ろに引いておくと，立位から腰を回転して座位をとるとき，足の運びがスムーズになります。

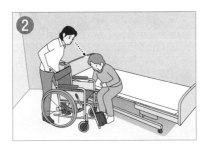

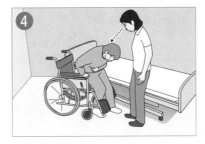

▶▶ 車いすからベッドへの移乗の介助

左片麻痺のあるＦさんは下肢に力があり，自分で移乗ができるよう努力をしています。Ｆさんのもっている力を活用し，車いすからベッドに移乗するのを介助します。

介助方法

❶ 介護職は車いすをＦさんの手が介助バーに届く位置まで押していきます。Ｆさんは健側（右側）上肢を使って自分が移乗しやすい位置に車いすを調整し，ブレーキをかけます。

❷ Ｆさんは健側下肢を使ってフットサポートを上げて足を床に下ろし，殿部を手前に移動します。

❸ Ｆさんに前かがみの姿勢になってもらいます。

❹ Ｆさんは健側上肢で，介助バーをつかみ，健側下肢に体重を乗せながら，おじぎをするように腰を浮かせます。このときＦさんは，移乗する健側の足を少し前に，患側（左側）の足は少し後ろに引いておくと，立位から腰を回転して座位をとるとき，足の運びがスムーズになります。

❺ Ｆさんは中腰姿勢のまま，健側下肢を軸にして腰を回転させ向きを変え，ゆっくりベッドに座ります。

❻ 介護職は安定した姿勢確保のためＦさんにベッド奥に座ってもらいます。

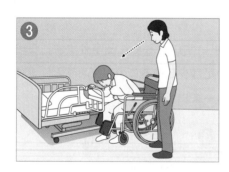
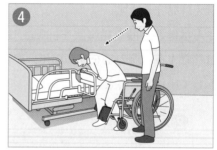
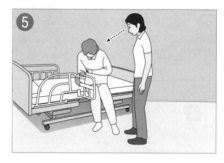

❺ 車いすの介助

▶▶ 車いすを押す介助

　車いすでの移動でいちばん問題となるのは，段差や坂道です。キャスターが小さいため，少しの段差でもつまずいたり，溝に入ったりします。また，キャスターがよく回転するため，急な坂道の上りでは力が必要であり，下りは危険をともなうことが多いです。

表4-11 ● 車いすの介助にあたって介護職が準備しておくこと

① 服装は動きやすく，靴はすべりにくく，かかとの低いものをはく。
② 利用者を傷つけるような危険なもの（ブレスレット，ブローチ，ネックレス，腕時計など）は身につけない。
③ 手荷物はウエストポーチやリュックサックなどに入れる。
④ 外出時は，タオル，膝掛け，帽子，飲み物など，雨の日はレインコートを準備する。

▶▶ 段差越えの介助

　段差に対しては不安感を与えないように，利用者に深く腰かけてもらい安定した姿勢にし，声かけをしながら介助します。

段差を上がるときの介助方法

❶ 介護職は段差に対して車いすを正面に向け，直角に近づき，止まります。

❷ 介護職はティッピングレバーをふみこみながらグリップを押し下げると，キャスターが上がります。

❸ キャスターが上がったらそのまま前進し，段差の上段にゆっくりと静かに下ろします。

❹ 介護職は段差に駆動輪をしっかりつけます。膝を曲げて腰を落とし，グリップを前上方に押し上げます。大腿部でバックサポートを前に押しながら，車いすを上段に乗せます。

❺ 段差を上がります。

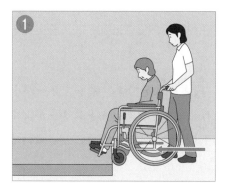

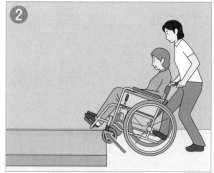

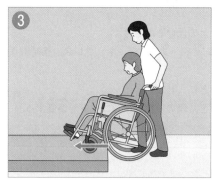

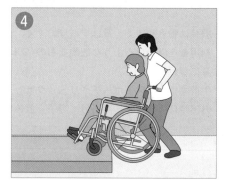

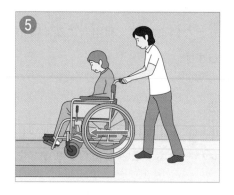

段差を下りるときの介助方法

❶　段差を下りる場合は必ず後ろ向きで，駆動輪をゆっくり静かに下ろします。

❷　ティッピングレバーをふみこみながら，グリップを押し下げてキャスターを上げます。

❸　そのまま後ろに少し進み，ティッピングレバーに足をかけ，キャスターをゆっくりと静かに下ろします。

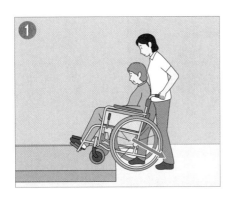

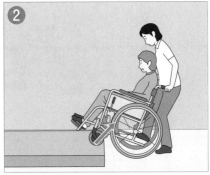

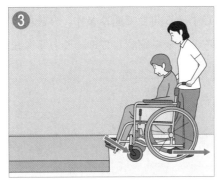

▶▶ 坂道の上り下りの介助

坂道を上るときの介助方法

　車いすが後ろに下がらないように，介護職はしっかりわきをしめて，両足を前後に大きく開き，急な坂道ではとくにゆっくり進みます。

坂道を下るときの介助方法

　前向きで下ると，利用者が前のめりになり，恐怖感を与えます。とくに急な坂道ではスピードが出て危険なので，必ず後ろ向きで進みます。介護職はしっかりわきをしめて，両足を前後に大きく開き，後ろの安全を確認してゆっくり下ります。

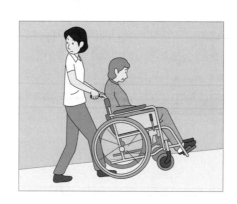

4. 歩行の介助

① 歩行の介助を行うにあたって

人は歩くとき，まわりを見て，音を聞き分け，時には物に触れ，自分の身を守りながら，自分の意思で歩いています。

歩行は，身体的には全身の血流改善や心肺機能の向上，骨や筋肉の機能低下を防止する効果があります。また，気兼ねなく動けることで生活の幅が広がり，余暇活動や社会参加が可能となり，生きがいにもつながっていきます。

しかし，とくに高齢者の場合は，加齢にともなう心身機能の低下から過度に安静にしたり，慢性疾患によって生活に不活発化をきたしたりします。また，転倒による骨折経験から再び転倒するのではといった不安や恐怖心（転倒後症候群）などがあるという理由で，車いすを使用している場面もみられます。

転倒の危険因子としては，加齢変化による筋力の低下，バランス能力や歩行機能の低下があげられますが，それに対し高齢者は，無意識的に歩幅を短縮するなど，転倒しない歩き方をしています。一方，これらの身体機能の低下は，高齢者であっても適切なトレーニングを実施することで，抑制あるいは改善することが可能とされています。

歩行が少しでも「できる」状態であれば，将来の目標である「する」活動（大川弥生『介護保険サービスとリハビリテーション』中央法規出版，p.85，2004年）レベルへ歩行状態を向上させる支援が必要となります。介護職は常に現在の利用者の歩行状態を分析する姿勢が重要です。

心理面では，歩くことの楽しさや喜びを感じられるように，買い物や散歩など，歩く機会が増えるようにはたらきかけます。歩行介助時には，安全性を確保するためにも利用者の身体を支えることができる距離を保ちます。利用者の身体バランスを保持するよう歩行速度に合わせ，利用者に安心感を与えるような配慮が必要です。

このように，歩行の介助にあたっては，利用者の歩行状態を分析しつつ自立レベルを上げていく，利用者のペースに合わせて安全・安心を優先する，利用者の活動範囲の拡大に向けてはたらきかけていくことなどが大切となります。

歩行の介助において，アセスメントの情報収集に必要な観察のポイントを表4-12に示します。

表4-12 ● 歩行の介助におけるアセスメントの視点

観察項目	観察のポイント
身体的側面	・ふらつきはないかなど，利用者の動きを確認 ① 運動機能障害の有無と程度（麻痺，拘縮，振戦，変形，筋萎縮，けが，疼痛，筋力の低下など） ② 感覚機能の低下の有無と程度（平衡感覚やバランス能力など） ・認知機能との関係 歩行が認知機能低下を防止しているか <div align="right">など</div>
精神的側面	・歩いてどこかに行きたいという意欲はあるか ・利用者の表情や動きから健康状態を確認 ① 気分は悪くないか，呼吸の乱れ，疲労感など健康状態を確認し，水分補給に留意 ② 心配，不安，恐怖心，依存心の有無 ・社会的活動への参加意欲 ・生活習慣 <div align="right">など</div>
ADL など	・歩行能力 ① 日常的に歩行「している」か，リハビリテーション訓練室の平行棒などで歩行「できる」のか。将来の実生活における目標として歩行「する」活動レベルはどの程度か ② 「健脚度測定」（※1）の10m全力歩行測定により，10m程度余裕をもって歩けること ③ 最大歩行速度（※2）として1分間に何m歩けるか ④ 両足の力の差 足の力の左右差は利用者の足の歩幅を参考にする。正確には最大1歩幅（※3）や40cmふみ台昇降（※4）などの測定（健脚度測定）をすること ・歩行動作の特性（歩容）（※5） 歩幅の短縮や股関節の屈曲，つま先挙上の低下，上半身の前傾度の増大，視線の低下など歩行姿勢の変化 ・転倒の既往（転倒後症候群） ・医師や理学療法士による歩行指導の有無（介護職は指導内容を把握する。たとえば巻き爪などの爪の変形があると，爪の陥入した部分が細菌に感染し，激痛のため歩行困難になる場合がある） ・意思伝達，コミュニケーションはどうか <div align="right">など</div>
社会的交流	・家族との交流の有無，地域との交流の有無，対人関係 <div align="right">など</div>

環境的側面	物的環境	・歩行場所の危険性，障害物の除去 ① 屋内：じゅうたんやカーペットのめくれ，廊下の敷居，廊下や階段の手すりの設置状況など ② 屋外：路面が濡れてすべりやすくなっていないか，道ででこぼこ状態になっていないかなど ・福祉用具（杖や歩行器など）の整備 杖先のゴムはすり減っていないか（転倒予防）など ・利用者の服装 〈服〉 すその長いもの，ロングスカートなどは避ける 〈靴〉 ① すべりにくいもの，または靴底がゴムのものか ② 足の指が動かせるだけのゆとりがあるものか ③ 足の甲までおおわれているか ④ かかとはしっかりと包みこまれているか ⑤ 足の指の関節部分で曲げることができるか ⑥ 蹴り出しを補助するため靴底に適度なかたさと弾力があるか ・不慣れな環境の有無 ・経済面　　　　　　　　　　　　　　　　　　　　　など
	人的環境	・介護職の介護技術 ① 2動作歩行，3動作歩行の指導方法の理解 ② 短下肢装具など，歩行補助具の機能の理解 ・家族の介護力（介護に対する知識や技術）　　　　　など
	社会的環境	・公的・私的サービスはあるか　　　　　　　　　　　など

※1：岡田一彦・大岡亜由美・車谷洋「地域巡回転倒予防教室実施計画」広島転倒予防研究会編『第1回ひろしま転倒予防セミナー講演集』p.23，2001年

2：出村愼一監，佐藤進・山次俊介編著『地域高齢者のための転倒予防——転倒の基礎理論から介入実践まで』杏林書院，p.115，2012年

3：最大1歩幅とは，できるだけ大きく片足をふみ出して，反対側の足を横にそろえたときのかかとからかかと（またはつま先からつま先）までの距離をいう。左右測定すること。

4：40cmふみ台昇降とは，40cmのふみ台を使用して手すりなしで昇り，台の上で両足をそろえてからゆっくり降り，一連の動作ができるかできないかを調べること。

5：このような歩容の変化は，身体機能の低下した高齢者が歩行中のバランスの安定性を確保し，転倒しないように無意識的に取り入れた転倒しにくい姿勢であるといえる（前出2，p.114）。

❸ 自立度が高い利用者の歩行の介助 ::::::::::::::::::::::::::::::::::::

▶▶ 自立度が高い利用者への介助の視点

　自立度が高い利用者とは，老化によるふらつきが多少ありますが，自立歩行できる人です。多くは四肢（両側上下肢）に麻痺はなく，歩行補助具の使用もありません。しかし，歩行に不安があり，安全のための見守りが必要なレベルです。このような利用者へは，歩行の機能低下を防ぎ，活動の場をせまくしないよう支援します。具体的には，老化や障害により身体の重心が不安定で，転倒しやすくなることから，支持基底面積から重心線がはずれないように注意します。とくに後ろに移動しがちな重心線を前方にもってくるように姿勢を調節します。

　また，足の蹴り上げが不完全なためにすり足歩行となり，小さな段差にもつまずきます。これは，太腿の大腿筋をはじめ，脛の部分の前脛骨筋など，協働して収縮する筋がうまく作用しないために足関節の可動性が低下して起こります。そこで足のつま先が上がっているかを常に観察することが重要です。

　心理的な支援としては，歩行のすばらしさを感じ，自信をもって歩けるようなはたらきかけを行います。そして安心感を与える見守りを心がけます。

▶▶ 平地歩行の介助

　Gさんは四肢に麻痺はなく，杖などの歩行補助具は使用しないで歩行ができます。しかし，老化のため虚弱で，見守りが必要な状態です。気分転換や運動も兼ねて，歩行の介助を行います。なお，途中で段差越えや階段昇降も行います。

介助方法

❶　介護職は，Gさんのやや後方に位置します。Gさんが右利きであればGさんの左側，足の力に左右差がある場合は弱い側に立ちます。道路の場合は車道側に位置します。とっさのときに備えて，体勢は整えておきます。

❷　前方の障害物や足の運び，膝の安定性などに注意を向けます。

268

▶▶ 段差越えの介助

介助方法

❶ Ｇさんが障害物を越えるときは，介護職はＧさんのやや後方に位置します。Ｇさんがバランスをくずさないように安全を確認し，必要であれば動作の助言を行います。

❷ 段差を越えたあと，介護職は気分が悪くないか声をかけ，体調などに配慮します。

▶▶ 階段昇降の介助

介助方法

❶ 階段を昇るときは，手すりを使用します。介護職はＧさんが急にバランスをくずして転落する場合に備えて１段下に段をまたいで立ち，支持基底面積を広く保ちます。

❷ 階段を降りるときも手すりを使います。介護職はＧさんの前方に位置し，段をまたいで立って見守ります。

第4節 食事の生活支援技術の基本

1. 食事の介助を行うにあたって

❶ なぜ食事をするのか

▶▶ 生命と健康的な生活の維持

食事とは一般に「口から食べる」ことをいいます。栄養素を体内に取り入れることで，健康の維持・増進をはかり，生きるエネルギーを生み出します。

食事は，生命を維持するとともに，健康的な生活を送るために必要不可欠な行為といえます。

▶▶ コミュニケーションの場

口から食べるということは，ただ単に栄養を取り入れることにとどまらず，生活のなかでの楽しみとなっています。人生の最期まで残る楽しみや喜びの1つに，食べることがあげられます。

好きなものやおいしいものを食べているとき，人は幸福な気持ちにひたることができます。空腹感を満たすことに加え，好きなものやおいしいものを食べることによって，こころの満足度が増すと考えられます。

さらに，食事は一家団らんの場となり，家族の絆を強くします。また，友人といっしょに食事をすることは，互いの関係を深めるうえで大切な機会となります。そして何よりも家族や友人など，気の合った人といっしょに食事をするひとときは，楽しさがより増して充実した時間となることでしょう。

このように食事は，人と人とを結びつけるコミュニケーションの場となり，人間関係を築いていくうえでも大切な役割を果たしています。

▶▶ 口から食べることの意義

食事には，「栄養」「おいしさ」「楽しさ」という要素が求められます。栄養を取り入れることだけを考えるならば，胃ろう等の経管栄養（☞第4巻pp.13-14）という方法もあります。しかし，残念ながら経管栄養では栄養素やエネルギーはとれても，おいしさや楽しさを実感することはむずかしいといえます。

また，口から食べて味わうことは大脳の活性化につながります。食べ物を見る（視覚），においをかぐ（嗅覚），音を聞く（聴覚），口唇や舌，頬で触れる（触覚）という行為から知覚や感覚が刺激されます。

さらに食べるための姿勢を保ち，手で箸やスプーンなどを使って口に運ぶ，咀嚼して嚥下するといった行為は，身体のさまざまな筋肉や骨を活用することになります。

そして何よりも，口から食べることは，人が生まれてから自然に親しんできた行為であり，生活の根幹となっています。その意味において食事の支援では，口から食べるということにこだわりをもつことが大切です。

▶▶ 口から食べる以外の方法

介護の視点からとらえると，食事の場面はもっとも危険がともなうといっても過言ではありません。なぜなら，利用者の口へ食べ物を運ぶまでは介護職の手を介していますが，そこから先の咀嚼して嚥下するまでは介護職の手を離れ，利用者自身の力にゆだねられることになるからです。介護職にとって食事の場面は，誤嚥や窒息（☞第2巻p.396）といった危険と隣り合わせであることを十分認識しておく必要があります。

なかには誤嚥性肺炎[17]（➡p.355参照）や重度の嚥下障害によって，口から食べることがむずかしい利用者もいます。その場合は経管栄養の方法をとることがあります。経管栄養を実施するかどうかについては，医療職や利用者本人，その家族間での相談や調整が不可欠となりますが，本人の意思を大切にしていくことは自立支援の大切な考え方です。

そのうえで，経管栄養となってからも口から食べることをあきらめずに，さまざまな角度から再度，口から食べる可能性を探っていくことが大切です。

▶▶ 食事支援のあり方

　いつ，どこで，だれと，何を食べるのかを決めるのは，利用者自身であることが求められます。どんな人にも，その人の人生のなかでつちかってきた生活習慣や価値観，こだわりがあるため，味つけや盛りつけ，食べる雰囲気や食べ方などは，一人ひとり違いがあります。

　自宅や施設において，すべてが利用者の希望どおりになるとは限りません。必要な栄養素とエネルギーを確保するための食事をしなければならないケースや，健康上の理由により食事制限が求められるケースもあるでしょう。ただし，そのような場合であっても生活の主体は利用者であることをふまえ，利用者自身が納得して選択できるよう対応していくことが自立支援につながります。

　そして，利用者が自分で食べるということを尊重することが大切です。自分で食べることができれば，食べたいものを選び，自分のペースで自由に食べることが可能になります。多少の食べこぼしがあったり，時間がかかったりしたとしても，可能な限りその人自身の力で食べられるよう支援していくことが求められます。

　自分で食べることができず，介助が必要になる場合には，介護職は利用者の立場に立って，その人ができることを見きわめたうえで必要な支援を行っていく姿勢が求められます。

▶▶ 自立した食事の一連の流れ

　生活のなかでの食事は，なにげなく自然に行っている行為ですが，そこにはさまざまな意思決定があり，行動していることがわかります。一般的な食事の流れを簡単にたどってみると図4-16のようになります。

　介護職はこの流れのなかのどこに介助が必要かを分析し，利用者のこれまでの生活習慣や社会参加の状況などをふまえて，適切な介助方法を検討することが大切です。

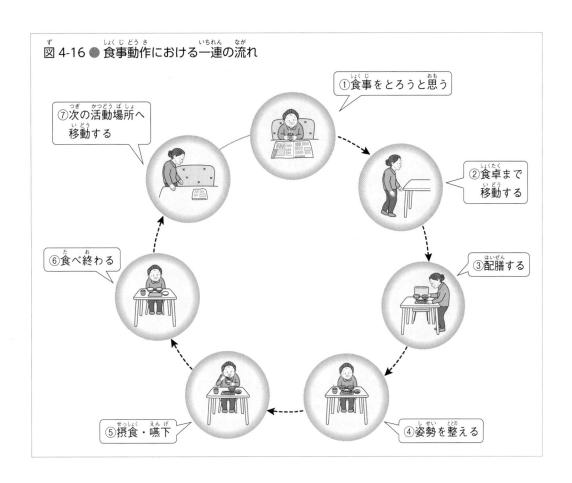

図 4-16 ● 食事動作における一連の流れ

①食事をとろうと思う

②食卓まで移動する

③配膳する

④姿勢を整える

⑤摂食・嚥下

⑥食べ終わる

⑦次の活動場所へ移動する

▶▶ 食事の介護とは

食事では，生活のなかで長年にわたりつちかってきた，その人なりの食文化があります。そのため，利用者一人ひとりの食生活を尊重した介護を提供するためには，自立した，健康で豊かで，おいしく楽しく食べられるような食事を支援することが大切です。

また，介護職は，食事がもたらす身体への影響や効果を理解していることも必要です。栄養のバランスのほか，利用者の病気や障害などを理解したうえで，食事の介護を行います。

▶▶ 食の嗜好性を尊重する

食事は，栄養素を摂取し，身体の健康を維持・増進することが大きな目的です。同時に，食事を「楽しめる」こともQOLという観点からは重要です。

食事の介護では，利用者にみずからの意思でおいしく食べてもらえるよう，その人の食の嗜好性を尊重することから始めてみることが大切です。利用者の状態に応じた食事形態を工夫し，満足感が得られる食事を提供することが重要です。

▶▶ 献立に興味をもってもらう

介護によって食事が成り立っている利用者であっても，その利用者の主体性を尊重し，みずから意欲的になってもらえるよう介護職が配慮することは大切です。そのためには，これから自分が食べる献立について関心をもってもらうことが重要です。

まずは配膳した食事の内容を説明することで献立の内容がよくわかり，食材や調理方法などがイメージできるようにします。

また，同じ食材で調理されていても，利用者の咀嚼や嚥下などの状態によっては，調理の仕方や盛りつけに違いが生じます。一目ではどのような献立なのかがわからない場合には，介護職はきちんと説明することが必要です。

▶▶ 食事の姿勢に配慮する

私たちはふだんから無意識に食事をしていますが，食事をするときの姿勢は安全で楽しく食べることに大きく影響します。利用者のなかには，安全に食べるための姿勢を保てない人もいます。

基本的な食事の姿勢としては，座位が保持できるいすを使用し，両足を床に，両肘をテーブルに，それぞれきちんとつけます。そして，誤嚥しないようにやや前傾した姿勢をとるのがよい姿勢といえます（図4-17）。

麻痺や拘縮などの障害によって適切な姿勢が保てない場合などは，利用者の状態に応じ

てさまざまな福祉用具を活用したり，身体を支えたりして介助を行い，安全・安楽に食事ができるようにします。

▶▶ 食器や食事の用具を工夫する

　少しでも食欲が増し，味わってもらえるためには，盛りつけ方や色どりに注意が必要です。そのため食欲を引き出す工夫として，食器選びも重要です。また，本人が自分の力を活用し，快適に食事ができるように，箸やスプーン，フォークなどの選択も重要です。利用者の状態や好みに合わせて使いやすいもの，慣れ親しんだ食器などを利用するとよいでしょう。

▶▶ 食卓の環境づくりに配慮する

　食事をする環境は清潔で明るく，静かでリラックスできる雰囲気が必要です。たとえばテーブルクロスの色に配慮したり，花を飾ったりするなど，くつろげる場にします。また，使いやすいテーブルやいす，適切な照明，温度や換気などにも配慮するようにします。

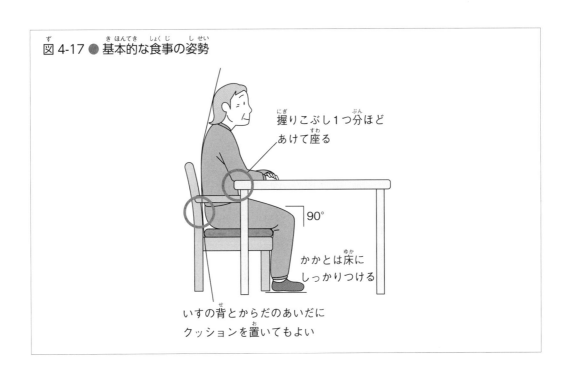

図 4-17 ● 基本的な食事の姿勢

握りこぶし1つ分ほど
あけて座る

90°

かかとは床に
しっかりつける

いすの背とからだのあいだに
クッションを置いてもよい

表 4-13 は，食事の介助において，アセスメントの情報収集に必要な観察のポイントを，ICF の視点にもとづいて整理したものです。

表 4-13 ● ICF の視点と食事の介助のアセスメント

ICF の構成要素関連		観察のポイント
健康状態		・消化器系疾患 （胃炎，便秘，下痢，大腸炎，肝臓病，逆流性食道炎，食道がんなど） ・生活習慣病 （糖尿病，高血圧症，脂質異常症，肥満など） ・脳・神経疾患 （脳梗塞，脳出血，くも膜下出血，高次脳機能障害，筋萎縮症，失語症， 血管性認知症，アルツハイマー型認知症など） など
生活機能	心身機能・ 身体構造	・感覚機能の障害の有無 ・認知機能の低下の有無 ・麻痺や拘縮，筋力の低下の有無 ・言語機能の障害の有無 ・消化器官の異常の有無 ・口腔内の異常の有無 ・食欲の有無，食への関心度合い など
	活動 （ADL など）	・食事の場までの移動や移乗の動作はどの程度できるか ・安定した座位保持はできるか ・摂食の動作について 　①　安定した前傾姿勢が保持できるか 　②　自力で口腔内に食事を運べるか 　③　咀嚼・嚥下に障害はないか ・調理・盛りつけ・配膳・片づけなどがどの程度できるか ・食事に関するコミュニケーションができるか ・食事制限などがある場合のコントロールはできるか など
	参加	・食事をともにする他者との関係性について理解しているか ・食事に関する一連の行為のうち担当とする役割があるか など
背景因子	環境因子	・食事の場はどのような状況か ・食事の介護者はいるか ・栄養バランスなどをアドバイスしてくれる専門職はいるか ・食事をともにする人はいるか ・自費でサービスが使えるか ・公的・私的サービス，制度・政策はどうか など
	個人因子	・食事に関する考え方 ・食事の嗜好性 ・生活歴 ・生活環境 など

2. 食事の介助

❶ 自立度が高い利用者の食事の介助

▶▶ 自立度が高い利用者への介助の視点

　食事の介助は，事前準備・食事中の介助・食後の介助によって成り立っています。居宅サービスの場合は，献立に利用者の意向を反映しやすいので，利用者が楽しんで食事ができるようにかかわります。また，利用者の状態に応じて，事前準備の段階から部分的にかかわってもらうことによって，自分自身の食事であると認識できるように，また主体的に食事を楽しんでもらえるように介助します。

　施設サービスにおいても，居宅サービスの場合と同様に，個別ケアの視点をもち，利用者の状態に応じた支援方法を考えることは大切です。その際，安全確認はもちろん，利用者本人の意思を確認し，「こうあるべき」などの介護職側からの一方的な介助とならないように留意します。また，老化による筋力の低下がみられる場合には，持ちやすいカップや軽い食器，ばね付きの箸など，利用者が使いやすい自助具を活用するとよいでしょう。

▶▶ 自立度が高い利用者の食事の介助

Ｈさんは左膝の関節症があり，自宅内では家具や手すりなどにつかまりながら歩いています。白内障（☞第４巻 pp.266-267）があり，物がかすんで見えます。食事の盛りつけや配膳の一部，毎食後の服薬は自分でできますが，食材の買い物や調理などは，訪問介護（ホームヘルプサービス）を利用しています。介護職はＨさんの食事の介助を行います。

介助方法

① 介護職はＨさんと相談しながら献立を立てて，調理を行います。

② 調理後，居室にいるＨさんに声をかけ，食堂までの移動を見守ります。

③ 手洗い後，Ｈさんに食器の選択と盛りつけをしてもらいます。

④ 配膳するテーブルやいすの状態を観察し，食事に支障がないかどうかを確認します。

⑤ 配膳時，湯飲みや箸などの軽いものをテーブルに運んでもらうときには，歩行動作を見守ります。

⑥ Ｈさんに食卓についてもらい，安定した座位保持ができているかを確認します。

⑦ 献立を説明し，何をどの位置に置くのか，Ｈさんに確認しながら，テーブルに食事を配膳します。

⑧ 飲みこみやすくするため，お茶などの水分からすすめます。

⑨ 食事中の様子を観察します。
・箸やスプーンなどは適切に使えているか
・咀嚼や嚥下に問題はないか
・食欲はあるか
・調理方法が適切でないための食べにくさはないか
・食事にかかる時間に問題はないか　など

⑩ 食べた内容の確認と声かけを行います。
・偏食や摂取量に問題はないか
・水分はとっているか

⑪ 食後の体調を確認します。

⑫ 下膳と後片づけをし，テーブル上や床への食べこぼしがないか，食後の服薬がすんでいるかなどを確認します。

⑬ 食後の口腔ケアへの声かけと洗面所までの移動を見守ります。

⑭ 居室までの移動動作を見守ります。

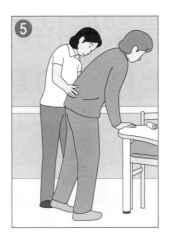

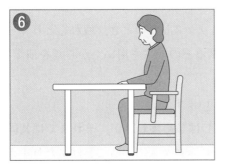

第5節 入浴・清潔保持の生活支援技術の基本

月

日

1. 入浴の介助を行うにあたって

❶ なぜ入浴・清潔保持を行うのか

▶▶ 日本人と風呂の文化

　人はからだのよごれを落としたいとき，リラックスしたいとき，疲れをとりぐっすり眠りたいときなど，さまざまな理由で入浴や清拭などの方法を用い，からだを清潔に保ち，爽快感や満足感などを得ています。

　日本人は世界的にみても入浴好きといわれています。

　昭和30年代に各家庭に内風呂が急速に普及しはじめましたが，それまでは共同浴場での入浴が一般的でした。他人と大勢でいっしょに全裸で入浴することはあたりまえの生活習慣として受け入れられ，共同浴場や温泉は社交の場でもありました。今もくつろぎや楽しみを求めて温泉を利用する人たちは幅広い年齢層にみられます。

　一方で，シャワーの普及とともに簡便なシャワー浴を好む人たちも増え，入浴・清潔の方法は変化してきています。

▶▶ からだを清潔にする意味

　からだを清潔にするのは人間の基本的欲求の1つです。清潔にする方法としてもっとも効果的なのが入浴です。それは表4-14のような理由によります。

表4-14 ● からだを清潔にする方法のうち入浴がもっとも効果的な理由

① 皮膚を清潔にし，細菌感染を予防する。
② 血液やリンパの循環を促進する。
③ 新陳代謝を促進し，老廃物の排出を助ける。
④ 筋肉の緊張や疲労をやわらげる。
⑤ 心身がリラックスする。
⑥ 胃腸や腎臓など臓器の機能を高める。

▶▶ 高齢者・障害者にとって入浴・清潔保持の意義・楽しみは何か

加齢や障害により代謝[18]（→ p.356参照）が低下したり，関節可動域が制限されたりするなど，日常生活に不自由さが生まれます。しかし，湯の中に入ると，からだの重さから解放され，代謝も活発になるので，いくらか楽にからだを動かせるようになります。

これらの作用を，心身機能を促進させる面と疲労の両面から考えて，入浴を効果的に取り入れるとよいでしょう。

表4-15 ● 入浴の三大作用

① 温熱作用
　血管が拡張し，血行がよくなることで，利尿作用が高まるなど，体内の老廃物が排泄されやすくなり，内臓のはたらきが活発になる。
② 静水圧作用
　からだが一回り小さくなるほどの水圧を受け，血液循環が促進されることにより，心臓のはたらきが活発になる。
③ 浮力作用
　体重が9分の1程度になり，重さから解放される。

▶▶ 利用者の状況に見合う介助方法の選択

　入浴や清拭は，清潔の保持のほか，心身にさまざまな効果をもたらします。利用者一人ひとりの状況に応じた，きめ細やかな介護が提供できるようにしたいものです。

　入浴時には，利用者の状況にそった介助方法の選択が大切です。入浴当日の健康状態（バイタルサイン[19]（➡ p.356参照）など），これまでの入浴習慣，ストーマ[20]（➡ p.356参照）や胃ろう[21]（➡ p.356参照）の留置カテーテルの挿入状態，感染症や種々の病気，意欲，要望，気温などを細かく把握したうえで，適切な入浴方法を選択します。

▶▶ 入浴の介助を行うにあたって

　入浴の介助を行う際は，安全で楽しく入れる工夫や環境づくりが大切です。利用者によっては，遠慮や羞恥心から入浴，清拭を拒否する人もいます。時間をずらして，再度，声をかけるなど，入浴や清拭の必要性を受け入れられるようにはたらきかけ，理解してもらいます。

　浴室の設備が身体機能と合わない場合は補助具などを活用し，利用者が安全で安楽な入浴を行うことができるようにします。

　ヒートショック[22]（➡ p.356参照）を予防するため，脱衣室，浴室，浴槽湯温の温度差をつくらないように十分に配慮します。入浴は体力を消耗するため，浴槽につかる時間は5分程度とします。医療職とも連携し，循環器系・呼吸器系の病状に注意することも大切です。

　入浴の介助は，介護職にとっても体力を消耗し，腰痛になりやすく，労力が大きいものです。介助の方法や動作，姿勢などを考えて，無理のないように行います。また，利用者の自尊心を傷つけないように配慮します。

▶▶ 介護事故の防止

　私たちの体温は，間脳の視床下部[23]（➡ p.356参照）にある体温調節中枢のはたらきにより，外気温に関係なく約37℃と一定に保たれています。体温調節中枢は，皮膚から伝わる外気温について，身体が寒いと感じたときは熱産生反応が高まり，暑くなると体内にたまった熱を発散して調節しています。皮膚で感知された「温かい」「冷たい」などの情報を，血液の温度変化から得るようになっています。

　ただし，高齢になると皮膚感覚が若いころのようにはいかず，寒くても熱産生反応が高まらず，暑くても体内にたまった熱の発散がとぼしくなります。そのため，体温調節機能が低下した高齢者は外気の影響を受けやすくなります。とくに浴室は裸になる場所でもあるので，注意が必要です。浴室は，転倒・溺水などの事故が多い場所です。入浴の介助を行うにあたっては，脱衣から着衣までの一貫した支援が必要になります。

表 4-16 ● 入浴中の事故防止の留意点

① 湯温が 42℃以上になると血圧上昇がみられ，血圧や呼吸・心拍数が増加するため，とくに高血圧症や心疾患などの病気がある人は適温（38 〜 41℃程度）よりも低めに設定する。
② 高温の湯によるやけど，姿勢調整力の低下（身体バランス力低下），石けん，床のぬめりなどによる転倒に注意する。
③ 温度差，脱水，熱中症などによる意識障害・起立性低血圧（立ちくらみ）に注意する。
④ 発汗，利尿作用による皮膚の乾燥，血液の濃度の変化，体調に注意する。
⑤ 入浴手順などを認知機能に合わせる。

▶▶ 異常時の対応

異常があった場合，介護職はすみやかに医療職と連携をとることが大切です。

表 4-17 ● 入浴中の異常時の対応

① 湯につかっているときなどに体調が悪くなった場合は，いったん入浴を中止し，浴室外に出るか，ベンチや平らなところで安静を保ち，様子をみる。
② 浴槽内で溺れたときは，すぐに栓を抜いて湯を流し，利用者の顔を持ち上げて気道を確保する。利用者を前かがみの姿勢で腰を支えて引き寄せ，浴槽から引き上げる。
③ 入浴により温まると手足の血管が拡張し，血圧が低下するため，一過性の脳貧血によってめまいを起こすことがある。その場合は浴槽から出て仰臥位で安静にする。
④ のぼせたときは冷たいタオルで顔をふき，少し楽になったら水分補給をして様子をみる。

❸ ICF の視点と入浴の介助のアセスメント

入浴の介助にあたっては，利用者の現在の健康状態や心身機能，活動の状態，入浴に対する生活習慣や希望といった個人因子，入浴場所や介護者の有無といった環境因子など，さまざまな側面から検討し，利用者に適した安全で安楽な方法を選択します。

利用者は他者の前で裸になるため，介護職はスキンシップやコミュニケーション，プライバシーに注意して，気持ちのよい入浴になるように心がけます。

表 4-18 は，入浴の介助において，アセスメントの情報収集に必要な観察のポイントを，ICF の視点にもとづいて整理したものです。

表4-18 ● ICFの視点と入浴の介助のアセスメント

ICFの構成要素関連	観察のポイント
健康状態	・体調の変化の有無 ① バイタルサインの状態 ② 顔色や表情など（目がうつろ，元気がない，顔色がよくないなど） ③ 睡眠，食事・水分摂取（時間，量など），排泄（時間，下痢や便秘など）の状態 ・病気の状態やレベル状況 ① 心理面での変化の有無（認知機能・心理状態の低下の有無） ② 病気や障害の状況（循環器系，呼吸器系の病気や皮膚の状況，後遺症の状況，感染症やアレルギーなどの有無） など
生活機能　心身機能・身体構造	・感覚機能の障害の有無 ・認知機能の低下の有無 ・麻痺や拘縮，筋力低下の有無 ・言語機能の障害の有無 ・皮膚感覚の機能低下の有無 ・内分泌系の機能低下の有無 ・皮膚（爪や頭皮を含む），目・耳・鼻の状態 ・入浴に関する意欲や理解度 など
生活機能　活動（ADLなど）	・移乗の機能の程度 ① 体幹の保持能力，四肢機能の安定度 ② 身体を支える腕の力や握力の程度 ③ 平衡感覚とバランス修正力，下肢機能の程度 ・入浴時のコミュニケーションの程度 ・認知機能，言語機能の低下の有無 など
生活機能　参加	・他者との関係性，交流の有無 など
背景因子　環境因子	・入浴場所の状況（脱衣室・浴室などの温度，浴室までの距離，手すりなどの移動の補助手段など） ・本人の体型や機能との適合状況（福祉用具など） ・入浴時の介護者の有無 ・入浴に関する必要物品の配備の状況 ・経済面 ・公的・私的サービス，制度・政策 など
背景因子　個人因子	・入浴に関する考え方 ① 入浴と清潔保持に関する思い（楽しみ，苦痛，負担，はずかしさ，遠慮など） ② 積極性 ③ 入浴の仕方 ④ 入浴の好み（入浴時間，湯の温度など） など

2. 入浴の介助

❶ 自立度が高い利用者の入浴の介助

▶▶ 自立度が高い利用者への介助の視点

入浴の介助では，自立度が高く自分1人で入浴できる人は，できるだけ1人で入れるように心がけます。介護職は，利用者自身にできるところを活用してもらいながら，利用者の自立への満足と自信を，過度な介助によってそがないように気をつけます。

入浴動作を自分で行うことは，身体の機能低下の予防やリハビリテーションにもつながります。風呂の湯につかって関節を動かすことは，全身の機能向上の機会となります。

ただし，自立度が高い場合にも，浴室・脱衣室での介護事故や危険を防ぐために，常に環境を整え，見守ることも大切です。

▶▶ 自立度が高い利用者の入浴の介助

Jさんは施設に入所して半年が経ちました。7年前に膝関節症の痛みが強く手術をしましたが，順調に回復し，今ではゆっくりですが歩くことができます。

Jさんは，とっさの動作はおぼつかないのですが，他人に迷惑をかけないことがいちばんだと考えて，入浴も自分でしたいと思っています。介護職は，Jさんが1人で入れるよう工夫をし，個浴を好むJさんの意向を尊重した入浴を介助します。

事前準備

❶ Jさんの体調を確認し，入浴の可否を判断します。必要に応じてJさんに入浴の目的・内容を説明し，同意を得ます。

❷ 事前に室温（24℃±2℃），湯温（40℃前後），必要物品の有無の確認をしておきます。

❸ 使いやすい位置に物品を準備し，配置します。

❹ 着替える衣服を確認し，用意しておきます。

❺ 排泄をすませたあと，脱衣室へ移動します。

❻ 移動時の段差や転倒の危険に注意を払います。

❼ 立ったまま脱衣する場合は，手すりやいすを利用します。

❽ 脱いだ衣服は手早くたたみ，入浴後に着る衣服と洗濯物とを分けておきます。

❾ 脱衣室から浴室までの歩行距離は，自立レベルにより対応方法が違ってきます（必要に応じて手引き歩行を行います）。

❿ バランスのくずれや転倒に注意し，Jさんを見守ります。

かいじょほうほう
介助方法

❶ Ｊさんを見守りながら，入口の段差，床面の濡れに注意して浴室まで移動します。

❷ 浴槽やシャワーの湯をかけてシャワーチェア[24]（➡ p.356 参照）を温め，安全に座っても
らいます。

❸ 介護職は，シャワーの湯温を微調整してＪさんに渡します。Ｊさんは湯温を手で確認
し，自分で心臓から遠い足もと，手，腕，体幹へとシャワーをかけるようにします。

❹ Ｊさんに石けんをつけたタオルを渡します。Ｊさんの習慣を尊重しつつ，基本として
は上半身から下半身の順に洗ってもらいます。できないところは介助します。

❺ 洗髪では，必要に応じてシャンプーハットなどを使用し，Ｊさんに指の腹で頭皮をも
むように洗ってもらいます（利用者の好みや習慣に応じて，先に洗髪することもありま
す）。

❻ こめかみから耳の後ろ，うなじまで洗い流し，濡れた髪をふきます。

❼ Ｊさんが洗い終えたら，転倒を防ぐため，足裏や床に残った泡をよく洗い流します。

❽ 湯温を確認してもらい，手すりやシャワーチェアなどを使って浴槽に入ります。深さ
は胸まで，時間は 5 分程度が目安です。

❾ 浴槽から出て，上がり湯をかけ，タオルで軽く水分をふきとります。

❿ 脱衣室に戻り，気化熱[25]（➡ p.356 参照）に注意してバスタオルで身体をふきます。

⓫ Ｊさんに確認し，新しい衣服を着用してもらいます。麻痺がある場合は脱健着患を基
本に着衣します。

⓬ ドライヤーは 20cm ほど離して髪を乾かし，必要に応じてローションやクリームで肌
の手入れ（保湿）をします。爪が伸びていれば手入れをします。

⓭ 脱衣室または居室で，水分補給のため飲水をすすめます。

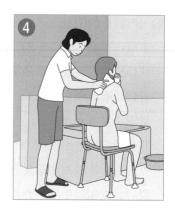

3. 部分浴の介助

❶ 手浴・足浴の介助

▶▶ 手浴・足浴の効果

　手足をふくだけよりもさっぱりとして利用者の満足度が高いため，手足がよごれた場合や体調が悪くて入浴できない場合などに手浴・足浴の介助を行います。

　とくに足浴は，足を温めることで身体全体が温まり，リラックスした状態になり，眠気も誘います。血液循環の悪い人にとっては，皮膚のよごれをとる効果だけでなく，足裏が刺激されて血液の循環を促進する効果があります。

　寝たきりで長期間臥床している人の場合は，見えない箇所のよごれに注意しましょう。指のあいだや足底を念入りに洗うなどして，爽快感をもたらす援助が大切です。

　皮膚のかさつき，色つや，湿疹の有無や，爪などの状態をしっかり把握して，手順にそって行います。

▶▶ 手浴の介助

事前準備

❶　物品・湯を準備し，環境を整えます（湯量は洗面器の2分の1ほどで少なめにします）。

❷　排泄の有無と全身状態を把握します。

❸　体調に合わせて手浴の手順を決め，室温を調整します。

❹　プライバシー保護のため，カーテンや衝立などで周囲から見えないように配慮します。

❺　使いやすい位置に物品を用意します。

介助方法

❶　介護職は手浴の目的や手順を説明し，ベッドの高さを調整します。

❷　安楽な体位にし，ベッドをギャッチアップし（約15度），洗面器が置けるスペースを確保します。

❸　利用者の側腹部に防水シーツを敷き，その上に湯を入れた洗面器を置きます。

❹　洗面器に利用者の手をひたし，石けんで指のあいだを手もみしてよく洗い，湯ですすぎます。

❺　新しい湯でかけ湯をします。

❻　タオルで水気をふきとり，クリームなどで保湿をします。もう一方の手も同様の手順

で行います。爪が伸びていれば手入れをします。

❼ 必要に応じて，水分を摂取します。

❽ ベッドの高さを戻し，使用物品を片づけます。

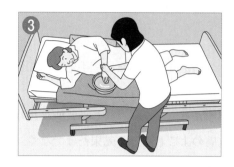

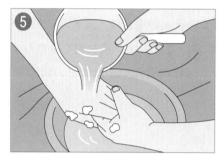

▶▶ 介助の留意点

① 座位姿勢がとれる人は，オーバーテーブルを使って自分で洗ったり，車いすで洗面所

まで行ったりしてみてもよいでしょう。

② 洗面器を共用する場合は，消毒をしっかりして感染症に留意します。

▶▶ 足浴の介助

事前準備

❶ 物品・湯を準備し，環境を整えます（湯量は洗面器の2分の1ほどで少なめにします）。

❷ 排泄の有無と全身状態を把握します。

❸ 体調に合わせて足浴の手順を決め，室温を調整します。

❹ プライバシー保護のため，カーテンや衝立などで周囲から見えないように配慮します。

❺ 使いやすい位置に物品を用意します。

介助方法

❶ 介護職は足浴の目的と手順を説明し，ベッドの高さを調整します。

❷ 介護職は利用者の膝を曲げて膝裏にクッションなどを当て，足もとに防水シーツを敷き，その上にバスタオルを敷きます。

❸ 介護職はベッドをギャッチアップします（約15度）。保温効果を高めるためにビニール袋に入れた，湯を張った洗面器を用意します。麻痺がある場合は，とくに患側の足と湯の温度に配慮しながら，利用者の足を支えて，かかとから入れます。足をしばらくつけて保温します。

❹ 介護職は利用者のかかとを支え，石けんをつけて足を洗います。指のあいだや足底は，よく洗います。

❺ よごれた水からかかとを上げて，かけ湯をし，洗面器から足を出します。もう一方の足も同様の手順で行います。

❻ 足をすすいだら洗面器をはずし，バスタオルの上に置きます。水分をふき，爪や皮膚の手入れをします。指のあいだは広げて水気をとります。

❼ クリームなどで保湿をします。

❽ 必要に応じて，水分を摂取します。

❾ ベッドの高さを戻し，使用物品を片づけます。

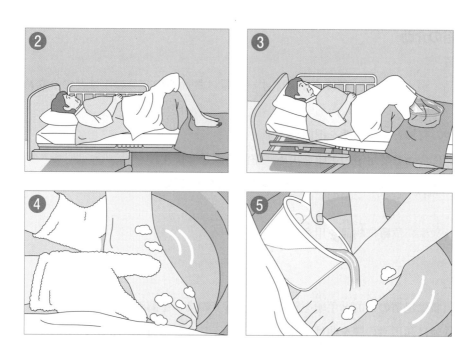

▶▶ 介助の留意点

① 入浴ができないとき，足がよごれたときや冷たくて夜眠れないときなどは足浴が効果的です。血行が促進され身体が温まり，安眠につながります。

② 座位姿勢がとれる人の場合は，端座位で足浴を行うとよいでしょう。端座位での足浴では，利用者の上半身がふらつかないように，介助バーにつかまってもらい，短時間で行うなどの配慮をします。

③ 洗面器を共用する場合は，消毒をしっかりして感染症に留意します。

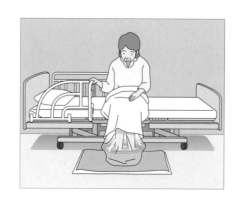

❷ 洗髪の介助

　洗髪は，頭部の皮膚と髪の毛を洗うことでよごれをとり，頭皮を刺激し爽快感を与え，血行の促進や毛髪の成長をうながす目的があります。利用者の体調や習慣を考慮し，回数や方法を選択します。

介助方法

❶　介護職はベッドの高さを調整します。

❷　膝の下にクッションを差し入れて腹筋の緊張感をやわらげ，洗髪の体位を整えます。

❸　枕をはずし，頭から肩（背中）にかけて防水シーツとバスタオルを敷きます。肩にタオルをかけて，衣服を保護します。

❹　水の流れを考慮して，**洗髪器** (➡ p.357 参照) を頭の真下に置きます。

❺　くしで髪をすき，よごれやふけを浮き上がらせます。

❻　湯温を確認してから頭部全体に湯をかけていき，髪を濡らします。目や耳，顔にしぶきが飛び散らないように注意し，必要であれば顔の上半分をタオルでおおいます。

❼　シャンプーを泡立て，指の腹で頭皮を洗います（前髪のはえぎわから頭頂部，耳の後ろから頭頂部，えり足から後頭部というように，ブロックに分けて洗うと，洗い残しが少なくなります）。

❽　蒸しタオルで泡をしごいて捨てます。

❾　十分にすすぎ，好みでリンスをします。

❿　片手で頭を支えて洗髪器をはずし，肩にかけたタオルを頭に巻きます。次に，下に敷いてあるバスタオルで髪の水分をふきとります。

⓫　髪をドライヤーで乾かし，体位や寝具を整えます。ベッドの高さを戻します。

⓬　使用物品を片づけます。必要に応じて水分を補給します。

▶▶ その他の洗髪の介助方法

通常の洗髪が困難な場合は，頭部の下に防水ケープとタオルを敷き，オイルシャンプーやローション（ヘアトニック），ドライシャンプーなど，利用者に合わせて選択し，実施します。

オイルシャンプーは，長期に洗髪ができず，頭皮に湿疹やふけなどが多くあり，髪の毛がかたまっている場合などに皮脂をふきとることができます。

ドライシャンプーは種類も豊富です。各人の身体状況や皮膚アレルギー，好みなどを考慮して使用します。

表 4-19 ● 通常の洗髪以外で頭部を清潔にする方法

- ・湯で湿らせたタオルでふく
- ・ヘアトニック，ヘアローションクリームを使用する
- ・オイルシャンプーを使用する
- ・ドライシャンプーを使用する

---

❸ シャワー浴

シャワー浴は，失禁で部分的によごれた場合や汗をかいた場合，皮膚疾患等により浴槽に入れない場合など，こまめに清潔を保ちたいときに便利です。

ただし，シャワー浴は一時的に皮膚表面が温まりますが，入浴と比べて気化熱が奪われるため，皮膚の温度が急速に下がります。身体を冷やさないためにも，乾いたタオルで身体をすぐにふく配慮が必要です。

また室温は，とくに冬場は隙間風や湯冷めなども考慮すると，24℃より若干高めに設定するとよいでしょう。湯温も 40℃より 1℃〜2℃高くします。

月

日

4. 清潔保持の介助

① 清拭による清潔保持

　病気などで入浴ができない場合，体調が悪く体力が低下して入浴やシャワー浴ができなくなった場合，風呂場の設備に不備がある場合などは，タオルで身体をふく清拭で，利用者の清潔を保ちます。

　清拭には全身清拭と部分清拭があります。全身清拭は身体全体の清潔を保つことができて利用者の満足度も高いものですが，時間を要し，体力の消耗が大きいです。そこまで体力がない利用者には部分清拭を行います。

　清拭は入浴の代わりとして行われることが多いので，利用者にとって快適であったかどうかの確認をすることが大切です。石けんを用いる場合と用いない場合とがありますが，汗をかいている場合などは石けんを用いたほうが利用者の爽快感が違うでしょう。

　清拭も入浴と同様に汗やよごれを落とし，新陳代謝や血液循環の生理作用を高め，細胞を活性化させて感染防止に役立ちます。清拭によるタオルの温熱は褥瘡を予防する効果（☞第2巻 p.379）や軽い運動効果もあり，適度な爽快感と疲労感をもたらします。また，四肢（両側上下肢）・体幹を動かすことにもなり，そのことが関節をやわらかくし，拘縮の予防につながります。

　わきの下など発汗しやすい部分や，褥瘡ができやすい背部，殿部などは毎日清潔にしたいものです。利用者の自立度や体調に合わせ，入浴やシャワー浴，清拭を交互に組み合わせるなどの工夫をして，利用者の清潔を保つようにします。

　身だしなみが整い衛生面や精神面の安定が生まれると，その人らしさや自信がよみがえります。

❷ 清拭の介助 ::

▶▶ 上半身の清拭

(1) 上肢

・指先，指のあいだ，屈曲箇所を伸ばしてしわを開き，ていねいにふきます。

・手の関節，肘の関節は片方の手で支え，手首から肩に向けてふきます。

(2) 胸部

・広い範囲をふくので，タオルが冷めないよう肌から離さずにふきます。

・よごれのたまりやすい皮膚の密着している部分（わき，乳房の下側など）は，ていね

いにふきます。

・丸みのある箇所（乳房・乳頭・臍・腹部など）はしわを伸ばして，丸くふきます。

(3) 腹部

・腸の走行にそうようにふきます。「の」の字にふくとよいです。

(4) 背部

・健側を下にした側臥位になり，熱めの蒸しタオルで背中を温めてからふきます。

・首から肩は上から下に，脊柱から腰は上下に，わき・肩甲骨から側腹部は，らせん状

にふきます。

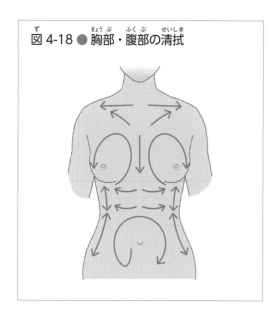

図 4-18 ● 胸部・腹部の清拭

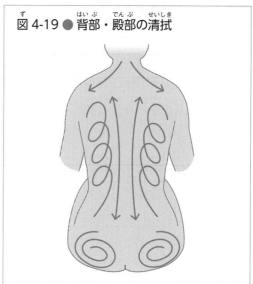

図 4-19 ● 背部・殿部の清拭

▶▶ 下半身の清拭

(1) 殿部・陰部

・殿部は，円を描くように丸くふきます。

・陰部は女性の場合は前から後ろへ，男性の場合は亀頭に配慮し，睾丸は裏のしわを伸ばしながらふきます。

(2) 下肢

・膝が立てられる場合は，足首から大腿部にそってふきます。

・膝が立てられない場合は，クッションなどで足首を支えて，足の裏，膝の後ろなど隙間をつくり，蒸しタオルでおおってからふきます。

▶▶ 手足の清拭

・部分清拭を行うだけでさっぱりすることがあります。また，眠れない場合にさっとふくことで，血行をうながし，入眠効果も得られます。

・大きめのビニール袋に湿った温かいタオルを入れて，手足を蒸らします。石けんをつけて，しばらくしてからていねいにふきとると爽快感が得られます。

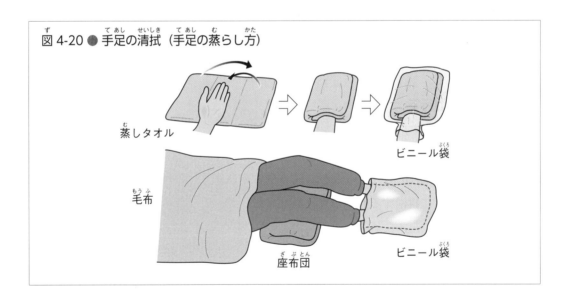

図 4-20 ● 手足の清拭（手足の蒸らし方）

蒸しタオル

ビニール袋

毛布

座布団

ビニール袋

▶▶ 介助の留意点

清拭に使用するタオルは，どの場合も介護職が自分の手で温度を確認してから使用します。

第6節 排泄の生活支援技術の基本

1. 排泄の介助を行うにあたって

❶ なぜ排泄をするのか

▶▶ 排泄とは

排泄とは，からだの老廃物を外に出すことです。

吐く息のなかの二酸化炭素や，汗なども排泄物に含まれますが，一般的には排尿と排便のことをさします。

私たちが食べたり飲んだりしたものは，消化，吸収，代謝の過程を経て，必要な栄養素や水分を取り入れ，全身をめぐった末に，老廃物として出されます。老廃物は外に出してしまわなければ体内に毒としてたまるので，生きていくことができません。

私たちが毎日なにげなく行っている排泄という行為は，人間が生きていくうえで不可欠なものなのです。

▶▶ ふつうの排泄行為

トイレに行って排泄するという行為は，尿意・便意を感じ，トイレの場所や使い方を理解するなどの認知機能と，トイレまで歩く，衣服を脱ぎ着するなどの運動機能，また，尿は泌尿器機能，便は消化器機能のもとに成り立っています。これらのどれ1つできなくなっても，「ふつうに排泄する」という行為は成立しません（表4-20）。

表4-20 ● 排泄行為一覧表

行為	ふつうの状態	ふつうにできる条件
尿意を感じる	・膀胱容量の半分ほどで最初の尿意を感じる。 ・最初の尿意から30分～1時間程度は我慢できる。 ・尿意は波のようにいったん退くが，だんだん強くなる。 ・最大尿意では，下腹部の緊満感を感じる。 ・あまり我慢すると鳥肌が立ったり寒気を感じる。 ・睡眠中でも覚醒する。	・膀胱に尿をためられる。 ・尿がたまったことを膀胱から脊髄神経を経て大脳に伝えることができる。 ・大脳で尿意を判断できる。

便意を感じる	・直腸に便がたまると便意を感じる。 ・15 分程度で感じなくなる。 ・便かガスかを区別できる。	・直腸に便をためられる。 ・便がたまったことを直腸から脊髄神経を経て大脳に伝えることができる。 ・大脳で便意を判断できる。
トイレ，尿器，便器を認識する	・トイレの場所がわかる。 ・尿器，便器の使用方法がわかる。	・トイレおよび表示を視覚または代償し得る知覚で確認できる。 ・トイレや尿器，便器を判断する認知機能がある。
起き上がってトイレに移動する（起居・移乗・移動）	・寝返りがうてる。 ・起き上がれる。 ・座位が保てる。 ・立ち上がれる。 ・立位が保てる。 ・歩行できる，もしくは車いすなどの移動補助用具を使用できる。	・移動の必要性が理解できる。 ・筋力がある。 ・四肢の欠損や運動麻痺がない。 ・関節の拘縮（※）がない。 ・バランスが保てる。 ・痛みがない。 ・移動できる心肺能力がある。 ・移動用具の使用目的と使用方法を理解し，適合している。
衣服を着脱する	・ボタン，ファスナー，ベルトなどの着脱ができる。 ・ズボン，下着の上げ下げ，スカートをまくることができる。	・着脱方法を理解できる。 ・手先の細かい動きができる。 ・立位保持や腰をかがめる動きができる。
尿便器を使用する	・尿便器の位置を確認できる。 ・ふたを開けたりできる。 ・尿道や肛門の位置を確認できる。	・視覚または代償し得る知覚により確認できる。 ・尿器，便器の使用目的と使用方法を理解できる。 ・手先の動きや腰上げなどの動作ができる。
排尿する	・日中 4 ～ 7 回，夜間 0 回，200 ～ 500m*l* の尿を 30 秒以内に出せる。 ・痛みがなく残尿がない。 ・尿意がなくても出せる。 ・尿は透明で薄い黄色。	・蓄尿時は膀胱が弛緩，尿道は収縮する。 ・尿排出時は膀胱が収縮，尿道は弛緩する。 ・大脳から脊髄神経を経て膀胱・尿道までの神経伝達ができる。
排便する	・1 日 1 ～ 3 回もしくは 1 日 ～ 3 日に 1 回出る。 ・100 ～ 250g，水分 70 ～ 80 ％程度の，形がある茶色の便をまとめて出せる（ブリストル便形状スケールのタイプ 3 ～ 5（☞第 4 巻 p.27））。 ・痛みはなく，ある程度のいきみでスムーズに出せる。	・腸の蠕動運動によって便を直腸まで輸送できる。 ・蓄便時は内・外肛門括約筋をしめて直腸に便をため，便排出時はいきみによって直腸が収縮し，内・外肛門括約筋が弛緩する。
後始末をする	・トイレットペーパーを切る。 ・肛門・尿道口をふく。 ・水洗の場合は水を流す。 ・排泄物を捨てる。 ・手を洗う。	・後始末の必要性と方法が理解できる。 ・手先が動く。 ・視覚または代償し得る知覚により確認できる。

※：拘縮とは，かたまって動かなくなることをいう。

▶▶ 排泄のコントロールとは

ふつうに排泄できるためには，次の3つの条件が整っていることが必要です。

① 排泄に関する連続した動作が行えること。

② 食事，水分が適切にとれ，尿や便をつくるメカニズムが正常であること。

③ 尿や便をしっかりためて，しっかり出すための臓器や脳神経系が正常であること。

排泄については，以下に示す一連の動作（図4-21）が支障なくできてはじめて「自分でコントロールできる」といえます。

❶ 尿意・便意を感じる。

❷ トイレに移動し，ドアを開けて入る。

❸ 便器を認識する。

❹ 衣服を脱ぐ。

❺ 便器を使用する（便器に座る，足底が床につき排泄の姿勢がとれる）。❶～❺のあいだ，排尿・排便を我慢できる。

❻ 尿排出・腹圧をかけ便排出する。

❼ 排泄後の清拭と，トイレットペーパーの処理ができる。

❽ 衣服を着て整える。

❾ 排泄後の便器の洗浄，手洗いをする。

❿ 次の生活の場面へ移動する。

このように，排泄には動作，認知機能，膀胱・尿道機能，直腸・肛門機能の正常なはたらきが求められます。もし排泄のコントロールがつかなくなったときは，一連の動作のどこに支障があり，その原因となっている障害は何か（動作か，認知機能か，膀胱・尿道機能か，直腸・肛門機能か）をまずは把握することが適切な介護につながります。

図4-21 ● 排泄動作における一連の流れ

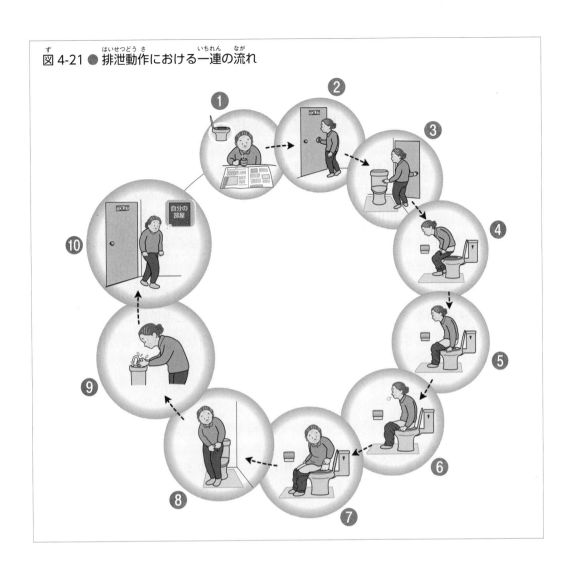

▶▶ 排泄の介護の特徴

排泄の介護は，利用者の生活の変化や精神的な影響を受けやすく，デリケートな部分の介護になります。

介護職は，1日に何回もくり返す行為を他人に依存しなければならない利用者の立場が，心理面・社会面にどのような影響を及ぼしているかを考える必要があります（表4-21）。

排泄の介護が，いかに利用者と介護職の双方に精神的ストレスを与えるかをまず理解し，利用者に不愉快な思いやはずかしい思いをさせることなくゆっくりと排泄できるよう，環境を整えることが大切です。

排泄の介護とは，おむつ交換であれば，清拭までではなく，着衣や排泄物の後始末までも含めた一連の行為をさします。室内のにおいに配慮することも重要な技術の1つですし，また，利用者の排泄物に注意することで，利用者の健康状態に関する情報も得ることができます。

表4-21 ● 排泄行為のもつ意味

身体面 （生理面）	・生命維持 ・排泄障害（便秘，下痢，頻尿，無尿，尿・便失禁など）による排泄パターン・リズムのくずれ	
心理面	・自然に排泄がある場合	爽快感，健康感，安心感
	・自立ができなくなった場合	自尊心の喪失，羞恥心，罪悪感，自責，絶望
社会面	・あえて人に見せるものではない，話題にしたがらない ・自立ができなくなった場合は，社会に対して消極的になりがち，孤独，疎外感	

▶▶ 介護職としてのかかわり方

　排泄とは，生命を維持し，健康な生活を送るための基本的な条件であり，人間の尊厳にかかわるきわめてプライベートな部分です。そのため，利用者の生活リズムや習慣に合った排泄の仕方を尊重することが，排泄の介護の始まりとなります（表4-22）。

　失禁するからとすぐにおむつにすれば，利用者は身体を動かす気力を失ってしまい，それが引き金となって廃用症候群になることもあり，利用者のQOLの低下につながってしまいます。

　利用者の病気や障害の程度や心理面も理解して，利用者のできるところ，できないところを観察し，介護職としてきちんと見きわめることが重要です。

表4-22 ● 排泄の介護の原則

① 利用者の心身の状況に合わせる。
② 利用者の尊厳を保持する。
③ 利用者のプライバシーを保護する。
④ 利用者が安心して，気持ちよく排泄行為を行うことができる。

▶▶ 排泄の介護における自立支援とは

　病気や障害のために，一度失われた能力を取り戻すことは並たいていのことではありません。介護職は利用者が安心して介護を受けることができるよう，ゆとりをもって接することが基本姿勢となります。そして利用者がなるべく自立できるように，介護職は表4-23のポイントに配慮します。

表4-23 ● 排泄の自立支援に向けた10のポイント

① 羞恥心の理解と人間としてのプライドを尊重する。
② 介護の負担を軽くする合理的な技術を身につける。
③ 尿意・便意があり，座位が保持できれば基本的にトイレを使用する。
④ 移動できない場合は，便器や尿器を段階的に検討する。
⑤ 排泄の姿勢は，利用者の自然な動きを活用するため，できるだけ座位で行う。
⑥ 介護用品や補助具を上手に使う。
⑦ 身体機能をいかせる衣服を選択する。
⑧ 利用者の排泄リズムや習慣をいかす。
⑨ 安心して排泄できるように，環境を整える。
⑩ おむつの使用は最後の手段とし，どうしても必要な場合は利用者の尿量や生活スタイルに合ったものを使用する。

表 4-24 は，排泄の介助において，アセスメントの情報収集に必要な観察のポイントを，ICF の視点にもとづいて整理したものです。

表 4-24 ● ICF の視点と排泄の介助のアセスメント

ICF の構成要素関連		観察のポイント
健康状態		・脳卒中など脳疾患，脊髄損傷，痔，がん，慢性腎不全，膀胱炎，膀胱頸部硬化症，尿道炎，尿道狭窄，前立腺肥大症，過敏性腸症候群，急性肝炎，腸炎，インフルエンザ，身体の状態（ストレス，腹痛，しぶり腹，嘔吐，発熱，疼痛，皮膚の状態，睡眠状態，食事・水分量） ・服薬状況（前立腺肥大症の薬，緩下剤，利尿剤，鎮静剤，精神安定剤，睡眠剤など）　　　　　　　　　　　　　　　　　　　　　　　　　　　　など
生活機能	心身機能・身体構造	・排便機能（便失禁・便秘・下痢・便意・腹部膨満感の有無，回数，量，色など），排尿機能（尿失禁・頻尿・尿閉・尿意・残尿感・排尿痛の有無，回数，量，出方，勢い，色の混濁など） ・麻痺・拘縮・振戦・しびれの有無，感覚機能・認知機能・言語機能・関節可動域 ・排泄状況に対する気持ち，どうありたいと思っているか，どのような思いでいるか，困っていること，望むこと　　　　　　　　　　　　　　など
	活動（ADL など）	・排泄にかかる回数と間隔，時間（昼間と夜間の相違含む）はどうか ・排泄をどのように行っているか（トイレ，ポータブルトイレ，おむつ・パッドなど），いきみの有無，寝返り，腰の上げ下げ，起き上がり，座位・立位の保持，上肢の運動機能（どのような動作が可能か），下肢の運動機能（立位の安定性，歩行の状態，補装具の有無，車いす・歩行器・杖・介助の有無），転倒，衣服の洗濯や交換はできるか ・コミュニケーション能力　　　　　　　　　　　　　　　　　　　　など
	参加	・社会活動への参加，経済的状況，家族関係　　　　　　　　　　　　など
背景因子	環境因子	・トイレの環境：位置や距離，手すりの有無，階段，障害物，床の状態，照明，プライバシーなど ・経済面 ・公的・私的サービス，制度・政策 ・ポータブルトイレ，便器・尿器，おむつ　　　　　　　　　　　　など
	個人因子	・排泄に関する考え方 ・生活歴 ・環境歴　　　　　　　　　　　　　　　　　　　　　　　　　　　　など

2. 排泄の介助

❶ 自立度が高い利用者の排泄の介助

▶▶ 排泄の自立に向けたトイレの設備環境

自立した排泄動作を安全に行うためには，トイレの環境を整えることが重要です（表4-25）。トイレの便器には和式と洋式があり，洋式便器は安定した座位姿勢がとれ，起立しやすいという利点があります。和式便器は，しゃがみこみにより膝関節への負担がかかり，姿勢も不安定になります。家庭の便器が和式の場合は，図4-22のように，便器の上に置くだけで，簡単に洋式便器に変換できるものがあります。また，脊髄損傷など下肢麻痺により床上生活をしている人のために，和式トイレを利用したプラットホーム式トイレ（便器が床や畳などにうめこまれているトイレ）もあります（図4-23）。

表4-25 ● 排泄に関する環境整備

① 利用者の状態に応じて，居室とトイレの距離を考慮する。
② トイレまでの通路に，移動をさまたげる物を置かない。
③ 冬季はトイレを暖かくして，急激な温度変化を避ける。
④ 冬季に便座が冷たいと不快であるだけでなく，血圧の上昇にもつながるため，暖房便座を使用する。自宅や施設などの個室のトイレでは，便座カバーをかける方法もある。
⑤ トイレで倒れた場合，扉が内開きであると倒れた人の身体にぶつかり助けに入ることが困難なため，横開きか外開きが望ましい。緊急時に備え，鍵は外からも開けられるものにする。
⑥ 下着の上げ下げや立ち上がりなどの動作が安定して行えるように，手すりをつける。
⑦ 片麻痺がある場合は患側に配慮し，トイレットペーパーを使いやすい位置に設置する。
⑧ 洗浄・乾燥機能つきの洋式便器を用いると，陰部の清潔保持がしやすい。使用に慣れていない利用者に対しては，使用方法を具体的に説明することが必要である。
⑨ トイレの床は清掃しやすく，すべらない素材のものがよい。床が濡れていると転倒の原因になるため，濡れた場合はすぐにふきとる。
⑩ 気分が悪くなったときに連絡できるように，呼び出しベルをつける。

図 4-22 ● 簡易設置式洋式便座

図 4-23 ● プラットホーム式トイレ

▶▶ 自立度が高い利用者の排泄の介助

　通所介護（デイサービス）を利用している K さんは，歩行が可能でトイレまで自分で行くことができます。下着の上げ下げや排泄後の清潔もほぼ自立しています。K さんがトイレに行きたいというので，介護職は K さんのプライバシーに配慮した見守り介助を行います。

介助方法

❶　廊下に障害物がないか，K さんがしっかりと歩けているかなどを観察し，K さんがトイレまで安全に移動できるように見守ります。

❷　K さんが便器を確認し，ズボンなどを下げて安全に座るのを見守ります。支援が必要な部分は，プライバシーに配慮しながら介助をします。

❸　便座の正しい位置に座れているか，足底が床にしっかりついているか（足が届かない場合は足台を置きます），前傾した座位姿勢が保持できているか（不安定な場合は大きなクッションなどを活用します）など，便器に座ったときの姿勢を確認します。

❹　排泄中はプライバシーに配慮し，トイレの外で待機します。排泄が終わったら声をかけてもらうか，ブザーのようなもので知らせてもらいます。

❺　排泄が終了したかどうかを確認し，排泄物（量・色・性状など）を観察して健康状態を把握します。異常がある場合は，医療職に報告します。

❻　ズボンなどを上げて整えてもらいます。支援が必要な場合は，プライバシーに配慮しながら介助をします。

❼　便器を洗浄し，手を洗ってもらいます。清潔と感染予防のため介護職も手を洗います。

▶▶ 介助の留意点

　排泄は，羞恥心をともなうデリケートな行為です。自尊心に配慮しながら自立意欲を高める介助が重要です。

① 利用者の意思を尊重し，自尊心に配慮します。
② 利用者ができるところは自分で行ってもらい，必要なところを介助します。
③ プライバシーを確保します。
④ 尿意・便意を察し，安心できる対応をします。
⑤ 排泄パターンを把握し，利用者に合わせた介助を心がけます。
⑥ 排泄後は清潔を心がけ，気持ちよいと感じられるように介助します。
⑦ 安全面に配慮し，快適で清潔な排泄環境を提供します。
⑧ 異常に気づいた場合は，すみやかに医療職に報告します。

▶▶ 予防の視点

(1) 転倒・転落の予防

　トイレは，排泄動作における一連の流れ（図4-21）からわかるように，転倒や転落が起こりやすい場所です。まずは安全面に注意することが重要です。利用者が，「立ち上がる」「歩く（移動する）」「ドアを開ける（閉める）」「衣類を上げる（下げる）」「しゃがむ」などの動作をするときには，安定した姿勢を保つことが大切です。そのためには，トイレの設備環境に配慮する必要があります。

(2) 尿路感染の予防

　高齢者の場合，加齢にともなう影響で，免疫機能や腎臓機能が低下し，前立腺肥大，脳血管障害などの基礎疾患をもっていることが多いため，尿路感染症を引き起こしやすい状態にあります。したがって，次のような点に注意が必要です。

① 失禁や夜間の頻尿を気にして，水分の摂取をひかえることがあります。水分摂取をうながし，尿量が低下しないようにします。
② 陰部の清潔を保つように心がけます。

(3) 健康状態の把握

　トイレでの排泄の介助の際に，排泄物を確認することは健康状態を把握するために重要です。また，殿部や陰部などの皮膚の状態を観察することも重要になります。

　もし，排泄物の量や色，性状などに異常があるときは，すみやかに医療職に報告して，排泄後の利用者の体調を観察します。

着脱，整容，口腔清潔の生活支援技術の基本

1. 身じたくの介助を行うにあたって

❶ なぜ身じたくを整えるのか

▶▶ 身じたくを整える意味

予定のない休日に，寝衣のまま過ごすことはありませんか。そんな状況で訪問者があると，あわてて着替えたり，髪を整えたりしませんか。

人は他者とかかわるとき，時と場所を考えて自分らしい身だしなみを整えようとします。それは自分と他者との関係において，不快感を与えないようにする気づかいであったり，よい印象をもってもらいたいという効果を考えてです。

しかし，高齢になったり，介助が必要な状態になったりすると，こころとからだのはたらきに制限が起こることがあります。その結果，身じたくを整えることへの関心が薄れる，したいけれどもできない，自分の好きなことは頼めないという気持ちになります。

身じたくを整えるということは，人が人として，社会とかかわるうえでの重要な自己表現です。介護職として，身じたくを整えることの意味を知ることは，介護を必要とする人が自立した生活を営んでいくうえで，その人の立場に立ち，その人なりの自己表現を維持してもらうために必要な援助であるということを知ることになります。

▶▶ 身じたくの効果

身じたくは，外部環境や危険物から身を守る，体温を調節する，清潔を保持するといった健康を維持する効果のほか，精神面にも影響を及ぼします。たとえば，身じたくがうまくできないと外出したくなくなるといった経験は，精神面にみられる影響です。

身じたくにはその人の好みが影響します。服装の例でいえば，人それぞれ好きなデザインや好きな色などがあります。人はその日の気分や目的，気候に合わせて身じたくの内容を選択しています。

身じたくは，自分らしさを表現する1つの手段であり，社会生活を快適かつ円滑にし，精神的満足感を得ることで社会性や生活意欲を高めるものでもあります。それを支援するということは，その人らしく生活をするための支援といえます。

❷ ICF の視点と身じたくの介助のアセスメント

表 4-26 は，身じたくの介助において，アセスメントにおける情報収集に必要な観察の
ポイントを，ICF の視点にもとづいて整理したものです。

表 4-26 ● ICF の視点と身じたくの介助のアセスメント

ICF の構成要素関連			観察のポイント
健康状態			・生活機能低下の原因となるものを含む健康上の問題（病気，変調，けが（外傷），先天性異常，遺伝子素質，高齢（加齢），妊娠，ストレス状態 など）
生活機能	心身機能・身体構造		・神経筋骨格と運動系・皮膚・粘膜・毛・爪などの機能や構造の状態 ・意識・見当識・知的・気質と人格・活力と欲動・睡眠・注意・記憶・高次認知（実行／遂行）などの機能 ・視覚・聴覚・平衡感覚・嗅覚・触覚などの感覚機能や痛みの感覚の状態 ・音声と発話の機能や構造の状態　　　　　　　　など
	活動（ADLなど）	身じたくの自立度	・洗面所や脱衣室などへの移動手段（移動距離を含む），身じたくの手技（整容・口腔の清潔・衣服の着脱），介助の必要度，所要時間，安全性　　　　　　　　など
		姿勢の変換・保持	・座位や臥位への変換や姿勢保持の状態　　　　　　　　など
		コミュニケーションの理解と表出	・メッセージの意味や言外の意味の理解力，メッセージの表出力　　など
	参加	生活・人生場面へのかかわり	・活動範囲，社会や家族とのかかわり（仕事，レクリエーション，レジャー，クラブ，団体活動など）　　　　　　　　など
背景因子	環境因子	物的環境	・洗面台や脱衣室，居室などの身じたくを行う場所の構造や物品の配置，光，音，におい，気温，湿度，時間的変化，四季の変化，身じたくに必要な生産品・用具（福祉用具），薬，居住地・周辺の環境，資産 など
		人的環境	・家族，親族，友人，知人，隣人，介護職・医療職・その他の専門職の支援や環境や態度　　　　　　　　など
		社会的環境	・公的・私的・任意サービス，制度・政策　　　　　　　　など
	個人因子	個人属性	・性・年齢，生活リズム，身じたくに関するライフスタイルや価値観　　　　　　　　など

2. 衣服着脱の介助

❶ 衣服着脱の介助を行うにあたって ::

▶▶ 衣服を着用する目的

介護職は，まず衣服を着用する目的を知る必要があります。衣服を着用する目的は表4-27のとおりです。

表 4-27 ● 衣服を着用する目的

①体温調節	外界の気温の変化に対し，身体をできるだけ快適な状態にしておくために衣服を着用する。
②皮膚の保護，衛生的機能	衣服は，外部からの刺激やほこり，細菌，害虫，熱，日光，外傷などから身を守る保護的役割がある。また，皮膚表面から分泌される汗や脂肪などを吸収して，皮膚を清浄に保つ役割もある。
③快適な生活の維持	日常生活のそれぞれの場面に合わせて衣服を選ぶことで，快適な生活を送ることができるようになる。
④社会生活への適応	衣服は，個性の表現方法としての役割をもっている。また，他者を知るうえでの非言語的な表現方法でもある。

▶▶ 衣服の種類と選択

(1) 下着類，寝衣

下着類や寝衣は吸湿性，吸水性，透湿性があるもので，発汗が多い場合などは，蒸れない素材が望ましいでしょう。また，皮膚を刺激しないやわらかい素材を選ぶことも大切です。さらに，よごれやすく洗濯の頻度も高いため，洗濯に耐え，変質・型くずれしにくいものがよいでしょう。

(2) 上着類

利用者のライフスタイルや目的に合わせたものを選びます。着心地がよく，保温性や通気性が適度に保たれ，衣服による圧迫感や重量感が利用者の負担にならないものがよいでしょう。夏は通気性のよい素材，冬は保温性に優れた素材などを選択します。

(3) 靴など

靴や靴下は足を保護します。靴は利用者に負担のかからない重量や，足を圧迫しないもの，ある程度強度があるもの，透湿性，防水性のよいものを選びます。

　衣生活を介護する際は，その人らしさを発揮できるように利用者の好みを尊重するとともに，利用者の状態に合った適切な衣服を選択する必要があります。

　衣服着脱の介助において，アセスメントの情報収集に必要な観察のポイントを**表4-28**に示します。

表4-28 ● 衣服着脱の介助におけるアセスメントの視点

観察項目		観察のポイント
身体的側面		・麻痺，拘縮，変形，筋萎縮などの有無と程度，関節可動域の制限，感覚機能障害の有無と程度，皮膚の状態，痛みの有無や程度，その他の行動制限の有無と程度　　　　　　　　　　　　　　　　　　　　　　　など
精神的側面		・障害受容の程度，認知障害の有無と程度，活動参加への意欲，習慣や趣味，興味をもてるものの有無，気分の落ちこみ　　　　　　　　　　　　　など
ADL など		・着脱にかかわる動作（上肢・下肢・手指の巧緻性など）の程度，姿勢保持（座位や立位など）の状態，着脱にかかわるコミュニケーションはどうか　　　　　　　　　　　　　　　　　　　　　　　　　　　　　など
社会的交流		・家族との交流の有無，地域との交流の有無，対人関係，社会的活動への参加の有無　　　　　　　　　　　　　　　　　　　　　　　　　　　など
環境的側面	物的環境	・衣服を着替えやすい環境（タンスの位置，座位や立位のとりやすさ，温度，明るさなど），居住地や周辺の環境（外出が容易か，社会との接点がもちやすい場所か）　　　　　　　　　　　　　　　　　　　　　　　　　など
	人的環境	・介護職の介護技術 ・家族の介護力（介護に対する知識）　　　　　　　　　　　　　　　など
	社会的環境	・公的・私的サービスはあるか　　　　　　　　　　　　　　　　　　　など

▶▶ 自立度が高い利用者への介助の視点

　動作がゆっくりであっても，自立度が高い利用者の場合は自分で衣服の着脱を行えるように介助することが基本となります。衣服を準備すれば自分で着替えられる，説明をすれば着替えられるなど，利用者の状態に合わせて介助します。

　高齢者や障害のある人は，動作がゆっくりになる傾向があります。そのため，介護職はとかく手を出しがちになってしまいますが，気持ちにゆとりをもち，利用者のペースに合わせて見守る姿勢をもちながら介助します。

▶▶ 前開きの上衣とズボンの着脱

　在宅で一人暮らしをしているLさんは訪問介護（ホームヘルプサービス）を利用しています。Lさんは右片麻痺がありますが，座位は安定しています。Lさんは，なるべく自分で着替えたいと望んでいます。

介助方法

❶　介護職は着替える衣服を確認します。介護職は患側（右側）に立ちます。

❷　Lさんは健側（左側）の手でボタンをはずし，患側の肩の衣服をはずします。

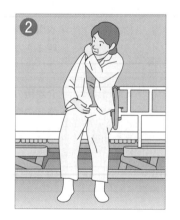

❸　健側上肢のそでを脱いでから，患側上肢のそでを脱ぎます。

❹　新しい上衣の患側上肢のそでを通し，健側上肢のそでを通します。

❺　健側の手でボタンをとめ，えりもと，両肩，すそなどを整えます。

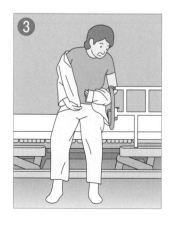

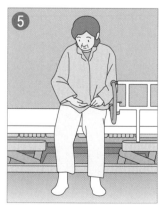

⑥ 健側の手でできるだけズボンを下げておき，健側下肢，患側下肢の順でズボンを脱ぎます。

⑦ 健側の手で患側下肢，健側下肢の順に新しいズボンを通します。

⑧ 健側の手でズボンをできるだけ上まで上げます。健側下肢に重心をかけて立位をとり，ズボンを上まで上げます。

⑨ 介護職はLさんに衣服の着心地を確認します。

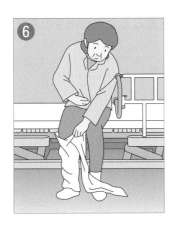
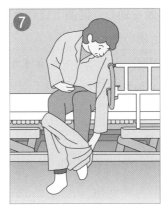

▶▶ 介助の留意点

片麻痺がある場合，脱健着患（脱ぐときは健側から，着るときは患側から）が基本となります。介助が必要なときは，利用者の患側に立って行います。

▶▶ かぶり上衣の着脱

① 介護職は着替える衣服を確認します。

② Lさんは健側の手で前身頃や後身頃を、できるだけ上までたくし上げます。

③ 健側の手で衣服の後身頃のすそを上まで引き上げ、後えり首を持って頭を脱ぎます。

④ 健側上肢のそでを肘から脱いでから、患側上肢のそでを脱ぎます。

⑤ 健側の手で新しい上衣のそでを患側上肢に通します。

⑥ 後えり首とすそをにぎって頭を通し、健側上肢のそでを通します（利用者の状態に
よっては健側上肢→頭の順でも構いません）。

⑦ 前身頃と後身頃を下ろし、両肩、すそなどを整えます。

⑧ 介護職はLさんに衣服の着心地を確認します。

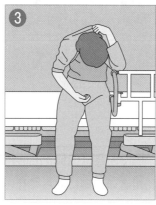
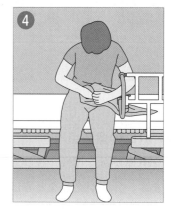
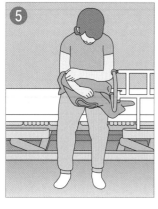
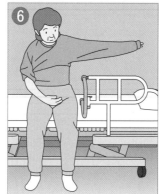
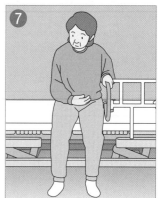

3. 整容の介助

① 整容の介助を行うにあたって ∷∷∷∷∷∷∷∷∷∷∷∷∷∷∷∷∷∷∷∷∷∷∷∷∷∷∷

▶▶ 整容を介助する意味

　整容（洗面，整髪，ひげや爪の手入れなど，身だしなみを整えること）は，自分の好み
やライフスタイル，時と場合に応じて，だれもが日々行うものです。食事や排泄ほど生命
の維持に直結するわけではありませんが，身だしなみを整えることで生活リズムや清潔感
の維持や気分転換になるなど，心身ともに健康な暮らしや社会生活を送るのに欠かせない
行為といえるでしょう。

　利用者が髪を整えなくなった，無精ひげが目立つようになった，爪切りを面倒くさがる
ようになったなど，整容に対する意識の変化は，生活意欲全般を把握するうえで重要なバ
ロメーターとなります。介護職は日ごろからさり気なく観察したり，必要に応じて整容を
うながしたりする必要があります。生活全般のリズム，日ごろの表情や発言，家族・友
人・知人との交流の頻度，健康状態や外出，食事・排泄・入浴などの ADL[27]（➡ p.357 参照）
と関連づけながら，個々の利用者に合った整容のうながしやその介助方法を検討しましょ
う。

　整容は，個々の好みにそって自分らしく過ごしたり，個性を発揮しながら他者と交流
し，社会生活を送ったりするためのものです。個々の利用者のライフスタイルを尊重した
かかわりをもつことが，何よりも大切です。

▶▶ QOL を向上させる原動力

　整容動作のほとんどは，座位姿勢で，上肢を使って行います。そのため，利用者が自分
で行う場合は，安定した座位をとれることが条件になります。また，上肢の麻痺や筋力低
下，肩・肘・手・手指関節の拘縮といった運動・感覚機能の低下によって細かい動作が困
難な場合は，介助が必要になります。さらに，認知機能の低下によって整容の必要性やそ
の方法が理解できず，おろそかになってしまう場合もあります。個々の利用者の心身状況
に応じて，利用者が主体的に身だしなみを整えられるよう声をかけ，介助を行うことが大
切です。

　整容によってみずからの姿が変化していくことは，たとえ言語によるコミュニケーショ
ンが困難な利用者であっても，鏡を通して確認したり，他者から笑顔で評価されたりする
ことで，生活に刺激やうるおいをもたらし，QOL を向上させる原動力となります。

　整容を単なる身体動作としてとらえることなく，利用者の性格，生活歴，職業歴，好
み，センス，ライフスタイルなどをよく把握して介助するよう心がけましょう。

整容の介助において，アセスメントの情報収集に必要な観察のポイントを表4-29に示します。

表4-29 ● 整容の介助におけるアセスメントの視点

観察項目	観察のポイント
身体的側面	・食事・排泄・入浴・睡眠などの状況 ・現在の整容状態 　① 爪やひげが伸びていないか 　② 頭髪が乱れていないか ・皮膚の発赤，湿疹，傷や神経障害の有無 ・皮膚のかゆみ，痛み，不快感の有無 ・皮膚のうるおい，つや，よごれの有無 ・頭髪の乱れ，頭皮のにおい，よごれの状態　　　　　　　　　　　　など
精神的側面	・体調の把握（バイタルサイン，病気の状態） ・通常の生活リズムの把握 ・身だしなみに対する日ごろの習慣や意識 ・従来身だしなみをどのように意識して生活してきたか ・身だしなみの好み（服装や髪型，化粧，ひげのスタイルなど） ・整容の必要性や目的を意識しているか ・どのような整容介助を望んでいるか 　① 使用する用具や介助の頻度 　② 衣服の好みとのバランス 　③ 介護職との信頼関係　　　　　　　　　　　　　　　　　　　　など
ADLなど	・起き上がり，立ち上がり，移乗動作の状態 ・立位保持，座位保持の状態 ・移動方法（自力歩行，杖歩行，車いすなど） ・上肢の動き 　① 麻痺や拘縮，筋力低下等の有無 　② 肩・肘，手・手指関節の拘縮の有無，実際の動き，痛みの有無 ・身だしなみの好みを伝えることが可能か（言葉で伝える，身振りやうなずきで伝える，写真や絵を見ながら伝えるなど）　　　　　　　　　　　など
社会的交流	・家族，交友関係など ・外出や来客の予定 ・生活歴，職業歴 ・出身地や長年暮らした地域の文化や生活習慣　　　　　　　　　　など
物的環境	・移動空間の確保 　（廊下の幅，危険物や段差の有無） ・整容に適したスペースの確保

環境的側面		（車いすで洗面台の奥まで入れる奥行き，ベッドサイドで座位を保って動作 できるスペース，ベッドのギャッチアップ角度など） ・室温の適切さ，換気や通風の状態 ・安全に外出できる地域環境の状態　　　　　　　　　　　　　　　　　　など
	人的環境	・介護職の介護技術 ・家族の介護力（家族関係，整容に対する意識，介護全般に対する意識，介護 に関する知識や技術の有無など） ・介護に対する地域住民の意識，住民同士の協力関係　　　　　　　　　　など
	社会的環境	・介護保険サービスなどフォーマルな社会資源 ・ボランティア団体などインフォーマルな社会資源　　　　　　　　　　　　など

❸ 整容の介助

▶▶ 洗面

　洗面には，顔面の皮脂やよごれを落として清潔を保つとともに，血流を促進する効果があります。そのため，朝起きて洗面することにより，すっきりした気分で1日を始めることができます。また，清潔感や適度なうるおいのある皮膚は周囲の人に好印象を与え，利用者も自信をもって他者と交流することができます。

　洗面はなるべく洗面所へ移動して行います。通常は立ったままで行い，水や洗顔料の泡が飛び散らないよう，深く前傾姿勢をとって行います。これらの姿勢や動作が困難な場合は，いすに腰かけて行います。車いすで移動する場合は，洗面台の下に，車いすに座ったまま奥まで入れるような奥行きが必要です。洗面動作はできるだけ自分で行ってもらい，介護職は姿勢の保持や上肢の動作など，必要な部分を介助します。

　移動が困難でも座位がとれる場合は，ベッドサイドで端座位になり，テーブルに洗面器やタオルを準備して，できるだけ自分で洗ってもらいます。その際，水の飛び散りを防ぐために，首まわりや胸，膝元，床などにバスタオルを置いたり，防水シートを敷いたりします。安静時や起き上がりが困難なときには，熱めの湯（50～55℃）で濡らして，かたくしぼったハンドタオルを渡し，できるだけ自分でふいてもらいます。

　洗面後は，皮膚状態や利用者の好みに応じて，化粧水や乳液をつけて終了します。

▶▶ 整髪

　ブラシなどを使って髪をとかし整髪することで気分転換になるほか，血流が促進され，毛髪や頭皮の健康維持につながります。ヘアスタイルは好みや自分らしさをあらわし，周囲の人との交流も促進されます。健康や社会性の維持のためには，整髪の習慣を忘れずにいたいものです。高齢者や障害のある人で，身だしなみを整えることに支援が必要な場合には，介護職の観察や声かけが大切です。起床時，外出時，入浴後など，適切なタイミングで整髪をうながしましょう。整髪を介助する場合は，利用者の希望を聞きながらていねいに行います。生活習慣やその時々の気分で，ヘアトニックや整髪料をつけて終了します。

▶▶ ひげの手入れ

　男性のひげは1日に約0.4mm伸び，すぐに目立つようになるので，1日1回はひげそりをするのが一般的です。しかし，ひげを伸ばすことが好きな人，適度に残しておきたい人，毎日きれいにそり落としたい人，あるいは長年手動かみそりを使用してきた人，電動かみそりを使用してきた人など，好みや方法は人それぞれです。利用者の状態に応じて，使い慣れた用具や方法で利用者がひげそりを行う姿勢の保持や部分的な介助を行ったり，利用者に代わって介護職が行う場合は，通常，安全性の高い電動かみそりを使用します。

▶▶ 化粧

化粧は，女性にとって単なる身だしなみのほかに，気分の活性化や社会参加，自己表現やコミュニケーションの手段でもあります。化粧の程度も，スキンケアや基礎化粧から専門的なメイクアップまで，人それぞれの好みや習慣，ライフスタイルによってさまざまです。最近は男女を問わず化粧やスキンケアへの関心が高まっているので，利用者の生活歴や好みをよく理解し，必要な部分を介助するようにします。

もともと化粧をする習慣がある人は，なるべくそれを維持することが大切です。習慣がない人でも，簡単な化粧をすることで気分転換になったり，表情豊かに他者とコミュニケーションをはかれるようになるなど，自信をもって毎日を送れるようになった例が多くあります。

▶▶ 爪の手入れ

爪は1日に約0.1mm伸び，足より手のほうが早く伸びます。爪はまめに手入れをしないと，巻き爪（☞第4巻p.139）や爪肥厚の原因となって，足の指先の動作や歩行の障害になったり，皮膚や衣服を傷つけたりします。そのため爪切りは，身だしなみや清潔保持のほか，健康で安全な生活を維持するためにも必要な行為です。

高齢になると爪がもろく割れやすくなるため，力を入れすぎたり大きく切ろうとしたりせず，少しずつ切るようにしましょう。切りすぎると深爪になり，巻き爪の原因になります。また，爪は水分にひたすとやわらかくなるので，入浴（手浴・足浴）のあとや，蒸しタオルなどを当てたあとに行うと安全に切れます。

爪そのものに異常がなく，爪の周囲の皮膚にも化膿や炎症がなく，かつ糖尿病などの病気にともなう専門的な管理が必要でない場合に限り，介護職が爪切りで爪を切ることや爪やすりでやすりがけをすることが認められています。爪や皮膚の状態に異常が認められる場合は介護職では行わず，すみやかに医療職に報告します。

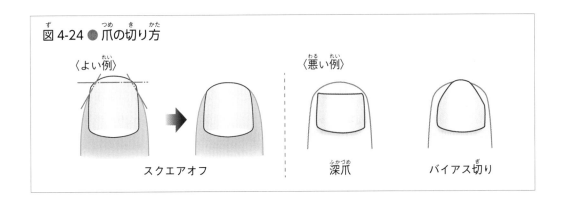

図4-24 ● 爪の切り方

〈よい例〉
スクエアオフ

〈悪い例〉
深爪　　バイアス切り

4. 口腔清潔の介助
こうくうせいけつ かいじょ

① 口腔清潔の介助を行うにあたって
こうくうせいけつ かいじょ おこな

▶▶ 口腔ケアとは
こうくう

「口腔ケアとは何か」を考える際には，図 4-25 のように 2 つの枠組みとしてとらえる
こうくう なに かんが さい ず わくぐ
必要があります。
ひつよう

　なかでも介護職が行うのは，口腔清潔の介助（歯の清掃，口腔粘膜の清掃，義歯の清掃
かいごしょく おこな こうくうせいけつ かいじょ は せいそう こうくうねんまく せいそう ぎし せいそう
など）を主体とする狭義の口腔ケアとなります。
しゅたい きょうぎ こうくう

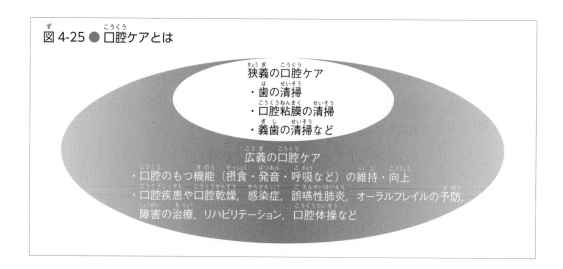

図 4-25 ● 口腔ケアとは
ず こうくう

　狭義の口腔ケア
きょうぎ こうくう
　・歯の清掃
は せいそう
　・口腔粘膜の清掃
こうくうねんまく せいそう
　・義歯の清掃など
ぎし せいそう

広義の口腔ケア
こうぎ こうくう
・口腔のもつ機能（摂食・発音・呼吸など）の維持・向上
こうくう きのう せっしょく はつおん こきゅう いじ こうじょう
・口腔疾患や口腔乾燥，感染症，誤嚥性肺炎，オーラルフレイルの予防，
こうくうしっかん こうくうかんそう かんせんしょう ごえんせいはいえん よぼう
　障害の治療，リハビリテーション，口腔体操など
しょうがい ちりょう こうくうたいそう

▶▶ 口腔ケアの目的
こうくう もくてき

　口腔とは，狭義的に，口唇から口峡の口の中の空間部分をいいます（図 4-26）。口腔内
こうくう きょうぎてき こうしん こうきょう くち なか くうかんぶぶん ず こうくうない
には，約 700 種類の細菌が生息しているといわれています。口腔内は 37℃ 前後に保たれ，
やく しゅるい さいきん せいそく こうくうない ぜんご たも
唾液によってうるおされており，食事などによって食べ物が残っている環境にあります。
だえき しょくじ た もの のこ かんきょう

　つまり，温度・湿度・栄養といった 3 つの面において，細菌が繁殖しやすい条件がそろっ
おんど しつど えいよう めん さいきん はんしょく じょうけん
ており，適切に口腔の清掃が行われないと，口腔内が乾燥したり，歯と歯のあいだや歯肉
てきせつ こうくう せいそう おこな こうくうない かんそう は は しにく
とのあいだに歯垢（プラーク）がたまったり，歯石や舌苔が発生したりします。その毒素
しこう しせき ぜったい はっせい どくそ
によって歯肉が腫れたり，歯周ポケットができたり，口臭（☞第 4 巻 p.35）が発生したり
しにく は ししゅう こうしゅう だい かん はっせい
もします。

　さらに，口腔の衛生が保たれていないと味覚の減退をきたし，おいしく楽しく食事をす
こうくう えいせい たも みかく げんたい たの しょくじ
ることが困難となります。
こんなん

　このように，口腔内の不衛生な状態は，単に口腔疾患のみにとどまらず，糖尿病，脳梗
こうくうない ふえいせい じょうたい たん こうくうしっかん とうにょうびょう のうこう
塞，心臓病などの疾患，全身の感染症や免疫力の低下，認知症など，全身の健康とも密接
そく しんぞうびょう しっかん ぜんしん かんせんしょう めんえきりょく ていか にんちしょう ぜんしん けんこう みっせつ

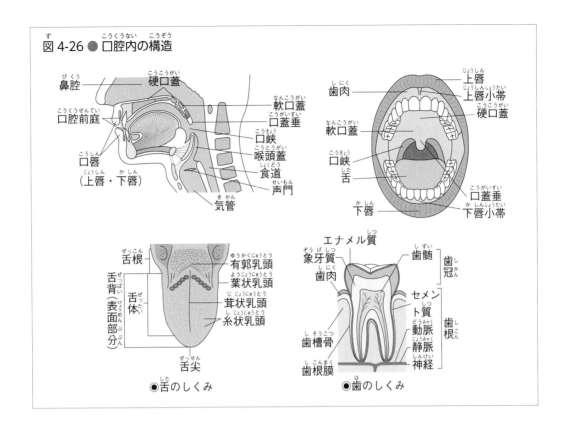

図 4-26 ● 口腔内の構造

鼻腔
硬口蓋
口腔前庭
軟口蓋
口蓋垂
口峡
喉頭蓋
口唇
（上唇・下唇）
食道
声門
気管

上唇
歯肉
上唇小帯
硬口蓋
軟口蓋
口峡
舌
口蓋垂
下唇
下唇小帯

舌根
有郭乳頭
葉状乳頭
舌背（表面部分）
茸状乳頭
舌体
糸状乳頭
舌尖

◉舌のしくみ

エナメル質
象牙質
歯髄
歯肉
歯冠
セメント質
歯根
動脈
静脈
神経
歯槽骨
歯根膜

◉歯のしくみ

に関係しています。その代表例としては，細菌を含んだ唾液を誤嚥して肺炎を発症してしまう誤嚥性肺炎です。

　とくに重度の要介護状態では，全身的な免疫機能や口腔機能が低下するため口腔内の細菌を誤嚥しやすくなり，肺炎などを起こす危険性が高くなります。

▶▶ 口腔ケアの効果

　先に述べたとおり，口腔内の不衛生な状態は，口腔疾患のみでなく，全身的な疾患や認知症などにも関連します。言い換えれば，適切な口腔ケアは，口腔疾患の発症と進行を遅らせ，口腔の状態（歯数・口腔衛生・口腔機能など）の維持に効果があることは当然のこと，全身的な疾患や認知症の予防といった観点からも，とても重要であるといえます。

　口腔の状態は老化にともなって変化していきますが，口腔健康への関心や心身の予備能力が低下してくると，オーラルフレイル（口腔機能がおとろえた状態）におちいるといわれています。オーラルフレイルは，とくに身体的フレイルに影響を与えやすく，要介護のリスクも高まります。言い換えれば，口腔の状態の維持・改善をはかるとともに，口腔健康への意識が高まるよう支援することで，オーラルフレイルの予防，さらには心身機能の改善につながる可能性もあります。

　ほかにも，口腔の状態を維持・向上することによって活力や欲動，社会や家族とのかかわりにも影響を与え，QOL の維持・向上につながる可能性も期待されます。

❷ 口腔清潔の介助におけるアセスメントの視点 ::

　口腔ケアの実施には，利用者の口腔の状態だけでなく，全身的な状態や精神的な状態，さらに社会的な状態など，総合的な視点から具体的かつ客観的に情報を収集し，問題や課題を科学的に分析・判断することが重要です。

　口腔清潔の介助において，アセスメントにおける情報収集に必要な観察のポイントを表4-30 に示します。

表4-30 ● 口腔清潔の介助におけるアセスメントの視点

観察項目		観察のポイント
身体的側面	歯	・う歯（虫歯）や歯の欠損はないか，歯並びはどうか，かみ合わせはどうか（義歯を含む），歯にぐらつきはないか，痛みや違和感はないか　　　　　　　　　　　　　　　　　　　　　　　など
	歯肉	・歯肉の色はどうか，血や膿が出ていないか，腫れていないか　　　　　　　　　　　　　　　　　　　　　　　　　　　　　など
	粘膜	・白苔はついていないか，適度な湿度が保たれているか（乾燥していないか），粘膜の色はどうか，炎症や潰瘍はないか　　　など
	舌	・舌苔はついていないか，痛みや炎症はないか　　　　　　　　など
	口腔衛生	・歯垢・歯石はついていないか，口臭はないか　　　　　　　　など
	口腔機能	・咀嚼や嚥下の機能はどうか，口は開閉できるか，舌はスムーズに動かせるか，味覚や感覚（麻痺・拘縮・疼痛の有無）はあるか　　　　　　　　　　　　　　　　　　　　　　　　　　　など
精神的側面		・意識や見当識，知的機能はどうか，活力や欲動はどうか，睡眠，注意・記憶・高次認知（実行／遂行）などの機能はどうか ・性・年齢，生活リズムやライフスタイルはどうか，口腔清潔に対する価値観はどうか　　　　　　　　　　　　　　　　　　　など
ADL など	移動方法	・口腔清潔を行っている環境までの移動（距離を含む）の状況と能力はどうか　　　　　　　　　　　　　　　　　　　　　　　など
	口腔清掃の自立度（操作）	・歯みがきの手技の実行状況と能力はどうか（隅々まで歯ブラシが届いているか，みがき残しや食物残渣はないか，うがいの状態はどうか，安全に行えているかなど），介助の実行状況と必要度はどの程度か，所要時間はどのくらいか　　　　　　　　　など
	姿勢の変換・保持	・座位や臥位への変換や姿勢保持の実行状況と能力はどうか，安全・安楽な姿勢であるか　　　　　　　　　　　　　　　　　　など
	コミュニケーションの理解・表出	・メッセージや言外の意味の理解の状況と能力はどうか，メッセージの表出の実行状況と能力はどうか　　　　　　　　　　　　など

社会的交流	生活・人生場面へのかかわり	・活動範囲の実行状況と能力はどうか，社会や家族とのかかわりの実行状況と能力はどうか　　　　　　　　　　　　　　　　など
環境的側面	物的環境	・洗面台や居室などの建物の構造・自然環境（光，音，におい，気温，湿度など）・ベッド・いすなどの配置は適切か，口腔ケアに必要な生産品・用具（義歯や口腔清掃用具・器具・洗浄剤・福祉用具など）はあるか，歯が抜けているところに義歯（清潔で破損や変形がないもの）などは入っているか，実施時間はどうか ・薬は飲んでいるか，飲んでいる薬の効能や副作用は何か ・経済力（金銭，資産など）はどうか　　　　　　　　　　　　など
	人的環境	・家族，親族，友人，知人，隣人，介護職・医療職（医師・歯科医師・歯科衛生士・歯科技工士・言語聴覚士・作業療法士・理学療法士・看護師・保健師・薬剤師など）・その他の専門職（社会福祉士・介護支援専門員（ケアマネジャー）・建築士など）の支援や環境・態度はどうか　　　　　　　　　　　　　　　　　　　　など
	社会的環境	・公的・私的サービスはあるか　　　　　　　　　　　　　　　　など

▶▶ ブラッシング法

　ブラッシング法とは，歯ブラシを用いて歯と歯肉をブラッシングし，口腔内を清掃する方法です。毎日口腔清掃を行っても，適切にブラッシングできていなければう歯（虫歯）（☞第4巻p.140）や歯周病（☞第4巻p.141），口臭の改善などの効果は得られません。

表 4-31 ● ブラッシング法の留意点

① 利用者に合った歯ブラシを選択する。
② 歯ブラシは，ペングリップ（鉛筆持ち）で持つと圧力のコントロールがしやすく，毛先も当てやすい（図4-27）。
③ 歯ブラシの毛先を90度（スクラビング法）に，歯肉溝は45度（バス法）に当てる（図4-27）。
④ 歯ブラシを動かすときは力を入れすぎないように注意し，小きざみに1歯ずつみがくようにする。
⑤ みがき残しやすい奥歯の奥や溝などは歯ブラシのつま先部を，前歯の裏側は歯ブラシの踵部を使ってブラッシングする。

注：ブラッシングだけで歯垢を落とし切ることは困難といわれている。歯と歯の接した面やすき間のせまい部分はデンタルフロスを，ものがつまりやすい，すき間の広い部分は歯間ブラシを使って清掃する（無理に挿入したり，勢いよく動かしたりすると歯肉を傷つけてしまうので注意する）。

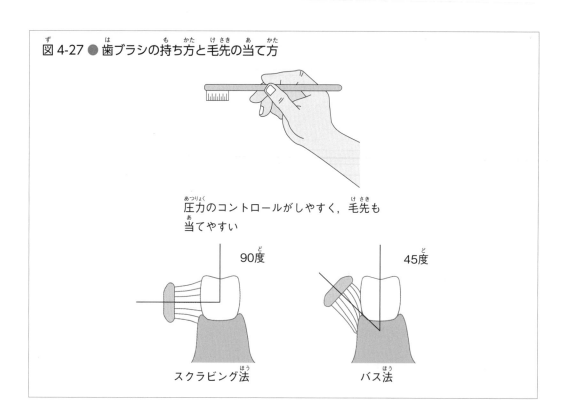

図 4-27 ● 歯ブラシの持ち方と毛先の当て方

圧力のコントロールがしやすく，毛先も当てやすい

90度　　　　　　　　45度

スクラビング法　　　　　バス法

▶▶ 義歯の役割と種類

　義歯は，歯の欠損部分をおぎなう目的で使用します。義歯の役割は，咀嚼やかみ合わせの機能の維持・向上だけでなく，発音や外観などにも影響します。したがって，義歯を快適に使用するためには，使用方法や管理の仕方について正しい知識が必要です。

　義歯には，大きく分けて，可撤式（取りはずし可）と非可撤式（取りはずし不可）があり，可撤式には，全部床義歯（総義歯）と部分床義歯（局部床義歯）の2種類があります。

▶▶ 義歯の装着方法

　義歯は通常，上顎から下顎の順に装着し，下顎から上顎の順ではずします。しかし，状況に応じて，しっかり装着しやすい側から装着し，取りはずしやすい側からはずしてもかまいません。

　舌で着脱したり，かんだりして装着すると，義歯の破損やクラスプ[※] (➡ p.357 参照) のひずみの原因となるため，義歯の着脱は必ず指を使い，無理な方向に力を加えないようにしましょう。

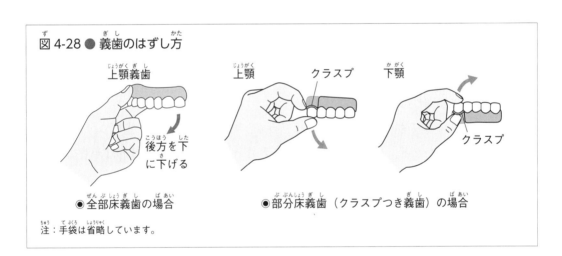

図 4-28 ● 義歯のはずし方

上顎義歯　　　　　上顎　　　　クラスプ　　　下顎

後方を下に下げる

●全部床義歯の場合　　●部分床義歯（クラスプつき義歯）の場合

注：手袋は省略しています。

表 4-32 ● 義歯の清掃と保管の方法

① 基本的には毎食後に義歯をはずし，義歯用歯ブラシなどを用いて洗う。
② 熱湯や歯みがき剤の使用は，義歯の摩耗や変形の原因になるため，水またはぬるま湯で清掃する。
③ クラスプは細菌が繁殖しやすい部分のため，小さいブラシなどを使用して入念に清掃する。
④ 就寝時は義歯をはずすようにする。
⑤ 義歯を保管する際は専用の容器に入れ，乾燥させないように清潔な水や義歯洗浄剤などにひたす。

家事援助の基本
（かじえんじょ　きほん）

1. 生活と家事の理解
（せいかつ　かじ　りかい）

❶ 自立生活を支える家事
（じりつせいかつ　ささ　かじ）

▶▶ 家事の意義
（かじ　いぎ）

　日々の生活を継続していくなかには調理，洗濯，掃除・ごみ捨て，衣服の補修・裁縫，買い物などの日常生活行為があります。これらは一般に家事と呼ばれ，生活の基本となっています。

　人が生きていくうえで，生活の土台となる家事は必要不可欠なものです。そのため家事援助は，生活の根幹にかかわります。とくに在宅生活で家事ができなくなると，すぐさま生活の継続が困難になります。

　また，家事援助のむずかしいところは，単に家事技術を提供すればよいわけではないという点です。人の生活は，それまでつちかってきたその人の生活習慣，価値観やこだわりがあり，非常に個別性の高いものです。

　調理1つとってみても，食材の切り方はどうか，味つけはどうか，盛りつけはどうか，食べる環境はどうかなど，利用者に受け入れられなければ，その援助は形ばかりのものとなってしまいます。

　それぞれの家には，代々ひきつがれた生活習慣があります。日々の暮らしのなかで伝承され，身につけたものであり，他者が評価しにくいものでもありますから，研修で習得した技能がすぐにいかせるというものでもありません。

▶▶ 家事援助と制度
（かじえんじょ　せいど）

　家事援助としての制度上のサービスは，介護保険制度の訪問介護（ホームヘルプサービス）のなかの生活援助として位置づけられています（表4-33）。介護保険制度で規定された訪問介護の内容は，①入浴や排泄，食事，通院などのための乗車・降車などの介助を行う身体介護，②調理や洗濯，掃除などを行う生活援助です。

表 4-33 ● 生活援助の具体的な内容

①掃除	居室内やトイレ，卓上等の清掃／ごみ出し／準備・後片づけ
②洗濯	洗濯機または手洗いによる洗濯／洗濯物の乾燥（物干し）／洗濯物の取り入れと収納／アイロンがけ
③ベッドメイク	利用者不在のベッドでのシーツ交換，布団カバーの交換など
④衣類の整理・衣服の補修	衣類の整理（夏・冬物等の入れ替えなど）／衣服の補修（ボタン付け，破れの補修など）
⑤一般的な調理，配膳・下膳	配膳，後片づけのみ／一般的な調理
⑥買い物・薬の受け取り	日用品などの買い物（内容の確認，品物・釣り銭の確認を含む）／薬の受け取り

❷ 介護職が行う家事援助の専門性

　介護職が行う家事援助は，一見多くの人が行っている家事と同様にみえますが，専門性のあるプロが行う援助であることに意味があります。

　では，専門性とは何でしょうか。加齢や身体機能の変化は，生活に大きな影響を与えます。それは家事においても同様です。たとえば視力が低下して小さな文字が見えにくい，手の指が動きにくくなるなどの一般的な傾向を理解しつつ，利用者の個別性を尊重しながら，介護職は利用者ができる部分とできない部分を把握します。さらに，利用者をさまざまな視点で観察し，その状況に応じて，どのように援助すれば自立した生活に向かうのかを考えます。これらが介護のプロが行う，専門性のある援助です。

　家事援助は，一見家事の経験者であればだれでもできる行為に映ります。しかし，介護職の行う家事援助は単なるお手伝いではなく，1人の人間として利用者の尊厳を守りつつ，自立を支援し，その人らしい生活を継続できるように援助する役割をになっているのです。家事援助は生活を継続するための土台であり，居宅でも施設でも必要な援助です。

月

日

2. 調理

1 調理の援助

▶▶ 調理の援助とは

　食に関する援助は，生命や健康を維持するためにとくに重要なものです。調理はそれら
を達成する第1の段階として行われます。

　現代の人々の食生活は非常に多様化しています。配食サービスや，調理ずみ食品の利用
も身近なものとなっており，自宅での調理場面も変化してきていますが，介護職の調理援
助は，「なぜそれが行われるか」という視点・根拠を常に意識して行われなければいけま
せん。

　利用者がどのような食生活を望んでいるのか。何を食べているのか。その食生活で何が
不足しているのか。定められたカロリーは守られているのか。気分や体調による味覚や食
欲の変化はないか。本人が食べたいものと，ひかえたいものは何なのか。

　それらをふまえたうえで，豊かなコミュニケーションをはかって，利用者が自分の食生
活に主体的にかかわれるように，必要な調理援助をしていくことが必要です。

▶▶ 調理のプロセス

　私たちが調理を行うとき，その行為には**表 4-34**のようなプロセスが考えられます。介
護職はこのプロセスのなかで，どこが困難になっているかを見きわめ，そのプロセスへの
利用者の適切な参加を常に意識することが，自立支援の視点となります。

表 4-34 ● 調理のプロセス

① 食事をつくろうと思う。
② 献立を決める。
③ 献立に必要な食材を決める。
④ いろいろな方法で食材を準備する（買い物・宅配注文など）。
⑤ 食材の調理方法を決める。
⑥ 包丁など台所器具を使用して調理方法に適した材料の下ごしらえをする。
⑦ ガスや電気器具を使用し，加熱など調理に適した火の取り扱いをする。
⑧ 調味料を選んで味つけをする。
⑨ 食器を選び，盛りつけをする。
⑩ 配膳する（食事行為），下膳する。
⑪ 食器・使用した器具の後片づけをする（洗う）。
⑫ 食器などを定められた場所へ収納する。

---

❷ 調理の援助の実際

▶▶ 献立を決める

利用者が調理に参加する第一歩は「何を食べたいか」の希望を出すことができるかどうかです。食べたいものを自分で決めることは、自立支援への第一歩です。

食べたいものや希望をうまく出せない利用者には、冷蔵庫や台所にある食材、旬の食べ物などについて話し、決定のヒントを提供します。ただし、自己決定にこだわるあまりそれを強制するようなことはつつしまなければなりません。利用者の気持ちに配慮しながら、時にはいくつかの献立を提案することも必要です。

▶▶ 食材や調理器具を確認・準備する

食材の準備を利用者や家族ができるかを確認します。買い物や配達など、どんな手段で行うのか、利用者がより負担なく自立できる方法を考えていきます。

次に、用意された食材のなかから調理に使用するものを選びます。そして、使用する調理器具を準備します。このとき、専用の調理器具がなかったり、少なかったりすることがありますが、調理器具に関する知識や技術を活用し、調理の順番やそこにあるものを応用・工夫して行うことも必要です。

▶▶ 下ごしらえをする

材料を確認したら調理方法を決めて、下ごしらえをします。調理の手間の多くは、野菜を洗う、皮をむく、切るなどの下ごしらえです。食材に適した切り方など、基本的な技術を活用します。また、この段階は、認知症や心身の障害がみられても包丁は使うことができるなど、さまざまな形で参加が得られやすいところです。一人暮らしの人など、下ごしらえがしてあれば、あとは自分で調理できるという人もいます。状況に応じて、はたらきかけや支援内容を工夫しましょう。

▶▶ 加熱調理・味つけをする

調理のなかで，味つけはいちばんのポイントであり，また利用者が容易に参加できる場面です。どの時点でどのくらい調味料を入れるのか確認します。そのうえで，介護職が味つけしたときは味見をしてもらいましょう。

介護職から，「味つけは薄目にしたのに，利用者から『濃い』と言われた」などの相談があがってきたりしますが，自分と相手の味覚には違いがあることを基本的に理解しておかなければなりません。

▶▶ 盛りつけ・配膳をする

器や皿を選び，盛りつけます。このときに，その人らしい食生活が演出されます。お気に入りの器は気分がよいですし，同じ量でも大きめの皿に盛ったときと，小さい皿にはみ出るように盛ったときでは，「少しだから全部食べられる」「こんなに食べられない」と食欲に影響を与えます。

▶▶ 後片づけをする

流し台に下膳し，よごれた食器を洗い，収納します。食器の収納は，重いものは低い位置に，日常的に使用するものは取り出しやすい位置にします。置き場所を定めておけば，利用者自身も管理しやすくなります。調味料や乾物は，湿気を防ぐために，また使用量が見えるように密閉できる透明な容器に入れて，取り出しやすい場所にまとめて保存するとよいでしょう。

図 4-29 ● 野菜の基本的な切り方

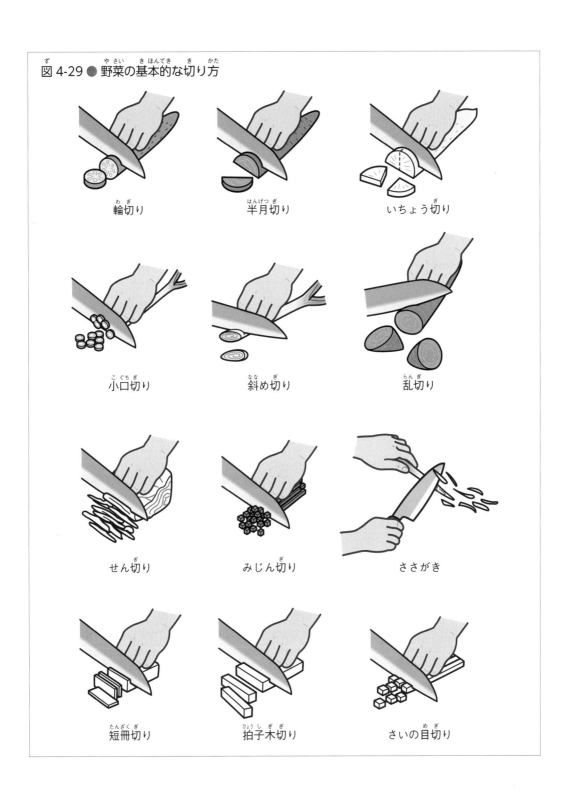

輪切り

半月切り

いちょう切り

小口切り

斜め切り

乱切り

せん切り

みじん切り

ささがき

短冊切り

拍子木切り

さいの目切り

図4-30 ● 献立の決め方

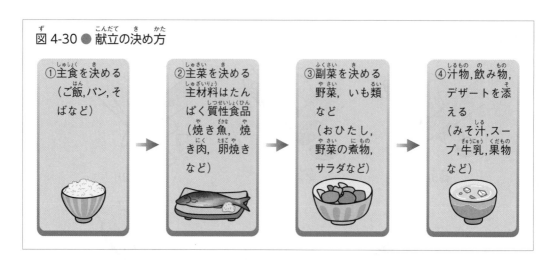

①主食を決める
（ご飯, パン, そ
ばなど）

②主菜を決める
主材料はたん
ぱく質性食品
（焼き魚, 焼
き肉, 卵焼き
など）

③副菜を決める
野菜, いも類
など
（おひたし,
野菜の煮物,
サラダなど）

④汁物, 飲み物,
デザートを添
える
（みそ汁, スー
プ, 牛乳, 果物
など）

表4-35 ● 加熱操作の分類と特徴

加熱法	主な調理法	特徴
湿式加熱 （水を利用する加熱）	煮物	常圧では100℃までの煮汁中で食品を加熱するが, 圧力鍋を用いれば110〜120℃になり, 短時間で料理ができる。
	蒸し物	水蒸気の潜熱（内部にひそんでいる熱）を利用した加熱法。卵液は85〜90℃で蒸す。
	ゆで物	多量の水の中で食品を加熱する方法。ゆで水に食塩, 酢, 小麦粉, みょうばんなどを加えることがある。
乾式加熱 （水を利用しない加熱）	焼き物	直火焼きと間接焼きがある。表面は脱水・乾燥してかたくなる。
	揚げ物	食品を多量の油の中で加熱する方法。衣揚げの内部は食品素材のもち味と水分が保たれる。
	炒め物	食品を材料の5〜10%の油で攪拌して（かき混ぜて）加熱する方法。高温で短時間に調理するので, 食品の色が保たれ, 熱に弱いビタミンや水溶性成分の損失が少ない。
誘電加熱 （電子レンジ加熱）	湿式加熱に準ずる	マイクロ波を食品に照射した際に, 食品内部の水分子の振動により生ずる摩擦熱により食品自身が発熱する加熱法。一般に, 水分を多く含む食品はマイクロ波を吸収しやすく, 発熱しやすい。
誘導加熱 （電磁調理器加熱）	湿式・乾式 加熱に準ずる	電磁誘導により, 鍋底に発生した熱が鍋の中の食品に伝わることによる加熱法（Induction Heating：IH式）。鍋をはずせば熱源はなく, 安全で排気ガスの心配もない。鍋自体が発熱するので, 熱効率は70〜90%と高い。

▶▶ 食材の効果的な活用と食形態への配慮

身体に必要な栄養を確保するために，基礎的な栄養素の理解は不可欠です。また，それが身体機能にどのように影響するかの視点も必要です。

たとえば，「寝たきりの利用者の体温が低下している。湯たんぽなどを用いたが体温が上がらない」というとき，葛湯など温かくて甘い高カロリーの食品をとってもらうことで，体温の上昇がみられることがあります。食事をすることで，エネルギーが取り入れられ体温が上昇します。

このように，糖分や炭水化物が人の生理機能にはたらきかける効用についての知識をもつことで，状態の改善ができることもあります。

また，在宅では食材について必ずしもすべてそろっているとは限りません。そこでは，少ない食材での工夫も必要です。利用者の嗜好に配慮したいろいろな調理法を知っておくことも大切です。状況によりレトルト食品，保存食品の活用も効果的です。

さらに，きざみ食やとろみ食，やわらか食など，利用者の咀嚼力，嚥下能力に合わせた食形態にも留意しましょう。味つけもそうですが，介護職がやわらかいと思っても，利用者の歯の状態によりその度合いは変わります。食材によってはかみ切れなかったり，歯にからみついたりもします。また，それとは逆に「もう少し歯ごたえがあってもよい」という場合もあります。はじめて援助するときは，どのくらいの大きさに切るか本人に必ず確認するようにしましょう。

▶▶ 安全と保存

介護の基本に安全があります。調理においても，**食中毒**[20] (➡ p.357 参照) の予防や，病気に配慮した調理法，病気の悪化予防のために服用している薬による禁忌食を使用しないなど，安全への配慮は不可欠です。

食中毒の予防のためには，手洗いや調理器具の清潔，さらに食品の保存に注意しなければなりません。冷蔵保存，冷凍保存，常温保存など，季節に応じて食品が傷まないように配慮しましょう。

冷蔵庫の中は清潔に保ちましょう。一人暮らしなどの場合，調理ずみ食品を小分けにして冷凍保存することは，よく行われていることです。1 食分の冷凍は基本ですが，古いものが残ってしまわないように，冷凍した日付を記入しておきましょう。

表 4-36 ● 家庭でできる食中毒予防の 6 つのポイント

食品の購入	生鮮食品は新鮮なもの，表示のある食品は消費期限などを確認して購入する。 肉汁や魚などの水分がもれないようにして，早めに持ち帰る。
家庭での保存	冷蔵や冷凍の必要な食品は，できるだけ早く冷蔵庫や冷凍庫に入れる。 冷蔵庫や冷凍庫に入れる食品は，7 割程度とし，早く使い切る。
下準備	生の肉や魚を切った包丁，まな板はすぐに洗い熱湯をかけておく。 こまめに手を洗う。
調理	加熱は十分に行う（中心温度 75℃，1 分間以上）。 調理を途中でやめてそのまま放置せず，食材を冷蔵庫に入れる。
食事	清潔な手で，清潔な器具を使い，清潔な食器に盛りつける。 温かい料理は 65℃以上，冷やして食べる料理は 10℃以下にしておく。
残った食品	残った食品は早く冷えるよう，小分けにして清潔な容器に保存する。 保存したものを食べるときは 75℃以上になるように再加熱する。

出典：厚生労働省「家庭でできる食中毒予防の 6 つのポイント」1997 年を一部改変

3. 洗濯

1 洗濯の援助

▶▶ 洗濯の援助とは

洗濯は電化製品の普及もあって，家事のなかでも負担感が少ないものの１つです。さまざまな洗濯洗剤や衣服の素材も開発されて，現在は，ほとんどのふだん着が家庭で洗濯できます。

しかし，一方で新しい繊維などが使用されることも多くなり，きちんと理解していなければ，色落ちや縮み，変形など思わぬトラブルが生じます。また，便や吐物などが付着した衣服は，その取り扱いいかんでは，感染症が蔓延する原因ともなります。

介護職は，繊維の種類や，よごれの状態に適した洗濯を心がける視点をもつことが大切です。

▶▶ 洗濯のプロセス

私たちが家庭で洗濯するとき，その行為には表4-37のようなプロセスが考えられます。

家庭における洗濯機の普及，コインランドリーやクリーニング店などの進出により，以前に比べてかなり清潔な衣服を維持しやすくなってきています。しかし，心身の状態がおとろえると，身のまわりに対する関心や意欲が失われがちになること，また，新しい機能をもった洗濯機のめまぐるしい出現により，その取り扱いについていけないことも多々あります。利用者の生活環境を見まわし，適切な方法で自立支援をはかっていきましょう。

表4-37 ● 洗濯のプロセス

① よごれを意識する。
② よごれたものを着替える（よごれものを出す）。
③ 水洗いかドライクリーニングかの仕分けをする。
④ 白いもの・色落ちするものと分けて洗濯機に入れる。
⑤ 洗濯機のコースを設定してスイッチを入れ，洗濯を開始する。
⑥ 水量に応じた量の洗剤を投入する。
⑦ 洗濯機から取り出して干す。
⑧ 乾いたら取りこむ。
⑨ たたむ。
⑩ 整理して収納する。

▶▶ 仕分ける

　利用者によごれものを出してもらいます。利用者の状況によりうながしや声かけを行います。このとき，よごれものを他人に見られたくないという気持ちに配慮し，自然な声かけを行います。洗濯マーク（表4-38）を確認して，水洗いできるものか，**ドライクリーニング**㉚（➡ p.357参照）に出すものかを仕分けします。水洗いできるものは，色物，白物，便や吐物などが付着しているものに仕分けします。

　一般に普及している全自動洗濯機は，一定の洗濯時間がかかります。また，使用される洗剤や水量の関係から，少量だと白物と色物をいっしょにしてほしいという利用者もいます。便や吐物などでよごれているものに関しては，感染症予防の観点から少量でも分けて洗濯し，ほかの部分は本人の意思を確認してから行うようにします。

表4-38 ● おもな洗濯マーク

洗濯マーク		意味
～2016年11月	2016年12月～	
弱 40	40	水温は40℃を限度とし，洗濯機で弱い処理ができる
		家庭での洗濯禁止
		日陰のつり干しがよい
ドライ	Ⓟ	パークロロエチレンおよび石油系溶剤によるドライクリーニングができる（溶剤に2％の水添加）
ドライクリーニングができる	Ⓟ	パークロロエチレンおよび石油系溶剤による弱いドライクリーニングができる

▶▶ 洗濯方法と洗剤を選ぶ

　繊維に適した洗剤を使用し，洗濯機はさまざまな機能（水量・時間・強さなど）の設定を行います。全自動洗濯機では節約コースとするのか，洗剤の量，すすぎの時間など，利用者のこだわりが個々にありますので，利用者に確認しましょう。

▶▶ 洗濯する

　機能に応じた準備をします。二槽式洗濯機[8]（➡ p.357 参照）など，排水の準備を行わなければならないところは，しっかりと確認します。

　洗濯物，洗剤などを入れ，スタートボタンを押します。洗濯機の置き場所によっては，ボタンが見えにくいものがあります。また，いろいろなボタンの区別がつかないこともあります。必要なボタンにわかりやすい目印などをつけることも1つの方法です。洗濯機能の設定を変更するときは，利用者とともに確認します。

▶▶ 干す

　洗濯機から洗濯物を取り出し，干します。利用者が立って取り出す姿勢が不安定なときは，いすを使用するなど安全に行えるようにします。干す前に，一度たたむとしわが伸び，形を整えられます。状況により，利用者がたたみ，介護職が干すなど，利用者とともに行う工夫もしましょう。

　介護職は屋外・室内のどちらに干すのか，物干しざおを使用するのか，洗濯ハンガーを用いるのか，干す場所，器具，さらに干し方について利用者と確認します。

　洗濯ハンガーを用いるときは，力を入れないで引っ張って取れるように洗濯ばさみを浅めにはさむなど，利用者の手指の力の状況に応じたとめ方をします。

▶▶ 取りこむ・たたむ

　洗濯物が乾いたら取りこみ，たたみます。

　たたむということは，衣服の形を整えしわを伸ばすだけでなく，衣服の寿命を延ばします。アイロンをかければ，なおいっそう風合いが保たれますが，一般にふだん着はアイロンの必要のないものが多いです。たたみ方も利用者それぞれのやり方がありますので，利用者に確認してから行いましょう。

　また，たたむことは利用者の収納行為を楽にし，室内の整理整頓にもつながります。

▶▶ 収納する

たたんだものは一定の場所に収納します。利用者が自分で収納することを支援することは，必要なときに必要なものを自分で取り出すことができ，自立につながります。また，室内の整理整頓にもつながります。

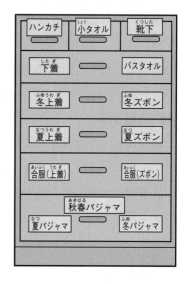

❸ 衛生と衣服のもつ機能に関する知識

介護職として，繊維やよごれの種類に応じた洗剤の知識，色落ちしないかどうかの確認，感染症のある利用者の便や吐物，血液付着物に対する処理など，衛生と衣服のもつ機能を減少させないための基本的な知識が必要です。

便や吐物，血液付着物の処理では漂白剤を使用することが多いのですが，塩素系漂白剤を使用すると色落ちするので白物以外は注意が必要です。色柄物なら酸素系漂白剤の使用が無難です（表4-39）。

簡単なしみなどは，洗濯の前にすぐにしみ抜きをします。しみの種類により，表4-40のような方法があります。

また，干し方についても，衣服の形態を損なわない干し方や，日光による色の減退・変色を防ぐために物によっては裏返す干し方などいろいろな方法があります。

これらについては，利用者の習慣的な方法もありますので，確認しながら行いましょう。

表 4-39 ● 漂白剤の種類と特徴

種類		特徴
酸化漂白剤	塩素系	・綿・麻・アクリル・レーヨン・ポリエステル・キュプラの白物衣料に使える。 ・酸性タイプのものと混ぜると有害な塩素ガスが発生するので危険である。
	酸素系	・毛・絹以外のすべての繊維製品，色柄物にも使え，水洗いできる。 ・衣類の除菌・抗菌・除臭やしみ・部分よごれの漂白（食べこぼし，調味料，えり・そで口，血液など）。 ・赤ちゃんの衣料の漂白にも使える。
還元漂白剤		・すべての白物衣料に使える。 ・酸化型の漂白剤で落ちないしみが落とせる。

表 4-40 ● しみの種類に応じた処置

しみの種類		しみ抜きの方法
水溶性	しょうゆ，ソース，紅茶，果汁，コーヒー，茶，ジュース	水をつけた綿棒や歯ブラシで，しみの周辺から中心に向けてたたく。
	血液	台所用洗剤を水に溶かし，しみの周辺から中心に向けてたたく。
水油混合	ドレッシング，カレー，ミートソース，アイスクリーム，マヨネーズ，（焼肉用）たれ	
油性	えり垢，口紅，クレヨン，ボールペン，チョコレート	ベンジン（※）を使う→洗剤を使う。
	朱肉	エタノールをつけたブラシでたたく。
不溶性	墨汁	歯みがき粉をつけてもみ洗いしたり，ご飯粒をすりこんでもよい。
	泥はね	まず，泥を乾かす。表面をたたいたり，もんだり，ブラシをかけたりしながら落とす。
その他	ガム	氷で冷やして，爪ではがす。

※：ベンジンは，石油から精製された揮発性の薬品のこと。引火しやすいので取り扱いには注意が必要である。

4. 掃除・ごみ捨て

❶ 掃除・ごみ捨ての援助

▶▶ 掃除・ごみ捨ての援助とは

清潔な居住環境を維持するためには，一定の時間を使って掃除やごみ捨てをくり返し行わなければなりませんが，加齢や障害などにより，住まいの手入れができにくくなることがあります。介護職は，そのようなときに清潔で安全な住まいを利用者といっしょに整えていきます。

掃除やごみ捨ての援助では，清潔・安全・目で見える心地よさがポイントとなります。それは，単によごれたところをきれいにするということではありません。利用者を主体に，なぜよごれるのか，なぜ清潔が維持できないのか，その原因をきちんと見きわめて対応することが大切です。

▶▶ 掃除のプロセス

私たちが掃除を行うとき，その行為には表4-41のようなプロセスが考えられます。これはよごれたところをきれいにするというプロセスですが，これとは別に，よごれないようにするためのプロセスもあります（表4-42）。

自立支援のための援助としては，「よごれないようにするプロセス」へのはたらきかけが重要です。

表 4-41 ● きれいにするプロセス

① 清潔な環境を整えたいと思う。
② ごみをまとめる・室内の物を片づける。
③ 掃除機などを使ってほこりをとる。
④ ふき掃除をして，よごれをふきとる。

表 4-42 ● よごれないようにするプロセス

① 物の置き場所を定める（散らからないようにする）。
② ごみは分別しまとめておく。
③ ごみは定期的に出し，ためない。
④ 小さな場所の掃除を毎日行う。
⑤ 掃除の習慣を身につける。

❷ 掃除の援助の実際

▶▶ 物を片づける

　整理整頓とも表現されますが，まずは室内にある程度の空間をつくることです。空間ができれば移動も楽になり，掃除自体も楽になります。

　必要な物と不要な物とを分け，不要な物は利用者が捨てることができるように，必ず1つひとつ確かめながら行います。着用していない衣類などは，季節ごとに分類して箱などに収納しておきます。利用者の了承なく，勝手に物を捨ててはいけません。そのうえで，利用者が管理しやすいように物の置き場所を定めましょう。そうすることで，利用者も暮らしやすくなり，散らかりにくくなります。

▶▶ 掃く

　掃くということは，小さなほこりやごみ，そこに含まれるダニなどを掃除機やほうきで取り除くことです。

　電気掃除機は必ず集塵袋の点検を行います。ごみがつまりすぎていたり，適切にセットされていなかったりすると，故障の原因にもなります。掃除機は，一気に速く力を入れてかけるよりも，ゆっくりとかけたほうがほこりを取りこぼしません。掃除機の使用は，高齢者にとってかなり労力を要するものであるため，配慮が必要です。

　ほうきは，昔からあるもので手軽に使用できますが，ほこりが舞い上がりやすいので，窓を開けて，ほうきを押さえるようにして使用するのがコツになります。

▶▶ ふく

　ふくということは，掃いただけでは取り除けない，しみついたよごれを取り除くことです。

　からぶき，水ぶき，洗剤ぶきがありますが，基本的に水で溶けるよごれはぞうきんがけで対応できます。水で溶けないよごれは，**有機溶剤**[32]（➡ p.357 参照）の入った洗剤を用います。それでも溶けないよごれは，ブラシやたわしでこすって取り除きます。

　ぞうきんは不潔になりやすいので，使ったら必ず洗剤を使って洗い干します。

　私たちが生活していくうえで，ごみは毎日出てくるものです。そのごみを収集場所に出すことで私たちは室内の清潔を維持していますが，出すまでの作業そのものが困難という人たちもいます。

　ごみを出せない理由は，いくつかあげられます。

▶▶ 分別作業が苦手

　ごみは，一般に可燃ごみ，不燃ごみ，リサイクルごみに分けられます。この分類は自治体ごとの決まりごとであり，利用者にとってわかりにくいこともあります。介護職は自治体が求める方法を熟知し，絵や文字でわかりやすく表示することで，利用者自身が行えるように支援します。

▶▶ ごみ収集日がわからなくなる，忘れる

　カレンダーに目印をつけます。室内のごみが置いてある場所に，曜日・時間を大きく明記しておくのも解決策の1つです。

▶▶ ごみを運ぶのが困難

　一人暮らしの場合，ごみ収集場所までの数メートルの歩行が困難ということがあります。近隣と相談して協力をお願いするほか，自治体の戸別収集サービスを活用すれば，玄関先などにごみを出しておくと収集してくれます。

▶▶ ごみの出し方がわからない

　ごみの出し方が不適切で，近隣から苦情が寄せられることがあります。生ごみの水はよく切り，新聞紙などに包む，スプレー缶のガスは出しきるなど，適切な処理方法を助言します。

▶▶ 物を捨てられない

　室内が乱雑になってしまう理由の1つに，必要な物と不要な物の判断ができないということがあります。「いつか使うかもしれない」ということは，物の活用方法を知っていることでもありますから頭から否定せず，利用者が納得して捨てることができるように整理整頓の支援をしていきます。季節の衣類の入れ替えのときなどは，不要になった衣類を捨てる機会にもなります。

5. 衣服の補修・裁縫
（いふく　ほしゅう　さいほう）

❶ 衣服の補修・裁縫の援助
（いふく　ほしゅう　さいほう　えんじょ）

▶▶ 衣服の補修・裁縫の援助とは
（いふく　ほしゅう　さいほう　えんじょ）

　かつて日本では，物を大切に使う習慣があり，衣服などは補修をくり返しながら最後まで使い切っていました。時代が豊かになり，物があふれてくると，使い捨て文化が定着し，惜しげもなく物が捨てられるようになりました。廃棄されるなかでとくに多いのが衣服です。最近では「針を持つ」こともあまり日常的ではなくなってしまいました。

　しかし近年，限りある資源を大切にしようという環境保全運動が高まり，それが世界共通の目標とされています。

　身だしなみを整え社会性を保つために，また，動作の安全を保つためにも，ズボンのすそのほつれや，ゴムの取り換えなどの補修を行うことが必要になります。また，身体が不自由になったときに着脱しやすいように，そでぐりにマチを入れる，ボタンの代わりに面ファスナーに替えるなどの工夫も，状況により必要な援助となります。

▶▶ 衣服の補修のプロセス
（いふく　ほしゅう）

　私たちが衣服の補修をするとき，その行為には**表 4-43** のようなプロセスが考えられます。

表 4-43 ● 衣服の補修のプロセス
（ひょう　いふく　ほしゅう）

① 身だしなみに関心がある。
② 社会性を保った衣服に整える（季節や場所，時間に応じた衣服を選べる）。
③ 衣服の破損に気がつく。
④ 補修の方法がわかる。
⑤ 補修のための材料を準備できる。
⑥ 適切な方法で補修できる。

▶▶ 裁縫の基本的な技術と方法

　実際に行われることはズボンのすそをまつる，ボタンを付ける，カギホックやスナップを付ける，ズボンのゴムひもを取り換える，カギ裂きなど破れたところを補修するなど，ほとんどが裁縫の基本的な技術で対応できるものです。

　裁縫の方法には，手縫いとミシンの使用がありますが，訪問介護の現場では手縫いが一般的です。補修する前に，洗濯をしてきれいにしておきます。必要に応じてアイロンで形を整えることもあります。

　また，高齢者のなかには，「目が悪くなったため針に糸が通せない」と困っている人も多くみられます。このようなとき，数本の縫い針にそれぞれ，白・黒・赤などの糸を通しておくだけで，気づいたときに，自分でできる助けになります。

　利用者の状況に応じて，自立支援のはたらきかけを工夫していきましょう。

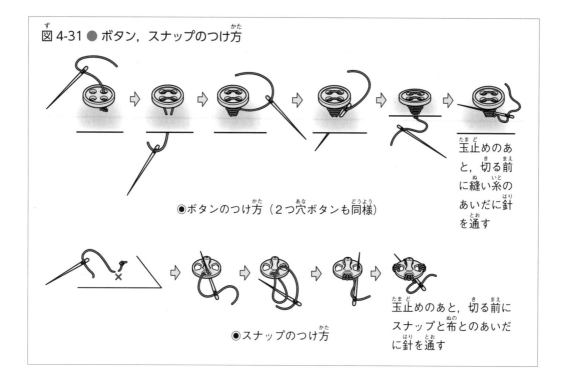

図 4-31 ● ボタン，スナップのつけ方

●ボタンのつけ方（2つ穴ボタンも同様）

玉止めのあと，切る前に縫い糸のあいだに針を通す

●スナップのつけ方

玉止めのあと，切る前にスナップと布とのあいだに針を通す

図 4-32 ● 手縫いの方法

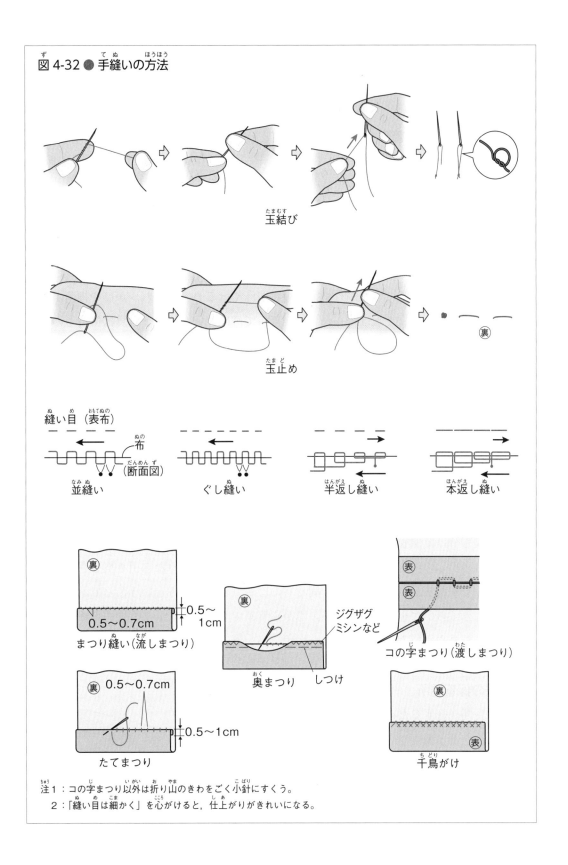

玉結び

玉止め

縫い目（表布）

布

（断面図）

並縫い　　　ぐし縫い　　　半返し縫い　　　本返し縫い

まつり縫い（流しまつり）
0.5～0.7cm
0.5～1cm

奥まつり　　ジグザグミシンなど　　しつけ

コの字まつり（渡しまつり）

たてまつり
0.5～0.7cm
0.5～1cm

千鳥がけ

注1：コの字まつり以外は折り山のきわをごく小針にすくう。
　2：「縫い目は細かく」を心がけると，仕上がりがきれいになる。

6. 衣服・寝具の衛生管理

❶ 衣服・寝具の衛生管理

▶▶ 衣服・寝具の衛生管理とは

　日本には四季があるため，季節ごとに衣服を替える必要があります。衣服の管理や保管の仕方は，素材や使用方法などに合わせて行います。管理の仕方が悪いと，不衛生となって健康被害が起きたり，衣服を傷めて着られなくなったりします。

　寝具は毎日使われるものであり，睡眠に不可欠なものです。寝具の清潔を保つことは利用者の安全や良質な睡眠につながります。寝具が汗やほこりでよごれ，かびや細菌が繁殖しているようであれば，安眠は得られず，かえって健康を害します。寝具は気持ちのよい睡眠を確保できるように，衛生的に管理する必要があります。

　衣服や寝具の管理や保管に関しては，利用者個々にやり方が違います。相談しながら，できればいっしょに行うとよいでしょう。

❷ 衣服の衛生管理

▶▶ 衣服の保管方法

　衣服は分類して保管します。肌着はパンツ，シャツ，タイツ，靴下などに分けて整理します。寝衣も分けて保管します。分けて保管することで取り出しやすくなります。

　収納は引き出しの中をボール紙で仕切ったり，枚数が多いようなら引き出しを別にします。たたんで重ねるとよく見えない，同じものばかり着てしまうということであれば，引き出しの高さくらいに小さくたたむか，端から丸めて立てて保管する方法もあります。なお，しわになりやすいようなものはたたまず，ハンガーなどにかけて保管します。

▶▶ 衣服の保管場所

　衣服を長期保管するためには箱や衣装ケースを利用します。箱などは湿気やほこりの侵入を防ぐことができるもので，予定している保管場所に収まる大きさのものを使います。また，何が入っているのかがわかるように名札をつけます。

▶▶ 防虫・かびの予防

衣服につく害虫は絹や毛などの動物繊維を好んで食べますが，食べこぼしなどが衣服に付着していれば綿製品や化学繊維[83]（→ p.357 参照）も被害にあいます。

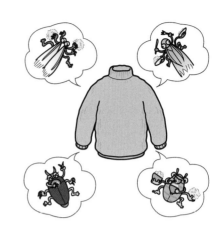

通常は防虫剤を使うことで害虫による食害を防ぎます。衣装ケースの場合，防虫剤は衣服の上に置きます。洋服ダンスなどでは揮発した気体が行きわたるような場所につるします。防虫剤の揮発した気体は空気より重いので，下に沈んでいきます。衣服をつめこみすぎていると効果は半減します。

また，綿や麻，レーヨンなど吸湿性の高い繊維はかびが発生します。かびの色で衣服が着色され，においを発生し，繊維自体も弱くなります。

かびは湿度75％以上，温度20 ～ 30℃で発生しやすくなります。糊づけした衣服はかびの栄養源となるので，長期保管をする場合はでんぷん糊などは使用しないほうがよいでしょう。

表4-44 ● 防虫剤の種類と特徴

においの有無	種類	特徴
無	ピレスロイド系	・ほかの防虫剤と併用可。 ・持続性が高い（有効期間は約6か月～1年）。
有	パラジクロルベンゼン	・昇華性が高く，速効性がある。 ・殺虫効果が高い。金・銀糸は黒く変色する。 ・高温多湿の場所での使用は避ける（溶けてしみになる）。 ・ナフタリン，樟脳との併用は不可。
	ナフタリン	・昇華速度が遅い。 ・殺虫効果は低いが忌避効果がある。 ・長期保管に適する（有効期間は約6か月）。 ・パラジクロルベンゼン，樟脳との併用は不可。
	樟脳	・殺虫効果は低いが忌避効果がある。 ・絹の和服などすべての衣服に適している。 ・かび避け効果もある。 ・パラジクロルベンゼン，ナフタリンとの併用は不可。

▶▶ 寝具の日常の手入れ

布団は3日に一度程度は日に干します。干す時間は朝10時以降から午後2時くらいまでがよいでしょう。日光の熱と紫外線で湿気がとれ，殺菌効果が上がります。ただ，前日が雨だったりすると湿度が高いので，晴れていても布団干しには適さない場合もあります。

布団を取りこむときに布団たたきなどで強くたたくと生地を傷め，綿の繊維が切れてほこりを発生させてしまいます。布団表面のほこりを払い落とす程度にしましょう。

▶▶ 寝具の交換

睡眠中にかく汗や身体の皮脂でシーツはよごれます。できれば3日～4日に1回，少なくとも1週間に1回程度はシーツを交換します。枕カバーも顔や頭の皮脂などでよごれますので，シーツと同じように交換します。タオルケットなど肌に直接かかっているものは月に2回くらいは交換したいものです。

▶▶ 寝具の季節の手入れ

寝具も季節によって使うものが違います。次のシーズンまで収納する場合，洗濯するものは洗って，よく乾燥させてからしまいます。家庭での洗濯に向かないものはクリーニングに出します。

▶▶ 寝具の保管場所

長期間保管するときは通気性のよい布団専用の袋か，シーツなどで包んで押し入れに入れます。押し入れは湿気がこもりやすいところなので，すのこを敷いたり，除湿剤を置いたりするとよいでしょう。

羽毛や羊毛の布団は，よく乾燥させてから保管します。布団のよごれ具合によっては，クリーニングに出します。

❹ シーツのたたみ方

シーツには用途の異なる敷きシーツ，横シーツ，上シーツなどがあります。
基本的に中表にたたみます。

手順（2人で行う場合）

❶ シーツは基本的に縫い代の広いほうが頭側，せまいほうが足元になります。

❷ 表を内側にして，中央で縦半分にたたみます。このとき頭側を持った人はシーツの中心線がマットレスの中央にくるように意識しながらたたみます。この山折りになった部分が中心線となるので，最後まで中心線を意識します。

❸ 足元を持った人が頭側の人に近寄って，折っていきます。

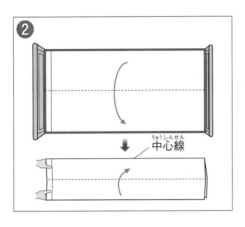

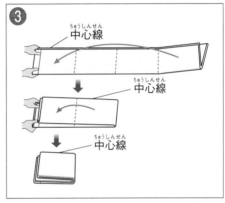

7. 買_かい物_{もの}

❶ 買_かい物_{もの}の援助_{えんじょ}とは

　家庭生活_{かていせいかつ}を営_{いとな}むためには，必要_{ひつよう}な物品_{ぶっぴん}を買_かいそろえることになります。毎日_{まいにち}の食事_{しょくじ}に必_{ひつ}要_{よう}な食材_{しょくざい}や調味料_{ちょうみりょう}，日常生活_{にちじょうせいかつ}に必要_{ひつよう}な日用品_{にちようひん}や消耗品_{しょうもうひん}の購入_{こうにゅう}など，日々_{ひび}の暮_くらしにおいて買_かい物_{もの}は欠_かかすことができません。

　どのくらいの予算_{よさん}で，どのような物_{もの}をどれだけ購入_{こうにゅう}するのかを考_{かんが}えて買_かい物_{もの}をすることは家庭経営_{かていけいえい}としても重要_{じゅうよう}です。自分_{じぶん}の生活_{せいかつ}を自分自身_{じぶんじしん}で管理_{かんり}することは，人_{ひと}の生活_{せいかつ}の営_{いとな}みの基礎_{きそ}であり，社会的交流_{しゃかいてきこうりゅう}，参加_{さんか}の観点_{かんてん}からも大切_{たいせつ}な行為_{こうい}です。

　また，買_かい物_{もの}は生活_{せいかつ}をうるおす楽_{たの}しい行為_{こうい}であることが多_{おお}く，それ自体_{じたい}が外出_{がいしゅつ}の機会_{きかい}となります。品物_{しなもの}を見_みて，いくつかを比_{くら}べながら自分_{じぶん}の好_すきなものを購入_{こうにゅう}するのは，だれにとっても楽_{たの}しいことです。加齢_{かれい}や障害_{しょうがい}により移動_{いどう}に困難_{こんなん}が生_{しょう}じ，買_かい物_{もの}がむずかしくなった場合_{ばあい}でも，介護職_{かいごしょく}は利用者_{りようしゃ}のニーズをくみとりながら参加_{さんか}できる部分_{ぶぶん}を見_みきわめて，利用者_{りようしゃ}の買_かい物_{もの}を援助_{えんじょ}していきます。

❷ 買_かい物_{もの}の援助_{えんじょ}の実際_{じっさい}

　歩行_{ほこう}はできるが荷物_{にもつ}が持_もてない，品物_{しなもの}を購入_{こうにゅう}する判断_{はんだん}がむずかしい，買_かい物_{もの}についての認識_{にんしき}はあるが歩行_{ほこう}ができないなど，利用者_{りようしゃ}の状態_{じょうたい}によって買_かい物_{もの}の援助方法_{えんじょほうほう}は異_{こと}なります。

　また，援助_{えんじょ}できる時間_{じかん}が無制限_{むせいげん}にあるわけではないので，どの店_{みせ}に行_いきたいかを前_{まえ}もって確認_{かくにん}し，移動距離_{いどうきょり}などに無理_{むり}はないか，移動_{いどう}に危険_{きけん}がないかなどを検討_{けんとう}します。車_{くるま}いすで出_でかける場合_{ばあい}は，車_{くるま}いすが入_{はい}れる店_{みせ}なのかを確認_{かくにん}します。

　利用者_{りようしゃ}といっしょに買_かい物_{もの}に行_いくときは，あらかじめ何_{なに}を購入_{こうにゅう}しようとしているのかを聞_ききます。メモをつくっておいてもらうのもよいでしょう。

　店_{みせ}までの移動_{いどう}では，歩行_{ほこう}しているときや道路_{どうろ}を横断_{おうだん}するときに，見守_{みまも}りや手引_{てび}き歩行_{ほこう}の介助_{かいじょ}を行_{おこな}うなど，危険_{きけん}を予測_{よそく}しながら利用者_{りようしゃ}の状態_{じょうたい}に応_{おう}じて介助_{かいじょ}します。

　買_かい物_{もの}を代行_{だいこう}する場合_{ばあい}，利用者_{りようしゃ}や家族_{かぞく}と相談_{そうだん}できるのであれば，必要_{ひつよう}なものを相談_{そうだん}します。介護職_{かいごしょく}がまかされているのなら，予算_{よさん}を確認_{かくにん}し，購入_{こうにゅう}しなければならないものをメモします。

　購入_{こうにゅう}する店_{みせ}は，利用者_{りようしゃ}や家族_{かぞく}の希望_{きぼう}にそうことが基本_{きほん}です。ただし，**訪問介護計画**_{ほうもんかいごけいかく}[34]（→ p.358参照_{さんしょう}）で決_きめられている時間_{じかん}とサービス内容_{ないよう}を考慮_{こうりょ}して，別_{べつ}の店_{みせ}で購入_{こうにゅう}する場合_{ばあい}には，利用者_{りようしゃ}や家族_{かぞく}の了解_{りょうかい}を得_えます。そして，お金_{かね}をいくら預_{あず}かり，いくら使_{つか}って残金_{ざんきん}はいくらなのか，レシートなどを貼_はった記録_{きろく}を残_{のこ}します。

❸ ともに行う介護の視点 ::

▶▶ 居宅の場合

　歩けるのに買い物に出かけたくないという利用者もいます。理由は一人ひとり違います
が，なかには自分の体調を過剰に心配してしまう利用者もいます。

　また，買い物の習慣がない男性もいます。無理やり連れて行くことはよくありません
が，最初は何を購入するかいっしょに考えてもらったりすることで買い物に興味をもって
もらい，意欲を引き出すようにします。

▶▶ 施設の場合

　施設では，とかく自分で何かを選んだり，決め
たりすることなく日常を過ごしがちになります。
そのような状況のなかでも，自分の好みの食べ物
や衣服を選んだりすることができれば，生活のは
りや生きる意欲につながります。

　介護職は移動時や買い物中の安全に十分配慮し
ながら，利用者が購入するものを自分で選んだ
り，決めたりすることを援助します。お金を自分
で支払うことも重要なことです。

学習のポイント 重要事項を確認しよう！

第4章

第1節 生活支援と ICF

■生活支援とアセスメント

● 生活支援を行うために必要なことは，介護を必要とする人の生活について現状を把握することです。 → p.220

● 生活を把握する方法とは，その人の生活全般について，観察・記録・コミュニケーション等の介護技術を用いて情報を得ることです。 → p.220

■ ICF の視点とアセスメント

● ICF の構成要素のうち，とくに活動は，利用者の日常生活に多くのかかわりをもつ介護職にとって，大切な視点になるものです。 → p.224

● 介護職は ICF が示す相互作用をよく理解し，他職種と連携しながら「している活動」「できる活動」を向上させ，「活動」「参加」を可能にし，「心身機能」によい影響をもたらすことが大切です。 → p.225

第2節 居住環境の整備と福祉用具の活用

■居住環境の意義

● 居住環境としての住まいとは，家族をいつくしみ育て，人生の終わりまでをやすらかに過ごす場であり，ライフサイクルのどの時点においても住みやすく，人が安心して快適に生活ができる場であることが求められます。 → p.228

■生活空間と介護

● 介護が必要な高齢者の生活支援では，生活してきた地域やそこでの暮らしに目を向け，生活から切り離さない介護を考え，生活の継続をはかることが重要です。 → p.230

■福祉用具の活用

● 福祉用具の使用には，利用者の体型と福祉用具が適合していることが不可欠です。また，使用する環境に配慮して福祉用具を選定することが大切です。 → p.239

第3節 移動・移乗の生活支援技術の基本

■移動・移乗の介助を行うにあたって

●円滑な運動と移動は，快適な「生活行為」につながり，健康の維持・増進を可能にします。そもそも，その心身の健康が「生活行為」の前提になってもいるのです。→ p.242

●ボディメカニクスとは，骨格や筋肉などの相互関係で起こる身体の動きのメカニズムです。ボディメカニクスを正しく応用することで，利用者・介助者双方の負担を少なくし，障害を起こさず，無駄な動作をすることなく介助することができます。→ p.244

■体位変換の介助

●体位変換を行うことで利用者は，安楽な体位の保持，同一体位の圧迫による血流障害の防止，筋や関節の拘縮予防，肺の各部位をいかした呼吸，排痰の促進といった効果を得ることができます。→ p.250

●体位変換の介助を行う際に，介護職はまず自分自身が，安定した姿勢をとることが前提となります。→ p.250

■車いすの介助

●車いすを利用する場合は，車いすの構造を理解したうえで，必ず安全に利用できるか確認することが必要です。→ p.257

■歩行の介助

●歩行の介助にあたっては，利用者の歩行状態を分析しつつ自立レベルを上げていく，利用者のペースに合わせて安全・安心を優先する，利用者の活動範囲の拡大に向けてはたらきかけていくことなどが大切となります。→ p.265

第4節 食事の生活支援技術の基本

■食事の介助を行うにあたって

●食事の介護では，利用者にみずからの意思でおいしく食べてもらえるよう，その人の食の嗜好性を尊重することから始めてみることが大切です。→ p.274

●基本的な食事の姿勢としては，座位が保持できるいすを使用し，両足を床に，両肘をテーブルに，それぞれきちんとつけます。そして，誤嚥しないようにやや前傾した姿勢をとるのがよい姿勢といえます。→ p.274

■食事の介助

●利用者の状態に応じて，事前準備の段階から部分的にかかわってもらうことによって，自分自身の食事であると認識できるように，また主体的に食事を楽しんでもらえるように介助します。→ p.277

■入浴の介助を行うにあたって

●浴室の設備が身体機能と合わない場合は補助具などを活用し，利用者が安全で安楽な入浴を行うことができるようにします。また，ヒートショックを予防するため，脱衣室，浴室，浴槽湯温の温度差をつくらないように十分に配慮します。　→ p.282

●浴室は，転倒・溺水などの事故が多い場所です。入浴の介助を行うにあたっては，脱衣から着衣までの一貫した支援が必要になります。　→ p.282

●入浴中に異常があった場合，介護職はすみやかに医療職と連携をとることが大切です。　→ p.283

■部分浴の介助

●手足をふくだけよりもさっぱりとして利用者の満足度が高いため，手足がよごれた場合や体調が悪くて入浴できない場合などに手浴・足浴の介助を行います。　→ p.287

●洗髪は，頭部の皮膚と髪の毛を洗うことでよごれをとり，頭皮を刺激し爽快感を与え，血行の促進や毛髪の成長をうながす目的があります。　→ p.291

■清潔保持の介助

●清拭には全身清拭と部分清拭があります。全身清拭は身体全体の清潔を保つことができて利用者の満足度も高いものですが，時間を要し，体力の消耗が大きいです。そこまで体力がない利用者には部分清拭を行います。　→ p.293

第6節 排泄の生活支援技術の基本

■排泄の介助を行うにあたって

●排泄の介護は，利用者の生活の変化や精神的な影響を受けやすく，デリケートな部分の介護になります。　→ p.300

●排泄の介護が，いかに利用者と介護職の双方に精神的ストレスを与えるかをまず理解し，利用者に不愉快な思いやはずかしい思いをさせることなくゆっくりと排泄できるよう，環境を整えることが大切です。　→ p.300

●利用者の生活リズムや習慣に合った排泄の仕方を尊重することが，排泄の介護の始まりとなります。　→ p.301

第7節 **着脱，整容，口腔清潔の生活支援技術の基本**

■身じたくの介助を行うにあたって

● 身じたくは，自分らしさを表現する１つの手段であり，社会生活を快適かつ円滑にし，精神的満足感を得ることで社会性や生活意欲を高めるものでもあります。それを支援するということは，その人らしく生活をするための支援といえます。　➡ p.306

■衣服着脱の介助

● 衣服着脱の介助に際して，利用者に片麻痺がある場合，脱健着患（脱ぐときは健側から，着るときは患側から）が基本となります。　➡ p.311

■整容の介助

● 整容は，個々の好みにそって自分らしく過ごしたり，個性を発揮しながら他者と交流し，社会生活を送ったりするためのものです。整容の介助では，個々の利用者のライフスタイルを尊重したかかわりをもつことが，何よりも大切です。　➡ p.313

■口腔清潔の介助

● 介護職が行う口腔ケアは，口腔清潔の介助（歯の清掃，口腔粘膜の清掃，義歯の清掃など）を主体とする狭義の口腔ケアとなります。　➡ p.318

● 適切な口腔ケアは，口腔疾患の発症と進行を遅らせ，口腔の状態（歯数・口腔衛生・口腔機能など）の維持に効果があることは当然のこと，全身的な疾患や認知症の予防といった観点からも，とても重要であるといえます。　➡ p.319

第8節 **家事援助の基本**

■生活と家事の理解

● 家事援助のむずかしいところは，単に家事技術を提供すればよいわけではないという点です。人の生活は，それまでつちかってきたその人の生活習慣，価値観やこだわりがあり，非常に個別性の高いものです。　➡ p.324

● 介護職の行う家事援助は単なるお手伝いではなく，１人の人間として利用者の尊厳を守りつつ，自立を支援し，その人らしい生活を継続できるように援助する役割をになっています。　➡ p.325

● 家事援助は生活を継続するための土台であり，居宅でも施設でも必要な援助です。　➡ p.325

1 世界保健機関（WHO）

せかいほけんきかん（ダブリューエイチオー）
➡ p.222 参照

国際連合の専門機関の1つ。世界中の人々が最高水準の健康を維持することを目的に、感染症対策、衛生統計、基準づくり、研究開発などを行っている。

2 ライフサイクル

らいふさいくる
➡ p.228 参照

人間が生まれてから死にいたるまでの過程をいい、乳幼児期・児童期・青年期・成人期・高齢期に分けられる。

3 QOL

キューオーエル
➡ p.230 参照

Quality of Life の略。「生活の質」「人生の質」「生命の質」などと訳される。一般的な考えは、生活者の満足感・安定感・幸福感を規定している諸要因の質のこと。諸要因の一方に生活者自身の意識構造、もう一方に生活の場の諸環境があると考えられる。

4 ユニットケア

ゆにっとけあ
➡ p.230 参照

特別養護老人ホームなどにおいて、居室をいくつかのグループに分けて1つの生活単位とし、少人数の家庭的な雰囲気のなかで行うケアのこと。ユニットごとに食堂や談話スペースなどを設け、また職員の勤務形態もユニットごとに組むなど、施設のなかで居宅に近い居住環境をつくり出し、利用者一人ひとりの個別性を尊重したケアを行う試みといえる。

5 支持基底面積

しじきていめんせき
➡ p.233 参照

身体を支持するための基礎となる、身体の底の面積のこと。立位の場合、床と接しているところで囲まれた、足元の面積をさす。

6 拘縮

こうしゅく
➡ p.241 参照

かたまって動かなくなること。人は身体を使わないことによって廃用症候群があらわれ、筋の萎縮（縮むこと）や関節の拘縮などが起こる。

7 長座位

ちょうざい
➡ p.245 参照

上半身を起こし、両足を伸ばした状態の座位のこと。

8 端座位

たんざい
➡ p.245 参照

ベッドの端に腰かける座位のこと。

9 殿部

でんぶ
➡ p.245 参照

尻の部分のこと。

10 対人距離（パーソナルスペース）

たいじんきょり（ぱーそなるすぺーす）
➡ p.246 参照

一般には，個人のために確保された空間あるいは個人の行動空間をさすが，心理学においては，他者の接近により不快に感じる距離のことをいう。

11 言語的コミュニケーション

げんごてきこみゅにけーしょん
➡ p.246 参照

人間特有の表現行為である言葉を通じて，考えや感情などを伝達・受容する行為のこと。言葉は文字と音声の2つに分けられ，地域，社会，文化によって大きく異なる。

12 非言語的コミュニケーション

ひげんごてきこみゅにけーしょん
➡ p.246 参照

言葉以外の表現を通じて，考えや感情などを伝達・受容する行為のこと。言葉以外の表現とは，視覚・聴覚・触覚・嗅覚・味覚といった五感のほか，表情，態度，身振りなどである。

13 オノマトペ

おのまとぺ
➡ p.246 参照

現実の音や声を人間の言語でそれらしくあらわした言葉（ざーざー，どしんどしん，など）や，物事の状態や様子などを感覚的に音声化してあらわした言葉（てきぱき，きらきら，など）の総称。

14 廃用症候群

はいようしょうこうぐん
➡ p.248 参照

安静状態が長期にわたって続くことにより，身体的には筋・骨の萎縮や関節拘縮などが，精神的には意欲の減退や記憶力低下などがあらわれること。

15 仰臥位

ぎょうがい
➡ p.253 参照

就寝時など，あお向けに寝ている体位のこと。背臥位ともいう。

16 側臥位

そくがい
➡ p.253 参照

横向きに寝ている体位のこと。

17 誤嚥性肺炎

ごえんせいはいえん
➡ p.271 参照

細菌が食べ物や唾液などとともに誤って気管から肺に入り，肺に炎症を起こしたもの。

18 代謝

たいしゃ
➡ p.281 参照

体外から取り入れた物質をもとに生物の体内で起こる化学的変化（反応）のこと。分解・合成されることにより古いものと新しいものが入れ替わり，それにともないエネルギーの生産や消費が行われることをいう。

19 バイタルサイン

ばいたるさいん
➡ p.282 参照

生きていることをあらわすサイン。生命の維持を示す徴候。一般に，体温，呼吸，脈拍，血圧をさす。

20 ストーマ

すとーま
➡ p.282 参照

身体の排泄経路でなく人工的につくられた排泄口のことで，消化管や尿路の病気のためにつくられた消化管ストーマ（人工肛門)，尿路ストーマ（人工膀胱）がある。

21 胃ろう

いろう
➡ p.282 参照

口から食事がとれない状態の利用者に対して人為的に栄養を補給する処置の1つ。腹部から胃内に管を入れてチューブを留置し，胃に直接水分や食べ物，薬などを入れる。

22 ヒートショック

ひーとしょっく
➡ p.282 参照

急激な温度の変化により，血圧の乱高下や脈拍の変動が起こること。冬場の入浴時や冷暖房の効いた部屋から外へ出たときなどに起こりやすく，脳出血や脳梗塞，心筋梗塞などの深刻な疾患につながる危険性がある。

23 視床下部

ししょうかぶ
➡ p.282 参照

間脳にあり，自律神経系，内臓機能，内分泌系の調節を行う総合中枢として重要な役割をもつ。

24 シャワーチェア

しゃわーちぇあ
➡ p.286 参照

1人で立ち上がる動作や，座ったりかがんだりする動作が自力で困難になった場合，入浴の際に転倒予防のために使用する補助具。

25 気化熱

きかねつ
➡ p.286 参照

液体が蒸発して気化するのに必要な熱量のことで，皮膚についた汗や水分などが蒸発するときに起こる周囲の熱をうばう現象などをいう。蒸発熱，昇華熱ともいう。

26 洗髪器

せんぱつき
➡ p.291 参照

臥床状態で洗髪を行う際，頭にかけた湯がこぼれないように，湯の流れ道をつくるための用具。

27 ADL

エーディーエル
➡ p.313 参照

Activities of Daily Living の略。「日常生活動作」「日常生活活動」などと訳される。人間が毎日の生活を送るための基本的動作群のことで，食事，更衣，整容，排泄，入浴，移乗，移動などがある。

28 クラスプ

くらすぷ
➡ p.323 参照

口腔内に残っている歯に引っ掛ける留め金で，部分床義歯（局部床義歯）を安定させるために用いられる。

29 食中毒

しょくちゅうどく
➡ p.332 参照

食品中で増殖した細菌，またはその産生した毒素を含む飲食物を取り入れて起こる健康障害のこと。その原因別に，細菌性食中毒，化学性食中毒，自然毒食中毒に分類されている。

30 ドライクリーニング

どらいくりーにんぐ
➡ p.334 参照

乾式洗濯ともいわれ，湿式洗濯（水を用いて洗剤により洗浄する方法）で変形，型くずれ，脱色のおそれのある毛・絹などでできた繊維製品の洗浄に適している。

31 二槽式洗濯機

にそうしきせんたくき
➡ p.335 参照

洗濯槽と脱水槽に分かれたつくりの洗濯機。洗い，脱水，すすぎ，脱水の手順で洗濯し，そのたびに衣類を移す作業が必要となる。

32 有機溶剤

ゆうきようざい
➡ p.339 参照

固体，液体あるいは気体の溶質を溶かす有機物の液体のこと。アルコール（油よごれに有効），アセトン（ネイル落としやゴムはずしに使用），ヘキサン（ベンジン，エーテルなど）がある。

33 化学繊維

かがくせんい
➡ p.345 参照

セルロースやたんぱく質などの天然の高分子物質，化学的に合成した高分子物質を人工的に繊維の形にしたもの。

34 訪問介護計画

ほうもんかいごけいかく
→ p.348 参照

ケアプラン（居宅サービス計画）に示された援助目標にそって，訪問介護事業所のサービス提供責任者が作成する計画。利用者のニーズや状態，家族の状況や希望，思い，周辺環境などの情報を収集したうえで，サービス提供における目標，具体的なサービス内容などが記載される。

利用者の心身の状態に応じた生活支援技術

（生活支援技術Ⅱ）

【到達目標】

● 「環境整備」「移動・移乗」「食事」「入浴・清潔保持」「排泄」「着脱，整容，口腔清潔」「休息・睡眠」「人生の最終段階における介護」「福祉用具等の活用」のそれぞれについて，利用者の心身の状態に合わせた，自立に向けた生活支援技術を理解し，行うことができる。

環境整備と福祉用具等の活用

月

日

1. 利用者に適した生活環境の整備

❶ 生活環境の整備の重要性

　自宅や施設など住まいの種類にかかわらず，生活環境の整備は，生活の基盤をつくるうえで欠かせません。高齢者や障害者の生活上の困難の原因が，生活環境が十分に整備されていない点にあることも少なくありません。2022（令和4）年の「人口動態統計」によると，65歳以上の高齢者の家庭内事故による死亡数は，「転倒死・転落死・墜落死」「窒息死」「溺死」が多く，とくに「溺死」や「転倒死・転落死・墜落死」は住宅の設備や環境に起因する事故が多く含まれると考えられます。安全を確保し，その人らしい生活を支える生活環境の整備を行うことは，介護にたずさわる専門職の重要な技術の1つであるととらえ，実践していくことが求められます。

❷ 高齢期の住まい

　高齢者が高齢期の住まいを選択する際は，「いつごろからいつごろまで，どこで，だれと，どのような生活を望むのか」という点と「経済状況」がポイントになります。住まいの種別としては，住宅（自宅・賃貸），おもに介護が必要になる前に住み替える高齢者住宅，介護が必要になった場合の施設に大別されます。住まいの種別にかかわらず生活環境を整える際の共通の視点として，表5-1の5点があげられます。

表 5-1 ● 生活環境を整える際の共通の視点

① 安全で健康な生活ができる。
② 自立をうながし，能力をいかすことができる。
③ 介護者の精神的・身体的負担を軽減する。
④ その人らしい生活の実現につながる。
⑤ 社会や地域とのつながりやふれ合いが維持・促進できる。

　介護職が関与する生活環境の整備は多岐にわたります。建物の床や壁などにかかわる構造レベル，住宅改修や住宅改造などの準構造レベル，家具や福祉用具レベル，小物や絵を飾るなどの工夫レベル，さらには模様替えや整理整頓まで幅広い内容が含まれます。介護保険法や障害者の日常生活及び社会生活を総合的に支援するための法律（障害者総合支援法）にもとづく住宅改修や住宅改造だけでなく「利用者の生活にかかわる物理的な環境を介した支援」と，幅広くとらえることで，さまざまな取り組みにつながるといえます。

❹ 利用者の状態に応じた生活環境の整備のポイント ::

　生活環境の整備を行う際，利用者の心身の状態（身体機能・疾病等），建物や周辺の状況（立地・間取り・築年数・日当たり等），家族状況や介護の体制，経済状況などの条件を考慮することが求められます。利用者（家族も含めて）がどのような生活を望んでいるかという点についても把握する必要があります。

　住宅改造などを実施する場合には，上記の条件を考慮しつつ安全を確保し，自立した在宅生活につながるよう，移動形態に応じた生活環境の整備を行うことが基本になります。ここでいう移動形態は，表5-2のとおりです。

表5-2 ● 移動形態の3形態

自立歩行レベル	日常生活に支障はないが身体機能に低下のみられる人を想定。安全に移動できるような生活環境の整備が求められる。
介助歩行レベル	伝い歩き，杖や歩行器を用いた歩行，介助歩行の人を想定。転倒のリスクを軽減する生活環境の必要性が高まる。
車いすレベル	車いすを使用して移動する人を想定。車いすでの移動やADL（日常生活動作）をスムーズに行うことができる生活環境の整備が求められる。

　高齢者の自立を支援するために，介護保険サービスの1つとして住宅改修費の支給があります。①手すりの取付け，②段差の解消，③床または通路面の材料の変更，④扉の取替え，⑤洋式便器等への便器の取替え，⑥その他①～⑤に付帯して必要となる住宅改修，の項目が設定されており，これらはおもに移動能力の低下に対応する基本的な生活環境の整備項目といえます。

2. 利用者に適した福祉用具の選定

❶ 福祉用具とは

　福祉用具は，1993（平成5）年の福祉用具の研究開発及び普及の促進に関する法律（福祉用具法）において「心身の機能が低下し日常生活を営むのに支障のある老人又は心身障害者の日常生活上の便宜を図るための用具及びこれらの者の機能訓練のための用具並びに補装具をいう」と定義されています。

　福祉用具の発展にともない，福祉用具の意義はADL[1]（➡ p.469参照）の自立や介護負担の軽減をはかることにとどまらず，活動や社会参加，自己実現，尊厳や権利の回復など，その人らしい生活を助ける道具・用具としても重要な役割をになうようになっています。福祉用具の市場規模も年々拡大しており，福祉用具の可能性が今後さらに広がることが期待されています。

❷ 福祉用具に関するサービス

　福祉用具は，車いすや歩行器など移動を助ける福祉用具，ベッドやリフトなど起居を助ける福祉用具，食事・更衣・整容関連の福祉用具，コミュニケーション関連機器など多岐にわたっています。福祉用具の新しい分野としては，移動支援のための歩行アシストカート，移乗支援のための装着型パワーアシストや離床アシスト，コミュニケーション・見守り型のロボットなどの「介護ロボット」が注目を集めています。

　介護保険法や障害者総合支援法にもとづく福祉用具サービスでは，これらの福祉用具の一部を利用することができます。

　介護保険法にもとづく福祉用具サービスは，福祉用具を貸与するサービス（福祉用具貸与）と福祉用具を購入する際の費用を補助するサービス（特定福祉用具販売）に分かれています。原則は福祉用具貸与とし，貸与で対応することがむずかしい品目が特定福祉用具販売の対象です。福祉用具貸与の対象となる福祉用具は13種目，特定福祉用具販売の対象となる福祉用具は6種目です（☞第1巻p.73）。特定福祉用具販売は，排泄や入浴時に使用する直接肌に触れる用具，貸与には適さないものが対象です。

❸ 福祉用具のリスクマネジメント

　福祉用具は，生活を豊かにするものである一方，誤った使い方，身体状況に適合しない使用，あるいはメンテナンスをおこたることにより，事故につながるリスクがあるものともいえます。

　事故の発生件数をみると，介護ベッドや車いすに関する事故の件数が多く，具体的には，介護ベッド用手すりのあいだに首や頭をはさみこむ事故，電動車いすの操作を誤ったことによる転落事故，車いすのメンテナンスや調整不足によるブレーキ不調による転倒事故などがあげられます。介護ベッド用手すりについては，2007（平成19）〜2023（令和5）年に消費者庁に報告のあった事故は，90件（うち死亡52件）に上っています（2023（令和5）年12月12日現在）。製品自体の安全性を高める努力もされていますが，利用する側も福祉用具を使うことによるリスクを正しく理解したうえで使用することが求められます。

❹ 福祉用具の提供プロセス

　福祉用具の大まかな提供プロセスは，①アセスメント，②福祉用具の選定・提案，③福祉用具の決定・導入（納品），④適合状況の確認や評価（モニタリング），⑤定期的なメンテナンスとなります。これらのプロセスのうち，とくに介護職に必要な視点として，アセスメントとモニタリングがあげられます。

　アセスメントでは，①利用者や家族の意向，②利用者の能力，③導入予定の福祉用具と（すでに，あるいはこれから導入する）他の福祉用具を組み合わせて使用する際の動作や介護の流れや方法，④住宅の状況などの把握が求められます。

　モニタリングでは，福祉用具導入後の利用者の状況，目標の達成状況，使用状況の把握や確認を行うものです。利用者の状況の変化に応じた福祉用具を提供するためにも，欠くことのできないプロセスといえます。

移動・移乗の生活支援技術

^{だい}第^{せつ}**2**節

月_{がつ}

日_{にち}

1. 体位変換の介助

❶ 一部介助を要する利用者の体位変換の介助

▶▶ 一部介助を要する利用者への介助の視点

　一部介助を要する利用者の介助では，できる力やもっている能力を最大限にいかし，自立を支援していくことが大切です。できるところは，利用者自身で行ってもらうようにします。たとえば片麻痺があっても，健側の身体機能をいかしていくことが，利用者の活動範囲を維持・拡大していくことにつながります。

　そのため介護職はあくまでも部分的な介助を行いますが，介助はしすぎてもいけませんし，不足してもよくありません。適切な一部介助をすることによって，利用者は次の段階である自立へと向かっていくことができます。

　同じ介助を単純にくり返すのではなく，利用者自身が自分の力でその動作を行っていることの意識をもってもらい，日々変化する利用者の状態に応じて介助を行うことが大切です。

▶▶ 水平移動（手前に寄せる）

　Ａさんは左片麻痺がありますが，健側（右側）の手と足を使うことができます。上半身を自分の力で起こすことはできません。これから散歩のために車いすへ移乗するＡさんが，端座位²（→ p.469 参照）（☞第4巻 p.3）になりやすいように，水平移動の介助を行います。

　介助方法は，「自立度が高い利用者の体位変換の介助」の介助方法（☞第2巻 p.252）と同じです。ここでは，とくに配慮する部分のみ示します。

身体のいちばん重い部分を介助する

　Ａさんは，介助バー（☞第2巻 p.232）を使い，健側の手足を活用しながら，頭を持ち上げ，腰を浮かして自力で身体をベッドの中央に戻します。しかし筋力が落ちている場合などは，身体のいちばん重い部分である殿部³（→ p.469 参照）（☞第4巻 p.73）と背部（☞第4巻 p.73）を移動させることが困難となります。無理に横にずれようとすれば殿部や背部がベッドと摩擦を起こしがちになります。

　そこで最後に，介護職はＡさんの腰部（☞第4巻 p.73）と殿部に手を回し，殿部をベッド中央に移動させます。

▶▶ 仰臥位から側臥位へ（横に向く）

　Bさんは左片麻痺があります。しばらくのあいだ同じ姿勢だったので，**仰臥位**[4]（➡p.469参照）（☞第4巻p.3）になって寝ているBさんが，健側の力を活用して**側臥位**[5]（➡p.469参照）（☞第4巻p.3）になる介助を行います。

介助方法

❶　介護職はベッドの高さを調整します。

❷　Bさんは側臥位になる方向に顔を向け，健側（右側）の手で患側（左側）の手を胸の上に置きます。健側の手で同方向へ枕を寄せます。

❸　Bさんは健側の手で患側の手を支え，健側の足を患側の足の下に入れます。

❹　介護職はBさんの肩甲骨と腸骨に手を当て，腰を落としながら膝を曲げて，腸骨→肩甲骨の順にBさんを手前に倒します。

❺　介護職は，ベッドの高さを元に戻します。

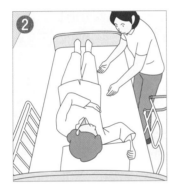
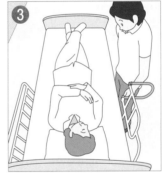

▶▶ 起き上がりから端座位へ

　Cさんは左片麻痺があります。自分で起き上がることはできませんが，座位姿勢は保つことができます。これから着替えを行うので，仰臥位になって寝ているCさんが端座位になる介助を行います。

介助方法

※以下のイラストでは，着替えの準備は省略しています。

❶　介護職はベッドの高さを調整します。

❷　介護職はCさんの患側（左側）上肢を健側（右側）上肢で胸の上に置くようにうながし，足は組んで身体を小さくまとめます。

❸　Cさんは健側の手で介助バーをつかみ，右側臥位になります。このとき，介護職はCさんの肩甲骨と腸骨を支え，Cさんが右側臥位になるのを介助します。

❹　Cさんは，下肢をベッドの端に移動させ，両足をベッド外に下げながら頭を上げ，右肘，右手の順に力を入れて上体を起こします。このとき，介護職はCさんの首の後ろ付近と大腿部（☞第4巻p.73）などを支え，起き上がりを介助します。

❺　Cさんの両方の足底が床につくように，必要に応じて殿部をベッドの端に移動させ，ベッドの高さを調整します。

❻　Cさんの座位の安定を確認します。

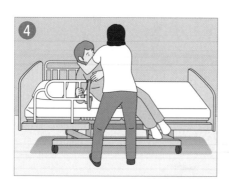
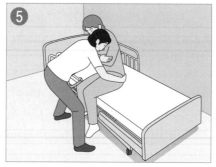

▶▶ 端座位から立位へ

D さんは左片麻痺があります。座位姿勢は安定しています。患側（左側）の膝が不安定なため，立位（☞第 4 巻 p.3）も不安定で，バランスをくずしやすいです。これから車いすに移乗するので，端座位で座っている D さんが立位になる介助を行います。

介助方法

❶ D さんは殿部をベッドの端のほうに移動し，浅く座ります。患側は介護職が介助します。

❷ 介護職は D さんの患側に位置し，患側の膝頭に手を当てます。D さんは健側（右側）の足底を膝より後ろに引き，前かがみになります。

❸ D さんは膝と腰を伸ばしながら，上体を上げて立ちます。

❹ 介護職は D さんの患側に位置します。D さんの腰を手で支え，もう一方の手で患側の手を保護します。

❺ 介護職は D さんの膝裏がきちんと伸びているかなどを確認します。

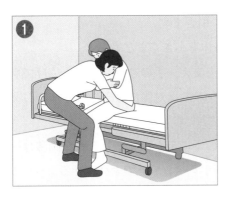
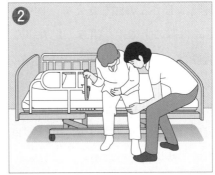
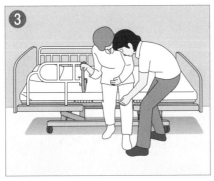
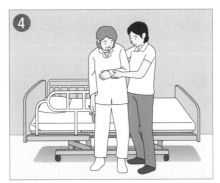

❷ 全介助を要する利用者の体位変換の介助 ::

▶▶ 全介助を要する利用者への介助の視点

　重度の障害がある利用者であっても，身体のほんの一部でも自分自身で動かせる部位はあります。介護職は，利用者のできるわずかな動きも見逃さないようにすることが大切です。全介助であっても利用者は常に受け身ではなく，介助を通して動作の自立をはかっていきます。

▶▶ 水平移動（手前に寄せる）

　Eさんは虚弱体質のため，1日の大半をベッド上で過ごしています。支えれば，座位姿勢をとることはできます。いすに座ることを望んでいるEさんが，端座位になりやすいよう，水平移動の介助を行います。

介助方法

❶　介護職はベッドの高さを調整します。

❷　介護職はEさんの頭を支えて，枕を手前に引きます。

❸　Eさんは胸の上で手を組み，足も組んで身体を小さくまとめます。
　　介護職は一方の腕の肘関節でEさんの首を支え，手のひらを大きく広げて肩甲骨周辺を支えます。介護職のもう一方の腕はベッドの反対側に置き，肘を伸ばして支柱にし，Eさんの上半身を浮かせて手前に引き寄せます。

❹　介護職はEさんの腰部と殿部近くの身体の下に手を深く差し入れ，両膝はベッドの縁に当て，腰を落としながら，差し入れた両手をベッド上ですべらせるように下半身を移動させます（スライディングシートを活用して行う方法もあります）。

❺　介護職はベッドの高さを元に戻します。

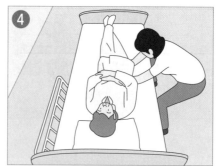

▶▶ 仰臥位から側臥位へ（横に向く）

　Fさんは虚弱体質で，下肢に力がなく，自分で膝を立てることができません。しばらくのあいだ仰臥位で寝ており，横向きになりたいとの訴えがあったので，Fさんが側臥位になる介助を行います。

介助方法

❶　介護職はベッドの高さを調整します。
❷　介護職はFさんに頭を上げてもらい枕を側臥位になる方向に引きます。Fさんは胸の上で腕を組みます。
❸　介護職から遠いほうの膝裏から大腿部に，手のひらを上にして手前に向かって手を差し入れます。もう一方の手は肩甲骨を支えます。
❹　介護職は腸骨→肩甲骨の順にFさんを手前に倒します。
❺　介護職はFさんの身体を安定させます。
❻　介助し終えたら，ベッドの高さを元に戻します。

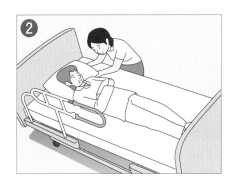
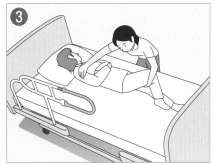

▶▶ 起き上がりから端座位へ

　Gさんは虚弱体質で，座位姿勢は不安定です。これから車いすに乗って食堂へ向かうので，仰臥位になって寝ているGさんが端座位になる介助を行います。

介助方法
※以下のイラストでは，車いすの準備は省略しています。
❶　介護職はベッドの高さを調整します。
❷　介護職側から遠いほうのGさんの手を胸に置き，近いほうの手で肘を支えてもらい，膝を立て，身体を小さくまとめてもらいます。
❸　Gさんを支えながら，ゆっくり側臥位になってもらいます。
❹　Gさんに，力を入れやすい場所（介助バー・マットレス等）をつかんでもらいます。
❺　介護職は，Gさんの両足を下ろしながら肩甲骨周辺を支え，Gさんがゆっくり起き上がる介助を行います。
❻　介護職は両膝裏を支えて，身体の向きを回転させます。
❼　介護職はGさんの殿部を手前に引き寄せます。
❽　Gさんの両方の足底が床につくようにベッドの高さを調整します。手はベッドに，足底は床につけて座位姿勢を安定させます。

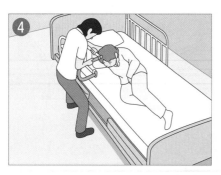

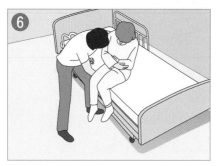

2. 車いすの介助

❶ 一部介助を要する利用者のベッド・車いす間の移乗の介助 ∷∷∷∷∷∷∷∷∷∷∷∷

▶▶ 一部介助を要する利用者への介助の視点

　一部介助を要する利用者の多くは，介護職が手をそえる，体幹を支えるなどの介助を行えば移乗できる状態の人たちです。介護職は十分に声かけを行い，利用者の患側を保護し，安全に移乗するプロセスを理解してもらいながら介助を行います。

▶▶ ベッドから車いすへの移乗の介助

　左片麻痺のあるＨさんが，端座位の状態から車いすに移乗することを望んでいます。Ｈさんの健側（右側）を活用した移乗の介助を行います。

介助方法

❶ 　介護職はＨさんの健側の頭側にフットサポートを上げた車いすを近づけ，Ｈさんが移乗しやすい位置に斜めに置きます。

❷ 　介護職はＨさんにベッドに浅く座ってもらい，健側の足を後ろに少し引いてもらいます。

❸ 　介護職はＨさんに声かけをし，患側（左側）の足は膝折れをしないように介護職が介助しながら，おじぎをするように立ち上がってもらいます。

❹ 　Ｈさんに健側上肢で右のアームサポートをつかんでもらい，健側下肢を少し前に出して，車いす側へと腰を回転させるのを介護職は介助します。

❺ 　介護職は車いすのシート前にＨさんが位置していることを確認し，いっしょに腰を落とします。安定した座位になるために深く座ります。Ｈさんが健側を自分で後ろに引くことができる場合は，患側のみを介助します。

❻ 　フットサポートに足を乗せる場合，Ｈさんが自分でできるところは行ってもらい，必要な部分は介助します。介助し終えたら，姿勢を確認します。

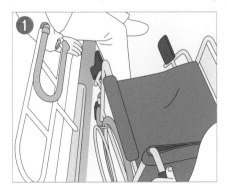

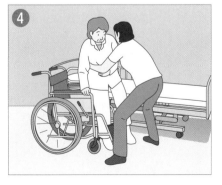

▶▶ ベッドから車いすへの移乗の介助（介助バーを利用する場合）

左片麻痺のあるＪさんが，端座位の状態から介助バーを利用して車いすに移乗すること
を望んでいます。Ｊさんの健側（右側）を活用した移乗の介助を行います。この際，Ｊさ
んの健側を活用するため，腰を回転させて移乗を介助します。

介助方法

❶ 車いすのフットサポートを上げ，車いすを健側の頭側に置きます。
❷ Ｊさんの端座位の様子を確認し，浅く座り直すのを介助します。健側を活用して浅く
　座り直すことがむずかしい場合は，介護職がＪさんの状態を考慮して介助します。
❸ 車いすへの移乗方法を，Ｊさんに具体的に説明します。この場合は，端座位から直接
　車いすに移乗します。
❹ 介護職はＪさんの患側（左側）に位置し，Ｊさんの患側下肢の膝折れを防止するため，
　膝を支え，立ち上がりをうながします。
❺ Ｊさんに健側の足を一歩出し，同時に健側上肢でつかんでいた介助バーを離して右の
　アームサポートをつかみ，身体を回転するよううながします。
❻ 介護職は，Ｊさんがゆっくり着座できるように，前傾姿勢を介助します。
❼ 介護職は，Ｊさんの着座姿勢が安定していることを確認します。
❽ Ｊさんの患側下肢は必要に応じて介護職がフットサポートに乗せ，健側下肢はＪさん
　自身に行ってもらいます。最後にレッグサポートを固定します。

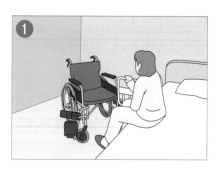

▶▶ 車いすからベッドへの移乗の介助

　左片麻痺のある K さんは，車いすからベッドに移乗することを望んでいます。K さんの健側（右側）を活用した移乗の介助を行います。

介助方法

❶　介護職は K さんの健側をベッド側にして，K さんが移乗しやすい位置に，斜めに車いすを止めます。

❷　フットサポートから足を下ろします。K さんが自分でできるところは行ってもらい，必要な部分は介助します。

❸　介護職は K さんに車いすに浅く座ってもらい，健側の足を少し前に出してもらいます。

❹　K さんは健側上肢をベッドにつき，介護職は K さんが健側下肢を軸にして腰を回転させるのを介助します。

❺　介護職は K さんがゆっくりと腰を下ろし，ベッドに座るのを介助します。

❻　介護職は K さんが安定した姿勢を確保できるようにベッドに深く座ってもらいます。介助し終えたら，姿勢を確認します。

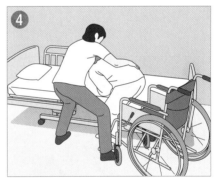

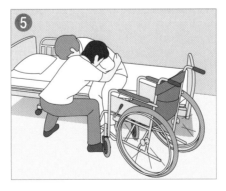

▶▶ 車いすからベッドへの移乗の介助（介助バーを利用する場合）

左片麻痺のあるLさんの健側（右側）を活用した移乗の介助を行います。Lさんの健側を活用するために介助バーを利用します。

介助方法

❶ 車いすはLさんの健側を活用するため，健側をベッド側にして止めます。介助バーは開いておきます。

❷ フットサポートから足を下ろします。Lさんが自分でできるところは行ってもらい，必要な部分は介助します。

❸ 介護職は，Lさんの患側（左側）に位置します。Lさんに健側上肢で介助バーをつかんで移乗することを伝え，介助バーをつかんでもらいます。

❹ 介護職は，Lさんの膝折れを防止します。Lさんに健側下肢を一歩出して立ち上がってもらい，健側の足を軸に回転をうながします。

❺ 介護職は，Lさんの身体が回転したところで，上体の安定をうながすよう，Lさんの両肩の下の方に，介助の手の位置を変えます。

❻ 介護職はLさんがゆっくり着座できるように，前傾姿勢を介助します。

❼ 着座が確認できたら，体調を確認しながら両下肢の状態を確認し，座位の安定をはかります。

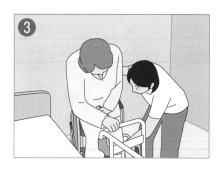 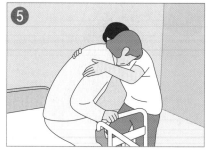

❷ 全介助を要する利用者のベッド・車いす間の移乗の介助 ::

▶▶ 全介助を要する利用者への介助の視点

　全介助とは，自分では移乗が困難なために，動作全般にわたり介助を行うことをいいます。しかし，このような場合であっても，利用者の今もっている力などの活用をはかっていくことは大切です。

▶▶ ベッドから車いすへの移乗の介助

　Mさんは左片麻痺で筋力が低下しており，自分でベッドから車いすに移乗することはできません。Mさんがベッドから車いすに移乗するための介助を行います。

介助方法

❶　介護職はMさんの健側（右側）に車いすを近づけ，フットサポートを上げ，Mさんが移乗しやすい位置に，斜めに車いすを置きます。

❷　介護職はMさんにベッドに浅く座ってもらい，健側の足を少し前に出す介助をします。

❸　介護職はMさんの上半身を支え，さらに，介護職の膝でMさんの膝を支え，膝折れを防止します。

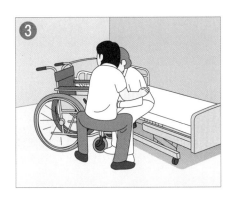

❹ 前傾姿勢になって腰を浮かせて，健側下肢を軸にして腰を回転させます。

❺ 介護職はMさんといっしょにゆっくりと腰を下ろし，車いすに座ってもらいます。
介護職はMさんといっしょに腰を下ろすことで，Mさんがバランスをくずし，ドスン
と座るのを防ぐことができます。

❻ 安定した座位を保つことができるように，Mさんが車いすに深く座れるようにします。
Mさんに胸の前で手を組んでもらい，介護職はMさんの身体を健側に傾け，患側大腿
部が浮き上がったところで手を差し入れ，深く座ってもらいます。健側は自分で後ろに
引いてもらうか，必要に応じて介助します。

❼ 安定した座位が保てたら，介護職は患側の足をフットサポートに乗せます。健側は自
分で乗せてもらうか，必要な場合は介助します。介助し終えたら，姿勢を確認します。

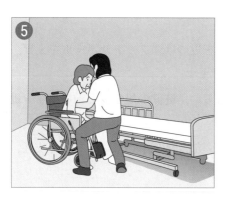
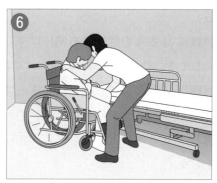

▶▶ 車いすからベッドへの移乗の介助

　Ｎさんは左片麻痺で筋力が低下しており，自分で車いすからベッドに移乗することはできません。Ｎさんが車いすからベッドに移乗するための介助を行います。

介助方法

❶　介護職はＮさんの健側（右側）をベッド側にして，Ｎさんが移乗しやすい位置に，斜めに車いすを止めます。

❷　フットサポートから足を下ろします。Ｎさんが自分でできるところは行ってもらい，必要な部分は介助します。

❸　介護職はＮさんに車いすに浅く座ってもらい，健側の足を少し前に出してもらいます。介護職はＮさんの上半身を支え，さらに，介護職の膝でＮさんの膝を支え，膝折れを防止します。

❹　前傾姿勢になって腰を浮かせて，健側下肢を軸にして腰を回転させます。

❺　介護職はＮさんといっしょにゆっくりと腰を下ろし，ベッドに座ってもらいます。介護職はＮさんといっしょに腰を下ろすことで，Ｎさんがバランスをくずし，ドスンと座るのを防ぐことができます。

❻　介護職はＮさんが安定した姿勢を確保できるようにベッドに深く座ってもらいます。介助し終えたら，姿勢を確認します。

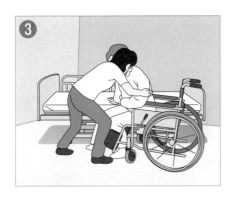
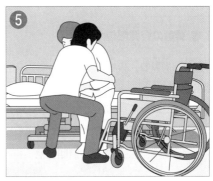

3. 安楽な体位の保持と褥瘡の予防

❶ 安楽な体位の保持

安楽な体位とは，心身ともにリラックスして心地よい状態にある体位のことです。その条件として，姿勢が安定していること，筋肉のエネルギー消費が少ないこと，内臓諸器官の機能をさまたげないことがあげられます。

人間は，無意識のうちに，姿勢や体位を変えることで，同一姿勢からくる苦痛や疲労の軽減をはかっています。しかし，自力で姿勢や体位を変えることのできない利用者には，安楽な体位を保つ介護が必要となります。

❷ 褥瘡の予防

▶▶ **褥瘡とは**

褥瘡という用語は，「褥」＝しとね（布団・敷物）の「瘡」＝きず，という意味で，一般には「床ずれ」とも呼ばれています。その言葉があらわすように，寝床で寝ている最中や車いすに座っている際，身体の骨の突出している部分の皮膚や皮下組織が持続的な圧迫を受けることで血液の循環障害が生じ，その部分の組織が壊死することをいいます。

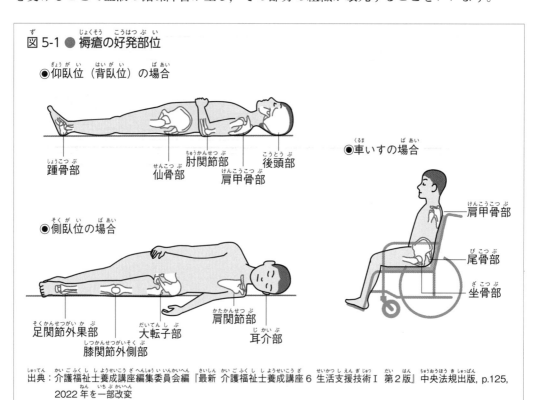

図 5-1 ● 褥瘡の好発部位

●仰臥位（背臥位）の場合

踵骨部　仙骨部　肘関節部　肩甲骨部　後頭部

●側臥位の場合

足関節外果部　膝関節外側部　大転子部　肩関節部　耳介部

●車いすの場合

肩甲骨部　尾骨部　坐骨部

出典：介護福祉士養成講座編集委員会編『最新 介護福祉士養成講座 6 生活支援技術Ⅰ 第2版』中央法規出版，p.125，2022年を一部改変

表 5-3 ● 褥瘡の原因

圧迫	長時間の同一体位，窮屈な寝衣	など
摩擦・ずれ	皮膚と皮膚との接触，糊のききすぎたシーツや寝衣による摩擦，衣服の縫い目や結び目，ベッドのギャッチアップ時の皮膚の表面と皮下組織や骨に加わる力のずれ	など
身体の不潔と湿潤	おむつや防水シーツによる皮膚の蒸れ，発汗，排尿・排便，飲食物のこぼれによる皮膚のよごれと湿潤	など
全身状態の低下	栄養不良状態，血行障害，浮腫，麻痺（運動・感覚障害），皮膚・筋肉・皮下脂肪の退化	など

表 5-4 ● 褥瘡の予防

座位の生活の確保	背骨と大腿部が90度になるように座る（坐骨と大腿の広い面で体重を受けることができるため，褥瘡予防に効果的）。
体位の変換	同一部位の長時間の圧迫を防ぐためには，定期的（2時間を超えない範囲）に体位変換を行い，圧迫を受ける部位を変える。
予防用具の使用	定期的な体位変換が困難な場合は，エアマットや褥瘡予防マットなどを活用し，体圧を分散する。また，ビーズマットやクッション，ムートンなど各種予防用具を用いて除圧をはかる。
身体の清潔	入浴や清拭により皮膚を清潔に保つとともに，血液循環をよくする。おむつ着用時には，随時交換を行い，濡れっぱなしや蒸れを防ぐ。
摩擦の防止	シーツや寝衣に，しわやたるみをつくらないようにする。差し込み便器の使用時は皮膚を傷つけないようにする。ベッドのギャッチアップ時や，座位時にずり落ちた姿勢にならないよう留意する。
良好な栄養状態の確保	良質のたんぱく質，高エネルギー，ビタミンを含むバランスのよい食事摂取に努める。栄養不良状態には補助食品を用いるなど，栄養状態を良好に保つよう留意する。

4. 歩行の介助

❶ 一部介助を要する利用者の歩行の介助 ::

▶▶ 一部介助を要する利用者への介助の視点

　一部介助を要する利用者とは，おもに歩行に杖などを必要とする人です。みずからの脚力で体重を支えることが困難で，バランスをくずしやすく，歩行に恐怖や疲労を感じるレベルです。

　平衡維持能力や足関節の可動性，心理的な支援方法は「自立度が高い利用者の歩行の介助」と同様ですが（☞第2巻p.268），杖を使用することから，2足歩行を思い起こすような介助が必要となります。人間は歩行の際，左右の足にほんの少し重心を移動させています。介助を行う際も，本来の動きを体験しながら歩くことで，安定した力強い歩行動作が獲得できるようになります。

　安全を第1に考え，原則として，麻痺があれば麻痺のある側をサポートするなど，安心感を与えながら介助を行います。利用者の心身の状況に合わせて杖による平地歩行，階段昇降，そして見守りによる杖なし歩行へと自立に向け，目標を徐々に高めていきます。

▶▶ 平地歩行（3動作歩行）の介助

　Pさんは左片麻痺があり，移動にはT字杖を使用しています。杖を使いはじめたばかりで介助が必要な状態です。Pさんが散歩を兼ねた杖歩行の練習をしたいと申し出たので，杖歩行の初歩である3動作歩行の介助を行います。

介助方法

❶　介護職はPさんの患側（左側）後方に位置します。患側の腕を支え，一方の手は腰にそえて身体を支えます。

❷　Pさんは最初に杖を斜め前方に出します。

❸　次に患側の足を1歩前に出します。

❹　最後に健側（右側）の足を1歩前に出します。

▶▶ 平地歩行（2動作歩行）の介助

　Qさんは左片麻痺があり，移動にはT字杖を使用しています。さらに長い距離を効率的に歩きたいとの希望から，2動作歩行の介助を行います。

介助方法

❶　介護職はQさんの患側（左側）後方に位置します。患側の腕を支え，一方の手は腰にそえて身体を支えます。

❷　Qさんは最初に杖と患側の足を同時に出します。

❸　次に健側（右側）の足を患側の足にそろえます。

▶▶ 段差越えの介助

　Rさんは左片麻痺があり，移動にはT字杖を使用しています。杖歩行もだいぶ慣れてきたことから，在宅復帰を視野に入れ，杖による段差越えの介助を行います。

介助方法

❶ 介護職はRさんの患側（左側）後方に位置します。患側の腕を支え，一方の手は腰にそえて身体を支えます。

❷ Rさんは最初に障害物の向こうへ杖をつきます。

❸ 次に患側の足を出して，障害物を越えます。

❹ 最後に健側（右側）の足を出して，障害物を越えます。

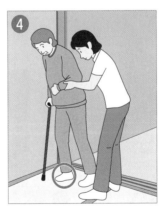

▶▶ 階段昇降の介助

Sさんは左片麻痺があり，移動はＴ字杖を使用しています。平地歩行や段差越えもスムーズにできるようになり，さらに行動範囲を広げるため階段を昇ってみたいと申し出があったので，階段昇降の介助を行います。なお，階段昇降は大きな下肢筋力を必要とし，転倒や転落などの家庭内事故が起きやすいことを考慮する必要があります。

介助方法

❶ 階段を昇るときは，介護職はSさんの患側（左側）後方に位置します。患側の腕を支え，一方の手は腰にそえて身体を支えます。

❷ Sさんは最初に杖を上段につきます。

❸ 次に健側（右側）の足から階段を昇ります。

❹ 最後に患側の足をそろえます。

❺ 階段を降りるときは，介護職はSさんの患側前方で段をまたいで位置します。患側の腕を支え，一方の手は腰にそえて身体を支えます。

❻ Sさんは最初に杖を下段につきます。

❼ 次にSさんは患側の足から階段を降ります。

❽ 最後に健側の足をそろえます。

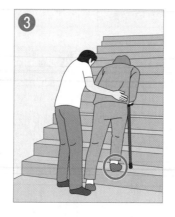

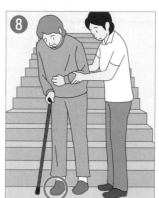

5. 移動・移乗に関する福祉用具とその活用方法

① 手すり，歩行器，杖

歩行における福祉用具の使用は他者に依存することなく，みずからの力で自立できることが最大の効果となります（表5-5）。

表5-5 ● 歩行における福祉用具の種類

項目	種類	選択の視点・活用法
手すり	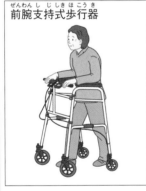	1人で歩行できるが，安定性に欠ける，疲れやすいなどの状況で手すりを利用します。廊下や階段の壁に取りつけられているので，支持性が高く，転倒予防に効果があります。 　手すりは床から 75 〜 80cm のところに設置するのが目安とされます。手すりの直径は 32 〜 36mm 程度が適しています。
歩行器	前腕支持式歩行器 固定式歩行器 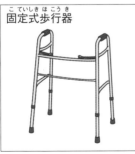	歩行器は，杖に比べて大きな支持性・安定性を必要とする人が利用します。利用には両手が使えること，立位で歩行器を操作するだけのバランス機能をもっていることが条件となります。 　利用者はフレームの中に立ち，手のひらや前腕部で支持しながら操作します。しっかり上から押さえるようにして体重を支えます。在宅で使用する場合は廊下幅や方向転換をするためのスペースが必要となります。 　車輪のあるものはおもに四輪型と二輪型に分かれます。車輪つき（前腕支持式歩行器など）は動きやすいですが，安定性に欠ける面があります。介護者は利用者が慣れるまで危険に備えて付き添います。 　車輪のない歩行器はフレームのにぎりの部分を持ち，左右交互に動かすもの（交互式歩行器）と歩行器自体を持ち上げて動かす固定式のもの（固定式歩行器）があります。両手の力がしっかりしていることが必要です。

歩行補助杖

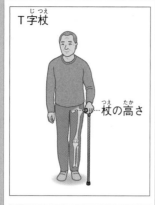

T字杖

杖の高さ

ロフストランド・クラッチ

多点杖（多脚杖）

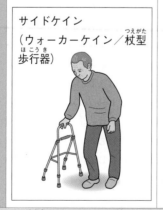

サイドケイン
（ウォーカーケイン／杖型歩行器）

歩行補助杖は，①歩行時の患側下肢にかかる荷重（体重）の免荷（※）（完全免荷，部分免荷），②歩行バランスの調整，③歩行パターンの矯正，④歩行速度と耐久性の改善，⑤心理的な支えなどを目的に，一般的には杖のにぎり手を把持して体重を支えます。杖の種類は利用者の「免荷の程度」や「手の機能」に合わせた杖を選択します。最近はアルミ合金を用いて軽量化がはかられていますが，①丈夫であること，②軽いこと，③デザインに優れていることも選定の条件になります。

〈T字杖〉

　このタイプはもっともよく使われています。比較的少ない支持で歩行が可能な場合に用いられます。適切な杖の長さは，肘を少し曲げた状態でにぎり手をつかむ位置が大転子あたりの高さになるようにします。

〈ロフストランド・クラッチ〉

　杖上方の前腕支えとにぎりの2か所で支持するため安定性がよく，上肢の力を有効に使うことができます。

〈多点杖・サイドケイン〉

　多点杖やサイドケインは支持面積が広く，手を離しても杖自体が立っているため，立位や歩行時のバランスが悪い場合に用いられます。車いすへの過度な依存を防ぐためにも多点杖の活用が注目されています。

※：免荷とは，荷重をかけないこと，足にかかる体重を杖で分散させることをいう。

❷ 移動用リフト

　介護者の腰痛が大きな問題となっていますが，移動用リフトや移乗機器の適切な利用により，介護負担の軽減と，利用者の自立度を高めることにつながります。

▶▶ 天井走行式リフト

　天井にレールを設置する固定式と，やぐらを組んでその中に設置されたレールにそって移動する据置式とがあります。

▶▶ 床走行式リフト

　スリング（つり具）や台座を使って人を持ち上げて，キャスターのついたリフト架台を手動で押したり引いたりすることで，床上を移動します。電動式のものもあります。

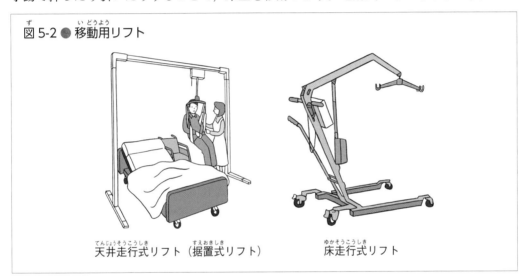

図 5-2 ● 移動用リフト

天井走行式リフト（据置式リフト）　　　床走行式リフト

❸ 簡易スロープと段差解消機

　玄関では，立ったりしゃがんだりする必要があります。段差があると，さらに動作は困難になります。簡易スロープや段差解消機を活用したり，その他さまざまな工夫で自立および介護の軽減をはかったりすることができます。外に出やすくなると，利用者の外出しようという意欲に結びつきます。

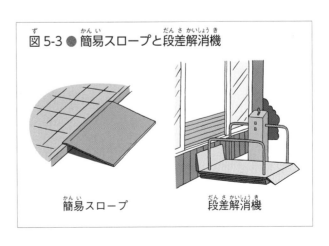

図 5-3 ● 簡易スロープと段差解消機

簡易スロープ　　　段差解消機

食事の生活支援技術

月

日

1. 食事の介助

食事の介助の原則である「安全・安心・安楽」への支援では，①姿勢，②飲みこみのしやすさ，③体調確認について留意します。

❶ 一部介助を要する利用者の食事の介助

▶▶ 一部介助を要する利用者への介助の視点

食事は，からだのいろいろな機能を使って行われます。

はじめに食欲を感じ，視覚や嗅覚などにより食事の内容を把握します。そして運動機能を活用し，食事をするために適切な姿勢を保ちます。次に上肢を使って摂食動作を行い，食べ物を口腔内に運びます。食べ物は口腔内で咀嚼され，飲みこみやすい形にされ，嚥下によって食道へ送られます（☞第 4 巻 pp.8-10）。

これら一連の動作のうち，麻痺や筋力低下などによる運動機能障害により困難な動作があっても，利用者のもっている力を活用できるような介助方法を身につけ，主体的に食事をしてもらうことは可能です。

また，片手での食事に便利なすべらないマット，片側が高くなってすくいやすい皿など，**自助具** [6]（➡ p.469 参照）の活用も効果的です。福祉用具の知識を身につけ，利用者の状態に即した介助ができるようにします（☞第 2 巻 pp.394-395）。

▶▶ 食事の介助

T さんは自宅で夫と二人暮らしです。2 年前の**脳梗塞** [7]（➡ p.469 参照）で右片麻痺の後遺症が残っています。麻痺の状態は軽度であるため，車いすでの移動や移乗の動作は一部介助で可能です。右利きのため，自助具を使用して左手で食事をしています。歯は全部床義歯（総義歯）です。夫が不在となる昼食時に食事の介助を行います。

介助方法

❶ 介護職は T さんの体調や排泄の状態を確認します。
❷ 食事の前の手洗いのため，洗面所までの車いす移動を一部介助します。
❸ 健側（左側）の手洗いと手をふく介助を行います。

❹ 洗面所から食卓までの車いす移動を一部介助します。

❺ 車いすから食卓のいすへの移乗時，体幹を支える介助を行います。

❻ 座位の安定を確認します。

・足底が床についているか

・いすに深く腰をかけ，安定して座っているか

・患側（右側）の上肢がテーブルの上にのっているか

・体幹の傾きはないか　など

❼～❾ 「自立度が高い利用者の食事の介助」の介助方法❼～❾（☞第2巻p.278）と同じです。ただし「自立度が高い利用者の食事の介助」の介助方法❾に加えて，以下の観察を行います。

・患側の口腔内に食べ物がたまっていないか

・自助具が適切に活用されているか

・自助具の不具合はないか

・患側が利き手の場合には，利き手が使えないことによる食べにくさはないか　など

❿ 食事の進行に合わせて必要な介助を行います。

・食器の位置を変える

・骨を取る，皮をむく　など

⓫～⓬ 「自立度が高い利用者の食事の介助」の介助方法❿～⓫（☞第2巻p.278）と同様です。

⓭ 下膳と後片づけをして，テーブル上や床への食べこぼしがないか，食後の服薬がすんでいるかなどを確認します。

⓮ 口腔ケアを洗面所で行います。

・洗面所までの車いす移動の一部介助

・口腔ケアの後に義歯や口腔内の確認

⓯ 洗面所から居室までの車いす移動を一部介助します。

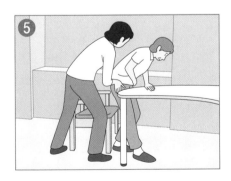

▶▶ 全介助を要する利用者への介助の視点

　全介助の状態であっても，やむを得ない状態でない限り，ベッド上ではなく，食事にふさわしい場所で食事ができるように介助することが求められます。

　食事は目で見て（視覚），香りを楽しみ（嗅覚），舌で確かめ（味覚や触覚），場の雰囲気に配慮する（聴覚），まさに五感で楽しむものですが，感覚機能の低下により食事が十分に楽しめない場合があります（☞第4巻 p.112）。

　また，運動や外出の機会が減り，あまり活動的でない生活のために，食欲がわかないという場合もあります。空腹でも，食欲がわかないと偏食や少食傾向になり，必要な栄養素を十分に取り入れるためのバランスのよい食事ができません。場合によっては**低栄養**[8]（➡p.469参照）という状態になることもあるので，注意を要します。

　加齢にともなう身体機能の変化については，消化・吸収機能の低下や**蠕動運動**[9]（➡p.469参照）の低下のための便秘傾向（☞第4巻 p.196），生活習慣病などの治療食への視点も忘れずに（☞第4巻 p.117），よりよい食事の介助ができるように努めます。

　ほかにも，さまざまな理由から食事を楽しむことができない利用者がいます。咀嚼や嚥下の機能が低下して食べられないのか，義歯の不具合によるものかなど，介護職は他職種と連携しながらその原因を見きわめ，それぞれに応じた食事の提供を検討します。咀嚼や嚥下の機能が低下していれば，栄養士などと相談し，食べ物の形態を工夫する必要もあります。

　やむを得ずベッド上で食事をする場合は，座位の安定を保つためにベッドのギャッチアップ機能を活用し，膝の下にクッションなどを当てて姿勢を安定させます。また，誤嚥（☞第2巻 p.396）しないよう，頭部を前傾させるために頭部にもクッションや枕などを使います。

　自分で食べられない人への介助には，ソフトな感触のスプーンや先がゴム製で当たりのやわらかい吸い飲みなども活用します。

▶▶ 食事の介助

　Uさんは特別養護老人ホームに入所しています。要介護5で，認知症があり，コミュニケーションもあまりできません。ベッド上で過ごしており，生活のほとんどすべてにおいて介助を必要としています。咀嚼や嚥下の機能に障害があり，食事はミキサー食です。水分をとるときもむせないような工夫が必要です。Uさんの食事の介助を行います。

介助方法

❶ 介護職はUさんの体調を確認し，食事の介助を行うことを伝えて同意を得ます。排泄の有無を確認し，しっかり目覚めているかどうかを確認します。

❷ 介護職はベッドの高さを調整し，Uさんのベッドサイドに立ちます。

❸ 介護職はUさんの膝の下にクッションを当てます。

❹ 介護職はベッドをギャッチアップし（30度程度），Uさんの上体を起こし，ベッド上での適切な座位の位置や安定を確認します。

❺ 頭部が前傾姿勢になるように枕やクッションで調整します。

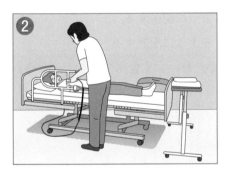

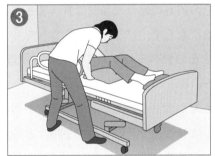

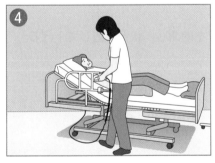

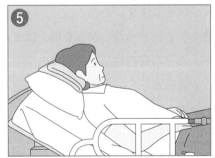

⑥ 介護職は着衣や寝具がよごれないよう，Uさんの首もとにタオルなどを当てます。
⑦ 必要物品の準備をします。

　・おしぼり
　・食べやすく工夫されたスプーンやフォークなど，Uさんが日ごろ使っている自助具
　・とろみ調整食品　など
⑧ 介護職はさらに食事の介助がしやすいベッドの高さにし，Uさんの手指を清拭します。
⑨ 配膳し，献立の説明をします。
　・必要な自助具はそろっているか，位置は適切かを確認してもらう
　・実際に食事が見える位置で献立を確認してもらう
　・食べる順番を選んでもらえるようコミュニケーションをはかる
⑩ 飲みこみやすいようにお茶などの水分からすすめ，声かけを行いながら介助します。
　・食べたい物を聞き，口もとに運んでいる食べ物の説明をする
　・口腔内に食べ物がたまっていないかを確認する
　・嚥下の観察・確認を行う
　・誤嚥によるむせなどが起こらないように配慮する
　・献立の内容に応じた温度で食べてもらえるように配慮する
　・偏食にならず，バランスよく食べてもらえるように配慮する
　・Uさんの食べるリズムに応じて，無理なく，おいしく食べてもらえるよう，食べる
　　ペースや一口の量などに留意する　など
⑪ Uさんが食べ終えたら，口もとや手指などの清潔への介助を行います。
　・おしぼりなどで，口もとや手指などの清拭を行う
　・食後の状態（満腹感，腹部膨満感など）を確認する　など
⑫ 後片づけをします。
　・下膳をする。食べ残しがある場合はその旨を確認し，状況に応じて下げる
　・タオルなどの使用物品を洗濯に出す
　・着衣や寝具などへの食べこぼしを確認し，ベッドまわりを整える　など
⑬ 服薬介助を行います。
⑭ 口腔ケアを行います。
　・必要物品をそろえる
　・義歯を使用している場合は声かけをしてから義歯をはずしてブラッシングし，洗った
　　後で再び装着する
　・口腔内を観察し，うがいをすすめる
⑮ 30分程したら（逆流予防のため）ベッドの高さを元に戻し，Uさんの楽な体位にし
ます。

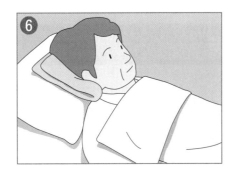

表 5-6 ● 食後に配慮すべきポイント

① 顔色や気分などの確認を行い，状況に応じて声かけをし，体位を整える。
② 食後は胃からの食べ物の逆流などを防ぐため，30 分程度は上体を起こしておくことの説明をし，同意を得る。
③ 就寝前であれば，口腔ケアの一環として義歯を洗浄液につけておく。
④ 必要に応じて摂取量をチェック表などに記入する。

2. 食事に関する福祉用具とその活用方法

❶ 福祉用具を利用する意味

　介護を必要とする人のなかには，食べる動作がしづらい人もいます。そのような場合に，その人の状態に応じた自助具を使用することで，自分の力で食べることができ，食べやすくなることで食事が楽しめるようになることが期待できます。

　自分で食べる場合と，だれかに食べさせてもらう場合とでは，同じものを食べても味わいが違います。要介護度が重度になった場合でも，自分の力で食事をすることによって，より主体的な生活の実現が可能となります。

❷ 食事に関する福祉用具の種類

▶▶ 筋力の低下などがある人の自助具

　摂食の動作は，身体の機能をいくつも連動させて行います。筋力の低下や麻痺，拘縮[10]（➡ p.470 参照）などによって上肢の運動機能に制限があるような場合は，図 5-4 のような自助具を活用することによって，それらの機能をおぎなうと，自力で食事がしやすくなります。

図 5-4 ● 筋力の低下などがある人に合わせて工夫された自助具

にぎりやすくした
フォーク・スプーン

バネつき
固定箸_{こていばし}

持ちやすい食器

曲_まがりスプーン

カフベルトつき
スプーンホルダー

ホルダーつき
コップ

▶▶ 片麻痺がある人の自助具

　一般的に，スムーズな食事の動作では上肢を活用します。片麻痺がある人などが箸やスプーンを使って食事をする場合，食器やトレーなどがテーブルの上で動いてしまい，食器内の食べ物をうまくつかめなかったり，すくえなかったりする場合があります。

　これらを防止するために，皿や小鉢などの食器の裏にすべりにくい素材などがついているものを使ったり，すべりにくい素材のマットなどを敷くことで，食器が動かず，食べやすくなります（図5-5）。

図5-5 ● 片麻痺がある人に合わせて工夫された自助具

吸盤で
食器を固定

角度をつけて
食べやすくした皿

すべり止めマット

▶▶ 食事の介助を必要とする人の福祉用具

　食事の介助を必要とする人には，物による刺激を少なくするために，口当たりのやわらかいスプーンなどを使うとよいでしょう。うまく口が開けない人には薄くて平たい形状のスプーンを使うと口に入りやすく，身体への負担が軽減されます。

　また，首を後方に傾けなくても飲めるコップや湯飲みなども便利です。

　食べこぼしがある場合や，食べ物が口腔からこぼれやすい場合は食事用のエプロンなどの使用により衣服が汚れることを防ぐことができますが，エプロンを着けるのに抵抗感がある場合などには，一見すると衣服のような形状にできているものも開発されています。

3. 誤嚥・窒息の予防

❶ 誤嚥と窒息

誤嚥の原因は，口腔から咽喉にかけての構造に関係しています。

咽喉内では，気管と食道が隣接しており，食べ物が食道に入るとき，気管の入り口は一時的にふさがれる（喉頭蓋が気管の入り口をふさぐ）しくみになっています（☞第4巻pp.8-10）。この嚥下反射がうまくいかず，気管に食べ物が誤って入ることによって，誤嚥が起こります。

また，お正月に高齢者が喉に餅をつまらせて死亡する事故が報道されたりしますが，誤嚥によって気管内に食べ物や異物がつまると窒息を起こすことがあります。

食べ物の摂取は，かむ（咀嚼），飲みこみやすい形にする（食塊[11]（➡p.470参照）の形成），食道内に送る（嚥下）などによって成り立っていますが，この一連の動作が加齢による嚥下機能の低下や，病気による麻痺などによってうまくいかないと誤嚥しやすくなります。

❷ 食事の姿勢

食事の姿勢が悪いと，誤嚥につながります。安定した座位を保ち，やや前傾した姿勢をとると，誤嚥しにくくなります。顎が上がり，頭部が後ろに傾く姿勢になると，物が飲みこみにくくなり，さらに，口の中と気管が直線的になり，気管に入る危険性が増します（図5-6）。

❸ 食べ物の形態の工夫

嚥下障害のある人への食事では，食材を食べやすく切ったり，煮込んだり，調理器具を使ってペースト状にするなどの食形態を工夫したり，とろみ調整食品の活用やムース食などの利用でうまく飲みこめるようにします。むせやすい食材などは避けるようにします。また，**きざみ食**[12]（➡p.470参照）は誤嚥を引き起こすことがありますので，とろみ調整食品を利用して食べるなどの工夫が必要です。

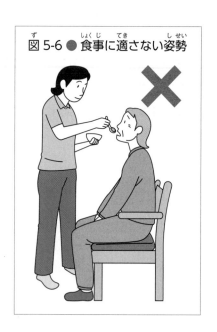

図 5-6 ● 食事に適さない姿勢

4. 脱水の予防

❶ 脱水が起こる要因

　人間の身体には恒常性[13]（➡ p.470 参照）が備わっており，一定の水分やその他の必要な成分が保たれ，健康が維持されています。水分は食事や飲水などによって体内に補給され，尿や便，汗などによって体外に排泄されます。このバランスがくずれると脱水になります。

　人体の水分の保有率は，およそ 50 ～ 60 ％といわれています。つまり，人体の半分は水分で成り立っていることになります。そして，高齢者の場合はこの水分の保有率が低い傾向にあるため，脱水になりやすいのです。

　また，感覚機能の低下により渇きを感じにくくなる，トイレへの移動動作が困難で水分をひかえるなど，脱水になりやすい条件をいくつももっていることが多いです。

　食事の介護においては，水分摂取に対して留意することが大切です。とくに夏場の汗をかきやすい時期は，こまめな水分摂取の介助を心がけるようにします。

❷ 脱水の見つけ方

　食事の介助や口腔ケアの際に，唇や舌が乾燥していないかをチェックしたり，排泄の介助のときに尿の量や色をチェックしたりして，脱水傾向になっていないかを確認するようにします。水分チェック表などもあわせて活用するとよいでしょう。

　ほかにも，何となくぼんやりしていて元気がない，食欲がない，発熱している，皮膚にはりがないなどの症状についても注意して観察します。

表 5-7 ● 脱水の予防に向けた介助のポイント

① こまめに水分がとれるように工夫をする
　　水分補給がいつでも手軽にできるよう，居室やリビングの手に取れる範囲のところに水分を置いておく。また，食事やお茶の時間などには必ず水分をすすめるようにする。
② 排泄の介助と連動させて考える
　　失禁が心配で水分をひかえる利用者は意外に多い。運動機能障害のため排泄の動作に時間がかかるような場合には，排泄の介助と連動させて，排泄環境の整備や介助の工夫をすることにより，利用者が安心して水分をとれるようにする。
③ 着替えや夏場の温度管理に気をつける
　　感覚機能の低下や認知症などによって適切な温度管理ができず，脱水につながってしまう場合がある。夏にたくさん汗をかいているのに重ね着をしている，部屋の温度が高すぎるなどが原因となり脱水にならないよう，適切なアドバイスや介助を行う。

第4節 入浴・清潔保持の生活支援技術

☐ 月

☐ 日

1. 入浴の介助

入浴の介助の原則は，①体調確認，②室温・湯温の確認，③転倒予防，などです。

❶ 一部介助を要する利用者の入浴の介助

▶▶ 一部介助を要する利用者への介助の視点

入浴では，歩く・立つ・座る・かがむ（しゃがむ）などの一連の動作を必要とします。麻痺や筋力低下などの障害がみられても，利用者がもっている能力は活用できます。

下肢に力が入らなくても，支えがあれば立位や座位がとれる場合などは，手すりを設置したり，支える位置を工夫したりすることで主体的に入浴してもらうことができます。

また，前傾姿勢やしゃがむ姿勢などをとると，浴室内の洗面器の位置などによっては転倒して危険にさらされる場合もあります。そのため，介護職はシャワーチェアやバスボードなど福祉用具（☞第2巻 p.238, p.405）の知識を身につけ，ボディメカニクス（☞第2巻 p.244）にそった動作を基準にして，利用者がもっている能力，病気や特性に合わせた介助ができるようにします。

▶▶ 入浴の介助

　Vさんは3年前に動脈硬化が原因の脳梗塞の後遺症で，軽度の右片麻痺と右手指の拘縮が残っています。見守りや一部介助があれば，室内は杖を使用して歩行できます。入浴は介護職が介助を行っています。

事前準備

❶　Vさんの体調を確認し，入浴の可否を判断します。

❷　事前に室温（24±2℃），湯温（40℃前後），必要物品の有無の確認をしておきます。

❸　着替える衣服を確認し，用意しておきます。

❹　排泄をすませたあと，脱衣室へ移動します。

❺　患側（右側）に注意し，移動時の段差や転倒の危険に注意を払います。

❻　脱衣室でいすに座って服を脱いでもらいます。立って脱衣する場合は，手すりやいすを利用します。

❼　脱いだ衣服は手早くたたみ，入浴後に着る衣服は洗濯物と分けておきます。

❽　脱衣室から浴室までの移動は，自立レベルにより対応方法が異なります（必要に応じて手引き歩行などを行います）。

❾　バランスのくずれや転倒に注意し，Vさんを見守ります。

❿　使いやすい位置に物品を配置します。

介助方法

❶ 浴室内では，Ｖさんの患側から腕と腰を支え，ともに歩いて移動します。

❷ 浴槽やシャワーの湯をかけてシャワーチェア[14]（➡p.470参照）を温めます。介護職の膝を患側の膝に当てて膝折れを防止し，腰を支え，座ってもらいます。両足のかかとが床に接地しているかなど，座位の安全を確認します。

❸ 介護職は，シャワーの温度を微調整して，湯を張った洗面器等でＶさんの手を温め，次に心臓から遠い足元，手から腕，体幹へと湯をかけてＶさんの身体を温めます。

❹ Ｖさんに石けんをつけたタオルを渡します。Ｖさんの習慣を尊重しつつ，基本としては上半身から下半身の順に洗ってもらいます。

❺ できるところは見守り，洗い残しがあれば介助します。殿部が洗いにくそうであれば，Ｖさんに手すりや浴槽の縁，あるいは介護職の腕をつかんでもらい，前傾姿勢をとって腰を浮かし，洗って流します（基本的に「自立度が高い利用者の入浴の介助」の介助方法❹～❺（☞第２巻p.286）と同じです）。

❻ 洗髪に支援が必要な場合は，介護職は指の腹で頭皮をもむように洗います（利用者の好みや習慣に応じて，先に洗髪することもあります）。

❼ Ｖさんが洗い終えたら，転倒を防ぐため，床の泡をよく洗い流します。

❽ Ｖさんに浴槽の縁やバスボード[15]（➡p.470参照）に座ってもらい，湯温を確認してもらいます。健側の足を先に浴槽に入れてから，患側の膝関節を支えて入ってもらいます。

❾ Ｖさんに前かがみの姿勢で，健側の膝を曲げながら，ゆっくりと湯につかってもらいます。

❿ 後ろに倒れないように誘導し，Ｖさんの姿勢を安定させます。

⓫ 浴槽の縁や手すりをつかんでもらい，浴槽から出ます。Ｖさんは健側の上下肢を活用しながら，前かがみの姿勢で健側の膝を伸ばし，立ち上がります。介護職は腰を支えます。

⓬ 浴槽の縁やバスボードにいったん座ってもらいます。

⓭ 必要に応じてＶさんの背部を支え，患側から先に膝関節を支えて浴槽から足を出します。

⓮ 浴槽の縁からシャワーチェアへ移動します。座位の安定を確認します。

⓯ 上がり湯をかけ，タオルで軽く水分をふきとります。浴室に入ったときと同様の介助方法で脱衣室に戻り，血圧や気化熱[16]（➡p.470参照）に注意して，バスタオルで身体をふきます。

⓰ Ｖさんに確認し，できないところは介助しながら，新しい衣服を着用します（脱健着患に注意）。

⓱ 脱衣室または居室で，水分補給をすすめます。

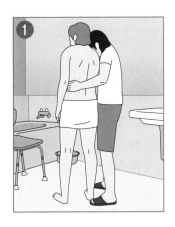

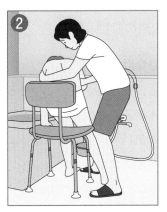

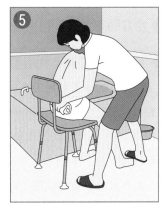

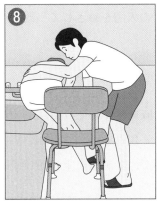

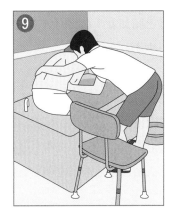

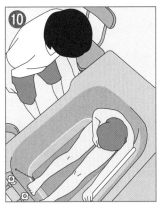

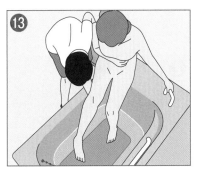

❷ 全介助を要する利用者の入浴の介助 :::

▶▶ 全介助を要する利用者への介助の視点

　全介助を要する状態であっても，利用者が自分でできるところはできるだけ自分で行ってもらいます。体力や筋力の低下がみられても，身体を清潔に保つことは人にとって大切な行為です。介護職は，利用者が気持ちよく入浴できるように介助します。

　歩行，立位，座位を保つことが困難になった場合でも，機械浴槽（特殊浴槽）などの設備があれば仰臥位の状態での入浴は可能です。全介助を要する場合には2人介助を基本とし，機械浴槽やリフトなどの使用を検討します。なお，特別養護老人ホームや介護老人保健施設では，家庭と同じような雰囲気や状態での入浴をめざして，機械浴槽を使わない施設も増えてきています。

▶▶ 普通浴槽を使った入浴の介助

　Wさんは脳出血[17]（➡ p.470参照）を起こし右片麻痺となって以来，歩行困難となり，半年前に病院から介護老人保健施設に入所しました。現在も麻痺があり，リハビリテーションを続けています。入浴は普通浴槽を使った個浴で，介護職が全介助しています。

事前準備

　「一部介助を要する利用者の入浴の介助」の事前準備（☞第2巻 p.399）に準じます。

介助方法

　介助方法は基本的に「一部介助を要する利用者の入浴の介助」の介助方法（☞第2巻 pp.400-401）と同様です。ここでは，とくに配慮する部分のみ示します。

❶　浴槽へ入るときは，Wさんに前かがみになってもらい，介護職はWさんのわきから手を差し入れて組み，しっかりとWさんを支えます。

❷　浴槽から出るときも同様の方法で，本人がもっている能力と浮力を利用しながら引き上げます。

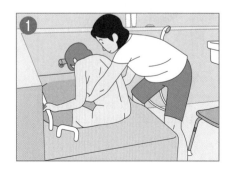

▶▶ 機械浴槽を使った入浴の介助

Ｙさんは半年前に脳血管障害で倒れ，特別養護老人ホームに入所することになりました。持病の脊柱管狭窄症（☞第４巻 p.279）もあるため，自分で座ることができません。Ｙさんはストレッチャーでの機械浴[15]（➡ p.471 参照）を選び，全介助による入浴を希望しています。

事前準備

「一部介助を要する利用者の入浴の介助」の事前準備（☞第２巻 p.399）に準じます。

介助方法

❶ 介助は常に２人で行います。介護職は，Ｙさんをスライディング機能がついているストレッチャーへ移動します。胸や陰部にタオルをかけ，ベルトをしっかりとします。

❷ Ｙさんをストレッチャーから機械浴槽へ水平に移動させます。スライディング機能がついているため，Ｙさんを持ち上げることなく浴槽へ入ってもらえます。

❸ Ｙさんの身体や髪を洗うときは，Ｙさんを上昇させて，再びスライディング機能を使ってストレッチャーに移します。「一部介助を要する利用者の入浴の介助」の介助方法❹〜❻（☞第２巻 p.400）を参考に，Ｙさんの好みや習慣に応じて行います。

❹ シャワーでＹさんの身体や髪を洗い流します。シャワーの温度確認は「一部介助を要する利用者の入浴の介助」の介助方法❸（☞第２巻 p.400）と同じです。

❺ 身体をふくときは，顔，頭，体幹，四肢（両側上下肢）の順でふいていき，清潔なところから最後によごれやすい陰部や殿部をふきます。仰臥位の場合は前をふき終えてから後ろをふくなど効率のよい手順を考え，Ｙさんの羞恥心や疲労も最小限にします。

❻ ストレッチャーで脱衣室へ行き，必要に応じて介助し，新しい衣服を着用してもらいます。

❼ 水分補給を行います。

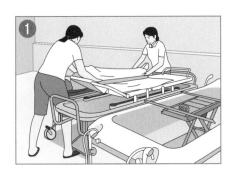
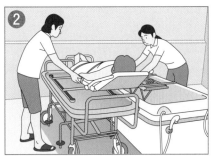

▶▶ 介助の留意点

2人介助での手順，連携のシミュレーションをすませて，安全を確認してから行います。

① 入浴前

湯温の確認のほか，利用者の排泄をすませておきます。入浴は，消化能力の低下を招く食事直後や，低血圧になりやすい空腹時などを避けるよう留意します。

② 入浴時

湯の中は浮力があり，危険と隣り合わせの面があります。油断せず，利用者がもっている能力を考慮して介助します。とくに利用者をスライディングさせる場合や昇降させる場合には，ベルト着用の確認や上下肢の保護に留意します。

全介助を要する利用者の場合，湯の中でのわずかな運動（動き）も体力維持に効果がありますが，不注意による身体（とくに頭，四肢）の接触損傷，転倒，湯温の不備，溺水には注意します。

③ 入浴後

加齢にともない体温調節の機能が低下していくため，すぐに身体が冷えたり，脱水が起きたりして，保温効果が続きません。入浴後は安静と水分補給にも十分に配慮します。

2. 入浴に関する福祉用具とその活用方法

入浴時の補助用具，使用物品としては表5-8のようなものがあります（☞第2巻 p.238）。介護職は利用者の状態に合わせて適切な入浴介助が行えるように，用具の種類や効果などの知識も学んでおくことが大切です。

表 5-8 ● 入浴補助用具・使用物品

- すべり止めマット
- 仕切ボード
- 浴槽用手すり
- 入浴用椅子（シャワーチェア）
- バスボード・浴槽台（※1）
- 浴槽内昇降機（バスリフト）

- 入浴用車いす（シャワーキャリー）（※2）
- 簡易浴槽
- 簡易シャワー
- 風呂桶
- 風呂ぶた
- 保温マット

など

※1：入浴台・移乗台・ふみ台・浴室内すのこ・浴槽内すのこなど。
※2：トイレ対応として使えるトイレタイプのバスチェアを含む。

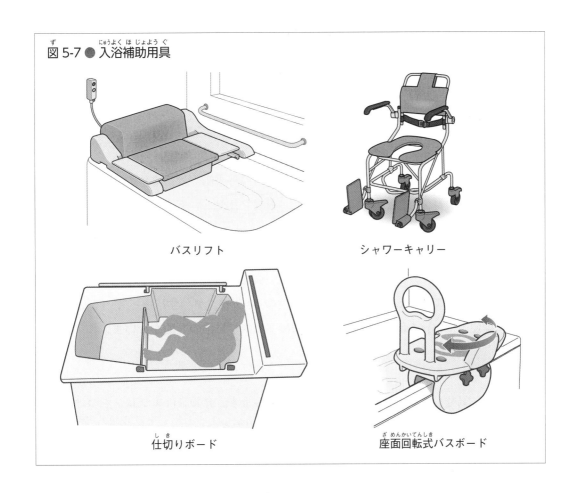

図 5-7 ● 入浴補助用具

バスリフト

シャワーキャリー

仕切りボード

座面回転式バスボード

第5節 排泄の生活支援技術

月

日

1. 排泄の介助

　排泄の介助における原則は，①プライバシーの保護，②排泄時の姿勢への留意，③排泄後の体調確認，④感染予防，などです。

❶ 一部介助を要する利用者の排泄の介助

▶▶ 一部介助を要する利用者への介助の視点

　麻痺があり車いすを使用している利用者で，起立動作や姿勢を保つことが不安な場合，車いすと便座のあいだの移乗を介助することにより，トイレで安全に安心して排泄することができます。利用者の意向を確認し，プライバシーに配慮した排泄の介助を心がけましょう。排泄の介助の際には，利用者の身体機能を十分いかして介助を行います。立位の保持が可能で，からだの回転ができる利用者に対しては，移乗時のバランスに留意した介助を行います。具体的には，座位→立位→からだの回転→便器に着座するという一連の動きをします。重心を移動する際にはバランスをくずしやすく，転倒の危険性があります。1つひとつの動作時に，健側に重心を乗せることを確認し，患側の膝折れ防止に留意して，安全を保ちます。

　車いすを使用している人にとって，トイレ便座への移乗動作は，立位の感覚を維持する機会になります。身体機能の維持のためにも，重要な行為といえます。

▶▶ トイレでの排泄の介助

　介護老人福祉施設に入所しているZさんは，脳梗塞の後遺症のため右片麻痺があり，車いすを左上下肢で操作して移動します。朝食の30分後，車いすに座っているZさんは介護職に排便したい旨を伝えました。介護職はトイレで排泄の介助を行います。

介助方法

❶ Zさんに気分・体調を確認し，トイレに移動します。介護職はエプロンをつけます。

❷ Zさんが車いすを便座の近くまで寄せ，車いすのブレーキをかけ（☞第2巻 p.258），フットサポート（☞第2巻 p.257）を上げ，足を下ろすのを見守ります。必要な部分は介助します。

406

❸　Zさんは車いす左側のアームサポート（☞第2巻 p.257）を上げます。健側（左側）の足を少し移動する側に向けて，健側の手で手すりをにぎり，前傾姿勢をとり，立ち上がる準備をします。

❹　Zさんは健側の手と足に重心をかけゆっくり立ち上がり，からだの向きを変えます。そのとき介護職はZさんの腰と患側（右側）の膝を支え（膝折れ防止），めまいなどがないか確認をします。

❺　介護職はズボン，下着を下ろす同意を得て，支えながら下ろします。Zさんは便座の位置を確認し，前傾姿勢で着座します。

❻　座位の安定を確認し，カーテンもしくはドアを閉めることの同意を得ます（プライバシーの保護）。排泄時はその場を離れることを告げ，終了時には教えてくださいと説明します。

❼　排泄後，声をかけトイレ内に入ります。残っている感じや痛みがないかを確認します（尿路感染症などの早期発見）。

❽　温水洗浄便座が設置されている場合はそばにいて使い方を確認し，肛門にシャワーが当たる位置を確認します。設置されていない場合はZさんにトイレットペーパーを使ってふいてもらい，ふき残しがあれば介護職は手袋をつけ，Zさんには浅く腰かけて前傾姿勢になってもらい，トイレットペーパーで清拭を行います。手袋をはずし，ポリ袋に廃棄し，排泄物の量や性状の観察を行います。

❾　座位のまま健側の手で下着，ズボンを大腿部（☞第4巻 p.73）まで上げます。

❿　介護職は車いすを健側に準備し，ブレーキをかけます。Zさんが立位をとったときに，介護職は患側を支え，衣服を整えます。立ち上がりの際は，膝折れに注意します。

⓫　車いすに移乗し，車いす上での座位の安定，患側上下肢の安全を確認します。介護職は患側に配慮し，Zさんが便器洗浄用レバーを操作するのを見守ります。

⓬　車いすを移動し，患側の手の手洗いを見守り，健側の手は介助し清潔にします。介護職も手洗いをします。

⓭　利用者に気分・体調を確認し，トイレでの排泄が順調に行えたことをともに喜び，次への意欲や自信につなげます。

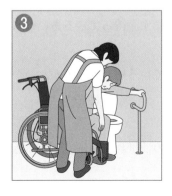
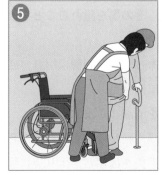
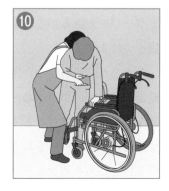

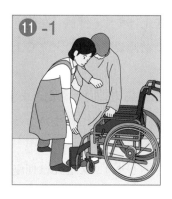

▶▶ ポータブルトイレでの排泄の介助

　介護老人保健施設に入所しているAさんは心疾患があります。日中はトイレを利用していますが，夜間はポータブルトイレを使っています。Aさんは夜間にトイレに行きたくなったため呼び出しボタンを押し，ベッドに端座位になって介護職を待っています。

介助方法

❶　介護職はエプロンをつけます。ポータブルトイレのふたを開けて排泄物がたまっていないかを確認します。ベッドの足元に，汚染防止用の敷物を敷き，さらにすべり止めマットを敷いて，その上にポータブルトイレを準備し，安定性を確認します。

❷　Aさんに立ち上がって向きを変え移乗することを説明し，同意を得ます。Aさんは介助バーをにぎり，両足を引いて浅く座り，前傾姿勢になり立ち上がります。そのとき，めまいの有無を確認します。

❸　Aさんがからだの向きを変えるときに，介護職は腰を支えて介助します。

❹　ズボン，下着を大腿部まで下げる動作のできる部分は行ってもらい，必要な部分は介護職が介助します。

❺　Aさんにポータブルトイレの位置を確認してもらい，介助バーを持って前傾姿勢になり，着座してもらいます。介護職はポータブルトイレ横に位置し，着座時の安定を確認します。

❻　バスタオルを腹部から大腿部にかけます。介護職はAさんの手の届く所にトイレットペーパーがあるかを確認し，その場を離れることを伝えます。待っているあいだに手袋をつけます。

❼　Aさんから終わりの合図があったら介護職は戻り，残っている感じや痛みがないかを確認します（尿路感染などの早期発見）。

❽　Aさんはおしぼりなどで手を清潔にします。

❾　Aさんに介助バーをにぎり浅く腰かけてもらい，Aさんの清拭状況を確認し，ふき足りないところを清拭します。手袋をはずし，ポリ袋に廃棄します。

⑩ 座位姿勢で大腿部まで下着，ズボンを上げます。必要な部分は介助します。次に介助バーをにぎり，前傾姿勢で立ち上がるよう伝え，立ち上がり後，必要な部分を介助しながら衣服を整えます。Aさんがからだの向きを変えるときは腰を支え，ベッドに戻ってもらいます。

⑪ 介護職はAさんにめまいの有無や気分が悪くないか体調を確認し，寝具を整えます。

⑫ ポータブルトイレのバケツをトイレに運び，排泄物の量，色，におい，性状を観察したあとで廃棄し，洗浄して元に戻します。

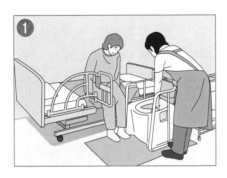
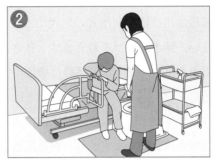

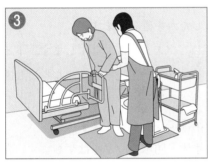
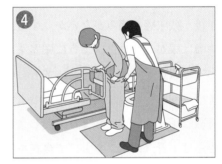

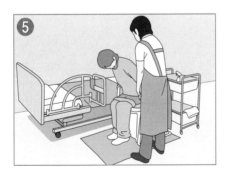
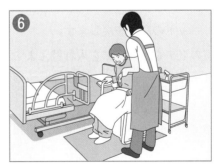

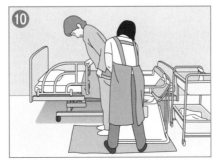

▶▶ 尿器での排泄の介助

　Bさん（男性）は夜間対応型訪問介護を利用しています。Bさんは，夜間，尿器を使用して排尿しています。訪問介護員（ホームヘルパー）は定時の21時にBさんの自宅を訪問し，ベッドに寝ているBさんに尿器を使用した排泄の介助を行います。

介助方法

❶　介護職はエプロンをつけます。居宅でのプライバシーに配慮し，ベッドを介助しやすい高さに調整します。

❷　介護職は掛け物を利用者の足元にたたみます。Bさんに側臥位（☞第4巻p.3）になってもらい，防水シーツを敷きます。Bさんは仰臥位（☞第4巻p.3）に戻り，寝衣のズボン，下着を下ろします。介護職は腰部や膝の上にバスタオルをかけ露出を防ぎます。

❸　側臥位になると排尿しやすいことを伝えて，側臥位になってもらいます。介護職は手袋をつけます。陰茎を尿器の受尿口に入れるよう伝え，入っているかを確認し，支援が必要な場合は介助します。しっかり尿器を持ってもらい，固定します。終了後に来ることを伝え，室外に出ます。

❹　終了後，残尿感や痛みがないか，すっきりしたかを確認します。

❺　介護職は尿がこぼれないように尿器をはずし，バスタオルをはずします。トイレットペーパーで尿道口の尿をふきとってもらい，蒸しタオル，乾いたタオルを渡しふいてもらいます。支援が必要な場合は介助します。手袋をはずし，廃棄します。

❻　介護職は手を洗い，おしぼりを渡し，手を清潔にしてもらいます。

❼　Bさんは下着，ズボンを上げて寝衣を整えます。防水シーツをはずします。介護職は寝具，寝衣のよごれはないかを確認し，よごれている場合は交換します。体調などを確認し，ベッドの高さを戻します。

❽　居室のドアを開け空気を入れ替えます。

❾　尿はトイレに流し，尿器を洗浄し，使用物品は元に戻します。介護職は手洗いをします。

❿　連絡ノートに排泄状態を記録し，情報共有します。

▶▶ 介助の留意点

① 仰臥位で排尿するときには，腹圧をかけやすくするために背もたれを上げることを説明し，尿器をしっかり持っているかを確認してから，背上げします。

② 気兼ねなく排泄できる環境をつくるために，排泄中はいったん離れます。

図 5-8 ● 男性の尿器の使い方

●仰臥位の場合　　　　　●側臥位の場合

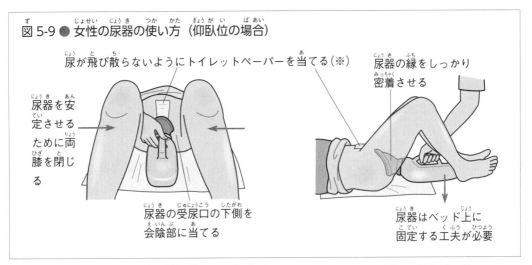

図 5-9 ● 女性の尿器の使い方（仰臥位の場合）

尿が飛び散らないようにトイレットペーパーを当てる（※）

尿器の縁をしっかり密着させる

尿器を安定させるために両膝を閉じる

尿器の受尿口の下側を会陰部に当てる

尿器はベッド上に固定する工夫が必要

※：尿器の種類によっては，尿の飛散を防ぐために細長く切ったトイレットペーパーを股間から尿器の入り口にそわせて当てたほうがよい場合がある。

▶▶ 全介助を要する利用者への介助の視点

麻痺や筋力低下といった身体機能の低下にともない，一連の排泄動作（移動，衣服の着脱，排泄後の後始末など）（☞第2巻p.299）を自分で行うことが困難な人，また，認知機能の低下にともない，自分で排泄の判断ができない人，さらには，意識障害がいちじるしい状況にある人などは，全介助が必要になります。

　介護職はいずれの状況にあっても，その人のもっている力を引き出すはたらきかけ（声かけ，スキンシップ，可動域の拡大など）を行い，排泄の物的環境を整備・改善し，自立に向けた介助を行うようにします。

▶▶ テープ止め紙おむつ交換の介助

　Cさん（女性）は介護老人福祉施設に入所しており，起き上がりが困難な状態です。介助バーを持って側臥位になることは可能です。排泄の訴えは少なく，尿失禁がみられ，テープ止め紙おむつを使用しています。前回の排尿から3時間経過したため，介護職は，昼食前におむつ交換の介助を行います。

介助方法

❶　介護職はエプロンをつけます。カーテンまたはドアを閉め，ベッドの高さを調節します。

❷　身体を保温し，露出を最低限にするためにバスタオルをかけ，掛け物はCさんの足元にたたみます。

❸　Cさんに側臥位になってもらうよう声かけを行い，防水シーツを敷きます。

❹　Cさんを仰臥位に戻し，可能であれば膝を立て，腰を上げてもらい，協力を得ながらズボンを下ろします。

❺　Cさんの膝を立て，手袋を装着し，「失礼します」と声をかけながらおむつのテープをはずして開きます。

❻　よごれがもれないように使用したおむつを内側に折りたたみます。排泄物の量によっては，洗浄用の紙おむつを準備します。排泄物の量・におい・性状のほか，陰部・殿部の発赤，腹部膨満感，水分摂取量などを確認します。

❼　陰部洗浄を行います。

・外陰部のよごれや分泌物をぬるま湯で洗い流す

・ガーゼに石けんをつけて片手で陰唇を開き十分に洗う

・ガーゼを折り返して皮膚のしわを伸ばしながら肛門も洗う

・最後に石けんが残らないよう十分に洗い流す

❽ 陰部清拭を行います。

　・蒸しタオルで中心部を，感染予防の観点から，陰部から肛門へ向かってふく

　・感染予防のために二度ぶきはせず，タオルの面を変えながら，今度は中心部の両側を片側ずつやさしくふく

　・乾いたタオルで湿り気をふきとる

❾ 側臥位に体位を変えて，殿部・肛門部を蒸しタオルでやさしく清拭し，皮膚の状態を観察します。乾いたタオルで湿り気をふきとります。側臥位にするときに，左下側になるおむつをからだの下に折りこんでおくと，汚れたおむつを取り出しやすくなります。

❿ よごれたおむつを内側に巻き込んで取りはずし，汚物入れに入れます。手袋をはずし，ポリ袋に廃棄します。

⓫ 新しいおむつの中心がCさんの殿部の中心にくるようにして上端を腸骨部に当てて，差しこみます。

⓬ Cさんを仰臥位にゆっくり戻します。洗浄時に下になっていた側を蒸しタオルでふいたあと，乾いたタオルで湿り気をふきとります。おむつを鼠径部[19]（➡ p.471参照）（☞第4巻 p.73）にそわせながら，おむつをしっかり引き上げて，ギャザーをフィットさせ広げて当てます。

⓭ Cさんに腹部が圧迫されていないかを確認し，下側のテープを斜め上向きに，上側のテープを斜め下向きにとめます。

⓮ 股関節部の立体ギャザーを指で外側に掘り起こし，尿もれを防ぎます。

⓯ ズボンを上げ，衣服やシーツのしわを整えて，ベッド上のCさんの位置が安全であるかを確認します。

⓰ 交換後の陰部・殿部の痛みの有無，腹部の痛みや残っている感じがないかなどを確認します。バスタオルをはずし，掛け物を元に戻します。ベッドの高さを戻します。

⓱ カーテンを開け，室内の換気をはかり，介護職は手洗いをします。

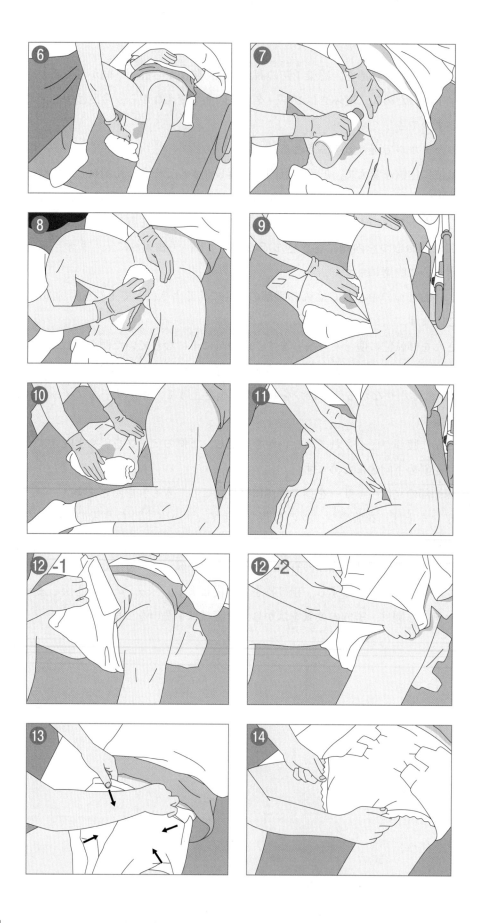

2. 排泄に関する福祉用具とその活用方法

❶ ポータブルトイレ

　ポータブルトイレを選定するにあたっては，利用者の身体状態に合わせた移動・移乗動作が安全・安楽にでき，安定した座位姿勢が保たれることが重要です。そのため，器具本体の安定性と座面の高さ，機能を基準に考えます。種類としては図 5-10 のようなものがあります。

表 5-9 ● ポータブルトイレ選定のポイント

座面の サイズ と高さ	調節機能があり，身体に合ったものを選ぶ。座面の高さは，ベッド上での端座位と同じ高さに設定し，座位姿勢時に足底がきちんと床につき，排泄姿勢がとりやすい高さにする。
安定性	腰かけたときに安定しており，移乗の際に，肘かけに体重をかけることによって動いたり，倒れたりしないものを選ぶ。すべり止めマットと併用すると，安全である。
蹴込み	立ち上がり時に足を後ろに引くスペース（蹴込み）があるものを選ぶ。
肘かけ	移乗，移動時および排泄時の前傾姿勢の保持に使用する。跳ね上げ式，着脱可能なものは移乗時に水平移動ができる。また，ベッド側の肘かけが短いものほど移乗しやすい。
配置	利用者に合った移乗・移動方法，着脱方法，介助スペースを考慮して配置する。また，よごれをともなうものであるため，一般的にはベッドの足側に置くことが多い。
機能	快適な使用のために，暖房便座，温水洗浄，脱臭，ソフト便座などをそなえたものもある。

図 5-10 ● ポータブルトイレの種類

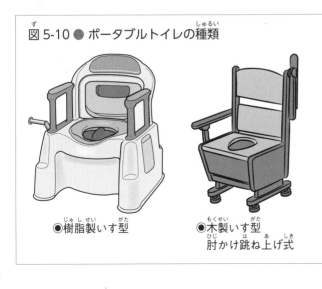

●樹脂製いす型

●木製いす型
肘かけ跳ね上げ式

　樹脂製いす型や木製いす型などがある。
　樹脂製は，背もたれと肘かけがあるものと，ないものがある。軽量のため移動しやすい。足を後ろに引くスペースがあると立ち上がりやすい。木製いす型肘かけ跳ね上げ式は，背もたれと肘かけがあり，肘かけが跳ね上がるため，スライドして移乗する際，楽にできる。座面が広く安定感があり，木製のため，いすとしても使用できる。

おむつとパッドの素材には布と紙があります。布おむつは，体型にそわせやすく，洗濯してくり返し使用できますが，濡れたときに不快感があり，消毒や洗たくなどの手間がかかります。紙おむつは，高分子吸水材により，尿を吸収できるため衛生的ですが，使い捨てのため経済的負担になります。

おむつ・パッドの種類を選択するにあたっては，各製品の特徴を知り，利用者の ADL，体型，排尿量，排尿リズムなどからおむつ・パッドの組み合わせを工夫し，利用者一人ひとりに合ったものを選択することが大切です。

表5-10 ● おむつ・パッドの種類

種類	尿量	使用適合者
パンツ型紙おむつ	300 〜 500ml 前後	・衣類の着脱が簡単にできる人。 ・失禁の可能性は少ないが心配なときに使用する。
テープ型紙おむつ	300 〜 700ml 前後	・長期臥床している人。 ・全面的に排泄の介助を受けている人。
平型おむつ	300ml 前後	・おむつカバーと併用する。 ・長期臥床している人。 ・全面的に排泄の介助を受けている人。 ・おむつのあて方に補正が必要な人。
形成パッド（男性用）	200 〜 600ml	・陰茎の長さがある人。 ・殿部のスキントラブルがある人。
中等量パッド型	100 〜 250ml	・中等量のもれがある人。 ・専用下着と併用したり，おむつと併用したりする。

出典：西村かおる『新・排泄ケアワークブック──課題発見とスキルアップのための70講』中央法規出版，p.315，2013年を一部改変

❸ 尿器，差し込み便器

▶▶ 尿器

尿器とは，尿意はあるがベッドからの起き上がりがむずかしい場合や，体調不良のため安静が必要でトイレへの移動が困難である場合などに，ベッド上で排尿をするための用具です。座位または臥位で，自力または介助で使用します。

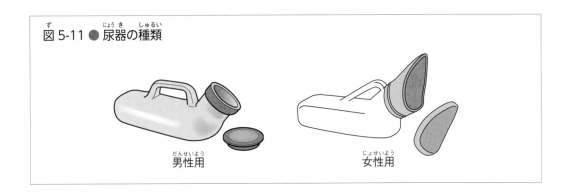

図5-11 ● 尿器の種類

男性用　　　　　女性用

▶▶ 差し込み便器

差し込み便器とは，便意はあるがトイレへの移動が困難か，体力がない場合に，ベッド上で排便をするための用具です。仰臥位で，介助で使用します。

女性の場合は尿・便ともに対応できます。ベッドパンタイプ（洋式便器）やゴム製便器タイプなどもあります。

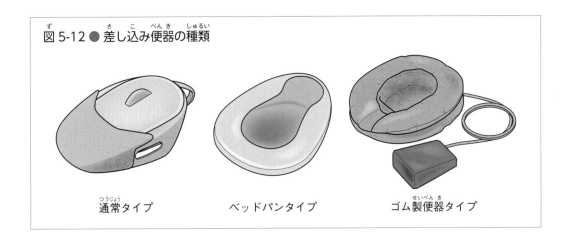

図5-12 ● 差し込み便器の種類

通常タイプ　　　　ベッドパンタイプ　　　　ゴム製便器タイプ

3. 頻尿，尿失禁，便秘，下痢，便失禁への対応

1 頻尿，尿失禁

▶▶ 頻尿とは

頻尿とは排尿回数が多いことを示し，一般的に正常な排尿回数は日中 4 〜 7 回，夜間 0 回とされていることから，それ以上に増加した状態をいいます。頻尿の原因には膀胱容量の減少，膀胱の過敏さ，尿路感染，膀胱内の残尿，心理的なものが原因としてあげられます。対応としては，排尿パターンや水分摂取量の把握が大切であり，そのうえで膀胱訓練，残尿をなくす，薬物治療などがあります。

▶▶ 尿失禁とは

尿失禁とは，本人の意思にかかわらず尿がもれてしまう状態をいいます。具体的には尿意がないのに尿が出てしまう，がまんしきれずに出てしまう状態をさします。

尿失禁は切迫性尿失禁，溢流性尿失禁，腹圧性尿失禁，機能性尿失禁などのタイプに分けられ，対処方法はそれぞれ異なります（表 5-11）。

表 5-11 ● 尿失禁のおもな種類と対処方法

種類	内容	おもな原因	対処法
切迫性尿失禁	尿意切迫感（急に起きるがまんできない強い尿意）があり，トイレに行くまでに間に合わず，もれるタイプ。膀胱が勝手に収縮してしまう。	脳血管障害，前立腺肥大症，膀胱炎など。	飲水コントロール，環境整備，薬物治療，膀胱訓練など。
溢流性尿失禁	排尿困難のため，尿を出しきれず膀胱内に残尿がたまり，あふれ出るタイプ。	男性はとくに前立腺肥大症，その他神経因性膀胱など。	原因疾患の治療，清潔間欠導尿，留置カテーテル。
腹圧性尿失禁	腹圧が急にかかったときにもれるタイプ。咳やくしゃみ，重い物を持ち上げたりすると起こり，安静臥床中はもれない。	骨盤底筋のゆるみによって尿道がしまらずに起こる。女性に多い。	骨盤底筋訓練，尿失禁治療用具による治療，手術療法など。
機能性尿失禁	排尿動作が適切に行われずもれてしまうタイプ（例：トイレまで遠い，着脱できない衣服やおむつを着用している，便座に座れない，尿意を伝えられない，認知症によりトイレの場所がわからない・便器の使い方がわからないなどの理由で間に合わない）。尿道，膀胱機能は正常である。	運動機能低下や認知症。	機能訓練，環境整備，排尿誘導，福祉用具の活用。

❷ 便秘，下痢，便失禁 :::

▶▶ 便秘とは

便秘とは，便が結腸や直腸に長くとどまり，便を排出する回数が減少し，水分量の少ないかたい便となるなど，便の排出が困難であったり，便が残っている感覚などを自覚したりする状態をいいます。

排泄環境の変化や心理的影響，病気や薬（鎮静・鎮痛薬，催眠薬など）の影響，活動制限，腹圧の低下，食事や水分摂取が適切でないなどの要因によって起こります。

▶▶ 便秘の予防

① 便意を逃さず，便を排出する習慣をつける援助を行います。あるいは，便意がなくても決まった時間（特に朝食後など）にトイレに入って座ることで排便習慣をつけます。

② 排便姿勢を身につける援助を行います（図5-13，図5-14）。

③ トイレ環境を整備します。

④ 水分の摂取量を保ちます。

⑤ 朝食は腸が動き出す機会であるため，必ずとるようにすすめます。また，食事には食物繊維の多い野菜・海藻やヨーグルトなどの発酵食品を取り入れ，食べやすい調理を工夫します。また，咀嚼力を高めるために歯，義歯の点検，必要があれば受診を検討します。

⑥ 活動性を高める援助をします。ベッド上でできるものとして上体ひねり，足関節の屈伸や膝の屈伸，腹式呼吸，時計まわりに腹部をなでる腹部マッサージを1日の生活に組みこむことなどがあります。

図 5-13 ● 排便姿勢

前傾姿勢
床に足をつける　かかとを少し上げる

図 5-14 ● 直腸肛門角

前傾した座位姿勢では，直腸肛門角が直線に近くなり，排便しやすくなる。

▶▶ 下痢とは

　下痢とは，水様便や泥状便，軟便など，水分の多い便が1日に何回も排泄される状態をいいます。下痢は大腸内の水分の吸収不十分，あるいは腸粘膜からの分泌が多すぎるために大腸の水分吸収が間に合わないときに起こります。

　腸管の感染症による下痢，過食や脂肪分の多い食事による消化不良，薬剤による下痢，下剤の使用過多，神経性の下痢などがあります。

▶▶ 下痢への対応

(1) 観察

　排便回数や便の形状，色，混入物などを観察します。腹痛や嘔気，嘔吐などの有無，飲食物などの確認も必要です。

(2) 心身の安静と保温

　下腹部への温刺激は，腹痛などの症状を緩和し，自律神経を整えます。ただし，虫垂炎などの炎症性疾患には逆効果のため，注意が必要です。また，下痢は体力を消耗するため，頻回な場合はポータブルトイレ，便器を使用します。

(3) 水分補給や食事

　脱水予防のため，口からの摂取が可能ならば白湯，常温のスポーツドリンクなどを少しずつ補給します。食事は下痢が止まってから，粥などから始めます。冷水，牛乳，炭酸飲料，脂肪分の多い食事は避けます。

(4) 皮膚の炎症防止

　下痢の水様便は消化酵素を含んでいるため，肛門の周囲の皮膚は炎症を起こしやすくなります。排便後は洗浄，または肛門清拭剤をつけたやわらかいティッシュで押しぶきします。

(5) 医療職への報告

　医療職に報告し，診断・治療につなぎます。

(6) 感染拡大の防止

　下痢を主症状とする感染症には，**腸管出血性大腸菌**[20]（➡ p.471 参照）による腸管出血性大腸菌感染症，**ノロウイルス**[21]（➡ p.471 参照）による感染性胃腸炎などがあります。高齢者介護施設などでは集団感染が起こる危険性があり，**標準予防策（スタンダード・プリコーション）**[22]（➡ p.471 参照）に準じた対策を実施します。感染症が発生した場合は，医療職，管理者の指示のもとに，職員全員の対応で感染の拡大を防ぎます。

▶▶ 便失禁とは

便失禁とは，無意識のうち，または意思に反して，肛門から便がもれる状態をいいます。外肛門括約筋のはたらきの低下により，便意をがまんできずもれてしまう切迫性便失禁は，多くの場合下痢をともないます。また，内肛門括約筋のはたらきの低下や直腸や肛門の感覚の低下などにより，便意を感じずに便がもれる状態を漏出性便失禁といいます。

便が直腸内に充満しても便意をもよおさず，便がかたくなる糞便塞栓（または陥入便）も原因となります（図5-15）。排便に関する判断や動作ができないために，便がもれる機能性便失禁もあります。

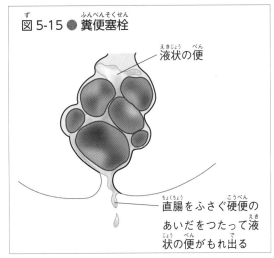

図 5-15 ● 糞便塞栓

液状の便

直腸をふさぐ硬便のあいだをつたって液状の便がもれ出る

▶▶ 便失禁への対応

(1) 切迫性便失禁がある場合

食生活を見直し，下痢を改善することが，失禁の軽減につながります。

(2) 漏出性便失禁がある場合

肛門括約筋をきたえるため，骨盤底筋訓練を行います。

(3) 糞便塞栓による便失禁がある場合

糞便塞栓による便失禁は，脳血管障害のある利用者や長期の臥床により腹筋が弱くなった利用者にみられます。水様便が持続的にもれているため下痢と間違えやすく，注意が必要です。医師は直腸指診を行い，かたい便が触れた場合は**摘便**（➡ p.471 参照）を行います。その後，医療職から指示があれば，座薬の挿入または浣腸を行うこともあります（☞第2巻 p.423）。

(4) 機能性便失禁がある場合

居室をトイレの近くにする，トイレの場所をわかりやすくするなどにより，改善につながる場合があります。便意が訴えられない場合は，排便のサインを見つけてトイレ誘導や，食後の決まった時間にトイレで排泄姿勢をとるなどで習慣化します。

(5) 尿失禁用のパッドでは吸収しにくい場合

尿失禁用のパッドでは吸収しにくい水様便や泥状便，軟便などは，便失禁用のパッドなどを活用します。

(6) 皮膚の炎症防止

下痢の場合には，皮膚が炎症を起こしやすいため，すみやかに便を取り除き，皮膚の清潔を保ちます。

4. その他の排泄に関するさまざまな介助

❶ 自己導尿カテーテルの準備・体位保持の介助

▶▶ 導尿とは

膀胱に尿がたまっているのに自力で出せない場合，尿道から膀胱内にカテーテル（管）を挿入し，排尿をうながす医行為を導尿といいます。

導尿には，①一時的導尿，②カテーテル留置による持続的導尿，③清潔間欠導尿があります。導尿は医行為であり，介護職は行うことはできませんが，正しい知識をもち，カテーテルの準備や体位保持を介助し，排尿が安全，円滑に行われるようにします。

▶▶ 自己導尿とは

自己導尿とは，利用者自身がカテーテルを尿道から膀胱に入れて，一定時間ごとに導尿を行う清潔間欠導尿を実施することです。

脊髄損傷（☞第4巻p.452）などの神経障害にともなう排尿障害がある場合，病気の急性期は医療職が清潔操作で導尿し，排尿をうながす援助を行います。

病状の安定にともない，利用者は医療職から自己導尿の目的と方法の説明を受けます。利用者は不安や負担感を軽減するサポートを受け，QOL[24]（➡ p.471 参照）の向上につながることを理解します。利用者はこころの葛藤を経験し，医療職の指示のもと練習を行い，自己導尿が行える力を獲得します。

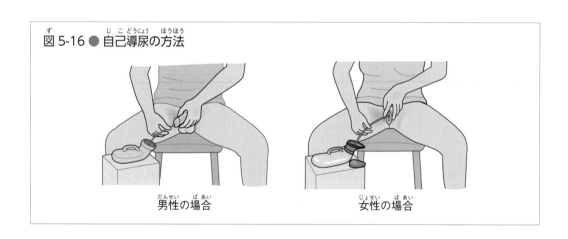

図 5-16 ● 自己導尿の方法

男性の場合　　　　　女性の場合

❷ 浣腸，座薬の挿入の介助 :::

▶▶ 浣腸，座薬の挿入の目的

　便秘予防を行っていても，腹部膨満感がある，便がかたく排泄できないなどの苦痛があるときに，直腸や結腸の下部を刺激して蠕動運動を促進し，排便をうながすことを目的として，浣腸や座薬の挿入が行われます。なお，座薬については排便促進のほかにも，痔の改善，熱や痛み，嘔気の抑制等が目的のものもあります。

　市販のディスポーザブル浣腸器を用いてのグリセリン浣腸や座薬の挿入は，原則として医行為ではないと考えられるものとして厚生労働省より通知が出ていますが，利用者の状態を把握し，実施条件（表5-12）を確認し，本人，家族，医療職と連携をとり行います。利用者の病状が不安定である場合は，医行為とされる場合もあり得ます。

表 5-12 ● 浣腸，座薬の挿入のおもな実施条件

①　利用者の容態が入院や入所して治療する必要がなく，安定している場合。

②　副作用の危険性や投薬量の調整等のため，医師・看護職による連続的な容態の経過観察が必要でない場合。

③　肛門からの出血の可能性など，浣腸・座薬の使用についての専門的な配慮が必要でない場合。

④　利用者の状態が以上の3条件を満たしていることを医師，歯科医師または看護職が確認し，これらの免許をもたない者でも医薬品使用の介助ができることを本人・家族に伝えていること。

⑤　そのうえで本人・家族より介助依頼があり，医師の処方を受け，あらかじめ患者ごとに区分し授与された医薬品について，医療職の指導・助言を遵守した医薬品の使用を介助すること。

⑥　浣腸の場合は市販のディスポーザブルグリセリン浣腸器で，挿入部の長さが5〜6cm程度以内，グリセリン濃度50％，成人用の場合で40g程度以下，6歳から12歳未満の小児用の場合で20g程度以下，1歳から6歳未満の幼児用の場合で10g程度以下の容量のものを使用すること。

資料：「医師法第17条，歯科医師法第17条及び保健師助産師看護師法第31条の解釈について」（平成17年7月26日医政発第0726005号）

▶▶ 浣腸の介助

介助方法

❶ 介護職は手洗いをします（☞第2巻p.102）。排尿をすませていることを確認します。寒いときは，浣腸器を湯につけて，体温程度に温めておきます。

❷ 防水シーツを腰部・殿部の下に敷きます。

❸ 浣腸器挿入時の腸管損傷を予防するため，利用者の体位は可能な限り側臥位にします。

❹ バスタオルをかけ，ズボン・下着を下ろし肛門部を露出し，両膝を軽く曲げてもらいます。

❺ 手袋をつけ，浣腸器のふたを取り，潤滑油をつけます。

❻ 腹部や肛門に力を入れないように「口で息をしましょう」と声かけをします。

❼ 肛門を確認し，浣腸器のノズルをゆっくりと挿入し，浣腸液もゆっくりと注入します。浣腸液の注入中に腹痛や悪心，寒気などがないか確認し，症状があった場合は注入を中止して，医療職に報告します。浣腸器のノズルをゆっくりと抜き，トイレットペーパーで肛門を押さえます。手袋をはずします。

❽ 3〜5分程度がまんしてもらい，トイレまたはポータブルトイレに安全に誘導し，排便してもらいます。移動ができないときは差し込み便器かおむつで排便してもらいます。

❾ 排便後，肛門部を清拭し（清拭の際は手袋をつけます），量・色・におい・性状，腹痛，残便感の有無を確認し，記録します。医療職に報告し，浣腸の効果を確認し，情報共有します。便に異常があるときは，判断がむずかしいことも多いため，医療職に確認してもらいます。

❸ ストーマ装具のパウチにたまった排泄物を捨てる介助 ::::::::::::::::::::::::::

▶▶ ストーマ，パウチとは

　ストーマ（☞第4巻 pp.457-458）とは，手術によって腹部につくられた排泄口のことをいい，尿路系ストーマと消化器系ストーマがあります。ストーマ装具は，排泄物を収集する袋（パウチ）と，袋を身体に固定する面板からできています。パウチと面板が一体化しているワンピースタイプと，別々になっているツーピースタイプがあります（図5-17）。パウチと面板を接合する部分をフランジと呼びます。

　たとえば，がんなどにより腸や膀胱を切除して人工肛門，人工膀胱をつくった人がパウチを使用します。

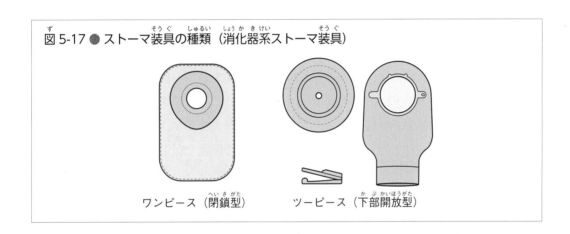

図5-17 ● ストーマ装具の種類（消化器系ストーマ装具）

ワンピース（閉鎖型）　　　ツーピース（下部開放型）

▶▶ 介護職の役割

　ストーマはセルフケアが原則なので，利用者自身が排泄物を捨てることができず，家族も対応できず，介助が必要な場合に介護職が排泄物を捨てることになります。

　ストーマ装具のパウチにたまった排泄物を捨てることは，原則として医行為ではないと考えられるものとして，厚生労働省より通知が出ています。また，ストーマの状態が安定しているなど，専門的な管理が必要とされない場合は，ストーマ装具の交換は原則として医行為には該当しないと考えるという通知も厚生労働省より出されています。ただし，実施にあたっては，医師または看護職との密接な連携が必要です。

　介護職は手を洗って清潔にし，使い捨て手袋などをつけて，パウチにたまっている便や尿を捨てます。ストーマおよび周辺の皮膚の状態，パウチのとめ具はきちんとついているか，もれはないか，フランジははずれかけていないかなどを確認します。病状の急変や必要な場合は，すみやかに医療職へ連絡することが求められます。

着脱，整容，口腔清潔の生活支援技術

1. 衣服着脱の介助

❶ 一部介助を要する利用者の衣服着脱の介助

▶▶ 一部介助を要する利用者への介助の視点

原則は，①麻痺のない側から脱ぎ，麻痺のある側から着る脱健着患，②プライバシーの保護，です。

　一部介助を要する利用者の場合，本人ができる部分を見きわめて，支援が必要な部分を介助することが基本となります。肩口を下げるのを介助すれば，自力でそでを脱げる場合もありますし，上のほうのボタンはとめられなくても下のほうのボタンはとめられるなど，できるところは自力で行えるように介助することが大切です。

　また，衣服着脱の介助を行うときは，プライバシーの保護や保温のため，肌の露出をなるべく少なくしながら介助します。

▶▶ 前開きの上衣とズボンの着脱

　Dさんは片麻痺があり，訪問介護（ホームヘルプサービス）を利用しています。座位は保てますが，立位は困難です。介護職は前開きの上衣とズボンの着脱を介助します。

介助方法

　「自立度が高い利用者の衣服着脱の介助」の介助方法（☞第2巻pp.310-311）と同様です。

▶▶ 介助の留意点

① 介助する際は，バスタオルなどを利用して，不要な肌の露出を避けます。また，カーテンを閉めるなど，プライバシーへの配慮も忘れないようにします。
② 着脱を介助する際は，室内の温度に留意します。また，介護職の手が冷たいと利用者に不快な思いをさせてしまうので，介護職の手の温度にも注意します。
③ 片麻痺がある場合は，利用者の転倒などを防止するために，介護職は患側に立って介助します。
④ 片麻痺の場合，脱健着患が基本です。
⑤ ズボンの着脱を介助する際は，介護職は身体を支えるなどして，転倒を防止します。

❷ 全介助を要する利用者の衣服着脱の介助 :::

▶▶ 全介助を要する利用者への介助の視点

　何らかの理由により座位がとれないときは，ベッド上で臥床したまま着替えることになります。その場合，前開きの衣服のほうが利用者にかかる負担が少なくなります。一部介助同様，室温の調整や，肌の不要な露出を避けるなどの配慮をしながら，利用者の体調に合わせて衣服着脱を介助していきます。

　また，全介助であっても，可能であれば，利用者が衣服を選択できるようにはたらきかけたり，自力で行えることは協力してもらったりすることが大切です。

▶▶ 前開きの上衣とズボンの着脱

　Ｅさんは右片麻痺があります。最近はほとんどベッド上で寝たきりで，自力で起き上がったり，座位を保ったりすることなどができませんが，居宅サービスを利用しながら生活しています。介護職は前開きの上衣とズボンの着脱を介助します。

介助方法

❶ 着替える衣服を確認し，袖だたみ（両袖をそろえ，たたむ）にして，患側（右側）に置きます。介助しやすいベッドの高さにします。

❷ Ｅさんにボタンをはずしてもらいます。必要に応じて介護職がボタンをはずし，健側（左側）上肢の袖が脱ぎやすいように患側上肢の肩口を少し広げます。

❸ 健側上肢の袖を脱がせ，脱いだ衣服は内側に丸めるようにしてＥさんの身体の下に入れます。あとで取り出しやすいように，なるべく深く衣服を差し入れます。

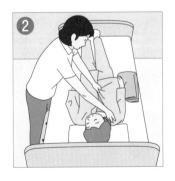
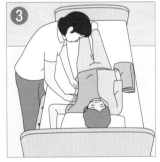

④ 健側が下になるようにEさんを側臥位（☞第4巻p.3）にし，Eさんの身体の下に入れていた衣服を引き出して，背中側の衣服を脱がせます。代わりに新しい衣服の前開き部分を持ってEさんの身体にかけます。

⑤ 患側上肢の袖を脱がせ，脱いだ衣服はよごれをまわりに広げないよう内側にして丸め，脱衣かごなどの中に入れます。

⑥ 患側上肢から新しい衣服に袖を通します。このとき，可能な場合には，Eさんの上肢が一直線になるようにすると，患側上肢に負荷をかけずに袖を通すことができます。

⑦ 背中，わきの線を合わせ，片側の衣服をEさんの身体の下に入れこみます。あとで衣服を引き出しやすいように，しっかりと身体の下に差し入れます。

⑧ Eさんを仰臥位（☞第4巻p.3）にし，身体の下から衣服を引き出します。

⑨ 健側上肢の袖を通し，ボタンをとめます。袖ぐりは，Eさんのわきより下のほうにすると，通しやすくなります。

⑩ 可能であれば，Eさんに腰を上げてもらい，協力を得ながらズボンを下げます。健側下肢，患側下肢の順でズボンを脱ぎ，患側下肢，健側下肢の順に新しいズボンをはかせます。

⑪ 可能であれば，Eさんの協力を得ながらズボンを腰まで上げます。腰が上がらない場合は，健側を下にして側臥位になってもらいズボンを上げます。このとき，背中側の衣服のしわを取り除きます。

⑫ 衣服を整え，着心地を確認します。介助し終えたら，ベッドの高さを元に戻します。

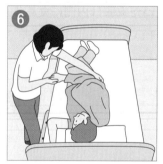

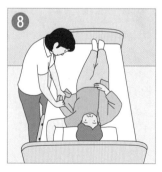

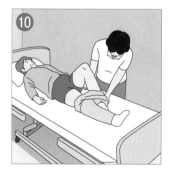

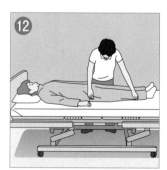

▶▶ ゆかたの着脱

臥床した状態でゆかたを着脱する場合，基本的な介助方法は「前開きの上衣とズボンの着脱」の介助方法（☞第2巻 pp.427-428）と同様です。

ここでは，とくに配慮する部分のみ示します。

① えりの合わせは左上（右前）にします。ひもは縦結びでなく，横結びにします。

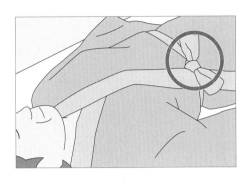

② 内側の裾は両下肢のあいだに落とすか，三角に折ると，足が動きやすくなります。

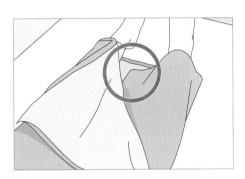 

2. 整容の介助

❶ 一部介助を要する利用者の整容の介助 :::

▶▶ 洗面の介助（介助があれば車いすを利用して移動が可能な場合の介助）

　Ｆさんは，介助があれば車いすに移乗して移動することが可能です。左片麻痺があり，立位を保つことや前傾姿勢になることは困難です。介護職は洗面所で洗面の介助を行います。

介助方法

❶　車いすで洗面所まで移動し，洗面台の下の奥まで入ります。ブレーキをかけ，フットサポートから足を下ろして，足底が床についているかを確認します。洗面台の下に奥まで入るスペースがない場合は，低めのいすに移乗するとよいでしょう。

❷　タオルや洗顔料など必要な物品を準備し，健側（右側）の手の届きやすい場所に置きます。必要に応じて声をかけながら手渡します。飛び散った水で衣服を濡らさないよう，首にタオルを巻いたり，エプロンをかけて行うこともあります。

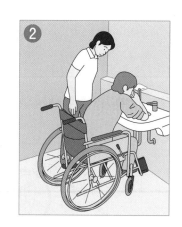

❸　介護職は，Ｆさんの手が届かないところを介助しやすいよう，患側（左側）に立ってＦさんの洗面動作を見守ります。

▶▶ 洗面の介助（ベッドサイドで座位保持が可能な場合の介助）

　Ｇさんは虚弱状態のため自力で移乗することができませんが，起き上がりや，一時的に座位を保つことは可能です。介護職はベッドで端座位になっているＧさんの洗面の介助を行います。

介助方法

❶　ベッドサイドにテーブルを置き，水や湯を入れた洗面器，タオル，洗顔料などの必要物品を準備します。衣服やシーツ，床を濡らさないよう，首からエプロンをかけたり，膝元や床にバスタオルや防水シートを敷きます。

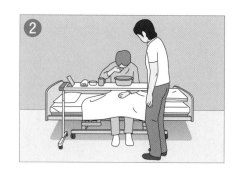

❷　ベッドサイドで端座位をとってもらい，足底が床についていることを確認します。長時間の座位保持が困難な場合は，腰の周囲にクッションを当てるなどして支えます。

❸　介護職は必要な部分を介助しやすいよう，そばでGさんの洗面動作を見守ります。

▶▶ 爪の手入れの介助

　Hさんは加齢により全体的に筋力が低下し，日常生活のさまざまな行為が困難になってきています。介護職はHさんの爪を切る動作を介助します。

介助方法

❶　介護職はHさんに爪の切り方の希望を聞くとともに，爪や周囲の皮膚に異常がないかを確認します。

❷　爪の飛び散りを防ぐために，周囲に敷物を敷きます。

❸　Hさんは手足を楽な位置に置き，介護職はHさんの指先をしっかり持って，少しずつ爪を切ります。

　　手の爪を切る場合は，介護職はHさんが手を差し出しやすい位置に座って行います。

　　足の爪を切る場合は，台座にタオルを敷き，Hさんの素足を乗せ，介助します。

❹　Hさんの表情を見ながら，痛みや不快感の有無を確認します。

❺　爪と皮膚が癒着している場合があるので，皮膚を切らないよう注意します。異常がある場合は爪切りを中止して，医療職に報告します。

❻　切ったあとにやすりをかけて，爪の表面や角をなめらかにします。爪の表面が荒れている場合は，クリームやオイルをつけて保護します。

❼　切った爪が飛び散らないように注意して後片づけをします。

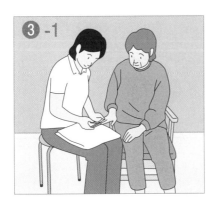
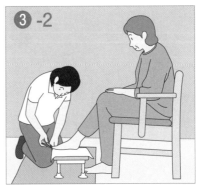

▶▶ 洗面の介助

Jさんは安静の指示が出ているため，最近では筋力が低下し，自力で起き上がることが困難な状態です。介護職はベッドで寝ているJさんの洗面の介助を行います。

介助方法

❶ 必要物品を準備し，介助しやすいベッドの高さに調整して，ベッドを15度程度ギャッチアップします。

❷ Jさんがタオルを持って顔をふく動作が可能な場合は，動作しやすい角度までベッドをギャッチアップします。そして，熱めの湯（50〜55℃前後）で濡らしてかたくしぼったタオルを渡し，自分でふいてもらいます。必要に応じて，手が届きにくい耳の後ろや首まわりを介助します。

❸ 介助する場合は，タオルの面を替えながらふいていきます。

❹ 全介助する場合は，Jさんの意向を聞きながら，図5-18のようにふきます。小鼻の周囲や耳の後ろ，目の周囲には皮脂やよごれがつきやすいため，とくにていねいにふきます。必要に応じて洗顔料や石けん，クリームなどを使用します。洗顔料や石けんを使用したあとは，泡を十分にふきとります。

❺ ふき残しがないか確認し，Jさんに鏡などで確認してもらいます。

❻ ベッドを元の高さや角度に戻して終了します。

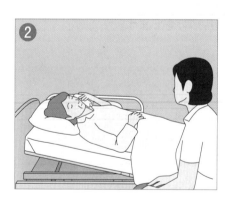

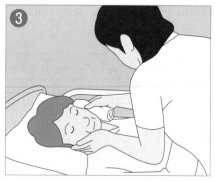

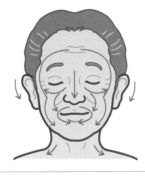

図 5-18 ● 顔のふき方

・額→鼻→頬→顎の順に，筋肉の走行にそって 3 の字を描くようにふきます。
・目の周囲は，目頭→目尻の方向にふきます。
・髪の生え際，目尻，鼻の周囲，口もともていねいにふきます。
・タオルの面を替えながらふきます。

▶▶ 整髪の介助

　Kさんは安静の指示が出ているため，最近は筋力が低下し，自力で起き上がることが困難な状態です。介護職はベッドで寝ているKさんの整髪の介助を行います。

介助方法

❶　ブラシ，鏡，タオル，オーバーテーブルなどの必要物品を準備します。
❷　ベッドを介助しやすい高さに調整して，30～60度くらいギャッチアップし，クッションなどを使ってKさんを安楽な姿勢にします。
❸　Kさんの肩にバスタオルをかけるなどして，抜けた髪が衣服やシーツにつかないよう配慮します。
❹　できる範囲で，鏡を見ながらKさん自身に髪を整えてもらいます。介護職は支援が必要なところを介助します。
❺　介助を終えたら，Kさんに鏡などで確認してもらったあと，体調などを確認して，ベッドを元の高さや角度に戻して終了します。

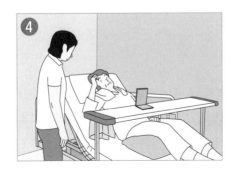

▶▶ ひげの手入れの介助

　Ｌさんは安静の指示が出ているため，最近では筋力が低下し，自力で起き上がることが困難な状態です。介護職は，Ｌさんがいつも使っている電動かみそりで，ベッドで寝ているＬさんのひげの手入れを介助します。

介助方法

❶　電動かみそり，鏡，タオル，クリーム，オーバーテーブルなどの必要物品を準備し，介助しやすいベッドの高さに調整します。

❷　Ｌさんが鏡で顔を確認しやすい位置までベッドをギャッチアップし，クッションなどを使ってＬさんを安楽な姿勢にします。

❸　Ｌさんの口のまわりから首筋のよごれをとります。

❹　しわを伸ばしながら，そり残しのないようていねいにひげをそります。鏡で確認してもらったり，可能な場合は自分で触ったりして，ひげの状態を確認してもらいます。

❺　顔の表面に残ったひげを取り除きます。

❻　Ｌさんの皮膚の状態や好みに応じて，クリームやローションなどで皮膚を保護します。

❼　介助を終えたら，Ｌさんに鏡などで確認してもらったあと，ベッドを元の高さや角度に戻し，体調などを確認して終了します。

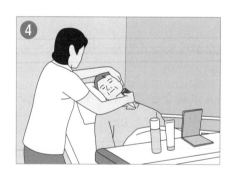

▶▶ 介助の留意点

①　電動かみそりは簡単にひげをそることができますが，伸びすぎたひげには適していません。また，皮膚のくぼんだ部分はそりにくいことがあります。電動かみそりを使用するときは，音や振動による利用者や周囲の人への不快感にも配慮しましょう。

②　ひげそり後の皮膚はかみそり負けを起こしやすいので，クリームやローションをつけて皮膚を保護するよう配慮します。

3. 口腔清潔の介助
こうくうせいけつ　かいじょ

❶ 一部介助を要する利用者の口腔清潔の介助
いち ぶ かいじょ　よう　　りようしゃ　こうくうせいけつ　かいじょ

▶▶ 口腔清潔の介助
こうくうせいけつ　かいじょ

　Mさんには脳血管障害による後遺症で左片麻痺があります。自分で起き上がることや座位を保つことは困難ですが，支えがあれば姿勢を保つことは可能です。介護職はベッドで寝ているMさんの口腔清潔の介助を行います。

介助方法
かいじょほうほう

❶　必要物品を用意し，介助しやすく，Mさん・介護者双方の身体に負担がかからないようベッドの高さを調整します。

❷　ベッドをギャッチアップし，体幹がくずれないように患側（左側）にクッションを当てます。

❸　Mさんに歯ブラシ(デンタルフロスや歯間ブラシを含む)を渡し，鏡を見ながら歯みがきを行ってもらいます。その際，患側を意識してもらうようにします。また，今もっている力を最大限にいかすよう，介護職はできるだけMさん自身で行ってもらうようにうながします。

❹　介護職は，みがき残しの部分をブラッシングします。

❺　Mさんに患側を意識してもらいながら，口をゆすいでもらいます。

❻　介助し終えたら，ベッドを元の高さや角度に戻します。

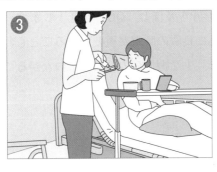

▶▶ 介助の留意点
かいじょ　りゅう い てん

①　利用者の口腔の高さと目線の高さを合わせるようにベッドをギャッチアップしたり，いすに座ったりして介助を行うと，利用者は顎を上げずにすむため，誤嚥予防になります。また，介護職も不自然な姿勢を避けることができ，身体の負担が軽減されます。

②　利用者の状態によっては，いすに座ってもらってから行うのもよいでしょう。上肢の動きや上がり具合が悪いような場合には，介護職は利用者の肘部を支えてブラッシングの介助を行います。

休息・睡眠の生活支援技術

第7節

1. 休息・睡眠の介助を行うにあたって

❶ なぜ休息・睡眠が必要なのか

▶▶ 休息の役割

私たちのこころとからだには，休息が必要です。休息なしに活動しつづければ，疲労が蓄積されて，全身のだるさやイライラ感などの心身の不調があらわれます。心身ともに良好な状態で活動を続けるためには，からだの疲労を回復させて，こころをリフレッシュするための休息が必要になります。

▶▶ 睡眠の役割

効果的に休息をとるために，重要な役割を果たしているのが毎日の睡眠です。睡眠には，脳の活動を低下させて大脳を休息させるノンレム睡眠と，からだを休息させて肉体的な疲労を回復させるレム睡眠があり，こころとからだの健康を維持しています。

よい睡眠がとれれば，短時間で効果的に休息をとることができますが，睡眠が量的に不足したり，質的に悪化したりすると，こころとからだは十分に休息することができません。その結果，こころとからだにさまざまな影響を及ぼし，QOLが低下します。近年では，血圧や血糖値，体重などを適正に保つために良質の睡眠が重要であることもわかってきました。睡眠時間の不足や睡眠の質の悪化は，生活習慣病のリスクにつながることも明らかになっています。

❷ 睡眠を引き起こすしくみ

▶▶ 体内時計と概日リズム

　私たちのからだには，およそ1日の周期でリズムをきざむ体内時計がそなわっています。人間の体内時計は脳の視床下部にある視交叉上核にあるといわれており，朝になると目覚めて活動を始め，夜になると眠くなる概日リズム（サーカディアンリズム）をつくり出しています。概日とは，「およそ1日」の意味です。

　体内時計の周期は，朝，太陽の光を浴びることで1日の24時間周期にリセットされます。光を浴びることで覚醒がうながされ，活発に動ける状態になります。光を浴びてから14〜16時間後，脳の松果体から睡眠ホルモンと呼ばれるメラトニンという物質が分泌されると，からだは睡眠に適した状態に切り替わります。そして，朝になるとメラトニンの分泌は弱まり，目を覚ますのです。

サーカディアンリズム

▶▶ よい睡眠のための生活習慣

　夜に眠くなるためには朝の行動が大切です。目覚めたらカーテンを開けて，自然の光を部屋の中に取りこみましょう。朝，太陽の光を浴びることで，体内時計がリセットされて，1日を計測しはじめます。

　日中の活動が少ないと睡眠の必要性が減り，昼夜逆転しやすくなります。日中は屋外に出て，外気に触れる機会をもつとよいでしょう。少しの時間でも外出して，太陽の光を浴びるようにすると体内時計も整います。長時間の昼寝は，夜間の睡眠を浅く不安定にすることにつながりますが，午後の早い時間帯に30分以内の昼寝をすると，日中の適度な休息となり，作業効率を改善する効果があると考えられています。

　体内時計が乱れるとメラトニンの分泌が弱まり，なかなか眠くならない，睡眠中に目が覚めてしまうなどの状況を招きます。生活習慣を整えて，メラトニンをしっかり分泌させることが質のよい睡眠につながります。

▶▶ レム睡眠（浅い眠り）

　レム睡眠は「肉体的な疲労を回復させる眠り（からだの休息）」と呼ばれます。レム睡眠中は全身の筋肉の緊張がゆるみ，力が入らない状態になりますが，脳は比較的活発に活動しており，目がキョロキョロと上下左右に活発に動いています。私たちが夢を見ているのは，レム睡眠のあいだです。レム睡眠のレム（REM）は，Rapid Eye Movement（急速眼球運動）の頭文字をとったものです。

▶▶ ノンレム睡眠（深い眠り）

　ノンレム睡眠は，「大脳を休ませて回復させる眠り（脳の休息）」と呼ばれます。ノンレム睡眠中はある程度の筋肉の緊張を保っていますが，脳の活動は大きく低下します。ノンレム睡眠はぐっすり眠る睡眠であり，とくに深いノンレム睡眠中には，外から刺激を与えてもなかなか目が覚めません。目が覚めても，寝ぼけてしまうことがあります。

▶▶ レム睡眠とノンレム睡眠の周期

　眠りにつくとすぐにノンレム睡眠が訪れ，その後15分ほどレム睡眠が続き，再びノンレム睡眠が訪れます。この眠りの周期には個人差があり，おおむね90〜110分の周期でくり返されています。レム睡眠は入眠直後には短く，明け方に近づくほど長くなります（図5-19）。

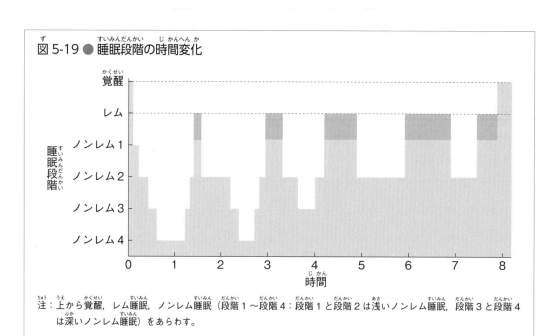

図5-19 ● 睡眠段階の時間変化

注：上から覚醒，レム睡眠，ノンレム睡眠（段階1〜段階4：段階1と段階2は浅いノンレム睡眠，段階3と段階4は深いノンレム睡眠）をあらわす。

❹ 不眠時の介助におけるアセスメントの視点

不眠時の介助におけるアセスメントについて，情報収集に必要な観察のポイントを表5-13 に示します。

表 5-13 ● 不眠時の介助におけるアセスメントの視点

観察項目	観察のポイント
身体的側面	・感覚機能はどうか（麻痺があるか） ・運動機能はどうか ・認知・知覚機能はどうか ・顔色や表情はどうか ・発熱，痛み，かゆみなどの苦痛はないか ・呼吸は楽にしているか ・排泄の不具合はないか（便秘，下痢，頻尿，人工肛門の状態，留置カテーテルの状態） ・薬（睡眠薬等）を何時に服用したか　　　　　　　　　　　　　　　　　　　など
精神的側面	・不安感，心配事，恐怖感はないか ・意欲的か ・人間関係のトラブルはないか　　　　　　　　　　　　　　　　　　　　　　　など
ADL など	・どのようなコミュニケーションが可能か ・自力で寝返りが打てるか ・自力で立てるか ・歩行は可能か ・日中活動は活発か ・福祉用具使用の有無　　　　　　　　　　　　　　　　　　　　　　　　　　　など
環境的側面	・室温や湿度は適切か ・騒音や気になる音はないか ・明るすぎないか ・掛け物は適切か ・段差の有無 ・手すりの有無 ・ベッド使用か ・足元は暗くないか ・文字盤やメモ帳が近くにあるか ・活動しやすい住環境か　　　　　　　　　　　　　　　　　　　　　　　　　　など

2. 睡眠の介助_{すいみん かいじょ}

❶ 運動機能が低下している利用者への介助_{うんどう き のう ていか りようしゃ かいじょ}

運動機能の低下により何らかの活動が制限されますので，そのことで日中の活動が不活発になり，昼間寝てしまうことがあります。まずは日中活動を活発にすることが，適度の身体疲労をもたらし，安眠につながります。

また，運動機能障害のある利用者は，運動麻痺と同時に知覚麻痺をともなうことがあります。したがって，睡眠中の姿勢にも留意する必要があります。

▶▶ 麻痺のある利用者への介助_{まひ りようしゃ かいじょ}

Ｎさんは虚弱状態で，自力では起き上がれません。夜眠れないと何回か呼び出しボタンを押して介護職を呼びます。右片麻痺があり，右側の感覚が麻痺しています。

介助方法_{かいじょほうほう}

❶ 呼ばれたらできるだけすぐに駆けつけ，訴えに耳を傾けます。
❷ 体調（顔色・表情・体温・呼吸など）を確認します。
❸ 掛け物がきちんとかかっているか，姿勢に無理はないかを確認します。
❹ しばらくそばにいて手をにぎったり，軽くさすったりします。
❺ 下肢に触れて冷感があれば，身体から離して湯たんぽを入れます。
❻ ティッシュペーパーや吸い飲みを健側（左側）の手の届くところに置きます。
❼ 離れる際には体調を確認し，呼び出しボタンに触れてもらい，安心感を与えます。

▶▶ 介助の留意点_{かいじょ りゅう い てん}

① 安心感を与えることが大切です。やさしくさすることで筋肉の緊張がとれて血液循環がよくなり，眠れることもあります。
② 寝衣のそでやズボンのすそを引っ張り整えることによって，心地よくします。
③ 就寝前には必要のないクッションなどは片づけて，ベッドの空きスペースを確保し，寝返りなどのさまたげにならないようにします。
④ 側臥位（☞第4巻 p.3）の場合は患側を上にして，安楽な姿勢にします。ただし，長時間は苦痛となりますので，クッションやタオルで身体の位置をずらします。
⑤ 呼吸の苦しさをともなうような場合は，頭のほうを少し上げます。同一姿勢が続いていれば，クッションやタオルを使用して，少しでも位置を変えると，筋肉の緊張や圧迫が緩和されます。

⑥　下肢に触れて冷感があれば湯たんぽや電気毛布を使いますが，低温やけどや脱水に注意します。とくに患側の低温やけどに注意します。

⑦　ベッドや周辺の安全を確認します。

▶▶ 虚弱状態で寝たきりの利用者の介助

　Ｐさんは虚弱状態で寝たきりです。自分では寝返りを打てません。円背があり，殿部（☞第4巻p.73）に発赤^⑳（➡p.471参照）がみられます。時折「お尻が痛い」と訴え，最近は熟睡できていない様子です。

介助方法

❶　訴えに耳を傾け，どの部分が痛いかを確かめます。

❷　おむつが排泄物でよごれていたら取り替えて，殿部の状態を観察します。

❸　寝衣やシーツにしわがないように整え，痛い部分が当たらないように側臥位にします。仰臥位とする場合には，仙骨部の圧迫を最小限にします（図5-20）。

❹　姿勢が安定するように，クッションを用いて四肢が重ならないようにします。

❺　頻回に小さな体位変換を行い，長時間同一姿勢にしないようにします。

▶▶ 介助の留意点

①　身体をほとんど動かすことができないような人でも，顔を動かすことは可能ですので，動く方向に顔を向けてもらいます。健康状態に合わせて時間，空間，力を調整します。早く動かすと痛いのであれば，ゆっくり動かします。スペースがあれば楽に姿勢を変えることができます。

②　一度に身体全体を動かすのでなく，重さのかかっていないところから順番に，ゆっくりと動かします。クッションや枕を用いて安楽な姿勢を保ち，姿勢が決まったら，循環機能をさまたげるような圧迫はないか，筋肉の緊張がないかを確認します。できるだけ広い面で身体を支えるようにします。

③　どんなに安楽な姿勢であっても，時間が経てば苦痛になります。自力で寝返りが打てない人にはエアマット^㉖（➡p.472参照）を使用するという選択もありますが，自発的な動きを抑制してしまいますので，できるだけ自分で動くという意識をもってもらえるようなはたらきかけが大切です。

④　体位変換に加えて，同じところが長時間圧迫されないようにタオルを入れたり，はずしたりすることだけでも身体が楽になりますので，見守りのたびに微調整します（図5-20）。不安感があると痛みは強く感じますので，常に安心感を与えるような介護を心がけます。

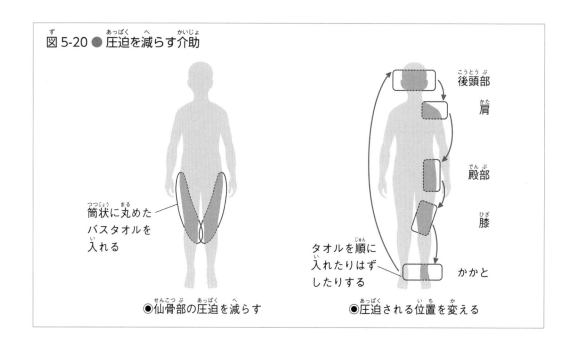

図 5-20 ● 圧迫を減らす介助

後頭部

肩

殿部

膝

かかと

筒状に丸めた
バスタオルを
入れる

タオルを順に
入れたりはず
したりする

●仙骨部の圧迫を減らす

●圧迫される位置を変える

❷ 認知・知覚機能が低下している利用者への介助

　夜間なかなか寝ようとしなかったり，落ちつかない様子のときは，体調を確認する必要があります。

　また，夜中に目覚めたときに，自分がどこにいるのか認識できないために，その手がかりを求めて徘徊することもあります。何かの音が自分にとって危険を及ぼす音（たとえば水の音が洪水を連想させたり，救急車のサイレンが災害を連想させたり）に聞こえ，パニック状態におちいることもあります。カーテンが人影に見えたりすることもあります。

　対応策はさまざまですが，問題行動としてとらえるのではなく，不安な心理状態としてとらえ，できるだけ居心地のよい環境をつくることがポイントです。お気に入りの物を置いたり，介護職が安心して頼れる人的環境になることが大切です。

　また，夜間の突発事故に対してのサポート体制をつくっておくと，利用者の安全を守ることができるとともに，介護職の心理状態を平静に保つことができます。

▶▶ 夜間徘徊がみられる利用者への介助

　Qさんは就寝時間がきても，施設内の廊下を徘徊しています。落ちつかない様子で，居室に戻ろうとしません。

介助方法

❶ Qさんにやさしく言葉をかけます。

❷ 尿意や便意を確認し，排泄の徴候がないかを観察します。

❸ 排泄に問題がなければ，手をつなぐなどしてしばらくいっしょに歩きます。

❹ 頃合を見計らって，居室に誘導します。

❺ 空腹であれば，温かい飲み物をすすめます。

❻ 好きな音楽をヘッドホンで聴いてもらいます。

▶▶ 介助の留意点

① 無理やり寝かしつけようとするのではなく，安心感を与えます。

② 日ごろの生活や家族から情報を得て，いくつかの介助を試すことで，落ちつかない背景にあるものは何か，解決策は何かが見つかることがあります。

③ 睡眠時にかゆみを感じるため眠れない人もいます。その場合には，かゆみの原因を探り対応します。薬を使用する場合（軟膏塗布など）は医師の指示に従い，異常があった場合はただちに報告をします。

④ 光や音，室温や乾燥に気を配り，落ちつける環境をつくります。

❸ 感覚機能が低下している利用者への介助 ┈┈┈┈┈┈┈┈┈┈┈┈┈┈┈┈┈┈┈┈

眠れないときは何度も寝返りを打ったり，ベッドの上に起き上がったり，トイレに頻繁に行ったりという徴候がみられます。そのときは，まず不眠のつらさを共感する姿勢が大事です。そして環境を整え，その人に合ったコミュニケーション方法で対応します。

▶▶ 中途覚醒のある利用者への介助

施設に入居しているRさんは難聴のため，人とのかかわりが少なく，夜も早めに寝てしまいます。そのため夜中に目が覚めてしまい，トイレに何度も行きます。

介助方法

❶ 室温や掛け物が適切か確認します。

❷ 表情をみたり体調を確認したりして，問題がなければ無理に寝かしつけようとせず，別の場所で話を聞いたりします。

❸ 本やテレビを楽しんでもらい，眠くなったらベッドに入るようにアドバイスします。

❹ トイレに行くときは，足元灯をつけるなど安全に配慮します。

❺ 会話がむずかしいときは文字盤やメモ用紙を手近に置いておきます。

❻ 昼間の活動が活発になるようはたらきかけます。

▶▶ 介助の留意点

中途覚醒（☞第4巻 p.147）は，一般的に睡眠の質が低下する高齢者にはよくあることなので，眠れないことを不安に思う必要はないことを話し，散歩やクラブ活動などに誘い，楽しみを見つけられるよう援助します。

▶▶ 視覚障害のある利用者への介助

Ｓさんは視覚障害がありますが，自分のことはほとんど１人でできます。最近足が冷たくて，なかなか寝つけないと訴えてきました。

介助方法

❶ 室温や掛け物が適切か確認します。
❷ 入浴時間をできるだけ就寝時刻に合わせます。
❸ 入浴ができない場合は，代わりに足浴を行います。
❹ 就寝前にベッド上で軽い体操をします。
❺ かかわるときは驚かせないように，腕か肩に触れ，小さな声で話しかけます。
❻ 安心感をもたらすような温かい対応をします。
❼ 温かい飲み物（白湯や牛乳など）をすすめます。
❽ 寝る前に湯たんぽを入れたり，電気毛布を使うなどして，寝具を温めておきます。

▶▶ 介助の留意点

① 視覚障害のある人は聴覚が敏感ですので，話しかけるときは声量に配慮し，周囲の音にも気を配ります。接触によるコミュニケーションの場合，どこに触れたらよいか確認しておくとよいでしょう。

② 足浴を行う場合は，できるだけベッドの近くで行い，冷めないうちにベッドに入るよう配慮します。

③ 白湯は脱水症状を回避するとともに，身体があたたまり，リラックス効果があります。牛乳はトリプトファン[27]（➡ p.472 参照）やカルシウムが交感神経のはたらきを抑え，催眠効果があるといわれていますが，安堵感をもたらすと考えたほうがよいでしょう。アルコールはセロトニン[28]（➡ p.472 参照）を分解するはたらきがあるため眠りが短く，早朝覚醒しやすくなります。

3. 睡眠に関する用具とその活用方法

❶ ベッド

▶▶ ベッドメイキングとは

安眠をうながすのに欠かせない技術としてベッドメイキングがあります。安眠のために
は，寝具やベッドまわりを清潔にし，環境を整えることが大切です。とくにシーツのしわ
は利用者の寝心地や動きに影響するとともに，局所を圧迫し，血液の流れを悪くして褥瘡
（☞第2巻p.378）の要因となる危険性もあります。

▶▶ ボディメカニクスの活用

ほかの介助同様，腰痛を予防するためにボディメカニクス（☞第2巻p.244）を意識して，
負担のかからないからだの使い方を習得します。遠い位置からの作業は無駄な力を要し，
介護職に負担がかかります。足を広げ，対象にからだの向きと足先を向け，からだの中心
をもっていくように重心移動をすることで介護職のからだを守ります（図5-21）。

また，ベッドの高さが合わない場合も，腰への負担は大きくなります。最大限高くして
もまだ低い場合は，腰を曲げるのではなく，膝関節と股関節を曲げるようにします。脊柱
をまっすぐに伸ばし，重心を安定させると腰への負担は軽減されます。

さらに，居室の床は，利用者の分泌物やほこりによって，よごれている可能性がありま
す。不用意に床に膝をつくと，介護職自身が媒体になって，ほかの利用者へ感染させてし
まう危険性があることを常に意識しながら動きます。

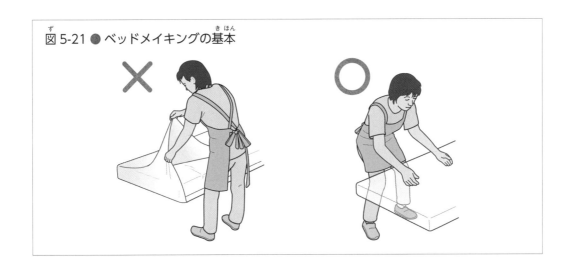

図 5-21 ● ベッドメイキングの基本

▶▶ 敷きシーツの交換（1人で行う場合）

① 介護職は必要物品をそろえます。窓を開けて換気を行います。床頭台[29]（➡ p.472 参照）などをベッドから離し，作業しやすいスペースを確保します。

② キャスターのあるベッドは，内側に向けてストッパーをかけて，作業中にベッドが動かないようにします。

③ 作業しやすい高さにベッドを調節します。基本的には立っている介護職の手のひらがベッドにつく程度です。

④ 介護職は手前のシーツをマットレスから引き出して，よごれた面を内側にして丸めておきます。

⑤ シーツをはがしたマットレス上のごみなどをベッドブラシで取り除きます。その上に新しいシーツを敷きます。シーツの中心線とベッドの中心線を合わせ，残り半分は古いシーツの下に差し入れます。

⑥ ベッド側面のシーツは，頭側，足元側の順にコーナーをつくり，最後に真ん中から垂れているシーツをマットレスの下に入れこみます。

⑦ 介護職は反対側へまわります。

⑧ 介護職は古いシーツを取り除きます。

⑨ 介護職は新しいシーツを手順⑥同様に整えます。

⑩ ベッドの高さを元に戻し，片づけをして窓を閉めます。

④ 古いシーツ

⑤ 古いシーツ／新しいシーツ

⑧ 古いシーツ／新しいシーツ

⑨ 新しいシーツ

▶▶ コーナーのつくり方

(1) 三角コーナーのつくり方

❶ 角の余った部分で大きな三角形をつくり，三角形の下側部分をマットレスの下に敷きこみます。

❷ 上側のシーツはマットレスに対して直角に引っ張り，❶で敷き入れたシーツがくずれないようにマットレス側面をもう片方の手で押さえます。

❸ 上側のシーツをおろします。

❹ 垂れているシーツをマットレスの下に敷きこみます。

(2) 四角コーナーのつくり方

手順❶〜❸は「三角コーナーのつくり方」と同じです。

❹ 一方の手のひらをマットレス側面に入れ，マットレスの角にそって下におろします。

❺ 垂れているシーツをマットレスの下に敷きこみます。

 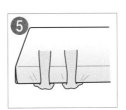

❷ 見守り支援システム

　マットレスの下に敷いてリアルタイムで利用者の睡眠状態を把握し個別性に応じた介助を可能にするシステム等も開発されています。センサーは呼吸や心拍数，「睡眠」「覚醒」「起き上がり」「離床」などの利用者の状態を検知し，スマートフォンやパソコンで見ることができます。夜間の訪室回数を減らすことにより，利用者の安眠につながるほか，巡回時刻の設定や排泄介助や起床介助のタイミングや方法など介護計画にも役立てることができます。

4. 睡眠と薬
すいみん　　くすり

❶ 睡眠障害と薬
すいみんしょうがい　くすり

▶▶ 睡眠障害と睡眠薬
すいみんしょうがい　すいみんやく

　睡眠障害（☞第4巻 p.147）は，心身機能だけでなく生活環境や日中活動との関連が深い
ため，どのような原因で起きたのか，生活全体をアセスメントしたうえで環境の改善をは
かります。それでも睡眠障害が改善されない場合や，睡眠障害が続くことで健康が維持で
きなくなったり，うつの症状が重くなったりした場合は，医師から睡眠薬が処方されるこ
とがあります。
　睡眠薬には大きく分けて睡眠導入薬と睡眠持続薬の2つがあります。最近の睡眠薬は医
師の管理のもと正しく服用すれば安全性も高く，依存性や習慣性も少ないといわれていま
す。

▶▶ 睡眠導入薬
すいみんどうにゅうやく

　睡眠導入薬は入眠障害の人に使われます。超短時間作用型とも呼ばれ，薬剤の吸収や代
謝^欄（→ p.472参照）が速く，効果があらわれるのも速いのですが，効いている時間は短いの
が特徴です。不安感を取り除くはたらきや，入眠しやすくするはたらきがあります。ま
た，神経細胞の興奮を抑制し，精神安定剤に近い作用があります。
　服用するときは少量から始めて，様子をみながら適切な量に移行しますが，必ず医師の
指示に従います。

▶▶ 睡眠持続薬
すいみんじぞくやく

　睡眠持続薬は，中途覚醒（☞第4巻 p.147），早朝覚醒（☞第4巻 p.147），熟眠障害（☞第
4巻 p.147）の人に使われます。吸収や代謝が遅く，効果があらわれるのも遅いのですが，
効いている時間が長いのが特徴です。
　短時間作用型は中途覚醒や熟眠障害のときに使われます。作用時間は4〜10時間なの
で，翌朝には目覚めもすっきりしています。ただし，高齢者は代謝が悪く，薬の作用が翌
日まで残ることがあり，ふらついて転倒することもあるため注意が必要です。
　中間作用型，長時間作用型は作用時間が10時間以上なので，熟眠障害や早朝覚醒のと
きに用いられます。不眠のために日中に強いストレスや不安がある場合にも使われます。

❷ 服薬の介助

▶▶ 服用時の注意点

　薬を服用するときは，ふだんの就寝時刻に合わせて飲みます。薬を飲んでも眠くならないからといって重ねて服用したり，勝手に量を調節したりしてはいけません。薬を服用したら，30分以内に床につくようにします。

　服用する際は水かぬるま湯で服用します。アルコールといっしょに飲んではいけません。いっしょに服用すると呼吸抑制が起きたり，幻覚症状があらわれたりすることがあります。

　市販の睡眠薬は長期間服用しないようにします。不眠症の治療にはなりませんので，専門医に相談して，適切な処方をしてもらいます。

表5-14 ● 服用するときの注意点

・ふだんの就寝時刻に合わせて飲む	・勝手に量を調節しない
・飲んだら30分以内に床につく	・水かぬるま湯で服用する
・アルコールといっしょに服用しない	・市販薬は長期間服用しない

▶▶ 服薬介助のポイント

　介護職は決められた量の薬を決められた時間に飲むよう介助します。利用者の状態を把握するためにも，薬の特徴や副作用についての情報・知識をもっているとよいでしょう。薬を服用した際の状態や変化も観察し，記録しておきます。

表5-15 ● 睡眠薬の副作用や禁断症状

・寝起きが悪くなる	・頭重感
・食欲不振	・呼吸抑制
・脱力感や倦怠感	・せん妄や幻覚
・ふらつき	・不安や不眠　　など

　睡眠薬の副作用としてふらつきなどをともなうこともありますから，服用後の入浴は避けます。夜間は足元灯などをつけて安全に配慮したり，ポータブルトイレを使用したりする方法もあります。離床時は必要に応じて見守りや介助を行います。また，目覚めたときはいきなりベッドから起き上がるのではなく，時間をかけて端座位になり，ゆっくり次の動作に移るようにします。そうすることが転倒を防ぐことにつながります。

人生の最終段階における介護の生活支援技術

---

1. 人生の最終段階における介護を行うにあたって

月

日

❶ 終末期の理解

▶▶ 終末期とは

　厚生労働省において2007（平成19）年に策定された「終末期医療の決定プロセスに関するガイドライン」の「解説編」によると、「終末期には、がんの末期のように、予後が数日から長くとも2－3ヶ月と予測が出来る場合、慢性疾患の急性増悪を繰り返し予後不良に陥る場合、脳血管疾患の後遺症や老衰など数ヶ月から数年にかけ死を迎える場合があります」と示されています（終末期医療の決定プロセスのあり方に関する検討会「終末期医療の決定プロセスに関するガイドライン解説編」2007年）。

　また、日本老年医学会では、終末期とは、「病状が不可逆的かつ進行性で、その時代に可能な限りの治療によっても病状の好転や進行の阻止が期待できなくなり、近い将来の死が不可避となった状態」と定義されています（日本老年医学会「『高齢者の終末期の医療およびケア』に関する日本老年医学会の『立場表明』2012」2012年）。

　このように、疾患や病状変化により予後は異なるため、終末期の判断は、「多専門職種の医療従事者から構成される医療・ケアチームによって、医学的妥当性と適切性を基に慎重に判断すべきである」とされています（終末期医療の決定プロセスのあり方に関する検討会「終末期医療の決定プロセスに関するガイドライン解説編」2007年）。

▶▶ 人生の最終段階における医療・ケアのあり方

　高齢化が進み、在宅や施設での看取りの需要が増えることの予測や地域包括ケアシステムの構築にともない、住み慣れた地域で最期までその人らしく生活することを支えることの一環として、「人生の最終段階における医療・ケアの決定プロセスに関するガイドライン」（厚生労働省）の改訂が2018（平成30）年3月に行われました。このガイドラインにおいて、人生の最終段階における医療・ケアのあり方は、**表5-16**のように示されています。

表5-16 ● 人生の最終段階における医療・ケアのあり方

① 医師等の医療従事者から適切な情報の提供と説明がなされ，それに基づいて医療・ケアを受ける本人が多専門職種の医療・介護従事者から構成される医療・ケアチームと十分な話し合いを行い，本人による意思決定を基本としたうえで，人生の最終段階における医療・ケアを進めることが最も重要な原則である。

また，本人の意思は変化しうるものであることを踏まえ，本人が自らの意思をその都度示し，伝えられるような支援が医療・ケアチームにより行われ，本人との話し合いが繰り返し行われることが重要である。

さらに，本人が自らの意思を伝えられない状態になる可能性があることから，家族等の信頼できる者も含めて，本人との話し合いが繰り返し行われることが重要である。この話し合いに先立ち，本人は特定の家族等を自らの意思を推定する者として前もって定めておくことも重要である。

② 人生の最終段階における医療・ケアについて，医療・ケア行為の開始・不開始，医療・ケア内容の変更，医療・ケア行為の中止等は，医療・ケアチームによって，医学的妥当性と適切性を基に慎重に判断すべきである。

③ 医療・ケアチームにより，可能な限り疼痛やその他の不快な症状を十分に緩和し，本人・家族等の精神的・社会的な援助も含めた総合的な医療・ケアを行うことが必要である。

④ 生命を短縮させる意図をもつ積極的安楽死は，本ガイドラインでは対象としない。

出典：厚生労働省「人生の最終段階における医療・ケアの決定プロセスに関するガイドライン」p.1，2018年

▶▶ 終末期の介護とは

終末期の介護とは，終末期であると判断された状態の人が必要とする介護をさします。

終末期は，治療をしても回復が期待できない時期で，医療だけでなくさまざまな症状や苦痛を軽減するための「ケア」が必要になります。がんに限らず，神経難病や認知症，高齢者の老衰などによる終末期の状態は一様ではなく，病状や全身状態の変化にともないさまざまな苦痛が生じます。

終末期の症状は，痛みや呼吸が苦しいなどの身体的苦痛だけではありません。たとえば，身体的苦痛から，からだが思うように動かなくなるつらさやいらだち，この先どうなってしまうのかといった不安などの精神的苦痛や，それまで行っていた仕事や家庭での役割ができなくなることによる社会的苦痛などがあるとされています。そして，そのことによって，自分の存在意義や生きる目的を見失うなどの霊的（スピリチュアルな）苦痛につながることもあります（図5-22）。このように，苦痛への援助は，1つの側面だけではなく，それぞれの苦痛が関連しているため，総合的にとらえ，QOLを高めるかかわりが求められます。

本人の意思を尊重しQOLを重視したケアでは，住み慣れた地域や望む場所でこころおだやかに，最期まで自分らしさを保てるようなかかわりが大切です。在宅ターミナルケアでは，家族といっしょにかかわりをもちながら残された時間を大切にして介護します。

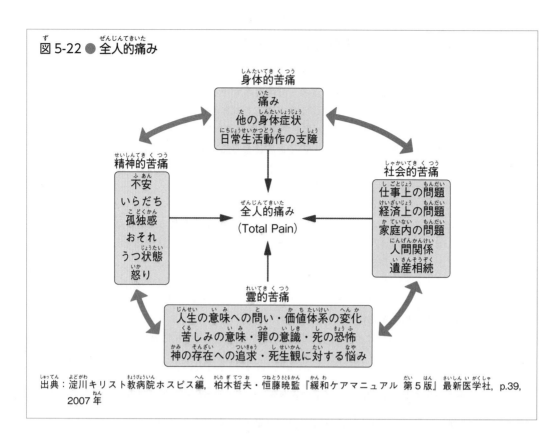

図 5-22 ● 全人的痛み

身体的苦痛
痛み
他の身体症状
日常生活動作の支障

精神的苦痛
不安
いらだち
孤独感
おそれ
うつ状態
怒り

全人的痛み
（Total Pain）

社会的苦痛
仕事上の問題
経済上の問題
家庭内の問題
人間関係
遺産相続

霊的苦痛
人生の意味への問い・価値体系の変化
苦しみの意味・罪の意識・死の恐怖
神の存在への追求・死生観に対する悩み

出典：淀川キリスト教病院ホスピス編，柏木哲夫・恒藤暁監『緩和ケアマニュアル 第 5 版』最新医学社，p.39，2007 年

　たとえば，入院中の患者について，医療の必要性が高い場合などの在宅ターミナルケアがむずかしいと思われるような状態でも，本人や家族が望めば，退院に向けて検討します。主治医や病院の医療職だけでなく，可能な限り在宅ターミナルケアを支える関係者もいっしょに準備を進めます。保健・医療・福祉サービスや，ボランティアなどのインフォーマルサービスも含め，地域のさまざまな社会資源を活用できるように何度も話し合いを重ねることで，最期まで支えていけるケアチームがつくられていくのです。

　介護職はチームの一員であることを自覚し，家族や他職種と連携・協働して最期まで支えていく心構えをすることから，終末期の介護が始まります。

❷ 生から死への過程

▶▶ 死のとらえ方

人間の死のとらえ方としては，①生物学的な死，②法律的な死（脳死），③臨床的な死の3つがあげられます。

生物学的な死とは，生命維持活動を行ってきた生体のすべての生理機能が停止し，回復不可能な状態をいいます。

1997（平成9）年に「臓器の移植に関する法律」が施行されたことにより，脳死での臓器提供を前提とした場合に限り，脳死の判定基準が満たされれば，脳死が人の死とされることになりました。

脳死とは，脳のすべての機能が失われ回復不可能な状態です。人工呼吸器などの器械で呼吸を維持し心臓を動かしつづけたとしても，心停止にいたります。

臨床的な死とは，心肺が停止した状態をいいます。従来，**死の三徴候**[31]（➡ p.472 参照）があれば，医師は死亡と判断しました。しかし，高度医療や延命技術の進歩などにともない，人工心肺装置や人工呼吸器などの**生命維持管理装置**[32]（➡ p.472 参照）によって，いったん停止した心肺機能をおぎなうことが可能になったため，死のとらえ方が変化しました。

▶▶ 生と死の支援

人にとって「死」とは，ライフステージの最終段階にあたり，もっとも大切なしめくくりのときです。その最終段階をどのように過ごすかは環境や本人の意思，家族の考えが影響します。本人の意思を尊重するためには，これまでの生き方やこだわりなどを知ることが大切です。人生観は，一人ひとりの長い人生の積み重ねの先にあるもので，信仰・習慣・文化的背景によって異なり，個性的で尊いものです。

尊厳を保持しながら最期をその人らしく生きるためには，本人の希望する生き方，死に方を最大限尊重するための周囲の理解と協力が欠かせません。終末期の QOL を高めて生きることを支えることは人の生と死を支援することであり，生活全体へ深くかかわる介護技術になります。

死にゆく人の最期の「生」を支えるために必要な，その人らしさを知るための技術や，その過程を支えるために必要な知識こそ，介護職の専門性といえるでしょう。その人らしさを知るためには，日ごろのかかわりのなかでこれまでの生き方や大切にしていることを知りたいという気持ちで耳を傾けます。

▶▶ 尊厳死とは

尊厳死とは，終末期や回復の見込みがない状態の場合など，本人の意思で延命だけを目的とした人工呼吸器や胃ろうなどの治療を受けず，人としての尊厳を保ちながら自然な経過で死を迎えることです。

これには，事前の本人の意思表明を含め，家族が本人の希望かどうかを確認しておくことが重要です（事前の意思確認）。

▶▶ その人らしく「死」を迎える準備と意思表示

その人らしく「死」を迎えるためには，残された時間をどのように生きるかについて，本人の意思が尊重されるように，事前に準備しておく必要があります。

人生のしめくくりをどのように考えているのか，「どこで」「だれと」「どのように」最期を迎えたいのか，もしものときには延命処置（救急蘇生や生命維持管理装置）を望むのかなど，本人の意思が把握できるように具体的に確認します。本人の意思を確認することは，自己選択・自己決定を支え，その人なりの自立を支援することにつながります。そして，残される家族にとっても，本人の意思にそった看取りができることになり，後悔の少ない納得のいく看取りにつながります。

本人の意思を確認する方法として「リビング・ウィル[33]（→ p.472 参照）」や「事前指示書」がありますが，生命についての意思表示については強制力がなく，日本では法的な整備が十分に進んでいません。

「人生の最終段階における医療に関する意識調査報告書」（人生の最終段階における医療の普及・啓発の在り方に関する検討会，2018 年）によると，人生の最終段階における医療について家族等や医療介護関係者と話し合ったことがある割合は，一般国民では約40％です。このことから，終末期になってはじめて話し合いを迫られることになる，と考えられます。そのときに，日常生活に密接にかかわっている介護職は，本人や家族の意思決定のプロセスである話し合いをサポートすることも，重要な役割となります。

また，同報告書によると，意思表示の書面を作成しておくことについては，約70％の一般国民が賛成しています。しかし，実際に意思表示の書面を作成している人は，約10％と少ない状況にあります。このことから，終末期における意思決定の支援がよりいっそう必要であるといえます。

最期の時をどのように過ごすのか，意思決定の支援として，「人生の最終段階における医療・ケアの決定プロセスに関するガイドライン」では，終末期になり判断力や意思表示ができなくなる前に，日ごろから思いや考え方を確認することが大切だとしています。これまでの生活や価値観から，どのように人生の終わりを迎えたいのか，早い時期から本人や家族と話し合う機会を設けることが大切です。話し合いの時期やタイミングについては，ケアチームで検討します。

❸ 「死」に向き合うこころの理解

▶▶ 「死」に対するこころの変化

　人にとって，「死」とは経験のない世界で，死にのぞむとき，死に対する不安や恐怖，残された時間が少ないことによるあせりなど，さまざまな心理的変化が考えられます。

　キューブラー－ロス（Kübler-Ross, E.）[34]（⇒ p.473参照）は，終末期の患者の心理を5つの段階に分けて示しています（表5-17）。

表5-17 ● キューブラー－ロスによる死を受容するまでの5段階のプロセス

第1段階	否認	自分の余命があと数か月であるなどと知り，それが事実であるとわかっているが，あえて死の運命の事実を拒否し否定する段階。「そんなはずはない」「何かの間違いだろう」というように死の事実を否定するが，否定しきれない事実であることがわかっているために，事実を否定し，事実を肯定している周囲から距離をおき，孤立することになる（「否認と孤立」段階ともいう）。
第2段階	怒り	拒否し否定しようとしても否定しきれない事実を宿命だと自覚できたとき，「なぜ私が死ななければならないのか」という「死の根拠」について強い怒りをもって問いかける。このとき，当然そのような根拠は見つからない。
第3段階	取り引き	「神様どうか助けてください」「病気さえ治れば何でもします」などと何かと取り引きをするかのように，奇跡への願いの気持ちをあらわす。
第4段階	抑うつ	第3段階の取り引きが無駄であることを知り，気持ちが滅入って，うつ状態におちいることもある。
第5段階	受容	死を恐怖し，拒否し，回避しようと必死であったのが，死は何か別のことかもしれないという心境が訪れる。人によって表現は異なるが，死んでゆくことは自然なことなのだという認識に達するとき，こころにある平安が訪れ，「死の受容」へと人はいたる。

▶▶ 「死」を受容するまでの段階の進み方

　痛みなどの症状や，不安や恐怖といった精神的苦痛がとれることにより，最期の休息のときが訪れたような心境で，静かに終焉のときを迎えることができます。

　キューブラー－ロスの「受容」までの5段階は一方向ではなく，また，必ずしもこのとおりの経過をたどるものではありません。死への恐怖心や不安の理由がそれぞれ異なるように，これまでの生活歴，家族歴，死に向かう原因や状況，死生観などにより，受容までのプロセスも人によって異なります。

▶▶ あるがままを受け入れること

　死への不安や恐怖，葛藤に苦しんでいる人を支えるためには，医療だけではなく，こころのケアが重要です。よい人生だったと思えるかどうかは，残された貴重な時間をどのように過ごすかにかかっています。

　不安や恐れを傾聴，共感するなど，人の痛みに寄り添いながら，利用者が何を求め，望んでいるのか，最期の一瞬まで何がその人らしい生き方か，一生懸命に知ろうとする誠実さが大切です。そして，みずからの価値観・死生観をもちながら，他者の価値観・死生観を尊重し，受けとめる真摯な姿勢が介護職として求められるのです。

　利用者がどのような状況であろうとも，今ここにいることに価値があり，意味のあることであると理解し，利用者のすべてを受けとめる心構えが必要となります。たとえ重篤な状態でコミュニケーションをはかることがむずかしくなったとしても，人の価値は変わらず，すべて必要とされる人なのです。

　利用者の状態がどのようであっても，あるがままを受け入れることから介護は始まります。受容することは，人間の尊厳を守ることで，個人の尊重といった意味でも大切です。

2. 人生の最終段階の介護

❶ 終末期において何を支えるのか

▶▶ 終末期の介護のポイント

　介護職は，終末期にある利用者が治療をまったく望めない状態であっても，許されるわずかな日々を質の高い，何らかの生きがいをもって生きられるものとなるように援助します。

　すべての人に死は必ず訪れますが，死についてのイメージにはそれぞれ違いがあります。一般的には「この世の終わり」「孤独」「無」など，暗いイメージがつきまといます。日常生活のなかで自然に死の教育を受ける機会や，家族との死別を体験する場面もなかなかありません。

　そのなかで，介護職は終末期を迎える利用者に対して無理なはげましなどはせず，利用者の表情やしぐさ，行動のなかから微妙な変化に気づく感性が求められます。そして，なるべく苦痛が少なく，やすらかな死を迎えられるような援助が大切になります。

　身体的，精神的苦痛を緩和し，利用者がやすらかな死を迎えられるようにするためには，家族に対しても，ともに死を迎え入れるこころの準備などを側面から援助します。

　利用者・家族がもつ身体的・精神的な苦痛を軽減するためには，専門的なチームづくりも必要です。チームケアで大切なことは，チームで情報を共有し，チームメンバーが共通した考え方をもって，一致した方針のもとに援助を行うことです。

　とくに在宅における終末期の介護は，いくら利用者本人が最期は家で死にたいと訴えても，家族に受け入れる気持ちがなければ困難になります。介護職は，家族が家での看取りの意思決定をするまでのこころの葛藤を理解し，在宅で看取ることになった場合には，利用者はもちろん，家族支援にも留意することが重要です。

表5-18 ● 終末期の介護のポイント

① 最期まで1人の人格体として扱う。
② 身体的・精神的な痛みや苦しみをやわらげる。
③ 家族へのケア，死別の悲しみを支える。
④ チームワークによるはたらきかけが基本となる。

▶▶ 危篤時の観察のポイント

死が近づくにつれ，利用者の身体変化としてはバイタルサイン㉟（➡ p.473 参照）の変化と身体的苦痛の増強があります。

とくに終末期では新陳代謝の低下にともない，一般に体温が低下し，血液の循環も低下するために，手足の先など末梢部分は冷たく感じます。介護職は体温の計測のみで終わらずに，手足の冷たさや皮膚，爪の色も観察し，記録に残します。

表 5-19 ● 危篤時の観察のポイント

皮膚	末梢神経の循環不全により蒼白になったり，口唇や爪の色が暗紫青色になったり（チアノーゼ），四肢（両側上下肢）などにむくみ（浮腫）が生じる。
呼吸	呼吸困難になり，浅く不規則になる。下顎呼吸，鼻翼呼吸，チェーンストークス呼吸となる。呼吸の測定時には 1 分間の呼吸数，呼吸のリズムなどを観察する。
脈拍	頻数で微弱となる。不整脈が出現するため，橈骨動脈で触知が困難な場合は心臓に近い総頸動脈や浅側頭動脈などで測定する。
血圧	下降し，血圧計では測定できなくなる。
体温	しだいに下降し，水銀体温計では測定できなくなる。
意識	脳の機能低下により意識が徐々に低下する。言語不明瞭で傾眠，昏迷，昏睡となる。聴力は減退するが最期まで残存している。
筋肉	弾力性，緊張性低下のため身体の支持力が低下し，体位保持が困難となる。眼球陥没，眼瞼下垂，口唇弛緩，下顎下垂となる。
反射機能	嚥下反射などの低下により咽頭に粘膜液が貯留する。口腔内粘膜や口唇が乾燥する。
排泄	尿・便失禁がみられる。尿量の大幅な減少（乏尿）や無尿もある。

▶▶ 終末期の介護における工夫と配慮

終末期の介護にあたっては，自分で身体を動かすことができない利用者に対して，身体的・精神的安楽をはかることが何よりも優先されます。

(1) 苦痛緩和への配慮

- 同一体位による圧迫を最小限にするため，振動を与えないように体位変換を行う。
- 呼吸を楽にするため，体位や枕の位置を変える。
- 呼吸の状態をみながら枕をはずし，気管が開きやすい姿勢にする。
- 義歯をはずす。口にある痰などは大きな綿棒で取り除く。
- 倦怠感があるので，手足をマッサージする。
- 口唇や舌が乾燥している場合は，水や紅茶の薄めたものを含ませたガーゼを用いて，時々湿らせる。
- 清潔で，乾いた寝衣を身につけてもらう。
- 下肢が冷たければ，湯たんぽを使って温める。

(2) 安楽に感じる体位の工夫

- 利用者の状況に合わせて苦痛を感じる前に，こまめに体位変換を行う。
- 褥瘡がある場合には，骨の突出部にある皮膚に負担がかかるため，ベッドを起こす角度は30度までとする。
- 苦しいほうの身体を上側に向ける。
- 半座位（☞第4巻 p.3）や，上体を15〜30度挙上し膝を15度に曲げた体位などは，腹筋と下腿筋の緊張が少なく，身体のすべり落ちが予防でき，安楽となる。
- 起座位をとってもらい，鼻からゆっくり息を吸って腹部を大きくふくらませる。1，2と数えながら，いったん息を止める。腹部をくぼませながら，口をすぼめて細く長く息を吐く。吐くときは吸うときの2倍の時間をかける。1回15秒程度にし，これを数回くり返す。
- 呼吸量を多くするような姿勢を工夫する（図5-23）。
- すべての動作をゆっくり行う。

(3) 活動減少への工夫

- 活動の優先順位をつけて，利用者がもっとも大事にしたい活動に焦点をしぼり，その他の活動は縮小する。
- 身体を無理に動かさなくてもすむような工夫をする（ポータブルトイレ，車いす，手すり，電動ベッドなどの活用）。

図 5-23 ● 呼吸量を多くする姿勢の工夫

背部に布団を2つに折ったもの
を当て，寄りかかる

テーブルの上に大きな枕を置き，
寄りかかる

(4) 環境への配慮
・安楽な終末のために静かで心地よい，安心できる環境をつくる。
・不用意な言葉や音に気をつける。
・室内の明るさ，温度，湿度，換気に注意する。

(5) 利用者へのこころやすらぐケアの提供
・身体的苦痛の緩和を最優先して援助する。
・意識が低下しても聴覚は最期まで残っているため，利用者への温かい言葉かけは最期まで続ける。
・ヒソヒソ話や騒々しい物音は，利用者のやすらぎを損なうため注意する。
・介護職は医師や看護師に冷静に状況を報告できるようにする。
・家族が利用者のそばにいられるようにする。
・利用者に安心感をもたらすためにだれかが言葉をかける，手をにぎる，身体をさするなどのスキンシップができるように配慮する。

▶▶ 死後のケア（エンゼルケア）

　死後のケアは，利用者に対する最後の援助であり，エンゼルケアともいわれています。亡くなった利用者の尊厳を守りながら，残された肉親が最期の別れができるように援助します。死後のケアを開始する前には家族の希望，習慣，宗教などを必ず確認し，それに従って実施します。

　死後のケアは，一般的に医師による死亡の確認後，身近な家族などがお別れをしてから死後硬直が出現する前の死後約1～2時間のあいだに行われます。病院では，複数の看護師で実施しますが，施設や在宅などでは看護師を中心に，介護職や家族とも連携して実施する場面が多くなっています。

表5-20 ● 具体的な死後のケア

① 身体を清潔にする
　　利用者の死後の状態にもよるが，おもに看護師が，体内にある内容物を排出したり，鼻，口，耳，肛門に青梅綿をつめ，肛門部にはT字帯やパッドを当てる。
　　介護職は物品の準備や排出物の処理などを行う。また看護師とともにさかさ水（水に湯を注いだもの）やアルコールなどで身体を清拭することもある。

② 外見上の変化を目立たせないようにする
　　傷や褥瘡がある場合は包帯や絆創膏などを当てる。着物の場合は左前に合わせて，帯ひもは縦結びにする。多くの場合は手を合掌させるが，その手が離れてしまう場合は硬直するまで包帯などで固定する。開口してしまう場合も同様に下顎をタオルなどで固定する。

③ その人らしく整える
　　男性はひげをそったり，女性は薄く化粧をしたり，髪を整えたりして，その人らしく綺麗にする。

④ 見送り，後片づけを行う
　　死に水（末期の水）というものがある。脱脂綿に水を含ませて，家族といっしょにそっと口を湿らせる行為である。顔は白い布でおおう。亡くなった利用者，家族などに別れの言葉をかけ，病院や施設であれば霊安室（慰安室）へ搬送する。必要物品の後片づけや補充，記録の整理を行う。

3. 介護職，家族への支援

❶ 介護職への支援

　終末期における介護職の役割は，利用者の人生の最期に，少しでもそばに寄り添い，苦痛を軽減し，安心感をもってもらうことです。終末期の介護は，他職種と協働しながら，利用者がいつ亡くなっても混乱がないよう，緊張感のあるなかで進められていきます。

　そうしたなか，一生懸命になるあまり，介護職自身が利用者・家族の不安や悲しみを1人でかかえこんでしまうことがあります。介護職は自分自身へのケアも忘れてはいけません。そのためには自分が経験した介護内容を話し合ったり，分かち合える場をつくったりすることが必要です。1人で燃え尽きてしまわないよう，同僚や先輩，管理者など，周囲の配慮が必要となります。

❷ 家族への支援

　終末期の介護では，介護職は家族のこころの揺れや動き，無力感，どうにもならないことに対する怒りなどを理解することが大切です。そして，ともに死を迎え入れるこころの準備や，死後に後悔が残らないよう，かかわる人たちが常日ごろから情報を共有するようにしましょう。家族との情報共有でいちばん大切なことは，利用者の死が近づいてきた時期を知ることです。

表5-21 ● 家族への支援のポイント

① 本人の死に対して家族に後悔が残らないよう，常日ごろから配慮する。
② 利用者が話のできる状態のときに，親戚や親しい友人，会わせたい人などへ早めに連絡をするように伝える。とくに日本の文化では，臨終に間に合うということを非常に大切にしている。臨終に間に合わなかったという後悔が残らないように配慮する。
③ 家族も身体的，精神的に疲労が蓄積してくるが，家族でなければできないところはしてもらい，その他は介護職が積極的に支援したり，家族間でも交替してもらったりするなどして，家族が身体を休めることができるように配慮する。

▶▶ 最期の別れへの配慮

家族にとって臨終というのはリハーサルのないものです。介護職は，家族に後悔が残らないように利用者と十分に別れができるように，その場から離れ，家族だけにする配慮が求められます（死亡直後15〜20分はその場から離れる）。

また，介護職の何気ない行為や言葉かけなどに，家族は大きなショックを受けたり，悲しみを深くしたりすることがあるので，言動には十分に配慮します。

▶▶ 遺族ケア（グリーフケア）

死別のあり方は，2つとして同じものはありません。悲しみの深さ，故人とどれくらい親しかったか，あるいは本人や遺族にとって人生のどんな時期に死が訪れたかなど，さまざまな事情・背景によって，遺族が悲しみを乗り越えるプロセスは違ってくると思われます。遺族が死別の悲しみを乗り越え，明日への生きる力を支援する遺族ケア（グリーフケア）については，介護職も当然かかわれる態勢づくりが必要となります。

「死別の悲嘆を乗り越え，新たな自分を見出していく過程には，死の性質・親密性・個人の対処パターン・サポート・ネットワークの質などの影響がある」（南裕子編著『ナースの視点・看護の実践 心を癒す』講談社，p.72，1996年）ともいわれています。しかし，どの死別にも共通しているのは，苦痛が存在していることです。

人の死は，実にさまざまな思いを家族のなかに残します。それを考え，よりよい別れができるよう，個々に合わせた援助が必要となってきます。介護職がグリーフケアを行うには，まず遺族へねぎらいの言葉をかけ，助言者ではなく悲しみを共有するよき聞き手になることです。そこでは，生前の利用者との関係，看取りの問題に関して遺族が罪悪感をもたないように配慮します。

また，終末期の介護にかかわった専門職のチーム全員で遺族に手紙を書いたり，少し落ちつくくらいの1か月ほどの期間をめどに訪問し，遺族と利用者の生前のさまざまなことを共有したりすることで，いつでも支援する姿勢のあることを遺族に伝えることも大切です。

終末期の介護　　　　　　　死後のケア

学習のポイント 重要事項を確認しよう！

第5章

第1節 環境整備と福祉用具等の活用

■利用者に適した生活環境の整備

●自宅や施設など住まいの種類にかかわらず，生活環境の整備は，生活の基盤をつくるうえで欠かせません。高齢者や障害者の生活上の困難の原因が，生活環境が十分に整備されていない点にあることも少なくありません。

→ p.360

■利用者に適した福祉用具の選定

●福祉用具の意義は ADL の自立や介護負担の軽減をはかることにとどまらず，活動や社会参加，自己実現，尊厳や権利の回復など，その人らしい生活を助ける道具・用具としても重要な役割をになうようになっています。 → p.362

第2節 移動・移乗の生活支援技術

■体位変換の介助

●一部介助を要する利用者の介助では，できる力やもっている能力を最大限にいかし，自立を支援していくことが大切です。 → p.364

●体位変換の介助に際しては，全介助であっても利用者は常に受け身ではなく，介助を通して動作の自立をはかっていきます。 → p.368

■車いすの介助

●車いすの介助に際しては，介護職は十分に声かけを行い，利用者の患側を保護し，安全に移乗するプロセスを理解してもらいながら介助を行います。 → p.371

■安楽な体位の保持と褥瘡の予防

●安楽な体位とは，心身ともにリラックスして心地よい状態にある体位のことです。その条件として，姿勢が安定していること，筋肉のエネルギー消費が少ないこと，内臓諸器官の機能をさまたげないことがあげられます。 → p.378

●褥瘡とは，寝床で寝ている最中や車いすに座っている際，身体の骨の突出している部分の皮膚や皮下組織が持続的な圧迫を受けることで血液の循環障害が生じ，その部分の組織が壊死することをいいます。 → p.378

464

■歩行の介助

●歩行の介助に際しては，安全を第1に考え，原則として，麻痺があれば麻痺のある側をサポートするなど，安心感を与えながら介助を行います。 → p.380

●利用者の心身の状況に合わせて杖による平地歩行，階段昇降，そして見守りによる杖なし歩行へと自立に向け，目標を徐々に高めていきます。 → p.380

■移動・移乗に関する福祉用具とその活用方法

●歩行における福祉用具の使用は他者に依存することなく，みずからの力で自立できることが最大の効果となります。 → p.385

●移動用リフトや移乗機器の適切な利用により，介護負担の軽減と，利用者の自立度を高めることにつながります。 → p.387

第3節 ▶ 食事の生活支援技術

■食事の介助

●食事の一連の動作のうち，麻痺や筋力低下などによる運動機能障害により困難な動作があっても，利用者のもっている力を活用できるような介助方法を身につけ，主体的に食事をしてもらうことは可能です。 → p.388

●全介助の状態であっても，やむを得ない状態でない限り，ベッド上ではなく，食事にふさわしい場所で食事ができるように介助することが求められます。 → p.390

●やむを得ずベッド上で食事をする場合は，座位の安定を保つためにベッドのギャッチアップ機能を活用し，膝の下にクッションなどを当てて姿勢を安定させます。 → p.390

■食事に関する福祉用具とその活用方法

●筋力の低下や麻痺，拘縮などによって上肢の運動機能に制限があるような場合は，自助具を活用することによって，それらの機能をおぎなうと，自力で食事がしやすくなります。 → p.394

■誤嚥・窒息の予防

●嚥下反射がうまくいかず，気管に食べ物が誤って入ることによって，誤嚥が起こります。 → p.396

●誤嚥によって気管内に食べ物や異物がつまると窒息を起こすことがあります。 → p.396

●安定した座位を保ち，やや前傾した姿勢をとると，誤嚥しにくくなります。 → p.396

■脱水の予防

●水分は食事や飲水などによって体内に補給され，尿や便，汗などによって

体外に排泄されます。このバランスがくずれると脱水になります。 → p.397

第4節 入浴・清潔保持の生活支援技術

■入浴の介助

● 下肢に力が入らなくても，支えがあれば立位や座位がとれる場合などは，手すりを設置したり，支える位置を工夫したりすることで主体的に入浴してもらうことができます。 → p.398

● 歩行，立位，座位を保つことが困難になった場合でも，機械浴槽（特殊浴槽）などの設備があれば仰臥位の状態での入浴は可能です。 → p.402

■入浴に関する福祉用具とその活用方法

● 介護職は利用者の状態に合わせて適切な入浴介助が行えるように，用具の種類や効果などの知識も学んでおくことが大切です。 → p.405

第5節 排泄の生活支援技術

■排泄の介助

● 車いすを使用している人にとって，トイレ便座への移乗動作は，立位の感覚を維持する機会になります。身体機能の維持のためにも，重要な行為といえます。 → p.406

■排泄に関する福祉用具とその活用方法

● ポータブルトイレを選定するにあたっては，利用者の身体状態に合わせた移動・移乗動作が安全・安楽にでき，安定した座位姿勢が保たれることが重要です。そのため，器具本体の安定性と座面の高さ，機能を基準に考えます。 → p.415

● おむつ・パッドの種類を選択するにあたっては，各製品の特徴を知り，利用者の ADL，体型，排尿量，排尿リズムなどからおむつ・パッドの組み合わせを工夫し，利用者一人ひとりに合ったものを選択することが大切です。 → p.416

■頻尿，尿失禁，便秘，下痢，便失禁への対応

● 尿失禁とは，本人の意思にかかわらず尿がもれてしまう状態をいいます。 → p.418

● 便秘とは，便が結腸や直腸に長くとどまり，便を排出する回数が減少し，水分量の少ないかたい便となるなど，便の排出が困難であったり，便が残っている感覚などを自覚したりする状態をいいます。 → p.419

● 下痢とは，水様便や泥状便，軟便など，水分の多い便が1日に何回も排泄される状態をいいます。 → p.420

着脱，整容，口腔清潔の生活支援技術

■衣服着脱の介助

- 衣服着脱の介助を行うときは，プライバシーの保護や保温のため，肌の露出をなるべく少なくしながら介助します。　→ p.426

- 何らかの理由により座位がとれないときは，ベッド上で臥床したまま着替えることになります。その場合，前開きの衣服のほうが利用者にかかる負担が少なくなります。　→ p.427

- 全介助であっても，可能であれば，利用者が衣服を選択できるようにはたらきかけたり，自力で行えることは協力してもらったりすることが大切です。　→ p.427

休息・睡眠の生活支援技術

■休息・睡眠の介助を行うにあたって

- 心身ともに良好な状態で活動を続けるためには，からだの疲労を回復させて，こころをリフレッシュするための休息が必要になります。　→ p.436

- よい睡眠がとれれば，短時間で効果的に休息をとることができますが，睡眠が量的に不足したり，質的に悪化したりすると，こころとからだは十分に休息することができません。　→ p.436

■睡眠に関する用具とその活用方法

- 安眠をうながすのに欠かせない技術としてベッドメイキングがあります。シーツのしわは利用者の寝心地や動きに影響するとともに，局所を圧迫し，血液の流れを悪くして褥瘡の要因となる危険性もあります。　→ p.445

■睡眠と薬

- 睡眠障害は，心身機能だけでなく生活環境や日中活動との関連が深いため，どのような原因で起きたのか，生活全体をアセスメントしたうえで環境の改善をはかります。　→ p.448

- 薬を服用するときは，ふだんの就寝時刻に合わせて飲みます。薬を飲んでも眠くならないからといって重ねて服用したり，勝手に量を調節したりしてはいけません。　→ p.449

人生の最終段階における介護の生活支援技術

■人生の最終段階における介護を行うにあたって

- 終末期は，治療をしても回復が期待できない時期で，医療だけでなくさま

ざまな症状や苦痛を軽減するための「ケア」が必要になります。 → p.451

●尊厳を保持しながら最期をその人らしく生きるためには，本人の希望する生き方，死に方を最大限尊重するための周囲の理解と協力が欠かせません。終末期の QOL を高めて生きることを支えることは人の生と死を支援することであり，生活全体へ深くかかわる介護技術になります。 → p.453

■人生の最終段階の介護

●介護職は終末期を迎える利用者に対して無理なはげましなどはせず，利用者の表情やしぐさ，行動のなかから微妙な変化に気づく感性が求められます。そして，なるべく苦痛が少なく，やすらかな死を迎えられるような援助が大切になります。 → p.457

●利用者・家族がもつ身体的・精神的な苦痛を軽減するためには，専門的なチームづくりも必要です。チームケアで大切なことは，チームで情報を共有し，チームメンバーが共通した考え方をもって，一致した方針のもとに援助を行うことです。 → p.457

■介護職，家族への支援

●終末期の介護では，一生懸命になるあまり，介護職自身が利用者・家族の不安や悲しみを 1 人でかかえこんでしまうことがあります。介護職は自分自身へのケアも忘れてはいけません。 → p.462

●終末期の介護では，介護職は家族のこころの揺れや動き，無力感，どうにもならないことに対する怒りなどを理解することが大切です。そして，ともに死を迎え入れるこころの準備や，死後に後悔が残らないよう，かかわる人たちが常日ごろから情報を共有するようにしましょう。 → p.462

① ADL

エーディーエル
➡ p.362 参照
さんしょう

Activities of Daily Living の略。「日常生
りゃく　にちじょうせい
活動作」「日常生活活動」などと訳される。
かつどうさ　　にちじょうせいかつかつどう　　　　　　　　やく
人間が毎日の生活を送るための基本的動作
にんげん　まいにち　せいかつ　おく　　　　　　　きほんてきどうさ
群のことで，食事，更衣，整容，排泄，入
ぐん　　　　　しょくじ　こうい　せいよう　はいせつ　にゅう
浴，移乗，移動などがある。
よく　いじょう　いどう

② 端座位

たんざい
➡ p.364 参照
さんしょう

ベッドの端に腰かける座位のこと。
はし　こし　　ざい

③ 殿部

でんぶ
➡ p.364 参照
さんしょう

尻の部分のこと。
しり　ぶぶん

④ 仰臥位

ぎょうがい
➡ p.365 参照
さんしょう

就寝時など，あお向けに寝ている体位のこ
しゅうしんじ　　　　　む　　ね　　　　　たいい
と。背臥位ともいう。
はいがい

⑤ 側臥位

そくがい
➡ p.365 参照
さんしょう

横向きに寝ている体位のこと。
よこむ　　ね　　　　たいい

⑥ 自助具

じじょぐ
➡ p.388 参照
さんしょう

高齢者や障害のある人などが，自力で
こうれいしゃ　しょうがい　　　ひと　　　　　　じりき
ADL（日常生活動作）をしやすいように
にちじょうせいかつどうさ
考案された補助的器具や道具のこと。
こうあん　　　ほじょてきき　ぐ　どうぐ

⑦ 脳梗塞

のうこうそく
➡ p.388 参照
さんしょう

脳血栓や脳塞栓などによる脳血流障害によ
のうけっせん　のうそくせん　　　　　　のうけつりゅうしょうがい
り，脳細胞が壊死におちいった状態のこ
のうさいぼう　えし　　　　　　　じょうたい
と。

⑧ 低栄養

ていえいよう
➡ p.390 参照
さんしょう

必要とする栄養素が量的・質的に供給が不
ひつよう　　　　えいようそ　りょうてき　しつてき　きょうきゅう　ふ
十分である状態のこと。高齢者が低栄養状
じゅうぶん　　　じょうたい　　　　　こうれいしゃ　ていえいようじょう
態となる原因には，加齢にともなう身体機
たい　　　　げんいん　　　かれい　　　　　　　しんたいき
能の低下として，味覚器官や摂食器官の機
のう　ていか　　　　　みかくきかん　せっしょくきかん　き
能低下，消化吸収能力の低下，ADL（日
のうていか　しょうかきゅうしゅうのうりょく　ていか　　　　にち
常生活動作）の低下などがあり，そのほか
じょうせいかつどうさ　　ていか
にも経済状態の不備，病気や薬剤投与によ
けいざいじょうたい　ふび　びょうき　やくざいとうよ
ることなどがある。

⑨ 蠕動運動

ぜんどううんどう
➡ p.390 参照
さんしょう

消化管などの管状の臓器が，その内容物を
しょうかかん　　　かんじょう　ぞうき　　　　　ないようぶつ

波状に送る基本的な運動形式のこと。

10 拘縮

こうしゅく
➡ p.394 参照

かたまって動かなくなること。人は身体を使わないことによって廃用症候群があらわれ，筋の萎縮（縮むこと）や関節の拘縮などが起こる。

11 食塊

しょっかい
➡ p.396 参照

かんで細かくなって唾液と混ぜられ，飲みこむ直前の状態になった食べ物のまとまりのこと。

12 きざみ食

きざみしょく
➡ p.396 参照

咀嚼力が弱い人のために，食べ物を小さくきざんで食べやすくした食事のこと。料理によっては，小さくきざむだけでなく，食塊をつくりやすくする工夫が必要になる。

13 恒常性

こうじょうせい
➡ p.397 参照

ホメオスタシスともいい，体内が外部環境の変化に左右されず，一定に維持されていることをいう。体温，血液中の酸素レベルなど，多くに恒常性がみられる。

14 シャワーチェア

しゃわーちぇあ
➡ p.400 参照

1人で立ち上がる動作や，座ったりかがんだりする動作が自力で困難になった場合，入浴の際に転倒予防のために使用する補助具。

15 バスボード

ばすぼーど
➡ p.400 参照

浴槽の上に置き，腰かけて浴槽に出入りするときに不安定な動作をおぎなう腰かけ板のこと。入浴台ともいう。ボードの端に座って方向転換したり，身体の向きを安定させて浴槽につかることができる。

16 気化熱

きかねつ
➡ p.400 参照

液体が蒸発して気化するのに必要な熱量のことで，皮膚についた汗や水分などが蒸発するときに起こる周囲の熱をうばう現象などをいう。蒸発熱，昇華熱ともいう。

17 脳出血

のうしゅっけつ
➡ p.402 参照

さまざまな原因で起こる脳の血管からの出血。脳の血管が切れる脳内出血と，脳の表面の血管が切れて起こるくも膜下出血とがある。

18 機械浴

きかいよく
➡ p.403 参照

機械浴槽（特殊浴槽）を利用した入浴のこと。身体の状態に応じて臥位のまま利用できる寝台式（ストレッチャー昇降式）の入浴方法である。最近ではリフト浴槽やミスト浴槽もある。特別養護老人ホームや介護老人保健施設などの大型施設に設置されていることが多い。

19 鼠径部

そけいぶ
➡ p.413 参照

左右の大腿部の付け根にある溝の内側。股関節の前方部。

20 腸管出血性大腸菌

ちょうかんしゅっけつせいだいちょうきん
➡ p.420 参照

病原性大腸菌のうち，産生されたベロ毒素により，出血をともなう下痢を引き起こしたり，溶血性尿毒症症候群を起こしたりするもの。感染力が強い菌で，少量（約100個）で感染する。代表的なものにO-157がある。

21 ノロウイルス

のろういるす
➡ p.420 参照

感染性胃腸炎の原因となるウイルスの1つ。感染すると激しい腹痛とともに嘔吐や下痢の症状を引き起こす。糞便や嘔吐物を通じて経口感染する。

22 標準予防策（スタンダード・プリコーション）

ひょうじゅんよぼうさく（すたんだーど・ぷりこーしょん）
➡ p.420 参照

1996年にCDC（米国国立疾病予防センター）が設定したガイドラインである。簡便性，合理性から日本においても広く利用されている。

23 摘便

てきべん
➡ p.421 参照

腸の蠕動運動が弱い，運動量の不足，偏食や薬の副作用などで便秘となり，自力での排便が困難な場合，直腸内に手指を入れて，かたい便を摘出することをいう。ゴム手袋にグリセリン，ワセリンなどの潤滑剤をつけ，肛門や直腸を傷つけないように気をつけて便を取り出す。

24 QOL

キューオーエル
➡ p.422 参照

Quality of Life の略。「生活の質」「人生の質」「生命の質」などと訳される。一般的な考えは，生活者の満足感・安定感・幸福感を規定している諸要因の質のこと。諸要因の一方に生活者自身の意識構造，もう一方に生活の場の諸環境があると考えられる。

25 発赤

ほっせき
➡ p.441 参照

炎症によって皮膚表面にある血管が拡張，充血したために赤色になった状態のこと。

26 エアマット

えあまっと
→ p.441 参照

ビニール製のチューブが多数おさめられたマットレスに空気が注入され，時間によりチューブが交互にふくらんだりしぼんだりして，身体の同一部位が圧迫されないようにした体位変換が困難な人に用いるマット。

27 トリプトファン

とりぷとふぁん
→ p.444 参照

たんぱく質を構成する必須アミノ酸の1つ。体内では，たんぱく質の材料として使われるほか，余った分は肝臓や腎臓で分解され，エネルギー源として利用される。

28 セロトニン

せろとにん
→ p.444 参照

こころのバランスを整える作用のある伝達物質であり，生体内リズムや神経内分泌，睡眠，体温調節などに関与する。セロトニンが不足すると精神のバランスがくずれ，暴力的になったり，うつ病を発症したりするといわれている。

29 床頭台

しょうとうだい
→ p.446 参照

ベッドのそばに置き，利用者の日用品を入れたり，テーブルの代わりに用いたり，介助の際に物品置きとして使われたりするもの。

30 代謝

たいしゃ
→ p.448 参照

体外から取り入れた物質をもとに生物の体内で起こる化学的変化（反応）のこと。分解・合成されることにより古いものと新しいものが入れ替わり，それにともないエネルギーの生産や消費が行われることをいう。

31 死の三徴候

しのさんちょうこう
→ p.453 参照

心拍動の停止，呼吸の停止，瞳孔散大・対光反射の停止のこと。

32 生命維持管理装置

せいめいいじかんりそうち
→ p.453 参照

人の呼吸，循環または代謝の機能の一部を代替し，または補助することが目的とされている装置をいう。人工呼吸器，人工心肺装置，体外式ペースメーカー，除細動器などがある。

33 リビング・ウィル

りびんぐ・うぃる
→ p.454 参照

単なる延命治療を拒否し，終末期に入り意思の確認がとれない場合は延命治療をやめる，という本人の意思のこと。

34 キューブラー−ロス（Kübler-Ross, E.）

きゅーぶらー−ろす
➡ p.455 参照

アメリカの精神科医。死の直前の重症患者から直接，面接や聞き取りをして，その心理過程を『死ぬ瞬間』などにまとめた。そのなかで，死を受容するまでに5段階のプロセスがあると示している。

35 バイタルサイン

ばいたるさいん
➡ p.458 参照

生きていることをあらわすサイン。生命の維持を示す徴候。一般に，体温，呼吸，脈拍，血圧をさす。

さくいん

編者・執筆者一覧

■編者

太田 貞司 (おおた ていじ)
長野大学大学院総合福祉学研究科教授

白井 孝子 (しらい たかこ)
東京福祉専門学校副学校長

上原 千寿子 (うえはら ちずこ)
元広島国際大学教授

■執筆者 (五十音順)

青柳 佳子 (あおやぎ けいこ) ―――――― 第4章第7節2❷・❸, 第5章第6節1
関西福祉科学大学社会福祉学部准教授

荒木 和美 (あらき かずみ) ―――――――――――― 第3章第4節1
社会福祉法人相扶会相扶園・寿園次長

飯干 紀代子 (いいぼし きよこ) ――――――――――― 第3章第3節2・3
志學館大学人間関係学部教授

石橋 真二 (いしばし しんじ) ――――――――― 第1章第3節1❶・❷・2
一般社団法人香川県介護福祉士会会長

石本 淳也 (いしもと じゅんや) ―――――――――――― 第1章第1節1・3
公益社団法人日本介護福祉士会相談役

臼井 由布子 (うすい ゆうこ) ――――― 第4章第5節1❷・❸・2〜4, 第5章第4節
特定非営利活動法人日本高齢者介護協会理事

内田 千惠子 (うちだ ちえこ) ―――――――――――― 第4章第8節6・7
公益社団法人東京都介護福祉士会顧問

浦尾 和江 (うらお かずえ) ――――――――――――― 第4章第2節1・2
田園調布学園大学人間福祉学部教授

大島 千帆 (おおしま ちほ) ――――――――――――――― 第5章第1節
早稲田大学人間科学学術院准教授

大谷 佳子 (おおや よしこ) ――――――――――――― 第5章第7節1❶〜❸
NHK学園社会福祉士養成課程講師

小川 正子 (おがわ まさこ) ―――――――――――― 第5章第7節1❹・2〜4
元神奈川県立保健福祉大学実践教育センター非常勤講師

小川 義光 (おがわ よしみつ) ――――― 第4章第3節3, 第5章第2節2・5❷・❸
東奥学園高等学校教諭

亀井 真由美 (かめい まゆみ) ――――――――――――― 第3章第3節7
東京都立東大和療育センターリハビリテーション科主任

川井 太加子 (かわい たかこ) ―――――――――――――― 第1章第1節2
桃山学院大学社会学部教授

工藤 久 (くどう ひさし) ―――――――― 第4章第3節4, 第5章第2節4・5❶
弘前学院大学大学院社会福祉研究科非常勤講師

髙良 麻子（こうら あさこ）──────────────── 第3章第2節6・7
ほうせいだいがくげんだいふくし がくぶきょうじゅ
法政大学現代福祉学部教授

是枝 祥子（これえだ さちこ）──────── 第1章第2節6❶・❷・❹，第4章第8節1
おおつまじょしだいがくめいよきょうじゅ
大妻女子大学名誉教授

櫻井 和代（さくらい かずよ）──────────────── 第4章第8節2～5
もととうきょうとりつじょうとうしょくぎょうのうりょくかいはつ ひじょうきんこうし
元東京都立城東職業能力開発センター非常勤講師

佐々木 宰（ささき つかさ）──────────── 第4章第7節3，第5章第6節2
とうきょう いりょうふくし せんもんがっこうひじょうきんこうし
東京YMCA医療福祉専門学校非常勤講師

佐藤 富士子（さとう ふじこ）──────────────────── 第4章第1節
もとおおつまじょしだいがくきょうじゅ
元大妻女子大学教授

澤 宣夫（さわ のりお）───────────────── 第1章第3節1❸
ながさきじゅんしんだいがくじんぶんがくぶきょうじゅ
長崎純心大学人文学部教授

柴山 志穂美（しばやま しおみ）──────────────── 第5章第8節1
かながわけんりつ ほけんふくし だいがくじっせんきょういく ちいき きょういくぶちょう
神奈川県立保健福祉大学実践教育センター地域ケア教育部長

白井 孝子（しらい たかこ）──────── 第4章第7節1❶・2❶，第5章第2節2
とうきょうふくし せんもんがっこうふくがっこうちょう
東京福祉専門学校副学校長

杉原 優子（すぎはら ゆうこ）───────────── 第2章第3節1❶・❷
ちいきみっちゃくがたそうごう とうかつしせつちょう
地域密着型総合ケアセンターきたおおじ統括施設長

添田 正揮（そえた まさき）──────────────── 第1章第3節1❹
にほんふくし だいがくしゃかいふくし がくぶじゅんきょうじゅ
日本福祉大学社会福祉学部准教授

垰田 和史（たおだ かずし）──────────────────── 第2章第4節
せんもんしょくだいがく がくぶきょうじゅ
びわこリハビリテーション専門職大学リハビリテーション学部教授

滝波 順子（たきなみ のりこ）─────── 第4章第3節1❺・2・第6節1❷・❸，第5章第2節1・第8節2・3
いっぱんしゃだんほうじんしょうだいひょうりじ
一般社団法人庄代表理事

竹田 幸司（たけだ こうじ）──────────── 第4章第4節1❶，第5章第2節3
でんえんちょうふ がくえんだいがくにんげんふくし がくぶ じゅんきょうじゅ
田園調布学園大学人間福祉学部准教授

田治 秀彦（たじ ひでひこ）──────────────── 第4章第3節1❶
よこはまし そうごう ちいきしえんかしゅにん
横浜市総合リハビリテーションセンター地域支援課主任

田村 綾子（たむら あやこ）───────────────── 第3章第3節8
せいがくいんだいがくふくがくちょう
聖学院大学副学長

冨田川 智志（とみたがわ さとし）──────── 第4章第7節1❷・4，第5章第6節3
にほんふくし だいがくけんこうかがくぶこうし
日本福祉大学健康科学部講師

中村 裕子（なかむら ひろこ）────────────── 第3章第3節1・4・5・6・9
にほん けんきゅうじょしょちょう
日本ヒューマンヘルスケア研究所所長

西村 かおる（にしむら かおる）──────────────── 第4章第6節1❶
かぶしきがいしゃ む とりしまりやく
コンチネンスジャパン株式会社専務取締役

野村 豊子（のむら とよこ）─────────── 第3章第1節1・2・第2節1～5
にほんふくし だいがく けんきゅう けんきゅう
日本福祉大学スーパービジョン研究センター研究フェロー

林 雅美（はやし まさみ）──────── 第4章第4節1❷・❸・2，第5章第3節
めじろだいがくにんげんがくぶ せんにんこうし
目白大学人間学部専任講師

藤井 智（ふじい さとし）──────────────── 第4章第2節3
よこはまし そうごう きのうくんれんか かちょう
横浜市総合リハビリテーションセンター機能訓練課課長

二渡 努（ふたわたり つとむ）──────────────── 第1章第1節4❶・❷
とうほくふくし だいがくそうごうふくし がくぶこうし
東北福祉大学総合福祉学部講師

壬生 尚美 (みぶ なおみ) ——————————————————————— 第 4 章第 6 節 2，第 5 章第 5 節 1・2
日本社会事業大学社会福祉学部教授

村田 麻起子 (むらた まきこ) —————————————————————— 第 2 章第 3 節 1❷〜❻
社会福祉法人リガーレ暮らしの架け橋総括マネージャー

茂木 高利 (もてぎ たかとし) ——————————————————————— 第 4 章第 3 節 1❷〜❹
田園調布学園大学人間福祉学部非常勤講師

森 繁樹 (もり しげき) ——————————————— 第 1 章第 2 節 1〜5・6❸，第 2 章第 1 節
社会福祉法人みその　みその台ケアセンター所長

森 千佐子 (もり ちさこ) ———————————————————————— 第 4 章第 6 節 2，第 5 章第 5 節 3・4
日本社会事業大学社会福祉学部教授

森下 幸子 (もりした さちこ) ——————————————————————————— 第 2 章第 3 節 2
公益社団法人日本看護協会看護研修学校認定看護師教育課程課長

八木 裕子 (やぎ ゆうこ) —————————————————————————————— 第 1 章第 1 節 4❸
東洋大学福祉社会デザイン学部准教授

山下 浩紀 (やました こうき) —————————————————————————————— 第 3 章第 1 節 3
日本医療大学総合福祉学部地域貢献センターセンター長

山谷 里希子 (やまや りきこ) ———————————————————— 第 3 章第 4 節 3，第 4 章第 5 節 1❶
元さっぽろ高齢者福祉生活協同組合福祉生協イリス参与

渡辺 裕美 (わたなべ ひろみ) ————————————————— 第 2 章第 2 節，第 3 章第 4 節 2・4・5
東洋大学福祉社会デザイン学部教授

介護福祉士実務者研修テキスト

【第2巻】介護Ⅰ―介護の基本，コミュニケーション技術，
生活支援技術― 第3版

2015 年 11 月 20 日	初 版 発 行
2020 年 3 月 20 日	第 2 版 発 行
2024 年 2 月 20 日	第 3 版 発 行
2024 年 8 月 1 日	第 3 版第 2 刷発行

編 集　　　　　　太田貞司・上原千寿子・白井孝子

発行者　　　　　　荘村明彦

発行所　　　　　　中央法規出版株式会社
　　　　　　　　　〒110-0016　東京都台東区台東 3-29-1　中央法規ビル
　　　　　　　　　TEL 03-6387-3196
　　　　　　　　　https://www.chuohoki.co.jp/

印刷・製本　　　　サンメッセ株式会社

装幀・本文デザイン　ケイ・アイ・エス

イラスト　　　　　内山良治・小牧良次・土田圭介・ひらのんさ・藤田侑巳

定価はカバーに表示してあります。

ISBN978-4-8058-8989-3

本書の内容に関するご質問については，下記 URL から「お問い合わせフォーム」にご
入力いただきますようお願いいたします。
https://www.chuohoki.co.jp/contact/